선재동자가 53 선지식을 찾아가다

우리말 화엄경 입법계품

번역 김성규

사단법인 통섭불교원

선재동자가 53 선지식을 찾아가다

우리말 화엄경 입법계품

번역 : 김성규
펴낸이 : 사단법인 통섭불교원

초판 1쇄 인쇄 : 2024년 5월 7일
초판 1쇄 발행 : 2024년 5월 15일

등록번호 : 제344-2022-000012호
등록일자 : 2022년 9월 19일

주소 : 대구시 남구 두류공원로 10, 4층(대명동)
Tel (053) 474-1208, Fax (053)794-0087
E-mail : tongsub2013@daum.net

값 45,000원
ISBN 979-11-980269-3-4

선재동자가 53 선지식을 찾아가다

우리말 화엄경 입법계품

머리말

코로나가 발발 하기 전 일 년 가까이 화엄경 입법계품을 강의하고 있었는데 코로나로 모든 것이 중단되고 말았다.

이제는 모두 코로나 전 평상시로 돌아가려고 애쓰고 있다.

화엄경 입법계품은 우주에서 펼쳐진 화엄 설법의 오케스트라를 지구에 축소시켜 선재동자의 구법여행으로 전개하고 있다. 우주의 사건을 우리가 살고 있는 이 세상의 사건으로 치환하면서 생동감 있게 만들고 있는 것이다.

우주의 신들을 세상 사람들로 탈바꿈시켜 우리 이웃이 모두 스승이고 선지식으로 등장하고 있다. 너무 방대하여 이생에 한 번 읽기조차 힘든 대방광불화엄경의 축소판에 해당하는 화엄경 제39품에 수록되어 있는 입법계품을 먼저 정리하여 세상에 내 놓는다.

이생의 인연공덕으로 화엄경 입법계품이 힘들고 어려운 이 사바세계에 한줄기 빛이 되기를 간절히 기원한다. 누구나 쉽게 받아 지니고 읽고 널리 전파하기를 간절히 기원하면서.

우리말 경전 번역에 대한 서설을 덧붙인다.

경은 부처님께서 말씀하신 것입니다.

그렇기 때문에 누구든지 쉽게 알아들을 수 있어야 하며 쉽게 이해하고 실천에 옮겨 자신의 삶의 문제를 푸는 열쇠가 될 수 있어야 합니다.

진정한 의미에서 우리가 쉽게 읽을 수도 없고 이해할 수도 없는 경전은 이미 경전이 아닙니다. 경전이 이 땅의 역사 속에서 살아 있기 위해서는 몇 백 년이 걸리더라도 끊임없이 되번역 작업이 이루어져야 합니다. 부처님의 삶을 닮아가고자 경전에 의거하여 진지한 삶을 추구하는 수행자들이 평생 이 일에 자신을 던지는 한이 있더라도 이 땅의 살아 있는 언어로 되번역 하는 역경은 꼭 이루어져야 합니다.

매일 부처님께서 걸어가신 삶의 자취들을 되새겨 봅니다.

400년경 산스크리트어나 팔리어로 된 380권의 경전을 한문으로 번역한 구마라집의 삶과 그 당시의 시대적 역사적 상황들을 생각해 봅니다.

부처님께서 살아 계셨던 때와 구마라집이 경전을 한문으로 번역할 때와 오늘날의 역사적 상황들을 생각하면서 2600년 전 부처님의 말씀을 지금의 우리말로 되살리려고 최선을 다했습니다.

나무 석가모니불, 나무 대방광불화엄경. 나무 화엄경 입법계품.

불기 2568년(서기 2024년) 5월 부처님오신날에

淨名 김성규

선재동자가 구법여행에서 만난 53명의 선지식

1. 53명의 선지식

보살(5), 비구(5), 비구니(1), 우바새(1), 우바이(5), 동남(3), 동녀(2), 천신(1), 천녀(1), 외도(1), 바라문(2), 장자(9), 선생(1), 아가씨(1), 뱃사공(1), 국왕(2), 선인(1), 부인(1), 제신(10)

* 문수보살은 2번 등장, 덕생동자와 유덕동녀는 한명으로 계산.

1. 십신위 선지식

문수보살

2. 십주위 선지식

(1)덕운비구 (2)해운비구 (3)선주비구 (4)미가장자 (5)해탈장자 (6)해당비구 (7)휴사우바이 (8)비목구사선인 (9)승열바라문 (10)자행동녀

3. 십행위 선지식

(11)선견비구 (12)자재주동자 (13)구족우바이 (14)명지거사 (15)법보계장자 (16)보안장자 (17)무염족왕 (18)대광왕 (19)부동우바이 (20)변행외도

4. 십회향위 선지식

(21)육향장자 (22)바시라선사 (23)무상승장자 (24)사자빈신비구니 (25)바수밀다녀 (26)비슬지라거사 (27)관자재보살 (28)정취보살 (29)대천신 (30)안주지신

5. 십지위 선지식

(31)바산바연저주야신 (32)보덕정광 (33)회목관찰중생 (34)보구중생묘덕 (35)적정음해 (36)수호일체성 (37)개부일체수화 (38)대원정진력주야신 (39)룸비니림신 (40)석가녀 구파

6. 십해탈위 선지식
(41)마야부인 (42)천주광천녀 (43)변우동자사 (44)선지중예동자 (45)현승우바이 (46)견고해탈장자 (47)묘월장자 (48)무승군장자 (49)적장바라문 (50)덕생동자와 유덕동녀

(51)미륵보살 (52)문수보살 (53)보현보살

1. 덕운비구(德雲比丘) Meghaśri一, 구역에서는 공덕운(功德雲)
2. 해운비구(海雲比丘) Sāgaramegha 또는 이사나(伊舍那) Iśāna
3. 선주비구(善住比丘) Supratisththita
4. 미가장자(彌伽長者) Megha
5. 해탈장자(解脫長者) Mukta
6. 해당비구(海幢比丘) Sāgaradhvaja
7. 휴사우바이(休舍優婆夷) A^sā
8. 비목구사선인(毘目瞿沙仙人) Bhishmottaranirghosha
   (구) 비목다라(毘目多羅)
9. 승열바라문(勝熱婆羅門) Jayosmāya (구) 방편명(方便命)
10. 자행동녀(慈行童女) Maitrāyani (구) 미다라니(彌多羅尼)
11. 선견비구(善見比丘) Sudarśana (구) 선현(善現)

12. 자재주동자(自在主童子) Indriyeśvara (구) 석천주(釋天主)

13. 구족우바이(具足優婆夷) Prabhñtā (구)자재(自在)

14. 명지거사(明智居士) Vidvān (구) 감로정(甘露頂)

15. 법보계장자(法宝髻長者) Ratnacñda-dharmaśresthi
    (구) 법보주라(法寶周羅)

16. 보안장자(普眼長者) Samantanetra (구) 보안묘향(普眼妙香)

17. 무염족왕(無厭足王) Anala (구) 만족(滿足)

18. 무광왕(大光王) Mahāprabha

19. 부동우바이(不動優婆夷) Acala'

20. 변행외도(遍行外道) Sarvagāmin
    (구) 수순일체중생(隨順一切衆生)

21. 육향장자(鬻香長者) Utpalabhñtigādhika
    (구) 청연화향(青蓮華香)

22. 바시라선사(婆施羅船師) Vairocana (구) 자재(自在)

23. 무상승장자(無上勝長者) Jayottama

24. 사자빈신비구니(師子頻申比丘尼) Simhavikriditā,
    (구) 사자분신(獅子奮迅)

25. 바수밀녀(婆須蜜女) Vasumitrā

26. 비슬지라거사(鞞瑟氏羅居士) Vesāhila (구) 안주(安住)

27. 관자재보살(觀自在菩薩) Avalakiteśvara (구) 관세음(觀世音)

28. 정취보살(正趣菩薩) Ananyagāmin

29. 대천신(大天神) Mahādeva

30. 안주지신(安住地神) Sthāvarā

31. 바산바연저주야신(婆珊婆演底主夜神) Vasanti(Vasantavayanti)

　　(구) 바사바타(婆娑婆陀)

32. 보덕정광주야신(普德淨光主夜神) Samantagambhîraśrivimalaprabhā

　　(구) 심심묘덕이구무명(甚深妙德離垢無明)

33. 희목관찰중생주야신(喜目觀察衆生主夜神)
　　Pramuditanayanajagadvirocanā

34. 보구묘덕주야신(普救妙德主夜神) Samantasattvatrānojahśri

　　(구) 묘덕구호중생(妙德救護衆生)

35. 적정음해주야신(寂静音海主夜神) Praśāntaru%tasāgaravati

36. 수호일체중생주야신(守護一切衆生主夜神)
　　Sarvanagaraksāsabhavatejahśri

　　(구) 묘덕수호제성(妙德守護諸城)

37. 개부수화주야신(開敷樹花主夜神)
　　Sarvavr-ksapraphāllanasukhasavāsā.

38. 대원정진력주야신(大願精進力主夜神)
　　Sarvajagadraks-āpran-idhānavñryaprabhā

　　(구) 원용광명수호중생(願勇光明守護衆生)

39. 룸비니림신(嵐毘尼林神) Sutejoman-dalaratiśr

40. 석가녀구파(釋迦女瞿婆) Gopā (구) 구이(瞿夷)

41. 마야부인(摩耶佛母) Māyā

42. 천주광천녀(天主光天女) Snrendrābha

43. 변우동자사(遍友童子師) Viśvāmitra

44. 중예동자(衆芸童子) Silpābhijña

45. 현승우바이(賢勝優婆夷) Bhadrottama

46. 견고해탈장자(堅固解脱長者) Muktāsāra

47. 묘월장자(妙月長者) Sucandra

48. 무승군장자(無勝軍長者) Ajitasena

49. 적정바라문(寂靜婆羅門) śivarāgra (구)시비최승(尸毘最勝)

50. 덕생동자(德生童子) śrisambhava

　　유덕동녀(有德童女)

51. 미륵보살(彌勒菩薩) Maitreya

52. 문수보살(文殊菩薩) Mañjuśrī

53. 보현보살(普賢菩薩) śamantabhadra

※참고사항
[숫자]

항하사(10^{52}), 아승기(10^{56}), 나유타(10^{60})

불가사의(10^{64}), 무량대수(10^{68})

유순(16km)

겁　소겁　대겁(팔십소겁)

락차(10^{5}), 구지(10^{7}), 조(10^{12}), 자(10^{24})

간(10^{36}), 극(10^{48})

2. 53선지식의 성취 지위

(십주) 깨달음의 길, 보살의 행, 부처의 경계, 부처의 세계가 열린다.

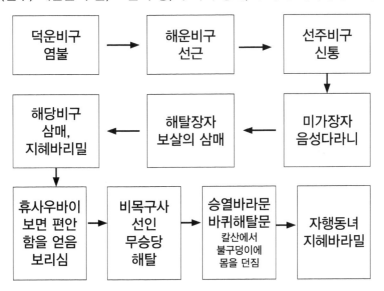

(십행) 깨달음의 길, 보살의 행, 부처의 경계, 부처의 세계가 열린다.

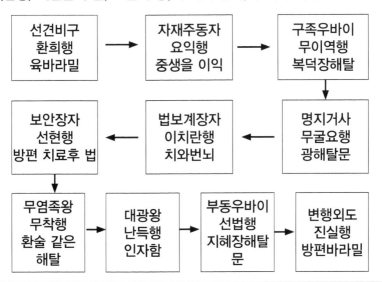

(십회향) 깨달음의 길, 보살의 행, 부처의 경계, 부처의 세계가 열린다.

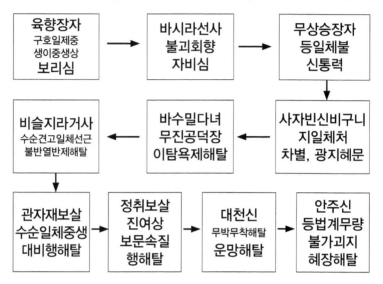

(십지) 깨달음의 길, 보살의 행, 부처의 경계, 부처의 세계가 열린다.

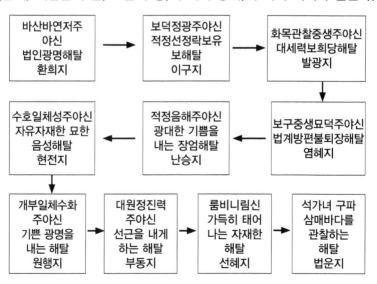

(십해탈) 깨달음의 길, 보살의 행, 부처의 경계, 부처의 세계가 열린다.

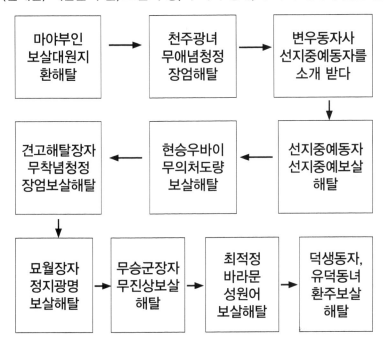

차례

차례

I. 서문

(39-0) 화엄의 세계

(39-0-1) 근본 법회

(39-0-1-1) 부처님

그때 부처님께서 사위성 제타숲 급고독원의 대장엄 누각에서 보살 오백 명과 함께 계셨다.

(39-0-1-2) 보살대중

보현보살과 문수보살이 우두머리가 되었다.

(39-0-1-2-1) 사위를 표한 보살

(39-0-1-2-1-1) 십회향을 표한 보살

광염당보살, 수미당보살, 보당보살, 무애당보살, 화당보살, 이구당보살, 일당보살, 묘당보살, 이진당보살, 보광당보살이다.

(39-0-1-2-1-2) 십행을 표한 보살

지위력보살, 보위력보살, 대위력보살, 금강지위력보살, 이진구위력보살, 정법일위력보살, 공덕산위력보살, 지광영위력보살, 보길상위력보살이다.

(39-0-1-2-1-3) 십지를 표한 보살

지장보살, 허공장보살, 연화장보살, 보장보살, 일장보살, 정덕장보살, 법인장보살, 광명장보살, 제장보살, 연화덕장보살이다.

(39-0-1-2-1-4) 십해탈을 표한 보살

선안보살, 정안보살, 이구안보살, 무애안보살, 보견안보살, 선관안보살, 청련화안보살, 금강안보살, 보안보살, 허공안보살, 희안보살, 보안보살이다.

(39-0-1-2-2) 십지를 따로 표한 보살
(39-0-1-2-2-1) 초지를 표한 보살

천관보살, 보조법계지혜관보살, 도량관보살, 보조시방관보살, 일체불장관보살, 초출일체세간관보살, 보조관보살, 불가괴관보살, 지일체여래사자좌관보살, 보조법계허공관보살이다.

(39-0-1-2-2-2) 이지를 표한 보살

법왕계보살, 용왕계보살, 일체화불광명계보살, 도량계보살, 일체원해음보왕계보살, 일체불광명마니계보살, 시현일체허공평등상마니왕당망수부계보살, 출일체불전법륜음계보살, 설삼세일체명자음계보살이다.

(39-0-1-2-2-3) 삼지를 표한 보살

대광보살, 이구광보살, 보광보살, 이진광보살, 염광보살, 법광보살, 적정광보살, 일광보살, 자재광보살, 천광보살이다.

(39-0-1-2-2-4) 사지를 표한 보살

　복덕당보살, 지혜당보살, 법당보살, 신통당보살, 광당보살, 화당
보살, 마니당보살, 보리당보살, 범당보살, 보광당보살이다.

(39-0-1-2-2-5) 오지를 표한 보살

　법음보살, 해음보살, 대지음보살, 세주음보살, 산상격음보살, 변
일체법계음보살, 진일체법해뢰음보살, 항마음보살, 대비방편운뢰
음보살, 식일체세간고안위음보살이다.

(39-0-1-2-2-6) 육지를 표한 보살

　법상보살, 승상보살, 지상보살, 복덕수미상보살, 공덕산호상보
살, 명칭상보살, 보광상보살, 대자상보살, 지해상보살, 불종상보살
이다.

(39-0-1-2-2-7) 칠지를 표한 보살

　광승보살, 덕승보살, 상승보살, 보명승보살, 법승보살, 월승보살,
허공승보살, 보승보살, 당승보살, 지승보살이다.

(39-0-1-2-2-8) 팔지를 표한 보살

　사라자재왕보살, 법자재왕보살, 상자재왕보살, 범자재왕보살, 산
자재왕보살, 증자재왕보살, 속질자재왕보살, 적정자재왕보살, 부동
자재왕보살, 세력자재왕보살, 최승자재왕보살이다.

(39-0-1-2-2-9) 구지를 표한 보살

적정음보살, 무애음보살, 지진음보살, 해진음보살, 운음보살, 법광음보살, 허공음보살, 설일체중생선근음보살, 시일체대원음보살, 도량음보살이다.

(39-0-1-2-2-10) 십지를 표한 보살

수미광각보살, 허공각보살, 이염각보살, 무애각보살, 선각보살, 보조삼세각보살, 광대각보살, 보명각보살, 법계광명각보살, 보광당보살이다.

이 보살들은 십회향, 십행, 십지, 십해탈을 나타냈다.

(39-0-1-2-3) 보살의 덕을 열 가지로 찬탄하다

이 보살들은 모두 보현의 행과 원을 성취했다. 경계에 걸림이 없으니 부처의 세계에 두루 나타난다. 몸을 나툼이 한량없으니 여래에게 친근하다. 깨끗한 눈이 장애가 없으니 부처님의 신통변화하는 일을 본다. 어떤 곳이든 이를 수 있으니 여래의 바른 각[正覺]을 이루는 곳에 항상 나아간다. 광명이 끝이 없으니 지혜의 빛으로 실상의 법바다를 두루 비춘다. 법문이 다함이 없으니 청정한 변재가 수없이 많은 겁에 다함이 없다. 허공계와 같아 지혜를 행하는 것이 다 청정하다.

의지한 데가 없으니 중생의 마음을 따라 육신[色身]을 나타낸다. 어리석은 눈병이 없으니 중생계에 중생이 없음을 안다. 허공과 같은 지혜이니 큰 광명 그물로 법계를 비춘다.

(39-0-1-3) 성문대중의 덕을 찬탄하다

오백 명의 성문과 함께 있었으니, 모두 참이치를 깨닫고 진실한 경계를 증득했으며 법의 성품에 깊이 들어가 영원히 생사의 바다에서 벗어났다. 부처님의 공덕에 의지하여 얽매여 부림을 당하는 속박[結使縛]의 번뇌를 떠났다. 걸림없는 곳에 머물러 마음이 고요하기가 허공과 같으며, 부처님의 처소에서 의혹을 아주 끊고 부처의 지혜 바다에 믿음으로 들어갔다.

(39-0-1-4) 세간대중의 덕을 찬탄하다

한량없는 임금들과 함께 있었으니, 다 한량없는 부처님을 공양했고 항상 일체 중생을 이익되게 했다. 청하지 않은 벗이 되어 부지런히 수호하며 서원을 버리지 않고 세간의 훌륭한 지혜의 문에 들어갔다. 부처님의 가르침으로부터 나서 부처님의 바른 법을 보호하며 큰 서원을 일으키고 부처의 종자를 끊지 않으려고 여래의 가문에 나서 온갖 지혜를 구했다.

(39-0-2) 법을 청하다

(39-0-2-1) 대중들이 부처님 덕의 불가사의함을 생각하다

이때 보살들과 대덕성문과 세간임금들과 그 권속들이 이렇게 생각했다.

'여래의 경계, 여래의 지혜의 행, 여래의 대자대비한 힘의 가호, 여래의 힘, 여래의 두려움 없음, 여래의 삼매, 여래의 머무르심, 여래의 자재하심, 여래의 몸, 여래의 지혜를 모든 세간의 하늘과 사람들이 통달함이 없으며 들어감이 없으며 믿고 이해함이 없으며 분명하

게 앎이 없으며 참고 받음이 없으며 살펴봄이 없으며 가려냄이 없
으며 열어 보임이 없으며 펴서 밝힘이 없으며 중생들로 하여금 알
게 함이 없다.

부처님의 가피의 힘, 신통한 힘, 위덕의 힘, 본래 원하신 힘과 지
난 세상의 선근(善根)의 힘, 그리고 선지식들의 거두어 주는 힘, 깊
고 깨끗하게 믿는 힘, 크게 밝혀 아는 힘, 보리로 나아가는 청정한
마음의 힘, 온갖 지혜를 구하는 광대한 서원의 힘은 알 수가 없다.

(39-0-2-2) 청하는 법의 내용

'부처님께서는 중생들이 갖고 있는 갖가지 욕망이나, 이해, 지혜,
말, 자유자재함, 머무는 처지, 근의 청정함, 뜻의 방편, 마음의 경
계, 여래의 공덕을 의지함을 잘 알고 있습니다. 여래의 지난 세상에
온갖 지혜를 구하던 마음과 일으킨 보살의 큰 서원과 행한 깨끗한
바라밀들과 획득한 보살의 지위와 원만한 보살의 수행과 성취한 방
편과 닦던 도와 성취하여 벗어난 법과 행한 신통한 일과 행한 전생
의 일과 인연을 설명해주십시요. 등정각을 이루고, 묘한 법륜을 굴
리고, 불국토를 청정하게 하고, 중생을 조복하고 온갖 지혜의 법성
을 열고, 일체 중생의 길을 보이고, 일체 중생이 머무는 곳에 들어
가고, 일체 중생의 보시를 받고, 일체 중생에게 보시의 공덕을 말하
고, 일체 중생에게 부처님의 형상을 나타내던 그러한 법을 설해주
십시요.'

(39-0-3) 삼매에 들다
(39-0-3-1) 사자빈신삼매에 들다

그때 부처님께서 보살들의 생각을 아시고, 자비한 문이 되고 머리가 되고 법이 되어 방편을 삼아 허공에 충만하여 사자빈신삼매[師子頻申三昧]에 드셨다.

(39-0-3-2) 누각이 홀연히 변하여 갖가지로 장엄되다

삼매에 드니 세간이 깨끗하게 장엄되고 누각이 갑자기 넓어져서 끝이 보이지 않았다. 땅은 금강으로 되었고 보배들로 덮였으며 한량없는 보배꽃과 마니보배들이 흩어져 곳곳에 가득했다.

(39-0-3-3) 제타숲이 홀연히 넓어지고 갖가지 보배로 장엄되다

그때 부처님의 신통으로 제타숲이 홀연히 커져서 수없이 많은 부처님 세계의 티끌 수의 국토와 면적이 같았는데, 묘한 보배들이 사이사이 장엄하고 땅에도 수없이 많이 흩어져 있었다. 담은 아승기 보배로 되었고 길 좌우로 다라수 보배로 장엄했다. 중간에 한량없는 강이 있었는데 향수가 가득하여 출렁거리며 소용돌이가 치며, 보배꽃들이 물결따라 움직이면서 불법의 음성을 내고, 보배꽃나무들이 언덕에 줄지어 섰으며, 언덕 위에는 마니보배로 덮혀있는 정자들이 수없이 많았다.

(39-0-3-4) 보배깃대로 장엄하다

한량없는 갖가지 보배당기를 세웠다. 보배향당기, 보배옷당기, 보배번당기, 보배비단당기, 보배꽃당기, 보배영락당기, 보배화만당기, 보배방울당기, 마니보배일산당기, 큰 마니보배당기, 광명이 두루 비치는 마니보배당기, 여래의 이름과 음성을 내는 마니왕당기,

사자마니왕당기, 여래의 본생 일을 말하는 바다마니왕당기, 일체 법계의 영상을 나타내는 마니왕당기가 시방에 두루하여 열을 지어 장엄했다.

(39-0-3-5) 제타숲 상공에 구름이 펼쳐지다

그때 제타숲의 하늘에는 부사의 한 하늘궁전구름과 수많은 향나무구름과 수미산구름과 풍류놀이구름과 미묘한 음성을 내어 여래를 찬탄하는 보배연꽃구름과 보배자리구름과 하늘옷을 깔고 보살이 위에 앉아 부처님 공덕을 찬탄하는 천왕의 평상으로 된 마니보배구름과 백진주구름과 적진주누각 장엄거리구름과 금강을 비 내리는 견고한 진주구름이 허공에 가득하게 퍼져 있어 훌륭하게 장식했다.

(39-0-3-6) 여래의 위신력으로 장엄됨을 찬탄하다

여래의 선근과 백법[白法, 청정한 일]과 위엄과 힘이 부사의했다. 여래가 한 몸으로 자재하게 변화하여 세계에 두루하는 것과 신통한 힘으로써 부처님과 부처님 국토의 장엄을 그 몸에 들어오게 함과 한 티끌 속에 법계의 모양을 나타냄과 한 털구멍 속에 과거의 부처님을 나타냄과 낱낱의 광명을 놓은 대로 세계에 두루 비침과, 한 털구멍에서 세계의 티끌 수 같은 변화하는 구름을 내어 여러 부처님 국토에 가득함과, 한 털구멍 속에 시방 세계의 이루고 머물고 무너지는 겁[成住壞劫]을 나타냄이 부사의했다.

이 제타숲의 급고독원(給孤獨園)에서 부처님 국토가 청정하게 장엄한 것을 보듯이, 시방의 온 법계와 허공계에 가득한 세계에서도

장엄함을 보았다. 이른바 여래의 몸이 제타숲에 계신데 시방법계에 보살 대중이 가득했다.

(39-0-3-7) 시방 허공을 보배구름으로 장엄하다

　다음과 같은 장엄구름을 보았다.

장엄을 비 내리는 구름, 보배를 비 내려 광명이 밝게 비추는 구름, 마니보배를 비 내리는 구름, 장엄한 일산을 비 내려 부처님 세계를 뒤덮는 구름, 하늘의 몸을 비 내리는 구름, 꽃나무를 비 내리는 구름, 의복나무[衣樹]를 비 내리는 구름, 보배 화만과 영락(瓔珞)을 비 내려 끊이지 않아 온 땅 위에 두루하는 구름, 장엄거리를 비 내리는 구름, 중생의 형상같은 갖가지 향을 비 내리는 구름, 미묘한 꽃그물을 비 내려 계속하고 끊이지 않는 구름, 천녀를 비 내려 보배 당기 번기를 들고 허공 속에서 오고 가는 구름, 보배연꽃을 비 내리는데 꽃과 잎 사이에서 갖가지 음악 소리가 저절로 나오는 구름, 사자좌를 비 내려 보배그물과 영락으로 장엄하는 구름이었다.

(39-0-4) 새로운 대중들이 시방에서 모이다

(39-0-4-1) 동방의 대중

　그때 동방으로 헤아릴 수 없는 부처 세계의 티끌 수 세계해를 지나서 그 밖에 금등운당[金燈雲幢]세계가 있고 비로자나승덕왕(毘盧遮那勝德王) 부처님이 계셨다. 대중 가운데 비로자나원광명(毘盧遮那願光明)보살이 있었다. 헤아릴 수 없는 부처 세계의 티끌 수 보살들과 함께 부처님 계신 곳에 와서 신통한 힘으로 여러 가지 구름을 일으켰다. 하늘꽃구름, 하늘향구름, 하늘가루향구름, 하늘화만

구름, 하늘보배구름, 하늘장엄거리구름, 하늘보배일산구름, 하늘의 미묘한 옷구름, 하늘보배당기번기구름, 하늘의 모든 보배장엄구름이 허공에 가득했다.

부처님 계신 곳에 이르러 부처님 발에 절하고, 동방에서 보배로 장엄한 누각과 시방을 두루 비추는 보배연화장 사자좌를 변화하여 만들어 여의주보배 그물을 몸에 두르고 권속들과 함께 가부좌하고 있었다.

(39-0-4-2) 남방의 대중

남방으로 헤아릴 수 없는 부처 세계의 티끌 수 세계해를 지나서 그 밖에 금강장세계가 있고 보광명무승장왕 부처님이 계셨다. 대중 가운데 불가괴정진왕보살이 있었다.

부처님 계신 곳에 이르러 부처님 발에 절하고, 남방에서 세간을 두루 비추는 마니보배로 장엄한 누각과 시방을 두루 비추는 보배연화장 사자좌를 변화하여 만들어 보배꽃그물을 몸에 두르고 권속들과 함께 가부좌하고 있었다.

(39-0-4-3) 서방의 대중

서방으로 헤아릴 수 없는 부처 세계의 티끌 수 세계해를 지나서 그밖에 마니보등수미산당(摩尼寶燈須彌山幢)세계가 있고 법계지등(法界智燈)부처님이 계셨다. 대중 가운데 보승무상위덕왕(普勝無上威德王)보살이 있었다.

부처님 계신 곳에 이르러 부처님 발에 절하고, 서방에서 모든 향왕(香王)으로 된 누각을 변화하여 만드니, 진주보배그물이 위에 덮여 있고, 제석의 그림자 당기 보배연화장 사자좌를 변화하여 만들어 묘한 빛 마니그물로 몸에 두르며 심왕보배관[心王寶冠]으로 머리를 장엄하고 권속들과 함께 가부좌하고 있었다.

(39-0-4-4) 북방의 대중

북방으로 헤아릴 수 없는 부처 세계의 티끌 수 세계해를 지나서 그밖에 보의광명당(寶衣光明幢)세계가 있고 조허공법계대광명(照虛空法界大光明)부처님이 계셨다. 대중 가운데 무애승장왕(無碍勝藏王)보살이 있었다.

부처님 계신 곳에 이르러 부처님 발에 절 하고, 북방에서 마니보배 바다로 장엄한 누각과 비유리(毗瑠璃) 보배연화장 사자좌를 변화하여 만들어 사자위덕마니왕그물을 몸에 두르고 청정한 보배왕으로 머리의 밝은 구슬을 삼고 권속들과 함께 가부좌하고 있었다.

(39-0-4-5) 동북방의 대중

동북방으로 헤아릴 수 없는 부처 세계의 티끌 수 세계해를 지나서 그밖에 일체환희청정광명망(一切歡喜清淨光明網)세계가 있고 무애안(無碍眼)부처님이 계셨다. 대중 가운데 화현법계원월왕(化現法界願月王)보살이 있었다.

부처님 계신 곳에 이르러 부처님 발에 절하고, 동북방에서 모든 법계문 큰 마니누각과 짝할 이 없는 향왕연화장사자좌를 변화하여 만들어 마니꽃을 몸에 두르며 묘한 보배광마니 왕관을 쓰고 권속들과 함께 가부좌하고 있었다.

(39-0-4-6) 동남방의 대중

동남방으로 헤아릴 수 없는 부처 세계의 티끌 수 세계해를 지나서 그밖에 향운장엄당(香雲莊嚴幢)세계가 있고 용자재왕(龍自在王)부처님이 계셨다. 대중 가운데 법혜광염왕(法慧光焰王)보살이 있었다.

부처님 계신 곳에 이르러 부처님 발에 절 하고, 동남방에서 비로자나 최상의 보배광명 누각과 금강마니 연화장 사자좌를 변화하여 만들어 여러 보배빛 불꽃마니왕 그물로 몸을 두르고 권속들과 함께 가부좌하고 앉았다.

(39-0-4-7) 서남방의 대중

서남방으로 헤아릴 수 없는 부처 세계의 티끌 수 세계해를 지나서 그밖에 일광마니장(日光魔尼藏)세계가 있고 보조제법지월왕(普照諸法智月王)부처님이 계셨다. 대중 가운데 최파일체마군지당왕(摧破一切摩軍智幢王)보살이 있었다.

부처님 계신 곳에 이르러 부처님 발에 절 하고, 서남방에서 시방법계의 광명그물을 나타내는 큰 마니보배누각과 향등불꽃보배 연화장사자좌를 변화하여 광마니그물을 몸에 두르고 일체 중생을 떠나 나아가는 음성을 내는 마니왕으로 잘 꾸민 관을 쓰고 권속들과 함께 가부좌하고 있었다.

(39-0-4-8) 서북방의 대중

서북방으로 헤아릴 수 없는 부처 세계의 티끌 수 세계해를 지나서 그밖에 비로자나원마니왕장(毗盧遮那願摩尼王藏)세계가 있고 보광명최승수미왕(普光明最勝須彌王)부처님이 계셨다. 대중 가운데 원지광명당(願智光明幢)보살이 있었다.

부처님 계신 곳에 이르러 부처님 발에 절 하고, 서북방에서 시방에 두루 비추는 마니보배로 장엄한 누각과 세간을 두루 비추는 보배연화장 사자좌를 변화하여 최고의 광명진주그물을 몸에 두르고 보광명 마니보배관을 쓰고 권속들과 함께 가부좌하고 앉았다.

(39-0-4-9) 하방의 대중

하방으로 헤아릴 수 없는 부처 세계의 티끌 수 세계해를 지나서 그밖에 일체여래원만광보조(一切如來圓滿光普照)세계가 있고 허공무애상지당왕(虛空無碍相智幢王)부처님이 계셨다. 대중 가운데 파일체장용맹지왕(破一切障勇猛智王)보살이 있었다.

부처님 계신 곳에 이르러 부처님 발에 절 하고, 하방에서 모든 여래의 궁전 모양을 나타내는 여러 보배로 장엄한 누각과 모든 보배연화장사자좌를 변화하여 도량의 그림자를 나타내는 마니보배관을 쓰고 권속들과 함께 가부좌하고 있었다.

(39-0-4-10) 상방의 대중

사방으로 헤아릴 수 없는 부처 세계의 티끌 수 세계해를 지나서 그밖에 설불종성무유진(說佛種性無有盡)세계가 있고 보지륜광명음(普智輪光明音)부처님이 계셨다. 대중 가운데 법계차별원(法界差別願)보살이 있었다.

세계해의 티끌 수 보살들과 도량을 떠나 사바세계의 석가모니부처님 계신 곳으로 왔다. 잘 생긴 모습과 털구멍과 몸의 부분과 손과 발가락과 장엄거리와 의복에서 비로자나 등 과거의 부처님과 미래의 부처님으로 수기(授記)를 받은 이와 못 받은 이와 현재 시방 국토에 계신 부처님과 그 대중들이었다.

과거에 보시바라밀을 행하기도 하고 보시를 받은 이의 본생 일들을 나타냈다. 과거에 지계바라밀을 행하던 본생 일들을 나타냈다. 과거에 인욕바라밀을 행하면서 온몸을 도려내도 마음이 흔들리지 않던 본생 일들을 나타냈다. 과거에 정진바라밀을 행하면서 용맹하게 물러가지 않던 본생 일들을 나타냈다. 과거에 모든 여래의 선정바라밀을 구하여 성취하던 본생 일들을 나타냈다. 과거에 모든 부처님이 지혜바라밀을 구하여 성취한 법과 용맹한 마음을 내어 온갖 것을 버리던 본생 일들을 나타냈다. 과거에 방편바라밀을 구하여 부처님 뵙기를 좋아하고 보살의 도를 행하기를 좋아하고 중생을 교화하기를 좋아하던 본생 일들을 나타냈다. 과거에 원바라밀을 구하여 보살이 낸 큰 서원을 청정하게 장엄하는 본생 일들을 나타냈다. 과거에 역바라밀을 구하여 보살이 이루었던 역(力)바라밀을 용맹하고 깨끗하게 하는 본생 일들을 나타냈다. 과거에 보살이 지(智)바라밀을 닦아 원만하게 본생 일들을 나타냈다. 이와 같은 본생의 일바다가 광대한 법계에 가득했다.

부처님 계신 곳에 이르러 부처님 발에 절 하고, 상방에서 모든 금강장(金剛藏)으로 장엄한 누각과 제청(帝靑) 금강왕으로 된 연화장 사자좌를 변화하여 모든 보배광명마니왕 그물로 몸에 두르고 삼세 여래의 이름을 연설하는 마니보배왕으로 상투에 관을 쓰고 권속들과 함께 가부좌하고 있었다.

(39-0-4-11) 대중들의 덕을 찬탄하다

이러한 시방의 보살과 그 권속들은 보현보살의 행과 서원 가운데서 태어났다. 청정한 지혜 눈으로 삼세 부처님을 보고, 여래가 굴리신 법륜인 경전의 바다를 모두 들었으며, 보살의 자유자재한 저 언덕에 이미 이르렀고, 생각생각마다 큰 신통변화를 나타내어 여래에게 친근하며, 한몸이 세계의 여래의 대중이 도량에 가득했다.

한 티끌 속에 세간의 경계를 나타내어 중생을 교화하고 성취하되 때를 놓치지 않으며, 한 털구멍에서 여래의 법을 말하는 음성을 냈다. 중생이 환상[幻]과 같음을 알며, 부처님이 그림자와 같음을 알며, 육취[趣]에 태어남이 꿈과 같음을 알며, 업을 지어 과보를 받는 것이 거울 속의 모습과 같음을 알며, 생사의 일어남이 아지랑이 같음을 안다. 세계가 변화함과 같음을 알아 여래의 십력(十力)과 두려움 없음[無畏]을 성취했다. 용맹하고 자재하게 사자후를 하여 끝이 없는 변재바다에 깊이 들어갔다. 중생의 말을 아는 모든 법의 지혜를 얻었고, 허공과 법계에 다님이 걸림 없으며 법에 장애가 없음을 알았다.

보살의 신통한 경계를 이미 청정하게 했고, 용맹하게 정진하여 마의 군대[魔軍]를 꺾어 굴복시키며, 항상 지혜로 삼세를 통달하며, 법이 허공과 같음을 알아 어김이 없고 집착이 없으며, 부지런히 정진하여 온갖 지혜가 마침내 온 데가 없음을 알고, 경계를 보아 온갖 것이 얻을 수 없음을 알며, 방편의 지혜로 모든 법계에 들어가고 평등한 지혜로 모든 국토에 들어갔다.

자유자재한 힘으로 세계가 차례차례 서로 들어가게 하며, 세계의 곳곳마다 태어나서 여러 세계의 갖가지 형상을 보며, 미세한 경계에 광대한 세계를 나타내고 광대한 경계에 미세한 세계를 나타냈다. 한 부처님 계신 곳에 잠깐 동안 모든 부처님의 위신이 가피되어 시방세계를 보는 데 미혹이 없이 잠깐 동안에 다 나아갈 수 있었다.

이러한 보살이 제타숲에 가득 찼으니, 이것은 모두 여래의 위엄과 신통한 힘이었다.

(39-0-5) 잃은 것으로 얻을 것을 나타내다

(39-0-5-1) 여래의 경계를 보지 못하는 사람들

이때에 큰 성문들의 우두머리인 사리불, 목건련, 마하가섭, 이바다, 수보리, 아누루타, 난타, 겁빈나, 가전연, 부루나등이 제타숲에 있었다.

(39-0-5-2) 여래의 경계

모두 여래의 신통한 힘과 잘 생긴 모습과 경계와 유희와 신통 변화와 높으심과 묘한 행과 위덕과 머물러 지님과 청정한 세계를 보지 못했다.

(39-0-5-3) 보살의 경계

부사의한 보살의 경계는 다음과 같다. 보살의 대회(大會)와 두루 들어감과 널리 모여옴과 널리 나아감과 신통 변화와 유희와 권속과 방소와 장엄한 사자좌와 보배의 궁전과 계신 곳과 들어간 삼매의 자재함과 관찰과 기운 뻗음과 용맹과 공양과 수기 받음과 성숙함과 건장함과 청정한 법의 몸과 원만한 지혜의 몸과 원하는 몸으로 나타남과 육신을 성취함과 모습이 구족하게 청정함과 광명이 여러 빛

으로 장엄함과 큰 광명의 그물과 변화하는 구름과 몸이 시방에 두
루함과 행이 원만함 등 이다.

(39-0-5-4) 여래의 경계를 보지 못하는 이유
(39-0-5-4-1) 과거의 인연

　성문 제자는 이러한 일들을 보지 못했다. 왜냐하면 선근이 다른
까닭이며, 부처님을 뵈옵는 자재한 선근을 본래 익히지 않은 까닭
이며, 시방세계 부처님 국토의 청정한 공덕을 찬탄하지 않는 까닭
이며, 부처님의 갖가지 신통과 변화는 본래 칭찬하지 않는 까닭이
다.

　본래부터 생사를 헤매는 가운데서 위없는 바른 보리심을 내지 않
은 까닭이며, 다른 이를 보리심에 머물게 하지 못한 까닭이며, 여래
의 종자를 끊이지 않게 하지 못한 까닭이며, 중생들을 거두어 주지
못한 까닭이며, 다른 이를 권하여 보살의 바라밀을 닦게 하지 못한
까닭이다.

　본래부터 생사를 헤매면서 중생에게 권하여 가장 훌륭한 큰 지혜
의 눈을 구하게 하지 못한 까닭이며, 온갖 지혜를 내는 선근을 닦지
않은 까닭이며, 여래의 출세하는 선근을 성취하지 못한 까닭이며,
부처님 세계를 장엄하는 신통과 지혜를 얻지 못한 까닭이다.

　본래부터 보살의 눈으로 아는 경계를 얻지 못한 까닭이며, 세간
에 뛰어나 함께 하지 않는 보리의 선근을 닦지 않은 까닭이며, 보살
의 큰 서원을 내지 않은 까닭이며, 여래의 가피로 태어나지 않은 까
닭이며, 법이 환상과 같고 보살이 꿈임을 알지 못한 까닭이며, 여러
큰 보살의 광대한 환희를 얻지 못한 까닭이다.

이런 것이 다 보현보살의 지혜 눈의 경계로써 이승과 함께 하지 않는 것이니, 이런 인연으로 여러 큰 성문들이 보지도 못하고 알지도 못하고 듣지도 못하고 들어가지도 못하고 얻지도 못하고 기억하지도 못하고 관찰하지도 못하고 요량하지도 못하고 생각하지도 못하고 분별하지도 못했다. 그래서 제타숲에 있으면서도 여래의 여러 가지 큰 신통변화를 보지 못했다.

(39-0-5-4-2) 현재의 인연

성문들은 선근이 없고 지혜의 눈이 없고 삼매가 없고 해탈이 없고 신통이 없고 위덕이 없고 세력이 없고 자재함이 없고 머물 곳이 없고 경계가 없는 까닭이다. 그러므로 이것을 알지 못하고 보지 못하고 들어가지 못하고 증득하지 못하고 머물지 못하고 이해하지 못하고 관찰하지 못하고 견디어 받지 못하고 나아가지 못하고 다니지 못하며, 다른 이들을 위해 열어보이고 해설하고 칭찬하고 인도하여 나아가게 하지 못하며, 향하여 가게 하고 닦아 익히게 하고 편안히 머물게 하고 증득하지 못했다.

왜냐하면 큰 제자들이 성문승을 의지하여 벗어났으므로 성문의 도를 성취하고 성문의 행에 만족하고 성문의 과보에 머물러 있었다. '있다 없다' 하는 진리에 확고한 지혜를 얻고 실제에 항상 머물러서 끝까지 고요하며, 크게 가엾게 여김이 없어 중생을 버리고 자기의 일에만 머무르며, 지혜는 쌓아 모으지도 못하고 닦아 행하지도 못하고 편안히 머물지도 못하고 원하여 구하지도 못하고, 성취하지도 못하고 청정하게 하지도 못하고 들어가지도 못하고 통달하지도 못하고 알고 보지도 못하고 증하여 얻지도 못했다. 제타숲에 있으면서도 여래의 광대한 신통 변화를 보지 못했다.

(39-0-5-4-3) 열 가지 비유로써 나타내다

"불자여, 갠지스강의 언덕에 백천억 한량없는 아귀(餓鬼)가 있다. 맨몸에 굶주리고 목마르고 온몸이 불에 타며, 까마귀·수리·승냥이·이리들이 다투어 와서 할퀴며, 기갈에 시달리어 강가에 있으면서도 물을 보지 못하고 설사 보더라도 물이 말랐으니 이는 두터운 업장이 덮인 탓이다.

성문들도 그와 같아 제타숲에 있으면서도 여래의 신통한 힘을 보지 못하고 온갖 지혜를 버렸으니 무명(無明)의 꺼풀이 눈을 덮은 탓이며, 일찍이 온갖 지혜의 선근을 심지 못한 탓이다.

어떤 사람들이 모인 곳에서 편안히 자다가 꿈을 꾸는데, 수미산(須彌山) 꼭대기에 제석천왕이 있는 선견성(善見城)을 보았다. 궁전과 동산에 훌륭한 백천만억 천자와 천녀들이 하늘 꽃을 뿌려 땅에 가득하며, 여러 가지 의복나무에서는 묘한 의복이 나오고 갖가지 꽃나무에는 아름다운 꽃이 피고, 음악나무에서는 하늘음악을 연주하고, 하늘아씨들은 아름다운 음성으로 노래하고 한량없는 하늘에서 즐겁게 놀며, 자신도 하늘옷을 입고 그곳에서 오고 가는 것을 보지만 회중에 있는 사람들은 비록 한자리에 있으나 알지도 못하고 보지도 못했다. 왜냐하면 꿈에 보는 것은 대중들이 볼 수 없는 까닭이다.

모든 보살과 세간의 임금들은 본래부터 선근을 쌓은 힘과 온갖 지혜의 광대한 원을 발함과 부처 공덕을 닦음과 보살의 장엄하는 도를 수행함과 온갖 심오한 지혜법을 원만하게 함과 보현의 행과 원을 만족하게 함과 보살의 지혜에 들어감과 보살의 머무는 삼매에 유희함과 보살의 경계를 관찰하여 걸림이 없는 연고로 여래 부처님의 부사의하고 자유자재한 신통변화를 모두 볼 수 있다. 성문인 제자들이 보지 못하고 알지 못하는 것은 보살의 청정한 눈이 없는 까닭이다.

설산(雪山)에는 여러 가지 약초가 많다. 의사는 모두 잘 알지만, 사냥꾼이나 목동들은 그 산에 항상 있으면서도 약초를 보지 못한다.

이와같이 보살들은 지혜의 경계에 들어가서 자유자재한 힘을 갖추었으므로 여래의 광대한 신통변화를 보지만, 큰 제자들은 자기만 이익되게 하고 다른 이를 이익되게 하지 않으며 자기만 편안하려 하고 다른 이는 편안하게 하려 하지 않으므로 제타숲 속에 있으면서도 알지도 못하고 보지도 못한다.

땅속에 여러 가지 보물과 귀중한 보배가 가득 찼는데, 어떤 사람이 총명하고 지혜가 있어 묻힌 보물을 잘 알고, 또 큰 복력도 있으므로 마음대로 가져다가 부모를 봉양하고 친족들에게 나누어주고 병 들고 늙고 곤궁한 이들을 구제하지만, 지혜가 없고 복덕이 없는 사람은 비록 보물이 묻힌 곳에 가더라도 알지 못하고 보지 못하여 이익을 얻지 못한다.

보살들은 깨끗한 지혜의 눈이 있으므로 여래의 불가사의한 깊은 경계에 들어가서 부처의 신통한 힘을 보며 여러 가지 법문에 들어가 삼매의 바다에 놀면서 부처님께 공양하고 바른 법으로 중생들을 깨우치고 사섭법(四攝法)으로 중생들을 거두어 주지만 성문들은 여래의 신통한 힘을 보지도 못하고 보살 대중도 보지 못한다.

눈먼 사람이 보배가 많은 섬에 가서 다니고 서고 앉고 누우면서도 보배를 보지 못하며 사용하지 못한다. 큰 제자들도 그와 같아 제타 숲 속에서 부처님과 친근하면서도 여래의 자유자재한 신통을 보지 못하며, 보살 대중도 보지 못한다. 왜냐하면 보살의 걸림없는 깨끗한 눈이 없어서 차례차례로 법계에 들어가지 못하고 여래의 자재한 힘을 보지 못하는 까닭이다.

어떤 사람이 이구광명[離垢光明]이라는 청정한 눈을 얻으면 어둠이 장애가 되지 못하므로 캄캄한 밤중에 백천만억 사람이 있는 곳에서 가고 서고 앉고 누우면서 여러 사람의 형상과 위의를 보지만 이 눈 밝은 사람의 오고 가는 행동은 여러 사람이 보지 못한다. 부처님도 그와 같아 지혜 눈을 성취하여 청정하고 걸림이 없으므로 세상 사람을 보지만, 부처님이 나투시는 신통변화와 보살들이 모시는 것을 제자들은 보지 못한다.

어떤 비구가 대중 가운데서 온갖 곳에 두루한 선정[遍處定]에 들었다. 땅의 모든 곳에 두루한 선정[地遍處定], 물의 모든 것에 두루한 선정, 불의 모든 것에 두루한 선정, 바람의 모든 것에 두루한 선정, 푸른 곳에 두루한 선정, 노란 곳에 두루한 선정, 붉은 곳에 두루한 선정, 흰 곳에 두루한 선정, 하늘의 모든 곳에 두루한 선정, 갖가지 중생의 몸에 두루한 선정, 말과 음성의 모든 것에 두루한 선정, 모든 반연할 곳에 두루한 선정들이다. 이 선정에 든 이는 그의 반연함을 보지만 다른 대중은 보지 못한다. 오직 이 삼매에 머무는 이만 볼 수 있다.

여래가 나타내는 불가사의한 부처님의 경계도 그와 같아 보살들은 보지만 성문은 보지 못한다.

어떤 사람이 투명해지는 약을 몸에 바르면 대중 가운데서 오고 가고 앉고 서고 해도 보는 이가 없지만 대중의 하는 일은 모두 본다. 여래도 그와 같아 세간을 초월했지만 세간 일을 두루 본다. 성문들은 보지 못하며, 온갖 지혜의 경계에 나아가는 보살들은 볼 수 있다. 사람이 태어나면 두 하늘이 항상 따라다닌다. 하나는 같이 태어나는[同生] 것이며, 다른 하나는 같은 이름[同名]이다. 하늘은 항상 사람을 보아도 사람은 이 하늘을 보지 못한다. 여래도 그와 같아 보살들 가운데서 큰 신통을 나타내는 것을 성문들은 보지 못한다.

어떤 비구가 마음의 자재함을 얻어 멸진정(滅盡定)에 들면 육근(六根)으로 짓는 업을 행하지 않고 모든 말을 알지도 못하고 깨닫지 못하지만, 선정의 힘으로 유지되는 까닭으로 멸에 들지 않는다. 성문도 그와 같아 비록 제타숲 속에 있으면서 육근을 갖추었지만 여래의 자재함과 보살 대중들이 짓는 일을 알지 못하고 보지 못하고 이해하지 못하고 들어가지 못한다."

(39-0-5-5) 맺다

"여래의 경계는 매우 깊고 광대하여 보기 어렵고 알기 어렵고 측량하기 어렵고 헤아리기 어렵다. 세간을 초월하여 부사의하고 파괴할 이가 없으며 모두 이승의 경계가 아니다. 그러므로 여래의 자유자재함과 신통한 힘과 보살 대중의 모임과 제타숲이 청정한 세계에 두루하지만 이러한 일을 성문들은 알지도 못하고 보지도 못한다."

(39-0-6) 보현보살이 삼매를 설하다
(39-0-6-1) 열 가지 법의 글귀

그때 보현보살은 보살의 모임을 두루 관찰하고, 법계와 같은 방편과 허공계와 중생계와 겁과 중생의 업과 욕망과 이해와 근성과 성숙한 때와 그림자와 같은 방편으로써 여러 보살을 위해 열 가지 법으로 사자빈신삼매[師子頻申三昧]를 열어 보이며 밝게 설했다.

"법계와 같은 부처 세계의 티끌 속에서 부처님이 나시는 차례와 세계가 이루어지고 무너지는 차례를 나타내는 법을 설했다. 허공계와 같은 부처 세계에서 오는 세월이 끝나도록 여래의 공덕을 찬탄하는 음성을 나타내는 법을 설했다. 허공계와 같은 모든 부처 세계에서 여래가 나서 한량없고 그지없는 바른 깨달음을 이루는 문을 나타내는 법을 설했다. 허공계와 같은 부처 세계에서 부처님은 도량에 보살들 가운데 앉으셨음을 나타내는 법의 글귀를 설했다. 털구멍에 잠깐 동안 삼세 부처님의 변화한 몸을 나타내어 법계에 가득하는 법의 글귀를 설했다. 한 몸이 시방의 세계바다에 가득히 평등하게 나타내는 법의 글귀를 설했다. 경계 가운데 삼세 부처님들의 신통변화를 나타내게 하는 법의 글귀를 설했다. 부처 세계의 티끌 속에 삼세 부처 세계의 티끌 수와 같은 부처님의 갖가지 신통변화를 나타내어 한량없는 겁을 지나게 하는 법을 설했다. 털구멍에서 삼세 부처님의 큰 서원바다에 음성을 내어 미래겁(未來劫)이 끝나도록 보살을 열어 교화하고 인도하는 법을 설했다. 부처님의 사자좌의 크기가 법계와 같으며 보살들의 모임과 도량의 장엄이 평등하고 차별이 없는데, 오는 세월이 끝나도록 갖가지 미묘한 법륜을 굴리는 법을 설했다.

보살들이여, 이 열 가지가 머리가 되어 말할 수 없는 부처 세계의 티끌 수만큼 법이 있으니, 다 여래의 지혜의 경계이다."

(39-0-6-2) 게송으로 다시 펴다

그때 보현보살이 이 뜻을 거듭 펴려고 부처님을 관찰하고 대중들을 관찰하고 부처님의 생각하기 어려운 경계를 관찰하고 부처님의 삼매를 관찰하고 부사의한 세계바다를 관찰하고 부사의한 환상과 같은 법의 지혜를 관찰하고 부사의한 삼세 부처님이 다 평등함을 관찰하고 한량없는 말의 변재를 관찰하고 게송으로 말했다.

하나의 털구멍에도 / 티끌 수의 세계바다가 있어
보살대중들에게 둘러싸여 / 부처님이 앉아 계시네.

하나의 털구멍에도 / 티끌 수의 세계바다가 있어
이 세계 법계에 두루한데 / 부처님이 보리좌에 앉아 계시네.

하나의 털구멍에 / 모든 세계 티끌의 부처님이
보살대중들에게 둘러싸여 / 보현의 행을 말씀하시네.

부처님 한 국토에 앉아 계시고 / 시방세계가 모두 그러한데
한량없는 보살들이 모여들어 / 부처님의 설법을 듣네.

억만 세계의 티끌 수 같은 / 보살의 공덕바다가
모인 대중 속에서 일어나니 / 시방세계에 가득하네.

모두 보현의 행에 머물러 / 법계바다에 노닐면서
모든 세계를 두루 나타내어 / 평등하게 부처님 회상으로 들어오네.

모든 세계에 편안히 앉아 / 부처님 법문을 들으면서
낱낱 국토에서 / 억겁 동안 수행을 하네.

보살들의 닦는 행은 / 두루 밝은 법바다의 행으로
큰 서원바다에 들어가 / 부처의 경계에 머무르네.

보현의 행을 통달하고 / 부처님의 법을 내어
부처의 공덕바다를 구족하고 / 신통한 일을 널리 나투네.

몸구름이 티끌 수 같아 / 모든 세계에 가득하고
감로의 법비를 내려 / 대중들을 부처의 도에 머물게 하네.

(39-0-7) 백호광명으로 이익을 나타내다
(39-0-7-1) 광명을 놓다

이때 부처님께서 모든 보살을 여래의 사자가 기운 뻗는 광대한 삼매에 들게하려고 미간의 흰 털로부터 보조삼세법계문(普照三世法界門)광명을 놓았다. 수없이 많은 부처 세계의 티끌 수 광명으로 권속을 삼아 시방의 모든 세계해의 여러 부처님 국토에 두루 비추었다.

(39-0-7-2) 광명을 의지하여 법을 보다
(39-0-7-2-1) 제타숲 대중들이 광명에 나타난 경계를 보다

이때 제타숲에 보살대중은 부처 세계를 보았다. 법계 허공계에 있는 세계의 수없이 많은 티끌 속에 수없이 많은 부처 세계가 있고 그

수만큼 국토가 있다. 갖가지 이름과 빛과 청정과 머무는 곳과 형상을 나타냈다. 국토마다 보살들이 도량의 사자좌에 앉아서 정등각을 이루어 보살대중들에 둘러싸여 있으며 세간 임금들이 공양을 올리고 있었다.

(39-0-7-2-2) 시방에서 광명을 나타낸 경계를 보이다

이 회중에 있는 보살대중이 부처님의 깊은 삼매와 큰 신통의 힘을 보는 것 같이, 온 법계와 허공계의 시방의 방향의 바다에서 중생의 마음을 의지하여 머물렀다. 시작이 없는 과거로부터 현재에 이르는 국토나 중생의 몸이나 허공 가운데 한 티끌만한 곳마다 수없이 많은 세계가 있어 갖가지 업으로 생긴 수없이 많은 세계마다 도량에 모인 보살대중이 있었다.

이 보살들은 부처님의 신력으로 세상을 허물지도 않고 세간을 허물지도 않고 중생의 마음에 모습을 나타내며, 중생의 마음따라 미묘한 음성을 내고 대중이 모인 데 들어가서 대중 앞에 나타났다. 빛과 모양은 다르나 지혜는 다르지 않으며, 그들에게 맞는 불법을 보이며, 중생을 교화하고 조복시키기를 잠깐도 쉬지 않았다.

(39-0-7-2-3) 옛 인연을 증명하다

부처님의 신력을 보는 보살은 모두 비로자나여래께서 지난 옛적에 선근을 심어준 자들이다. 사섭법으로 붙들어 주고 거두어 준 이들이며, 위 없는 보리심을 내게 한 이들이며, 과거에 부처님 계신 곳에서 선근을 심었거나 온갖 지혜와 교묘한 방편으로 교화하여 성숙시킨 이들이다.

(39-0-7-2-4) 이익을 얻다

(39-0-7-2-4-1) 보살들이 여래의 경계에 들어가다

"그러므로 여래의 부사의한 깊은 삼매와 법계와 허공계의 큰 신통한 힘에 들어갔다. 법의 몸에 들기도 하고 육신에 들기도 했다. 과거에 성취한 행에 들기도 하고 원만한 여러 완성에 들기도 했다. 장엄하고 청정한 행에 들기도 하고 보살의 여러 지위에 들기도 했다. 정각을 이루는 힘에 들기도 하고 부처님이 머무는 삼매와 차별없는 큰 신통변화에 들기도 했다. 여래의 힘과 두려움 없는 지혜에 들기도 하고 부처님의 걸림이 없는 변재바다에 들기도 했다. 보살들이 갖가지 이해와 도와 문과 들어감과 이치와 따라줌과 지혜와 도의 도움과 방편과 삼매로 수없이 많은 부처 세계의 한량없는 부처님의 신통변화바다의 방편문에 들어가는 것이다."

(39-0-7-2-4-2) 보살들의 백 가지 삼매

"무엇을 갖가지 삼매라 하는가? 법계를 두루 장엄하는 삼매, 삼세의 걸림없는 경계를 널리 비추는 삼매, 법계의 차별이 없는 지혜광명삼매, 여래의 경계에 들어가는 흔들리지 않는 삼매, 끝이 없는 허공을 두루 비추는 삼매, 여래의 힘에 들어가는 삼매, 부처의 두려움 없는 용맹으로 기운 뻗고 장엄하는 삼매, 법계의 구르는 광삼매, 달과 같이 법계에 걸림 없는 음성으로 연설하는 삼매, 법계를 청정하게 하는 광명삼매, 걸림 없는 비단법왕당기삼매, 세간에 몸을 나타내는 삼매, 여래의 차별 없는 경계에 들어가는 삼매, 법에 자취가 없음을 아는 삼매, 법이 끝까지 고요함을 아는 삼매, 자유자재로 변하여 세간에 나타나는 삼매, 세계에 두루 들어가는 삼매, 부처의 세

계를 장엄하고 정각을 이루는 삼매, 일체 중생의 경계를 보는데 걸림이 없는 삼매 등이다.

보살이 이렇게 말할 수 없는 부처 세계의 수없이 많은 삼매로 잠깐 동안 비로자나여래의 법계에 가득한 삼매의 신통변화바다에 들어간다."

(39-0-7-2-4-3) 광명을 보고 덕을 갖추다

"보살들은 모두 큰 지혜와 신통을 구족했으니 밝고 예리함이 자유자재하여 여러 지위에 머문다. 광대한 지혜로 모든 것을 두루 보며, 지혜의 성품으로 났으며, 온갖 지혜가 항상 앞에 나타나서 어리석음을 벗어나 청정한 지혜의 눈을 얻었다. 여러 중생을 다스리는 스승이 되어 부처님의 평등한 곳에 머무르며, 법에 분별이 없으며, 경계를 분명히 통달하여 세간의 성품이 고요하여 의지한 곳이 없음을 안다. 부처의 국토에 두루 나아가지만 집착이 없으며, 법을 관찰하나 머무름이 없다. 묘한 법의 궁전에 두루 들어가지만 오는 바가 없으며, 세간을 교화하고 조복시켜 여러 중생에게 편안한 곳을 나타냈다. 그의 행함은 지혜의 해탈을 향하여 항상 지혜의 몸으로 탐욕을 떠난 경계에 머물며, 생사의 바다를 넘어 진실한 경계를 보이고 지혜의 빛이 원만하여 법을 널리 본다. 삼매에 머물러 견고하여 요동하지 않고 중생을 가엾게 여긴다. 법문은 환상과 같고 중생은 꿈같고 여래는 그림자 같고 말은 메아리 같고 법은 변화와 같음을 안다. 원과 행을 잘 모으고 지혜가 원만하고 방편이 청정하여 마음이 매우 고요하다. 총지의 경계에 잘 들어가고 삼매의 힘을 구족하여 용맹하고 겁이 없다. 밝은 지혜의 눈을 얻어 법계의 경계에 머물고 온갖 법이 얻을 것 없는 데 이른다. 끝없는 지혜의 바다를 닦고 익혀서 지혜바라밀을 터득한다. 신통바라밀로 세간에 널리 들어가고 삼매바라밀에 의지하여 마음이 자재함을 얻었다.

뒤바뀌지 않는 지혜로 이치를 알고 교묘하게 분별하는 지혜로 법장을 열어 보인다. 드러나게 아는 지혜로 글을 해석하고 큰 서원의 힘으로 법을 말하여 다하지 않는다. 두려움이 없는 큰 사자후로 의지한 데 없는 법을 관찰하기 좋아하고 깨끗한 법눈으로 모든 것을 두루 본다. 깨끗한 지혜달로 세간이 생기고 무너지는 것을 본다. 지혜의 빛으로 진실한 이치를 비추며, 복덕과 지혜는 금강으로 된 산과 같아 온갖 비유로 미칠 수 없고 법을 잘 관찰하여 지혜의 뿌리가 증장한다. 용맹하게 정진하여 여러 가지 마를 꺾어 부수고 한량없는 지혜는 위엄과 광채가 치성하여 세간에서 뛰어났다. 법에 걸림 없는 지혜를 얻어 다함이 없는 경계를 잘 알고 넓은 경계에 머물러 진실한 경계에 들어간다. 형상 없이 관찰하는 지혜가 항상 앞에 나타난다.

교묘하게 보살들의 행을 성취하고 둘이 없는 지혜로 여러 경계를 안다. 세간의 여러 길을 두루 보고 모든 부처님의 국토에 가고 지혜 등불이 원만하여 모든 법에 어둡지 않다. 깨끗한 법의 광명을 놓아 시방의 세계를 비추고 여러 세간의 진실한 복밭이 되거나 듣는 이는 소원을 이룬다. 복덕이 높고 크서 세간에서 뛰어났고 용맹하고 두려움 없어 외도들을 굴복시킨다. 미묘한 음성이 모든 세계에 두루했다. 부처님을 뵙는 마음은 싫어할 줄 모르고 부처님의 법의 몸에는 이미 자유자재했다. 교화할 중생을 따라 몸을 나타내니 한몸으로 모든 부처님 세계에 가득했다.

자재하여 청정한 신통을 얻었고 큰 지혜의 배를 타고 가는 곳마다 걸림이 없다. 지혜가 원만하여 법계에 두루하니 마치 해가 떠서 세간에 비치면 중생의 마음을 따라 빛과 형상을 나타내듯 중생의 근성과 욕망을 알고 모든 법이 다툼이 없는 경계에 들어간다. 법의 성품이 남도 없고 일어남도 없음을 알아 크고 작은 것에 자유자재하여 서로 들어가게 한다.

부처님 지위의 깊은 뜻을 분명히 알고 다함 없는 글귀로 매우 깊은 이치를 말하되 한 구절 가운데 다라니바다를 연설한다. 큰 지혜의 다라니 몸을 얻어 배워 지닌 것을 영원히 잊지 않는다. 한 생각에 한량없는 겁 동안의 일을 기억하고 한 생각에 삼세 중생의 지혜를 안다. 항상 온갖 다라니 문으로 끝이 없는 부처님의 법바다를 연설하고 항상 물러가지 않는 청정한 법륜을 굴리어 중생들이 지혜를 내게 했다.

부처 경계의 지혜광명을 얻어서 잘 보는 깊은 삼매에 들어간다. 법의 장애가 없는 경계에 들어가 온갖 법의 훌륭한 지혜가 자재한다. 경계가 청정하게 장엄되어 시방의 법계에 두루 들어가되 어느 장소에나 이르지 않는 데가 없다. 티끌마다 바른 깨달음을 이루며 색의 성품이 없는 데서 온갖 색을 나타내며 방위를 한 방위에 넣는다.

그 보살들이 이와 같이 그지없는 공덕의 장을 갖추어 항상 부처님의 칭찬을 들었다. 여러 가지 말로 그 공덕을 말해도 다할 수 없으며, 제타숲속에 있으면서 여래의 공덕 바다에 들어가서 부처님의 광명이 비치는 것을 보았다.

(39-0-7-2-5) 보살들이 은혜를 입고 공양을 올리다

이때 보살이 부사의한 바른 법의 광명을 얻고 매우 기뻐했다. 광명은 몸과 누각의 장엄 거리와 앉아 있는 사자좌등 제타숲의 물건에 두루했으며, 가지각색 장엄구름을 나타내어 시방 법계에 충만했다. 잠깐 동안에 큰 광명구름을 놓아 시방에 가득하여 중생을 깨우치며, 마니보배와 풍경구름을 내어 시방에 가득하여 미묘한 음성으로 삼세 부처님들의 공덕을 일컬어 찬탄하며, 음악구름을 내어 시방에 가득하여 그 음성 속에서 중생의 업과 과보를 연설했다.

보살의 여러 가지 원과 행의 빛깔구름을 내어 시방에 가득하여 보살들이 가진 큰 원(願)을 말하며, 여래의 마음대로 변화하는 구름을 내어 시방에 가득하여 여래의 음성을 내며, 보살의 잘 생긴 모습으로 장엄한 몸 구름을 내어 시방에 가득하여 여래의 국토가 생긴 차례를 말하며, 삼세 여래의 도량구름을 내어 시방에 가득하여 모든 여래께서 등정각을 이루는 공덕장엄을 나타내며, 용왕 구름을 내어 시방에 가득하여 온갖 향의 비를 내리며, 세간 임금의 몸 구름을 내어 시방에 가득하여 보현보살의 행을 연설하며, 보배로 장엄하여 청정한 부처 세계 구름을 내어 시방에 가득하여 여래의 바른 법륜의 굴림을 나타냈다.

이 보살들이 부사의한 법의 광명을 얻었으므로 수없이 많은 부처 세계의 티끌 수의 큰 신통변화로 장엄한 구름을 일으키는 것이다.

(39-0-8) 문수보살이 제타숲의 일을 찬탄하다

이때 문수보살이 부처님의 신력으로 제타숲에서 여러 신통변화한 일을 거듭 펴려고 시방을 관찰하고 게송을 말했다.

법륜의 핵심 제타숲이 / 부처님의 신력으로 끝없이 넓고
온갖 장엄을 다 나타내어 / 시방의 법계에 가득하네.

시방의 한량없는 모든 국토에 / 수만 가지 종류를 모두 장엄해
거기 있는 사자좌들 경계 가운데 / 온갖 모양 분명히 다 나타나네.

수없는 불자들의 털구멍에서 / 갖가지 장엄한 불꽃구름과
여래의 미묘한 음성을 내어 / 시방의 모든 세계에 가득하네.

보배꽃나무에 몸을 나투니 / 잘 생긴 그 모습이 범천과 같고
선정에서 일어나 걸어다녀도 / 오고가는 거동이 항상 고요하네.

여래의 하나하나 털구멍 속에 / 변화하여 부사의한 몸을 나타내
모두가 보현보살 같이 / 갖가지 상호를 장엄했네.

제타숲 위에 있는 허공 중에서 / 여러 가지 장엄으로 소리를 내어
삼세 보살들이 닦아 이루신 / 갖가지 공덕바다 널리 말하네.

제타숲 속에 있는 보배나무도 / 한량없이 미묘한 음성을 내어
중생들의 갖가지 업의 바다가 / 제각기 차별함을 말하고 있네.

제타숲 속에 있는 여러 경계가 / 삼세의 여래들을 다 나타내어
저마다 큰 신통을 일으키는 일 / 시방의 사바세계 티끌과 같네.

시방에 널려 있는 갖가지 국토 / 모든 세계바다의 티끌 수들이
여래의 털구멍에 다 들어가서 / 차례로 장엄함을 모두 보네.

모든 장엄 속에 나타낸 부처님이 / 중생과 같은 수가 세간에 가득하고
부처마다 큰 광명을 모두 놓아서 / 갖가지로 마땅하게 중생을 교화하네.

향불꽃과 보배광과 여러 가지 꽃 / 갖가지로 미묘하게 장엄한 구름
광대하여 허공과 같은 것들이 / 시방의 국토들에 가득하네.

시방세계 삼세의 모든 부처님 / 여러 가지 장엄한 묘한 도량이
이 동산의 제타숲 경계 가운데 / 갖가지 모양들이 다 나타나네.

수많은 보현보살과 모든 불자가 / 백천만 겁 동안 장엄한 세계
그 수가 중생같이 한량없지만 / 이 제타숲 속에서 모두 본다.

(39-0-9) 큰 작용은 끝이 없다
(39-0-9-1) 삼매 광명으로 세간의 주인 형상을 나타내다

　그때 보살들은 부처님의 삼매 광명의 빛을 받아 같은 삼매에 들어
갔다. 제각기 수없이 많은 부처 세계의 티끌 수만큼 가엾게 여기는
문을 얻어 중생을 이익되게 하고 안락하게 했다. 몸에 있는 털구멍
마다 말할 수 없는 부처 세계의 티끌 수 광명을 내고, 낱낱의 광명
에서 말할 수 없는 부처 세계의 티끌 수 보살들을 변화하여 나타냈
다. 그 형상이 세간의 임금과 같으며, 일체 중생의 앞에 나타나 시
방 법계에 가득 차 여러 가지 방편으로 교화하고 조복시켰다.

(39-0-9-2) 가지가지의 문을 나타내다

수없이 많은 부처 세계에서 수많은 하늘궁전의 무상한 문을 나타
내고, 중생의 태어나는 문, 보살의 수행하는 문, 꿈 경계의 문, 보
살의 큰 서원문, 세계를 진동시키는 문, 세계를 분별하는 문, 세계
가 지금 생기는 문을 나타냈다.

(39-0-9-3) 십바라밀과 지혜의 문을 나타내다

수없이 많은 부처 세계의 티끌 수의 보시바라밀문을 나타내고, 여
래가 공덕을 닦아 가지가지로 고행하는 지계바라밀문을 나타냈다.
온몸을 도려내는 인욕바라밀문, 부지런히 닦는 정진바라밀문, 보살
들이 삼매를 닦는 선정해탈문, 부처의 도가 원만한 지혜의 광명문
을 나타냈다.

수없이 많은 부처 세계의 티끌 수의 불법을 구하면서, 한 글귀 한
토를 위해 무수한 몸과 목숨을 버리는 문, 부처님을 친근하여 법을
물으면서도 고달픈 생각이 없는 문, 중생의 시절과 욕망을 따라 있
는 곳에 나아가서 방편을 성숙시켜 온갖 지혜바다의 광명에 머물게
하는 문, 마를 항복받고 외도를 잘 다스려 보살의 복과 지혜의 힘을
드러내는 문, 기술을 아는 밝은 지혜의 문, 중생의 차별을 아는 밝
은 지혜의 문, 법의 차별을 아는 밝은 지혜의 문, 중생이 마음으로
좋아하여 차별함을 아는 밝은 지혜의 문, 중생이 근성과 행동과 번
뇌와 습기를 아는 밝은 지혜의 문, 중생의 갖가지 업을 아는 밝은
지혜의 문, 모든 중생을 깨우치는 문을 나타냈다.

(39-0-9-4) 방편으로 곳곳에 가서 중생을 이익되게 하다

이와 같은 말할 수 없는 부처 세계의 티끌 수 방편문으로 중생이 있는 곳에 나아가 깨달음을 성숙하게 했다. 천궁에도 가고, 용궁에도 가고, 야차·건달바·아수라·가루라·긴나라·마후라가 궁에도 가고 범천왕 궁에도, 인간의 왕궁에도, 염라대왕의 궁에도 가고 축생·아귀·지옥에도 갔다.

평등한 자비와 원과 지혜와 방편으로 중생들을 거두어 주었다. 보고 조복되는 이도 있고 듣고 조복되는 이도 있고 생각하고 조복되는 이도 있으며 음성을 듣고 조복되기도 하고 이름을 듣고 조복되기도 하고 둥근 광명을 보고 조복되기도 했다. 광명 그물을 보고 조복되기도 하며, 중생들의 마음에 좋아함에 의해 그들의 처소에 나아가 이익을 얻게 했다.

(39-0-9-5) 보살이 중생을 위해 여러 가지 분신을 나타내 보이다

"불자여, 제타숲에 있는 보살이 중생들을 성숙시키기 위해 어떤 때는 갖가지로 장엄한 궁전에 있기도 하고, 자기의 누각에서 사자좌에 앉아 있기도 하고, 도량에 모인 대중에 둘러싸여 시방에 두루 하여 여럿이 보게 하지만 이 제타숲 여래의 처소를 떠나지 않았다.

불자여, 보살들이 어떤 때는 한량없는 화신(化身) 구름을 나타내기도 하고 동무가 없는 혼자 몸을 나타내기도 했다. 사문의 몸, 바라문의 몸, 고행하는 몸, 성숙한 몸, 의사의 몸, 장사 주인의 몸을 나타내기도 했다. 깨끗이 생활하는 몸, 배우의 몸, 하늘을 섬기는 몸, 솜씨좋은 기술자의 몸을 나타내어 시골과 도시와 수도와 마을에 있는 중생들의 처소에 가서 갖가지 형상과 위와 음성과 언론으

로 인다라 그물[帝網]과 같은 세간에서 보살의 행을 행했다. 세간의 공교한 사업을 말하며, 지혜로 세상을 비추는 등불을 말하며, 중생의 업력(業力)으로 장엄하는 것을 말하며, 시방 국토에서 여러 가지 승(乘)을 세우는 지위를 말하며, 이와 같이 지혜 등불을 비추는 법의 경계를 말했다. 일체 중생을 교화하여 성취하면서도 이 제타숲 여래의 처소를 떠나지 않았다."

(39-00) 화엄경을 열다
(39-00-1) 문수보살
(39-00-1-1) 문수보살이 도반들과 남쪽으로 향하다
(39-00-1-1-1) 부처님 처소에 함께 온 이들

그때 문수보살이 선주누각(善住樓閣)에서 나와 함께 수행하는 보살, 항상 따르며 시위하는 금강신들, 중생들을 위해 부처님께 공양하는 신중신(身衆神)들, 오래전부터 굳은 서원으로 항상 시중드는 족행신(足行神)들, 묘한 법을 듣기 좋아하는 땅을 맡은 신들, 항상 대자비를 닦는 물을 맡은 신들, 지혜 빛으로 비추는 불을 맡은 신들, 마니로 관을 만든 바람을 맡은 신들, 시방의 모든 의식을 잘 아는 방위를 맡은 신들, 무명의 어둠을 전력으로 제멸하는 밤을 맡은 신들, 일심으로 부처님해를 쉬지 않고 밝히는 낮을 맡은 신들, 법계의 모든 허공을 장엄하는 허공을 맡은 신들, 중생을 건져 생사의 바다를 뛰어나게 하는 바다를 맡은 신들, 온갖 지혜와 도를 돕는 선근을 부지런히 모으는 높고 큰 산과 같은 산을 맡은 신들과 중생의 보살마음성(城)을 부지런히 수호하는 성을 맡은 신들, 온갖 지혜와 위없는 법의 성을 부지런히 수호하는 용왕들, 중생을 부지런히 수호

하는 야차왕들, 중생들을 항상 즐겁게 하는 건달바왕들, 아귀의 길을 항상 제멸하는 구반다왕들, 중생을 구제하여 생사의 바다에서 뛰어나게 하는 가루라왕들, 여래의 몸을 성취하여 세간에서 뛰어나는 아수라왕들, 부처님을 뵈옵고 환희하여 허리 굽혀 공경하는 마후라가왕들, 생사를 싫어하고 부처님 뵙기를 좋아하는 천왕들, 부처님을 존중하여 찬탄하고 공양하는 대범천왕들과 함께 했다.

문수보살은 이러한 공덕으로 장엄한 보살들과 자기가 있던 곳에서 떠나 부처님 계신 곳으로 와서 부처님 오른쪽으로 한량없이 돌고 모든 공양거리로 공양했다. 공양을 마치고 남쪽으로 인간세계를 향해 떠났다.

(39-00-1-2) 문수보살이 복성의 동쪽 장엄당사라숲에 머물다

(39-00-1-2-1) 문수보살이 보조법계경을 설하여 용들을 제도하다

문수보살이 비구들에게 위없는 바른 보리심을 내게 하고 점점 남쪽으로 가다가 복성(福城)의 동쪽에 이르러 장엄당사라숲[莊嚴幢娑羅林]에 머물렀다. 이곳은 옛적에 부처님들이 계시면서 중생을 교화하던 큰 탑이 있는 곳이다. 부처님께서도 과거에 보살행을 닦으면서 버리기 어려운 것을 모두 버리시던 곳이다. 그래서 이 숲은 부처님 세계에 소문이 널리 나 있었다. 하늘, 용, 야차, 건달바, 아수라, 가루라, 긴나라, 마후라가 등의 공양이 끊임없이 이어졌다.

그때 문수보살이 권속들과 함께 이곳에 이르러서 '법계를 두루 비추는 경[修多羅]'을 말씀하니, 한량없는 용들과 복성 사람들이 무리를 지어 모여 들었다.

(39-00-1-2-2) 문수보살이 선재동자의 내력을 살피다

문수보살은 복성 사람들을 위해 그들이 좋아하는 마음에 따라 자유자재한 몸을 나타냈다. 위풍이 찬란하여 대중들을 가렸으며, 자재하여 인자함으로 그들을 서늘하게 하며, 자재하게 가엾이 여김으로 법을 말할 생각을 하게했다. 자재한 지혜로 그 마음을 알고 광대한 변재로 법을 말했다.

그 가운데 선재동자가 있었는데, 그는 과거 여러 부처님께 공양하며 선근을 많이 심었고, 믿고 이해함이 커서 여러 선지식을 항상 가까이 했다. 행동과 말과 생각에 허물이 없고, 보살의 도를 깨끗이 하며, 지혜를 구하여 불법의 그릇을 이루었고, 마음이 청정하기가 허공과 같으며 보리에 회향하여 장애가 없었다.

(39-00-1-2-3) 문수보살이 선재동자를 위해 법을 설하다

문수보살이 선재동자를 살펴보고 위로하고 격려하면서 부처님의 법을 설했다. 부처님의 모으는 법과 계속하는 법[相續法]과 차제법을 말했다. 또한 모인 대중에게 청정한 법을 말하고, 법륜으로 교화하는 법을 말했다. 육신이 잘 생긴 모습을 받는 법을 말하고, 법의 몸을 성취하는 법을 말하고, 말씀하는 변재의 법을 말하고, 광명을 비추는 법을 말하고, 평등하여 둘이 없는 법을 말했다.

그때 문수보살은 선재동자와 대중들을 위해 이런 법을 말하고 은근하게 권하여 믿음이 늘게 하며, 그들을 기쁘게 하여 위없는 바른 보리심을 내게 했으며, 또 과거에 심은 선근을 기억하게 했다.

(39-00-1-3) 선재동자가 보리심을 발하여 게송을 말하다
(39-00-1-3-1) 고해에 빠진 것을 탄식하다

이때 선재동자는 문수보살에게 부처님의 여러 가지 공덕을 듣고 한결같은 마음으로 위없는 바른 보리를 구하며 문수보살을 따르면서 게송을 말했다.

삼계의 생사는 성곽이 되고 / 교만한 마음은 담장이며
여러 길은 문이 되고 / 사랑의 물이 해자[池]가 되었습니다.

어리석은 어둠에 덮혀 / 탐욕과 성내는 불이 치성하니
마왕은 임금이 되어 / 어리석고 몽매한 이들이 의지하고 있습니다.

탐심과 애욕은 묶는 노끈이며 / 아첨과 속이는 일은 고삐가 되며
의혹의 눈을 가리어 / 삿된 길로 나아가게 합니다.

간탐과 질투와 교만이 많아 / 지옥 아귀 축생의 삼악취(三惡趣)에 들어가고
이러한 나쁜 길에 떨어지면 / 나고 늙고 병들고 죽는 고통뿐입니다.

(39-00-1-3-2) 사람을 찬탄하고 법을 구하다
묘한 지혜를 가진 청정한 해님이여! / 가엾이 여기는 원만한 바퀴로
번뇌의 바다 여의게 하여 / 바라건대 나를 보살펴 주소서.

묘한 지혜를 가진 청정한 달님이여! / 인자하고 티 없는 바퀴로

모든 이를 안락하게 하니 / 바라건대 나를 비춰 주소서.

온갖 법계의 왕이시여! / 법보(法寶)로 길잡이 삼아
걸림 없이 허공을 다니시니 / 바라건대 나를 가르쳐 주소서.

복 많고 지혜 많은 장사 주인[商主]이여! / 용맹하게 보리 구하여
중생들을 이익되게 하니 / 바라건대 나를 보호하소서.

인욕의 갑옷 입으시고 / 손에는 지혜의 검을 들어
마군을 자재하게 항복 받으시니 / 바라건대 나를 구제하소서.

불법이 머무는 수미산 꼭대기에서 / 선정의 시녀들을 항상 모시고
번뇌의 아수라 멸하시니 / 제석(帝釋)이여, 나를 보살피소서.

삼계의 생사는 범부의 집이며 / 의혹과 짓는 업은 삼악취의 원인
보살께서 모두 조복 시키시니 / 등불처럼 나의 길 비춰 주소서.

세간을 초월하신 이여! / 여러 나쁜 길 여의시고
모든 착한 길 깨끗하게 하여 / 해탈의 문을 보여 주소서.

세간의 뒤바뀐 고집 / 항상하고 즐겁고 나[我]이고 깨끗하다는 생각
지혜의 눈으로 모두 여의고 / 해탈의 문을 열어 주소서.

바른 길과 삿된 길 잘 아시고 / 분별하는 마음 겁이 없으며

온갖 것 다 아시는 이여 / 보리의 길을 가르쳐 주소서.

부처님의 바른 소견에 머물고 / 부처님의 공덕나무를 기르며
부처님 법의 묘한 꽃비 내리시니 / 보리의 길을 보여 주소서.

과거 현재 미래의 부처님 / 모든 곳에 두루하시어
해가 세상에 뜬 듯하시니 / 그 길을 말씀하소서.

온갖 업 잘 아시고 / 여러 승의 수행을 통달하시니
결정한 지혜를 가진이여 / 대승의 길을 보여 주소서.

(39-00-1-3-3) 법을 찬탄하고 법의 수레를 구하다
서원은 바퀴, 자비는 속바퀴 / 신심은 굴대[軸] 참는 건 굴대빗장
공덕 보배로 잘 꾸미시니 / 그 수레에 나를 태워 주소서.

다 지닌[總持] 광대한 수레방[箱] / 자비로 장엄한 덮개
변재의 풍경 잘 울리니 / 그 수레에 나를 태워 주소서.

청정한 범행(梵行)은 돗자리가 되고 / 삼매는 모시는 궁녀들이며
법북의 아름다운 소리 울리니 / 그 수레에 나를 태워 주소서.

네 가지 거둬 주는 다함없는 장(無盡藏) / 공덕은 장엄한 보배
부끄러움은 굴레와 고삐 / 그 수레에 나를 태워 주소서.

보시하는 바퀴 항상 굴리며 / 깨끗한 계율의 향을 바르고
참음으로 굳게 꾸몄으니 / 그 수레에 나를 태워 주소서.

선정과 삼매는 수레방[箱]이며 / 지혜와 방편은 멍에가 되어
물러나지 않도록 조복시키니 / 그 수레에 나를 태워 주소서.

큰 서원은 청정한 바퀴 / 다 지니는 견고한 힘
지혜로 이루어졌으니 / 그 수레에 나를 태워 주소서.

보현의 행으로 두루 장식했고 / 자비한 마음 천천히 굴려서
어디로 가나 겁이 없으니 / 그 수레에 나를 태워 주소서.

견고하기는 금강과 같고 / 공교하기는 환술과 같아
모든 것에 장애가 없으니 / 그 수레에 나를 태워 주소서.

법계는 광대하고 매우 청정해 / 중생에게 즐거움을 주는 일
허공이나 법계가 평등하니 / 그 수레에 나를 태워 주소서.

업과 번뇌를 깨끗이 하며 / 헤매는 고통 끊어 버리고
마와 외도를 꺾어 부수니 / 그 수레에 나를 태워 주소서.

지혜는 시방에 가득하고 / 장엄은 법계에 두루하여
중생의 소원 만족하게 하니 / 그 수레에 나를 태워 주소서.

2

청정하기 허공과 같아 / 애욕과 소견 없애 버리고
모든 중생을 이익되게 하니 / 그 수레에 나를 태워 주소서.

서원의 힘은 빠르게 가고 / 선정의 마음 편안히 앉아
모든 중생을 옮기시니 / 그 수레에 나를 태워 주소서.

땅과 같아 흔들리지 않고 / 물과 같아 모두 이익되게 하여
모든 중생을 옮기시니 / 그 수레에 나를 태워 주소서.

(39-00-1-3-4) 맺다
네 가지로 거둬 주는 원만한 바퀴 / 다 지니는 청정한 광명
이와 같은 지혜의 해를 / 나로 하여금 보게 하소서.

법왕의 지위에 이미 들었고 / 지혜의 관을 이미 쓰셨고
법의 비단을 머리에 맺으니 / 바라건대 나를 돌봐 주소서.

(39-00-1-4) 문수보살이 선재동자를 찬탄하다
　이때 문수보살은 코끼리가 한 번 돌듯이 선재동자를 보고 이렇게 말했다.
　"훌륭하고, 훌륭하다. 소년이여, 그대는 이미 위없는 바른 보리심을 냈고, 또 선지식을 가까이 하여 보살의 행을 물으며 보살의 도를 닦으려 한다. 소년이여, 선지식들을 친근하고 공양함은 온갖 지혜를 구족하는 첫째 인연이다. 그러므로 이 일에는 고달픈 생각을 내지 말라."

(39-00-1-4-1) 선재동자가 보살의 행을 묻다

"문수보살님. 보살은 어떻게 보살의 행을 배우며, 보살의 행을 닦으며, 보살의 행에 나아가며, 보살의 행을 행하며, 보살의 행을 깨끗이 하며, 보살의 행에 들어가며, 보살의 행을 성취하며, 보살의 행을 따라가며, 보살의 행을 생각하며, 보살의 행을 넓히며, 보현의 행을 빨리 원만케 하는 것입니까?"

(39-00-1-4-2) 문수보살이 보현의 행을 게송으로 권하다

　그때 문수보살이 선재동자를 위해 게송을 말했다.

착하다 공덕의 갈무리를 / 나에게 찾아와서
자비한 마음을 내고 / 위없는 깨달음을 구함이여.

원대한 서원을 이미 세웠고 / 중생의 괴로움을 없애려고
세상 사람을 위해 / 보살의 행을 닦네.

만일 어떤 보살이 / 생사의 괴로움을 싫어하지 않으면
보현의 도를 갖추어 / 아무도 깨뜨릴 수 없네.

복의 빛, 복의 위력 / 복의 처소, 복의 깨끗한 바다
그대는 중생을 위해 / 보현의 행을 닦으려 하네.

그대가 수없이 많은 / 시방의 부처님을 뵙고
법을 듣고 받아 지녀 / 결정코 잊지 않네.

그대 시방세계에서 / 한량없는 부처님 뵈옵고
모든 원력의 바다를 성취하면 / 보살의 행을 구족하리라.

방편의 바다에 들어가 / 부처의 보리에 머물면
스승을 따라 배워서 / 온갖 지혜를 이루게 되네.

그대 모든 세계에 두루하여 / 티끌 같은 겁 동안에
보현의 행을 닦아 / 보리의 도를 성취하네.

그대 한량없는 세계에서 / 끝없는 세월에
보현의 행을 닦으면 / 큰 서원을 이루리라.

한량없는 중생들 / 그대의 소원을 듣고 기쁘하며
보리심을 내어 / 보현의 법을 배우려 하네.

(39-00-1-5) 지혜를 성취하기 위해 선지식 찾기를 권하다

그때 문수보살이 이 게송을 말하고 선재동자에게 말했다.

"착하고 착하다. 소년이여. 그대가 이미 위없는 바른 보리심을 내고 보살의 행을 구하는구나. 소년이여, 어떤 중생이 위없는 바른 보리심을 내는 것은 매우 어려운 일이며 마음을 내고 또 보살의 행을 구하는 것은 더욱 어려운 일이다.

소년이여, 온갖 지혜를 성취하려거든 필히 선지식을 찾아야 한다. 소년이여, 선지식을 찾는 일에 고달프고 게으른 생각을 내지 말고, 선지식을 보고는 만족한 마음을 내지 말고, 선지식의 가르침을 그

대로 순종하고, 선지식의 교묘한 방편에 허물을 보지 말라.

소년이여, 여기서 남쪽으로 가면 승락(勝樂)이라는 나라가 있고, 그 나라에 묘봉(妙峯)이란 산이 있고, 산중에 덕운(德雲)비구가 있다. 그대는 그에게 가서 묻기를 '보살이 어떻게 보살의 행을 배우며, 보살의 행을 닦으며, 보살이 어떻게 보현의 행을 빨리 원만하게 합니까?'하고 물어라. 덕운비구는 자세히 말해 줄 것이다."

선재동자는 이 말을 듣고 기뻐서 어쩔 줄 몰랐다. 문수보살에게 엎드려 절하고 수없이 돌고 말없이 쳐다보며 눈물을 흘리고 하직하고 남쪽으로 떠났다.

II. 십주위 선지식

(39-1) 덕운비구(德雲比丘)

초발심주(初發心住)선지식

(39-1-1) 덕운(德雲) 비구를 뵙고 법을 묻다

승낙국에 가서 묘봉산에 올랐다. 그 산상에서 동·서·남·북으로 다니면서 살펴보았지만 덕운비구는 보이지 않았다. 칠 일이 지난 뒤에 그 비구가 다른 산 위에서 거니는 것을 보았다.

즉시 그 앞에 나아가 엎드려 발에 절하고 오른쪽으로 세 번 돌고 나서 말했다.

"거룩하신 이여, 저는 이미 위없는 바른 보리심을 발했으나, 보살이 어떻게 보살의 행을 배우며, 보살의 행을 닦거나 보살의 행을 빨리 성취하는지 알지 못합니다. 거룩하신 이께서 잘 가르쳐 주신다고 들었습니다. 바라건대 자비하신 마음으로 말씀해 주십시오. 어찌하면 보살이 위없는 바른 보리를 성취합니까?"

(39-1-2) 선재동자에게 법을 설하다

(39-1-2-1) 선재동자를 칭찬하다

덕운비구는 선재동자에게 말했다.

"착하고 착하다. 소년이여, 그대가 이미 위없는 바른 보리심을 냈고, 또 보살의 행을 물으니, 이것은 매우 어려운 일이다. 보살의 행을 구하는 것이며, 보살의 경계와 벗어나는 도와 청정한 도와 청정하고 광대한 마음과 성취한 신통과 해탈문을 구하는 것이다. 보살이 세간에서 짓는 업을 나타내는 것이며, 보살이 중생의 마음을 살펴 구하는 것이며, 보살의 생사와 열반의 문을 구하는 것이며, 보살이 유위와 무위를 관찰하여 마음에 집착이 없음을 구하는 것이다."

(39-1-2-2) 시방의 부처님을 뵙다

"소년이여, 나는 자유자재하고 이해하는 힘을 얻어서 믿는 눈이 청정하고 지혜의 빛이 밝게 비치므로 경계를 두루 관찰하여 모든 장애를 여의었으며, 교묘하게 관찰하여 눈이 크게 밝아서 청정한 행을 갖추었으며, 시방세계 모든 국토에 가서 여러 부처님을 공경하고 공양하며, 항상 모든 부처님을 생각하며, 모든 부처님의 바른 법을 지니고 시방의 모든 부처님을 뵙는다."

(39-1-2-3) 갖가지 수승한 염불문을 찬탄하다

"소년이여, 나는 부처님의 경계를 생각하여 지혜의 광명으로 두루 보는 법문을 얻었지만, 보살들의 끝이 없는 지혜로 청정하게 수행하는 문을 어떻게 알겠는가.

지혜의 빛으로 두루 비추는 염불문이니 부처님 국토의 갖가지 궁전을 청정하게 장엄함을 항상 보는 까닭이다. 일체 중생으로 하여금 생각하게 하는 염불문이니 중생들의 마음 따라 부처님을 뵙고 청정함을 얻게 하는 까닭이다. 힘에 편안히 머물게 하는 염불문이니 여래의 십력(十力)에 들게 하는 까닭이다. 법에 편안히 머물게 하는 염불문이니 한량없는 부처님을 보고 법을 듣는 까닭이다. 여러 방위에 밝게 비치는 염불문이니 세계에 차별이 없는 평등한 부처님 바다를 보는 까닭이다. 사람이 볼 수 없는 염불문이니 미세한 경계에 계시는 부처님들의 자유자재한 신통을 다 보는 까닭이다.

여러 겁에 머무는 염불문이니 모든 겁 동안에 여래의 하시는 일들을 항상 보고 잠시도 버리지 않는 까닭이다. 언제나 머무는 염불문이니 모든 시절에 여래를 항상 보고 친근하여 함께 있어서 잠깐도 떠나지 않는 까닭이다. 세계에 머무는 염불문이니 어디든지 부처님 몸은 온갖 것을 초과하여 평등함이 없음을 보는 까닭이다. 세상에 머무는 염불문이니 자기 마음이 좋아함을 따라서 삼세의 여래를 두루 보는 까닭이다. 경계에 머무는 염불문이니 온갖 경계에서 부처님이 차례로 출현하심을 보는 까닭이다. 고요한 데 머무는 염불문이니 잠깐 동안에 세계의 모든 부처님의 열반을 보는 까닭이다.

멀리 떠난 곳에 머무는 염불문이니 하루 동안 부처님이 머무시다 떠나가는 것을 보는 까닭이다. 광대한 데 머무는 염불문이니 낱낱의 부처님이 법계에 계심을 항상 마음으로 관찰하는 까닭이다. 미세한 데 머무는 염불문이니 한 털끝에 수없이 많은 여래가 나타나는 것을 그곳에 가서 섬기는 까닭이다. 장엄한 데 머무는 염불문이니 잠깐 동안에 부처님이 등정각을 이루고 신통변화를 나타내심을 보는 까닭이다. 하는 일에 머무는 염불문이니 부처님이 세간에 나타나서 지혜의 광명을 놓으며 법륜을 굴리심을 보는 까닭이다.

자유자재한 마음에 머무는 염불문이니 마음이 좋아함을 따라서 부처님이 형상을 나타내는 것을 아는 까닭이다. 자기의 업에 머무는 염불문이니 중생들의 업을 따라 형상을 나타내어 깨닫게 하는 줄을 아는 까닭이다. 신통 변화에 머무는 염불문이니 부처님이 앞으신 큰 연꽃이 법계에 두루 핀 것을 보는 까닭이다. 허공에 머무는 염불문이니 여래의 몸이 법계와 허공계를 장엄했음을 관찰하는 까닭이다. 이러하니 내가 어떻게 그 공덕의 행을 능히 알며 능히 말하겠는가.”

(39-1-3) 다음 선지식 찾기를 권하다

“소년이여, 남쪽에 해문(海門)이라는 나라가 있는데, 거기에 해운(海雲)비구가 있다. 그대는 그에게 가서 ‘보살이 어떻게 보살의 행을 배우며, 보살의 도를 닦습니까?’라고 물어라. 해운비구가 광대한 선근을 발하는 인연을 분별하여 말해 줄 것이다.

소년이여, 해운비구가 그대에게 광대한 도를 도와주는 지위에 들어가게 하며, 광대한 선근의 힘을 내게 하며, 보리심을 내는 원인을 말하며, 광대한 승(乘)의 광명을 내게 하며, 광대한 바라밀을 닦게 하며, 광대한 수행 바다에 들어가게 하며, 광대한 서원을 채워 주며, 광대하게 장엄하는 문을 깨끗하게 하며, 광대한 자비의 힘을 내게 해 줄 것이다.“

선재동자는 덕운비구의 발에 절 하고 오른쪽으로 여러번 돌고 살피면서 길을 떠났다.

(39-2) 해운비구(海雲比丘)
    제2 치지주(治地住)선지식

(39-2-1) 해운(海雲)비구를 뵙고 법을 묻다

(39-2-1-1) 법을 관찰하며 선지식을 찾다

그때 선재동자는 한결같은 마음으로 선지식의 가르침을 생각하여 바른 생각으로 지혜 광명의 문을 관찰했다. 바른 생각으로 보살의 해탈문을 관찰하고, 삼매문을 관찰하고, 바다의 문을 관찰했다. 바른 생각으로 부처님이 앞에 나타나는 문을 관찰하고, 부처님의 방위[方所]의 문을 관찰하고, 부처님의 법칙의 문을 관찰하고, 부처님의 허공계와 평등한 문을 관찰하고, 부처님의 차례로 나타나시는 문을 관찰하고, 부처님의 들어가신 방편의 문을 관찰했다. 점점 남쪽으로 가서 해문국에 이르렀다.

(39-2-1-2) 해운비구에게 보살의 길을 묻다

해운(海雲)비구가 있는 데 가서 엎드려 발에 절하고 오른쪽으로 여러번 돌고 합장하고 말했다.

"거룩하신 이여, 저는 이미 위없는 바른 보리심을 냈고, 위없는 지혜 바다에 들고자 하오나, 보살이 어떻게 세속의 집을 버리고 여래의 집에 나는지 모르고 있습니다. 어떻게 생사의 바다를 건너 부처님의 지혜바다에 들어가며, 어떻게 범부의 지위를 떠나 여래의 지위에 들어가며, 어떻게 생사의 흐름을 끊고 보살행의 흐름에 들어가며, 어떻게 생사의 바퀴를 깨뜨리고 보살의 서원 바퀴에 이르게 됩니까? 어떻게 악마의 경계를 없애고 부처의 경계를 나타내며,

어떻게 애욕바다를 말리고 자비바다를 채우게 하며, 어떻게 모든 어려움과 악취(惡趣)에 들어가는 문을 닫고 큰 열반의 문을 열게 하며, 어떻게 삼계(三界)의 성에서 벗어나 온갖 지혜의 성에 들어가며, 어떻게 모든 노리개[玩好物]를 버리고 일체 중생을 이익되게 할 수 있습니까?"

(39-2-2) 해운(海雲)비구가 선재동자에게 법을 설하다

(39-2-2-1) 보리심을 내는 자세에 대하여

해운비구가 선재에게 말했다.

"소년이여, 그대는 위없는 바른 보리심을 발했는가?"

"그렇습니다. 저는 이미 위없는 바른 보리심을 발했습니다."

"소년이여, 중생들이 선근을 심지 않으면 위없는 바른 보리심을 내지 못하니, 보현 법문의 선근 광명을 얻어야 한다. 참된 길인 삼매의 광명을 갖추어야 하며, 갖가지 광대한 복바다를 내야하며, 희고 깨끗한 법을 자라게 하는 데 게으름이 없어야 한다. 선지식을 섬기는 데 고달픈 생각을 내지 말아야 하며, 몸과 목숨을 돌보지 말고 재물을 쌓아 두는 일이 없어야 하며, 평등한 마음이 땅과 같아 높낮이가 없어야 하며, 항상 모든 중생을 사랑하고 가엾게 여겨야 하며, 항상 생사의 길을 생각하고 버리지 말아야 한다. 이렇게 여래의 경계를 관찰하기를 좋아해야 능히 보리심을 발할 수 있다."

(39-2-2-2) 보리심을 내는 것을 밝히다

"보리심을 낸다는 것은 크게 가엾게 여기는 마음을 냄이니 일체 중생을 널리 구원하는 까닭이다. 크게 인자한 마음을 냄이니 세간

을 다 같이 복되게 하는 까닭이다. 안락하게 하는 마음을 냄이니 중생들로 하여금 괴로움을 없애는 까닭이다. 이익케 하는 마음을 냄이니 중생이 나쁜 법을 떠나게 하는 까닭이다. 슬피 여기는 마음을 냄이니 두려워하는 이들을 보호하는 까닭이다. 걸림없는 마음을 냄이니 장애를 여의는 까닭이다. 광대한 마음을 냄이니 법계에 두루 가득하는 까닭이다. 그지없는 마음을 냄이니 허공 세계에 가지 않는 데가 없는 까닭이다. 너그러운 마음을 냄이니 여래를 다 뵙는 까닭이다. 청정한 마음을 냄이니 삼세법에 지혜를 어기지 않는 까닭이다. 지혜의 마음을 냄이니 온갖 지혜의 바다에 널리 들어가는 까닭이다."

(39-2-2-3) 바다가 주는 교훈

"소년이여, 내가 이 해문국에 있은 지가 12년 인데 항상 바다로 경계를 삼았다.

바다가 광대하여 한량이 없음을 생각하며, 바다가 매우 깊어서 측량할 수 없음을 생각하며, 바다가 점점 깊고 넓어짐을 생각하며, 바다에 한량없는 보물들이 기묘하게 장엄함을 생각하며, 바다에 한량없는 물이 고였음을 생각하며, 바다의 물빛이 같지 않아 헤아릴 수 없음을 생각했다. 바다는 한량없는 중생이 사는 곳인 줄 알며, 바다는 갖가지 몸이 큰 중생을 있게 함을 생각하며, 바다는 큰 구름에서 내리는 비를 모두 받아둠을 생각하며, 바다는 늘지도 않고 줄지도 않음을 생각했다."

(39-2-2-4) 바다에서 큰 연꽃이 솟다

(39-2-2-4-1) 연꽃의 장엄공양과 예배공양

"소년이여, 나는 또 이렇게 생각했다.

'이 세상에는 이 바다보다 더 넓은 것이 있는가, 이 바다보다 더 한량없는 것이 있는가, 이 바다보다 더 깊은 것이 있는가, 이 바다보다 특수한 것이 있는가?'

(39-2-2-4-2) 연꽃 위에 앉아 계시는 부처님

그때 연꽃 위에 부처님이 가부좌하고 있으셨는데, 몸의 크기가 형상 세계의 꼭대기까지 이르렀고, 보배연꽃자리와 도량에 모인 대중의 거룩한 모습과 잘 생기고 원만한 모습과 신통변화와 빛깔이 청정함과 볼 수 없는 정수리와 넓고 긴 혀와 교묘한 말씀과 원만한 음성과 끝이 없는 힘과 청정하여 두려움 없음과 광대한 변재도 헤아릴 수 없었다. 그 부처님이 옛날에 여러 가지 행을 닦으심과 자재하게 도를 이룸과 묘한 음성으로 법을 말함과 여러 문으로 나타나서 갖가지로 장엄함과 좌우로 보는 것에 차별함과 모든 것을 이익되게 하여 원만함도 헤아릴 수 없었다.

그때 부처님께서 오른손을 펴서 내 정수리를 만지시고 나에게 보안법문(普眼法門)을 연설하여 여래의 경계를 열어 보였다. 보살의 행을 드러내며 부처의 묘한 법을 열어 밝히니 법륜이 다 그 가운데 들었다. 부처님의 국토를 깨끗이 하고 외도의 삿된 이론을 부수고 마의 군중을 멸하여 중생들을 기쁘게 하며, 중생의 마음과 행을 비추고 중생의 근성을 분명히 알아 중생들의 마음을 깨닫게 했다."

(39-2-2-5) 해운비구가 법문을 설하다

"내가 그 부처님이 계신 곳에서 이 법문을 듣고 받아 지녀 읽고 외우고 기억하고 관찰한 것을 어떤 사람이 바닷물로 먹을 삼고 수미산으로 붓을 삼아 이 보안법문의 한 품 가운데 한 문(門)이나, 한 구절을 쓴다 하여도 다 쓸 수 없거늘, 어떻게 이 법문을 다 쓸 수 있겠는가?

소년이여, 내가 그 부처님 계신 곳에서 1천2백 년 동안 보안법문을 받아지녔다. 날마다 듣는 다라니광명으로 수없는 품(品)을 받아들이고, 적정문(寂靜門)다라니광명으로 수없는 품에 나아가고, 무변시(無邊旋)다라니광명으로 수없는 품에 두루 들어가고, 곳을 따라 관찰하는 다라니 광명으로 수없는 품을 분별하고, 위엄과 역(力)다라니 광명으로 수없는 품을 널리 거둬 가지고, 연꽃장엄다라니광명으로 수없는 품을 끌어내고, 청정한 음성다라니 광명으로 수없는 품을 연설하고, 허공장다라니 광명으로 수없는 품을 드러내 보이고, 광취(光聚)다라니 광명으로 수없는 품을 넓히고, 해장[海藏]다라니 광명으로 수없는 품을 해석했다.

하늘이나 하늘왕이나 용이나 용왕이나 야차나 야차왕이나 건달바나 건달바왕이나 아수라나 아수라왕이나 가루라나 가루라왕이나 긴나라나 긴나라왕이나 마후라가나 마후라가왕이나 사람이나 사람왕이나 범천이나 범천왕 등 어떤 중생이든지 오면, 그들을 위해 이 법문을 열어 보이고 해석하고 선양하고 찬탄하여 사랑하고 좋아하게 했다. 이 부처님들의 보살행 광명인 보안법문에 들어가 편안히 머물게 했다."

(39-2-3) 수승한 법을 찬탄하다

"소년이여, 나는 보안법문을 알지만 저 보살들은 모든 보살행의 바다에 깊이 들어가며, 그 원력을 따라서 수행하는 까닭이다. 서원 바다에 들어가며, 한량없는 세월 동안 세간에 머문 까닭이다. 중생 바다에 들어가며, 그 마음을 따라 널리 이익케 하는 까닭이다. 중생 의 마음바다에 들어가며, 십력과 걸림없는 지혜광(光)을 내는 까닭 이다. 중생의 근성바다에 들어가며, 때를 맞추어 교화하여 조복하 는 까닭이다.

세계바다에 들어가며, 본래의 서원을 성취하여 부처님 세계를 깨 끗이 장엄하는 까닭이다. 부처님바다에 들어가며 여래께 항상 공양 하기를 원하는 까닭이다. 법바다에 들어가며, 지혜로 깨닫는 까닭 이다. 공덕바다에 들어가며, 낱낱이 수행하여 구족케 하는 까닭이 다. 중생의 말씀바다에 들어가며, 세계에서 바른 법륜을 굴리는 까 닭이다. 내가 어떻게 이러한 공덕의 행을 능히 알고 능히 말하겠는 가."

(39-2-4) 다음 선지식 찾기를 권하다

"소년이여, 여기서 남쪽으로 60유순 가면 능가산으로 가는 길 옆 에 해안[海岸] 마을이 있다. 그곳에 선주(善住)라는 비구가 있다.

그대는 그에게 가서 '보살이 어떻게 보살의 행을 깨끗하게 합니 까?'라고 물어라."

그때 선재동자는 해운비구의 발에 절하고 오른쪽으로 여러번 돌 고 우러러보면서 물러갔다.

(39-3) 선주비구(善住比丘)

　　제3 수행주(修行住) 선지식

(39-3-1) 선주(善住)비구를 뵙고 법을 묻다

(39-3-1-1) 법문을 생각하며 선지식을 찾다

　그때 선재동자는 오로지 선지식의 가르침만 생각했다. 보안법문을 생각했으며, 부처님의 신통한 힘을 생각했으며, 법문의 글귀를 지녔으며, 법바다의 문에 들어갔으며, 법의 차별을 생각했으며, 법의 소용돌이에 깊이 들어갔으며, 법의 허공에 널리 들어갔으며, 법의 가림을 깨끗이 했으며, 법보가 있는 데를 관찰하면서 남쪽으로 가다가 능가산으로 가는 길 옆에 있는 해안마을에 이르러 시방을 살피면서 선주(善住) 비구를 찾았다.

(39-3-1-2) 선주비구에게 보살의 길을 묻다

　선재동자는 이런 일을 보고 마음이 환희로워 합장 예경하고 이렇게 말했다.

　"거룩하신 이여, 저는 이미 위없는 바른 보리심을 냈으나 보살이 어떻게 불법을 수행하며, 불법을 모으며, 불법을 갖추며, 불법을 익히며, 불법을 증장하며, 불법을 모두 거두며, 불법을 끝까지 마치며, 불법을 깨끗이 다스리며, 불법을 깨끗하게 하며, 불법을 어떻게 통달하는지 알지 못합니다. 거룩하신 이께서 잘 가르치신다 하니 어여삐 여겨 저에게 말해 주시기 바랍니다.

　보살이 어떻게 부처님 뵙는 것을 버리지 않고 항상 그곳에서 부지런히 닦습니까? 보살이 어떻게 보살을 버리지 않고 여러 보살들과 선근을 같게 합니까? 보살이 어떻게 불법을 버리지 않고 지혜로 밝게 증득합니까? 보살이 어떻게 큰 서원을 버리지 않고 일체 중생을 두루 이익되게 합니까? 보살이 어떻게 중생의 행을 버리지 않고 온갖 겁에 머무르면서 고달픈 마음이 없는 것입니까?

보살이 어떻게 부처 세계를 버리지 않고 모든 세계를 깨끗하게 장엄합니까? 보살이 어떻게 부처님 힘을 버리지 않고 여래의 자유자재하심을 보고 압니까? 보살이 어떻게 함이 있음을 버리지도 않고 머물지도 않으면서 모든 생사의 길에서 변화하는 것처럼 생사를 받으면서 보살의 행을 닦습니까? 보살이 어떻게 법문 듣는 일을 버리지 않고 부처님들의 바른 가르침을 받습니까? 보살이 어떻게 지혜의 광명을 버리지 않고 삼세에서 지혜로 행할 곳에 두루 들어갑니까?"

(39-3-2) 선주(善住)비구가 법을 설하다
(39-3-2-1) 걸림이 없는 지혜광명을 얻다

이때 선주비구는 선재에게 말했다.

"훌륭하고, 훌륭하다. 소년이여, 이미 위없는 바른 보리심을 냈고, 이제 또 마음을 내어 부처의 법과 온갖 지혜의 법과 자연의 법을 묻는구나. 소년이여, 나는 이미 보살의 걸림이 없는 해탈의 행을 성취했으므로 오고가고 그칠 때, 생각하고 닦고 관찰하여 지혜의 광명을 얻었으니 이 몸은 끝까지 걸림이 없다.

이 지혜의 광명을 얻었으므로 일체 중생의 마음과 행을 아는 데 걸림이 없고, 죽고 나는 것을 아는 데 걸림이 없고, 지난 세상일을 아는 데 걸림이 없고, 오는 세상일을 아는 데 걸림이 없고, 지금 세상일을 아는 데 걸림이 없고, 말과 음성이 제각기 다름을 아는 데 걸림이 없고, 의문을 결단하는 데 걸림이 없고, 근성을 아는 데 걸림이 없고, 교화를 받을 만한 곳에 모두 나아가는데 걸림이 없고, 모든 찰나 · 라바(羅婆) · 모호율다(牟呼栗多) · 낮 · 밤 · 시간을 아는 데 걸림이 없다. 삼세해[三世海]에서 헤매는 차례를 아는 데 걸림이 없으며, 이 몸으로 시방의 모든 세계를 두루 이르는데 걸림이 없다. 왜냐하면 머무름도 없고 짓는 일도 없는 신통한 힘을 얻은 까닭이다."

(39-3-2-2) 신통한 힘으로 중생을 교화하다

"소년이여, 나는 이 신통한 힘을 얻었으므로, 허공 중에서 다니고 서고 앉고 눕기도 하며, 숨고 나타나기도 하고, 한 몸도 나타내고 여러 몸도 나타낸다. 장벽을 뚫고 나가기를 허공처럼 하고, 공중에서 가부좌하고 자유롭게 가고 오는 것이 나는 새와 같으며, 땅 속에 들어가기를 물에서와 같이 하고, 물을 밟고 가기를 땅과 같이 한다. 온 몸의 아래와 위에서 연기와 불꽃이 나는 것이 불더미 같으며, 어떤 때는 땅을 진동케 하고 어떤 때는 손으로 해와 달을 만지기도 하고, 키가 커서 범천의 궁전까지 이르기도 한다. 사르는 향구름도 나타내고 보배불꽃구름도 나타내고 변화하는 구름도 나타내고 광명그물구름도 나타내서 시방세계를 두루 덮기도 한다."

(39-3-3) 수승한 보살의 법을 찬탄하다

"소년이여, 나는 빨리 부처님께 공양하고 중생들을 성취시키는 데 걸림이 없는 해탈문만 알 뿐이다. 보살들이 크게 가엾이 여기는 계행, 바라밀 계행, 대승의 계행, 보살의 도와 서로 응하는 계행, 걸림이 없는 계행, 물러가지 않는 계행, 보리심을 버리지 않는 계행, 항상 불법으로 상대할 이를 위하는 계행, 온갖 지혜에 항상 뜻을 두는 계행, 허공같은 계행, 모든 세간에 의지함이 없는 계행, 허물이 없는 계행, 손해가 없는 계행, 모자라지 않는 계행, 섞이지 않는 계행, 흐리지 않는 계행, 뉘우침이 없는 계행, 청정한 계행, 때를 여읜 계행, 티끌을 여읜 계행, 이러한 공덕을 내가 어떻게 알며 어떻게 말하겠는가."

(39-3-4) 다음 선지식 찾기를 권하다

"소년이여, 여기서 남쪽에 달리비다(達里鼻茶) 나라가 있고, 그 나라에 자재(自在)라는 성이 있고, 그 성에 미가(彌伽) 장자가 있다. 그대는 그에게 가서 '보살이 어떻게 보살의 행을 배우며 보살의 도를 닦습니까?'라고 물어라."

그때 선재동자는 그의 발에 예배하고 오른쪽으로 여러번 돌고 우러러 보면서 하직하고 물러갔다.

(39-4) 미가장자(彌伽長者)
　　　제4 생귀주(生貴住) 선지식

(39-4-1) 미가장자를 뵙고 법을 묻다
(39-4-1-1) 법문을 생각하며 선지식을 찾다

그때 선재동자는 한결같은 마음으로 법의 광명인 법문을 바로 생각하여 깊은 믿음으로 나아가 오직 부처님만 생각하여 삼보를 끊이지 않게 했다. 욕심을 여읜 성품을 찬탄하고 선지식을 생각하며, 삼세(三世)를 널리 비추어 큰 서원을 기억하며, 중생들을 두루 구제하되 유위(有爲)법에 집착하지 않고 끝까지 법의 성품을 생각하며, 세계를 깨끗이 장엄했다. 부처님의 도량에 모인 대중에게 집착하지 않으면서 남쪽으로 가다가 자재성(自在城)에 이르러 미가장자를 찾았다. 그는 시장에서 사자좌에 앉아 법을 말하는데, 일만의 사람들에게 둘러쌓여 바퀴 륜(輪)자 장엄 법문을 설하고 있었다.

(39-4-1-2) 미가장자에게 보살의 도를 묻다

그때 선재동자가 그의 발 아래 엎드려 절하고 여러번 돌고 합장하고 말했다.

"거룩하신 이여, 저는 이미 위없는 바른 보리심을 냈습니다. 그러나 보살이 어떻게 보살의 행을 배우며, 보살의 도를 닦으며, 여러 생사의 길에 헤매면서도 보리심을 잊지 않으며, 평등한 뜻을 얻어 견고하여 흔들리지 않으며, 파괴되지 않는 청정한 마음을 얻으며, 크게 가엾이 여기는 힘을 내어 항상 고달프지 않으며, 다라니에 들어가서 두루 청정함을 얻으며, 지혜의 광명으로 법에 어둠을 여의며, 걸림없는 이해와 변재의 힘을 얻어 깊은 이치의 광[藏]을 결정하며, 바로 기억하는 힘을 얻어 차별된 법륜을 기억하며, 길을 깨끗이 하는 힘을 얻어 길에서 법을 두루 연설하며, 지혜의 힘을 얻어 법을 능히 결정하고 이치를 분별하는지를 알지 못합니다."

(39-4-2) 미가장자가 법을 설하다
(39-4-2-1) 선재동자를 공경 공양하고 보리심을 찬탄하다

"소년이여, 그대는 위없는 바른 보리심을 냈는가?"

"그렇습니다. 저는 위없는 바른 보리심을 냈습니다."

미가장자는 문득 사자좌에서 내려와 선재 앞에서 오체투지를 했다. 금꽃과 은꽃, 값 비싼 보배와 훌륭한 가루 전단향을 뿌리며, 여러 가지 옷을 그 위에 덮고, 여러 가지 향과 꽃과 공양거리를 뿌려서 공양하고, 일어서서 칭찬했다.

"훌륭하고, 훌륭하다. 소년이여, 그대는 위없는 바른 보리심을 냈다.

소년이여, 위없는 바른 보리심을 내는 이는 부처의 종자가 끊어지지 않으며, 부처의 세계를 깨끗이 하며, 중생을 성숙케 하며, 법의 성품을 통달하고, 업의 종자를 깨닫고, 행을 원만케 하며, 서원을 끊지 않으며, 탐욕을 여읜 성품을 사실대로 이해함이며, 삼세에 차별한 것을 분명히 보고, 믿는 지혜를 영원히 견고하게 한다.

여래가 거두어 주시며, 부처님을 생각하며, 보살과 평등하며, 성현의 찬탄함이 되며, 범천왕이 절하여 예경하며, 천왕이 공경하며, 야차가 수호하며, 나찰이 호위하며, 용왕이 영접하며, 긴나라왕이 노래하여 찬탄하며, 세상 임금이 칭찬하고 경축한다.

중생 세계를 편안하게 한다. 나쁜 길을 버리게 하는 까닭이며, 어려움에서 벗어나게 하는 까닭이며, 가난의 근본을 끊게 하는 까닭이며, 하늘이 즐거워하는 까닭이며, 선지식을 만나 친근하는 까닭이며, 광대한 법을 듣고 받아 지니는 까닭이며, 보리심을 내는 까닭이며, 보리심을 청정케 하는 까닭이며, 보살의 길을 비추는 까닭이며, 보살의 지혜에 들어가는 까닭이며, 보살의 지위에 머무는 까닭이다."

(39-4-2-2) 보살은 모든 중생의 의지처가 된다

"소년이여, 보살이 하는 일은 매우 어렵다. 나기도 어렵고 만나기도 어려우며 보기는 더욱 어렵다.

보살은 낳고 기르고 성취하는 까닭으로 중생이 믿는 곳이다. 보살은 여러 괴로움에서 빼내는 까닭으로 중생을 건진다. 보살은 세간을 수호하는 까닭으로 중생이 의지하는 곳이다. 보살은 공포에서 벗어나게 하는 까닭으로 중생을 구호한다. 보살은 중생이 나쁜 길에 떨어지지 않게 하는 까닭으로 바람 둘레와 같아 세간을 유지한다. 보살은 중생들의 선근을 증장케 하는 까닭으로 땅과 같다. 보살은 복덕이 충만하여 다하지 않는 까닭으로 큰 바다와 같다. 보살은 지혜의 광명이 널리 비추는 까닭으로 밝은 해와 같다. 보살은 선근이 높이 솟아난 까닭으로 수미산과 같다. 보살은 지혜의 빛이 나타나는 까닭으로 밝은 달과 같다. 보살은 마의 군중이 굴복하는 까닭으로 용맹한 장수와 같다. 보살은 불법의 성중에서 마음대로 하는 까닭으로 임금과 같다. 보살은 중생들의 애착하는 마음을 태우는 까닭으로 맹렬한 불과 같다. 보살은 한량없는 법비를 내리는 까닭으로 큰 구름과 같다. 보살은 모든 믿음의 싹을 자라게 하는 까닭으로 때 맞춰 오는 비와 같다. 보살은 법 바다의 나루를 보여 인도하는 까닭으로 뱃사공과 같다. 보살은 생사의 흐름을 건너게 하는 까닭으로 다리[橋梁]와 같다."

미가장자는 선재동자를 찬탄하여 여러 보살을 기쁘게 하고, 얼굴에서 갖가지 광명을 놓아 삼천대천세계를 비추니, 그 가운데 있는 중생들, 용과 귀신과 범천들이 모두 미가장자가 있는 곳으로 모였다. 미가장자는 방편으로 바퀴 윤자(輪字) 품의 장엄법문을 연설하고 분별하여 해석하니, 중생들이 그 법문을 듣고 모두 위없는 바른 보리에서 물러나지 않았다.

(39-4-2-3) 모든 음성다라니를 얻다

미가장자가 다시 자리에 올라 앉아 선재에게 말했다.

"소년이여, 나는 이미 묘한 음성다라니를 얻었으므로 삼천대천세계에 있는 모든 하늘의 말(언어)과, 용·야차·건달바·아수라·가루라·긴나라·마후라가 등의 사람인 듯 사람 아닌 듯한 이들과 범천들의 말을 모두 분별하여 안다. 삼천대천세계와 같이 시방의 수없는 세계와 말할 수 없이 많은 세계의 말도 모두 안다."

(39-4-3) 수승한 보살의 법을 찬탄하다

"소년이여, 나는 다만 보살의 묘한 음성다라니 광명 법문만을 알 뿐이다. 여러 보살은 중생의 여러 가지 생각바다와 시설바다와 이름바다와 말씀바다에 들어가고, 비밀을 말하는 법구바다[法句海]와 모든 것의 끝을 말하는 법구바다와 반연 가운데 삼세에서 반연할 것을 말하는 법구바다와 상품을 말하는 법구바다와 상상품을 말하는 법구바다와 차별을 말하는 법구바다와 온갖 차별을 말하는 법구바다에 두루 들어간다. 세간의 주문바다와 음성의 장엄한 바퀴와 차별된 글자 바퀴의 사이에 두루 들어간다. 이러한 공덕이야 내가 어떻게 알고 말하겠는가."

(39-4-4) 다음 선지식 찾기를 권하다

"소년이여, 여기서 남쪽으로 가면 주림(住林)이라는 마을이 있고 그곳에 해탈(解脫)장자가 있다. 그에게 가서 '보살이 어떻게 보살의 행을 닦으며, 보살이 어떻게 보살의 행을 이루며, 보살이 어떻게 보살의 행을 모으며, 보살이 어떻게 보살의 행을 생각하는가'라고 물어라."

그때 선재동자는 온갖 지혜의 법을 존중하는 마음과 깨끗한 신심을 내 큰 이익을 얻었다. 미가의 발에 예배하고 눈물을 흘리며 수없이 돌고 사모하고 우러러 보면서 하직하고 물러갔다.

(39-5) 해탈장자(解脫長者)
    제5 구족방편주(具足方便住) 선지식

(39-5-1) 해탈(解脫)장자를 뵙고 법을 묻다
(39-5-1-1) 법문을 생각하다

이때 선재동자는 보살의 걸림 없는 지혜다라니의 광명으로 장엄한 문을 생각하여 보살들의 말씀바다문에 깊이 들어갔다. 모든 중생을 알게 하는 미세한 방편문을 기억하고, 청정한 마음의 문을 관찰하고, 선근의 광명문을 성취하는 것을 기억하고, 중생을 교화하는 문을 깨끗하게 다스리는 것을 기억하고, 중생을 거둬주는 지혜문을 밝히는 것을 기억하고, 넓게 좋아하는 문을 견고하게 하는 것을 기억하고, 훌륭하고 좋아하는 문에 머무는 것을 기억하고, 갖가지로 믿고 이해하는 문을 깨끗하게 다스리는 것을 기억하고, 한량없는 착한 마음의 문을 기억했다.

(39-5-1-2) 법문으로 인하여 수행이 깊어지다

그래서 서원이 견고하여 고달픈 생각이 없고, 갑옷과 투구로 스스로 장엄하며, 정진하는 깊은 마음을 물리칠 수 없으며, 깨뜨릴 수 없는 신심을 갖추고 마음이 견고하기가 금강이나 불법을 수호하는 신인 나라연(那羅延)과 같아 파괴할 수 없다. 여러 선지식의 가르침을 지녀 경계에서 깨뜨릴 수 없는 지혜를 얻었으며, 넓은 문이 청정하여 행하는 데 걸림이 없으며, 지혜의 광명이 원만하여 모든 것을 두루 비춘다. 지위에서 지니는 광명을 구족하여 법계의 갖가지 차별을 알며, 의지함도 없고 머무름도 없어 평등하여 둘이 없으며, 성품이 청정하여 두루 장엄하고 행하는 것이 구경에 이르렀으며, 지혜가 청정하여 집착을 여의었다.

시방의 차별된 법을 알아 지혜가 걸림이 없으며, 시방의 차별된 곳에 가되 몸이 고달프지 않으며, 시방의 차별된 업을 분명히 안다. 시방의 차별된 부처님을 모두 보며, 시방의 차별된 시간에 깊이 들어갔으며, 청정한 묘한 법이 마음에 가득 차고 넓은 지혜의 삼매가 마음을 밝게 비춘다. 마음이 평등한 경계에 항상 들어가 여래의 지혜를 비추어 알며, 온갖 지혜의 흐름이 끊어지지 않으며, 몸과 마음이 불법을 떠나지 않았다. 모든 부처님의 신통으로 가피(加被)하고, 여래의 광명으로 비추어서 큰 서원을 성취하고, 서원의 몸이 세계에 두루하며, 온갖 법계가 그 몸에 들어가는 것이다.

(39-5-1-3) 해탈장자에게 보살의 행을 묻다
(39-5-1-3-1) 선지식은 이와 같다

선재동자는 12년 동안을 다니다가 주림(住林)성에 머물고 있는 해탈(解脫)장자를 찾았다. 장자를 보고 엎드려 절하고 합장하고 말했다.

"거룩하신 이여, 제가 이제 선지식을 만났으니 많은 이익을 얻었습니다. 선지식은 보기도 어렵고 듣기도 어렵고 나타나기도 어려우며, 받들어 섬기기도 어렵고 가까이 모시기도 어렵고, 대하여 뵙기도 어렵고 만나기도 어렵고, 함께 있기도 어려우며 기쁘게 하기도 어렵고 따라다니기도 어렵습니다. 저는 이제 만났으니 많은 이익을 얻은 것입니다."

(39-5-1-3-2) 부처가 되기 위해 보리심을 내어 선지식을 찾다

"거룩하신 이여, 저는 이미 위없는 바른 보리심을 냈으니 부처님을 섬기기 위함이며, 만나기 위함이며, 뵙기 위함이며, 관찰하기 위함이며, 알기 위함입니다. 부처의 평등함을 증득하기 위함이며, 서원을 내기 위함이며, 서원을 채우기 위함이며, 지혜의 빛을 갖추기 위함이며, 여러 가지 행을 이루기 위함이며, 신통을 얻기 위함이며, 여러 힘을 갖추기 위함이며, 두려움 없음을 얻기 위함입니다.

부처의 법을 듣기 위함이며, 받기 위함이며, 지니기 위함이며, 이해하기 위함이며, 보호하기 위함입니다. 보살 대중과 한 몸이기 위함이며, 보살의 선근과 평등하여 다르지 않기 위함이며, 바라밀을 원만하게 하기 위함이며, 수행을 성취하기 위함이며, 청정한 서원을 내기 위함이며, 위신의 장(藏)을 얻기 위함입니다.

법장의 끝이 없는 지혜와 큰 광명을 얻기 위함이며, 삼매인 광대한 장을 얻기 위함이며, 한량없는 신통의 장을 성취하기 위함이며, 매우 가엾게 여기는 장으로 중생을 교화하고 조복하여 마침내 끝점[邊際]에 이르게 하기 위함이며, 신통 변화의 장을 나타내기 위함이

며, 자유자재한 장에서 스스로 자재함을 얻기 위함이며, 청정한 장속에 들어가서 온갖 모습으로 장엄하기 위함입니다.

거룩하신 이여, 이런 마음과 뜻과 낙(樂)과 욕망과 희망과 사상과 존경과 방편과 구경과 겸양으로 거룩하신 이에게 왔습니다."

(39-5-1-3-3) 해탈장자의 모습

"거룩하신 이께서는 보살들을 잘 가르쳐 방편으로 얻은 바를 열어 밝히며, 길을 보이며 나루터를 일러 주는 법문을 합니다. 아득한 장애를 제거하고 망설이는 화살을 뽑고 의혹의 그물을 찢고 마음의 숲을 비추고 마음의 때를 씻어서 결백하게 하고 청정하게 하고 아첨을 하고 생사를 끊고 착하지 못함을 멈추게 합니다. 마음의 집착을 풀고, 집착한데서 해탈하게 하고 물든 애욕에서 마음을 돌리게 하며, 온갖 지혜의 경계에 빨리 들어가게 하고, 위없는 법성(法城)에 빨리 이르게 하고 매우 가엾게 여김에 머물게 하고, 매우 인자함에 머물게 하고, 보살의 행에 들어가게 하고 삼매의 문을 닦게 하고 증득하는 지위에 들게 하고, 법의 성품을 보게 하고 힘을 증장하게 하고 행을 익히게 하여 온갖 것에 마음을 평등하게 합니다.

거룩하신 이여, 어떻게 보살의 행을 배우며 보살의 도를 닦으며, 닦아 익힌 것이 빨리 청정해지며, 빨리 분명해지는 것을 말씀해 주십시오."

(39-5-2) 해탈장자가 삼매에 들다

그때 해탈장자는 과거의 선근의 힘과 부처님 위신력과 문수보살의 생각하는 힘으로 보살의 삼매문에 들어갔다. 모든 부처의 세계

를 두루 거두어 끝없이 도는 다라니[普攝一切佛刹無邊旋陀羅尼]삼
매다.

이 삼매에 들어가서는 청정한 몸을 얻었다. 그 몸에서는 시방으로
각각 열 부처 세계의 수많은 부처님과 부처님의 국토와 도량과 갖
가지 광명으로 장엄한 것을 나타내며, 부처님들이 옛적에 행하시던
신통변화와 모든 서원과 도를 돕는 법과 벗어나는 행과 청정한 장
엄을 나타내며, 등정각을 이루고 묘한 법륜을 굴리어 중생을 교화
함을 보였으며, 이런 일들이 그 몸 가운데 나타나지만 조금도 장애
가 되지 않았다.

여러 가지 형상과 차례로 본래와 같이 머물면서도 섞이거나 혼란
스럽지 않았다. 갖가지 국토와 모인 대중과 갖가지 도량과 장엄들
이며, 그 가운데 계시는 부처님이 갖가지 신통한 힘을 나타내고 법
의 길을 세우고 서원의 문을 보였다.

도솔천궁에서 지금 불사를 짓기도 하고, 죽어서 불사를 짓기도 하
는데, 태중에 있기도 하고, 탄생도 하고, 궁중에 있기도 하고, 출가
도 하고, 도량에 나가기도 하고, 마의 군중을 깨뜨리기도 하고, 하
늘과 용들이 공경하여 둘러 모시기도 하고, 세상 임금들이 법을 청
하기도 하고, 법륜을 굴리기도 하고, 열반에 들기도 하고, 사리를
나누기도 하고, 탑을 쌓기도 했다.

부처님께서 갖가지 대중의 모임과 세간과 태어나는 길과 가족과
욕망과 업과 말과 근성과 번뇌와 습기를 가진 중생들 가운데서, 작
은 도량에 있기도 하고 넓은 도량에 있기도 하고, 1유순이나 되는
도량에 있기도 하고 10유순이나 되는 도량에 있기도 하고, 말할 수
없는 세계의 티끌 수 유순이 되는 도량에 있기도 하면서, 갖가지 신

통과 말과 음성과 법문과 다라니 문과 변재의 문으로써, 여러 가지 성인의 참 이치 바다에서 여러 가지 두려움 없는 대사자후로 중생의 갖가지 선근과 생각을 말하며, 여러 보살의 수기를 주며, 여러 가지 부처의 법을 말했다.

모든 부처님의 말씀을 선재동자가 다 들었으며, 부처님들과 보살들이 부사의한 삼매와 신통변화를 보기도 했다.

(39-5-3) 해탈문에 들어서 부처님 세계를 보다

해탈장자가 삼매에서 일어나 선재동자에게 말했다.

"소년이여, 내가 이렇게 시방으로 각각 열 부처 세계의 티끌 수 부처님을 보지만 부처님께서 여기 오시지도 않았고 내가 그곳에 가지도 않았다. 부처님이나 내 마음이 모두 꿈과 같음을 알며, 부처님은 그림자 같고 내 마음은 물 같은 줄을 알며, 부처님의 모습과 내 마음이 환상과 같음을 알며, 부처님과 내 마음이 메아리 같음을 안다. 이렇게 알고 뵙는 부처님이 나의 마음으로 인한 것이다.

소년이여, 그렇게 알아라. 보살들이 부처의 법을 닦아 부처의 세계를 청정하게 하며, 묘한 행을 쌓아 중생을 조복시키며, 큰 서원을 내고 온갖 지혜에 들어가 자재하게 유희하며, 부사의한 해탈문으로 부처의 보리를 얻으며, 큰 신통을 나타내고 시방세계에 두루 가며, 미세한 지혜로 여러 겁에 널리 들어가는 것들이 모두 자기의 마음으로 말미암는다.

소년이여, 마땅히 착한 법으로 마음을 붙들며, 법의 물로 윤택하게 하며, 경계에서 깨끗이 다스리며, 꾸준히 노력하므로 마음을 굳게 하며, 참음으로 마음을 평탄하게 하며, 지혜를 증득하여 결백하

게 하며, 지혜로써 마음을 명랑하게 하며, 부처의 자재함으로 마음
을 개발하며, 부처의 평등으로 마음을 너그럽게 하며, 부처의 십력
으로 마음을 비추어 살피는 것이다.”

(39-5-4) 수승한 보살의 법을 찬탄하다

“소년이여, 나는 다만 부처의 걸림 없는 장엄 해탈문에 드나들지
만 여러 보살이 걸림 없는 지혜를 얻고 걸림 없는 행에 머물며, 모
든 부처를 항상 보는 삼매를 얻으며, 열반의 경계[際]에 머물지 않
는 삼매를 얻으며, 삼매의 넓은 문 경계를 통달하며, 삼세법이 평등
하며, 몸을 나누어 여러 세계에 두루 이르며, 부처님의 평등한 경
계에 머물러 시방의 경계가 앞에 나타나면 지혜로 관찰하여 분명히
알며, 몸 가운데 모든 세계가 이루어지고 무너짐을 나타내도 자기
의 몸과 여러 세계가 둘이란 생각은 내지 않는다. 이렇게 미묘한 행
을 내가 어떻게 알며 어떻게 말하겠는가.”

(39-5-5) 다음 선지식 찾기를 권하다

“소년이여, 여기서 남방으로 가서 염부제(閻浮提)의 경계선에 이
르면 마리가라(摩利伽羅) 마을에 해당(海幢)비구가 있다. 그대는 그
에게 가서 ‘보살이 어떻게 보살의 행을 배우며 보살의 도를 닦습니
까?’라고 물어라.”

(39-5-6) 선재동자가 선지식에 대해서 생각하다

이때 선재동자는 해탈장자의 발에 예배하고 오른쪽으로 여러번
돌며 관찰하고 일컬어 찬탄하며, 생각하여 우러러보며 눈물을 흘리

면서 '선지식을 의지하며 선지식을 섬기고 선지식을 공경하며, 선지식으로 말미암아 온갖 지혜를 보았으니 선지식에게 거슬리는 생각을 내지 않으며, 선지식에게 아첨하거나 속이는 마음이 없으며, 마음으로 선지식을 항상 순종했다. 선지식을 어머니라고 생각할 것이며 모든 무익한 법을 버리는 까닭이며, 선지식을 아버지라 생각할 것이니 모든 선한 법을 내게 하는 연고입니다' 하면서 하직하고 물러갔다.

(39-6) 해당비구(海幢比丘)
제6 정심주(正心住) 선지식

(39-6-1) 해당(海幢)비구를 뵙고 법을 묻다
(39-6-1-1) 법을 생각하다

그때 선재동자는 일심으로 장자의 가르침을 생각하며 관찰했다. 부사의한 보살의 해탈문을 기억하며, 지혜 광명을 생각했다. 부사의한 보살의 법계문(法界門)에 깊이 들어가며, 널리 들어가는 문을 향해 나아갔다. 부사의한 부처의 신통변화를 밝게 보고, 부사의하게 널리 들어가는 문을 이해하며, 부사의한 부처의 힘으로 장엄함을 분별하며, 부사의한 보살의 삼매 해탈 경계로 나뉘는 지위[分位]를 생각하며, 부사의한 차별된 세계가 걸림이 없음을 통달하며, 부사의한 보살의 견고하고 깊은 마음을 닦아 행하며, 부사의한 보살의 큰 서원과 깨끗한 업을 일으켰다.

(39-6-1-2) 해당비구를 뵙고 일심으로 관찰하다

(39-6-1-2-1) 해당비구는 삼매에 들어 있었다

남방으로 가서 마리가라(摩利伽羅)마을에 이르러 해당(海幢) 비구를 찾았다. 어떤 곳에서 가부좌하고 삼매에 들어 숨을 쉬지도 않고 무념의 상태로 몸이 편안하고 움직이지 않았다.

(39-6-1-2-2) 삼매에 든 해당비구의 전신을 밝히다
(39-6-1-2-2-1) 발바닥

그 발바닥에서 수없는 백천억 장자와 거사와 바라문들이 나오는데 모두 갖가지 장엄거리로 몸을 장엄했고, 보배관을 쓰고 정수리에 밝은 구슬이 빛나고, 시방의 세계로 가서 보배와 영락과 의복과 법답게 만든 맛있는 음식과 꽃과 화만과 향과 바르는 향과 여러 가지 좋아하고 필요한 물건들을 내리며, 여러 곳에서 빈궁한 중생을 구제하여 거둬 주고, 고통 받는 중생을 위로하여 즐거워하며 마음이 청정하여 위없는 보리의 도를 성취하게 했다.

(39-6-1-2-2-2) 두 무릎

두 무릎에서는 수없는 백천억 찰제리·바라문들이 나왔다. 모두 총명하고 지혜로우며, 갖가지 빛깔과 형상과 의복으로 훌륭하게 장엄했다. 시방의 모든 세계에 두루 퍼져 사랑스러운 말과 일을 같이 하면서 중생들을 거두어 주는데, 가난한 이는 넉넉하게 하고 병든 이는 낫게 하고 위태한 이는 편안하게 하고 무서워하는 이는 무섭지 않게 하고 근심하는 이는 즐겁게 하며 방편으로 권장하고 인도하여 나쁜 짓을 버리고 선한 법에 머물게 했다.

(39-6-1-2-2-3) 허리

허리에서는 중생의 수만큼 한량없는 신선들이 나왔다. 풀옷을 입기도 하고 나무껍질 옷을 입기도 하며, 물병을 들고 위의가 조용하여 시방세계로 다니면서 공중에서 부처의 묘한 음성으로 부처님을 칭찬하고 법을 연설하며, 청정한 범행도 말하며 닦아 익히고, 여러 감관을 조복하게 하며, 법은 제 성품이 없다고 말하여 자세히 살피고 지혜를 내게 하며, 세간에서 논란하는 법을 말하기도 하고 온갖 지혜와 벗어나는 방편을 말하여 차례대로 업을 닦게 했다.

(39-6-1-2-2-4) 좌우 옆구리

양 옆구리로 부사의한 용(龍)과 용녀를 내어 부사의한 용의 신통변화를 보였다. 부사의한 향구름, 꽃구름, 화만구름, 보배일산구름, 보배번기구름, 보배장엄거리구름, 큰 마니보배구름, 보배영락구름, 보배자리구름, 보배궁전구름, 보배연꽃구름, 보배관구름, 하늘몸구름, 채녀구름을 비 내리어 허공을 두루 장엄하고 시방세계의 부처님 도량에 가득하여 공양하며, 중생들로 하여금 기쁜 마음을 내게 했다.

(39-6-1-2-2-5) 가슴의 만(卍)자

가슴의 만(卍)자에서는 수없는 백천억 아수라왕을 내어 헤아릴 수 없는 자유자재한 환술의 힘을 보였다. 백천 세계를 진동하게 하며, 모든 바닷물은 저절로 치솟고 모든 산은 서로 부딪치며, 하늘의 궁전은 흔들리고, 마의 광명은 모두 가리워지고 마의 군중들은 모두 부서지며, 중생들로 하여금 교만한 마음을 버리고 성내는 마음을 없애고 번뇌의 산을 파괴하고 나쁜 법은 쉬게 하여 투쟁은 없어지고, 영원히 화평하게 했다.

환술의 힘으로 중생들을 깨우쳐서 죄악은 소멸시키고, 생사를 무서워하며, 여러 길에서 벗어나고 물드는 고집을 여의어 위없는 보리심에 머물게 하며, 모든 보살의 행을 닦아 모든 완성에 머물게 하며, 모든 보살의 지위에 들어가서 미묘한 법문을 관찰하고 부처님의 방편을 알게 하니 이런 일들이 법계에 두루했다.

(39-6-1-2-2-6) 등

등[背]으로부터는 이승으로 제도할 이를 위해 수없는 백천억 성문과 연각을 냈다. 나에 집착한 이에게는 나가 없다고 말하며, 항상하다고 집착하는 이에게는 법이 무상하다고 말하며, 탐심이 많은 이에게는 부정관(觀)을 말하며, 성내는 일이 많은 이에게는 자비관을 말하며, 어리석은 이에게는 인연관을 말하며, 셋이 균등한 이에게는 지혜와 서로 응하는 경계를 말하며, 경계에 애착한 이에게는 아무 것도 없는 법을 말하며, 고요한 처소에 집착한 이에게는 큰 서원을 내어 모든 중생을 두루 이익되게 하는 법을 말하니 이런 일들이 법계에 두루했다.

(39-6-1-2-2-7) 두 어깨

두 어깨에서는 수없는 백천억 야차왕과 나찰왕이 나오는데 갖가지 빛깔로써 크기도 하고 짧기도 하여 매우 무서운 권속에게 둘러싸였다. 착한 일을 하는 중생과 여러 성현과 보살 대중으로서 바르게 머무는 곳으로 향하는 이나 바르게 머무는 이를 수호하며, 어떤 때는 집금강신(執金剛神)으로 나타나서 부처님과 부처님 계신 곳을 수호했다. 어떤 때는 세간을 두루 수호하여 무서워하는 이는 편안하게 하고, 병이 든 이는 낫게 하고, 번뇌가 있는 이는 여의게 하고, 허물이 있는 이는 뉘우치게 하고, 횡액이 있는 이는 없어지게 하여 모든 중생을 이익되게 했다. 그들로 하여금 생사의 윤회를 버리고 바른 법륜을 굴리게 했다.

(39-6-1-2-2-8) 배

배[腹]에서는 수없는 백천억 긴나라왕이 나오는데 무수한 긴나라 여인들이 앞뒤로 둘러싸고 있었으며, 수없는 백천억 건달바왕이 나오는데 무수한 건달바 여인들이 앞뒤로 둘러싸고 있었다. 수없는 백천 하늘음악을 연주하여 법의 참 성품을 노래하며 찬탄하고, 부처님을 노래하며 찬탄하고, 보리심 내는 것을 노래하며 찬탄하고, 보살행 닦음을 노래하며 찬탄하고, 부처님이 바른 깨달음 이루는 문을 노래하며 찬탄하고, 부처님이 법륜 굴리는 문을 노래하며 찬탄하고, 모든 부처님이 신통변화를 나투는 문을 노래하며 찬탄했다.

부처님이 열반에 드시는 문과 부처의 가르침을 수호하는 문과 중생을 기쁘게 하는 문과 부처 세계를 깨끗이 하는 문과 미묘한 법을 드러내는 것과 모든 장애를 여의는 문과 선근을 나게 하는 문을 열어 보이며 연설하는 것이 시방 법계에 두루했다.

(39-6-1-2-2-9) 얼굴

얼굴에서 수없는 백천억 전륜성왕이 나오는데 칠보가 구족하고

네 가지 군대가 둘러싸고 있었다. 크게 버리는 광명을 놓으며, 한 량없는 보배 비를 내려 가난한 이를 만족하게 하여 영원히 도둑질 하는 행을 끊게 하며, 수없는 백천 단정한 아가씨[采女]들에게 모두 보시하면서 마음에 집착함이 없어 영원히 음란한 행을 끊게 하며, 인자한 마음을 내어 생명을 죽이지 않게 하며, 진실한 말을 끝까지 하여 허황하고 쓸데없는 말을 하지 않게 하며, 남을 거두어 주는 말 을 하고 이간질하지 않게 하며, 부드러운 말을 하게 하고 추악한 말 이 없게 했다.

항상 깊게 결정하여 분명한 뜻을 연설하고 꾸미고 소용없는 말을 하지 않게 하며, 욕심이 없을 것을 말하여 탐욕을 제하고 때 낀 마 음을 없게 하며, 매우 가엾게 여김을 말하여 분함을 덜고 뜻이 청정 하게 하며, 진실한 이치를 말하여 모든 법을 관찰하고 인연을 깊이 알게 하며, 참된 이치를 밝게 알고 삿된 소견을 없애며, 의혹을 깨뜨 리고 모든 장애를 다 없애니 이렇게 하는 일이 법계에 가득했다.

(39-6-1-2-2-10) 두 눈

두 눈에서는 수없는 백천억 해가 나오는데, 지옥과 나쁜 길을 널 리 비추어 괴로움을 여의게 하며, 세계의 중간을 비추어 어둠을 덜 게 하며, 시방의 중생에게 비추어 어리석은 장애를 여의게 했다.

더러운 국토에는 청정한 광명을 놓고, 은빛 국토에는 황금빛 광명 을 놓고, 황금빛 국토에는 은빛 광명을 놓으며, 유리(瑠璃) 국토에 는 파려빛 광명을 놓고, 파려 국토에는 유리빛 광명을 놓으며, 자거 국토에는 마노(碼)빛 광명을 놓고, 마노 국토에는 자거빛 광명을 놓 으며, 제청(帝靑)보배 국토에는 일장마니왕(日藏摩尼王)빛 광명을 놓고, 일장마니왕 국토에는 제청보배빛 광명을 놓으며, 적진주(赤眞珠) 국토에는 월광망장마니왕(月光網藏摩尼王)빛 광명을 놓고, 월광망장마니왕국토에는 적진주빛 광명을 놓았다.

한 보배로 된 국토에는 갖가지 보배빛 광명을 놓고, 갖가지 보배로 된 국토에는 한 보배빛 광명을 놓아서, 모든 중생의 마음숲을 비추어 중생들의 한량없는 불사를 짓게 하며, 온갖 세간의 경계를 장엄하여 중생들의 마음이 맑아서 기쁨을 내게 했으니 이렇게 하는 일이 법계에 가득했다.

(39-6-1-2-2-11) 미간 백호

미간의 흰 털에서는 수없는 백천억 제석이 나오는데 모두 경계에 대하여 자유자재하게 되었다. 마니 구슬을 정수리에 매었으니 광명이 하늘 궁전에 비치며 수미산왕을 진동하게 하고, 하늘대중을 깨우치며, 복덕의 힘을 찬탄하고 지혜의 힘을 말하며, 좋아하는 힘을 내고 뜻이 있는 힘을 지니고 생각하는 힘을 깨끗이 하고 보리심을 내는 힘을 굳게 하며, 부처님 보기를 좋아한다고 찬탄하여 세상의 탐욕을 덜게 하며, 법문 듣기를 좋아하고 찬탄하여 세상의 경계를 싫어하게 하며, 관찰하는 지혜를 좋아하고 찬탄하여 세상의 물듦을 끊게 하며, 아수라의 전쟁을 그치고 번뇌의 다툼을 끊으며, 죽기를 두려워하는 마음을 없애고 마군 항복을 받는 원을 내며, 바른 법의 수미산왕을 세우고 중생의 모든 사업을 마련하니 이렇게 하는 일이 법계에 두루했다.

(39-6-1-2-2-12) 이마

이마에서는 수없는 백천억 범천이 나오는데 모습이 단정하며 세간에 비길 바가 없었다. 위의가 조용하고 음성이 아름다워 부처님께 권하여 법을 연설하며, 부처님의 공덕을 찬탄하여 보살들을 기쁘게 하며, 중생들의 한량없는 사업을 마련하여 시방세계에 두루했다.

(39-6-1-2-2-13) 머리 위

머리 위에서는 한량없는 부처 세계의 티끌 수 보살 대중이 나오는데, 모두 훌륭한 모습으로 몸을 장엄하고 그지없는 광명을 놓으며, 갖가지 행을 말했다. 이른바 보시를 찬탄하여 간탐을 버리고 묘한 보배들을 얻어 세계를 장엄했다. 계율을 지니는 공덕을 찬탄하여 중생들은 나쁜 짓을 영원히 끊고 보살들은 크게 자비로운 계율에 머물게 했다. 모든 것이 꿈과 같다고 말하며, 욕락이 재미가 없다고 말하여 중생들이 번뇌의 속박을 여의게 했다.

참는 힘을 말하여 모든 법에 마음이 자재롭게 했다. 금빛 몸을 칭찬하여 중생들이 성냄을 여의고 다스리는 행을 일으켜 축생의 길을 끊게 했다. 꾸준히 노력하는 행을 찬탄하여 세간에서 방일하는 일을 여의고 한량없는 묘한 법을 부지런히 닦게 했다. 선정바라밀을 찬탄하여 자유자재함을 얻게 했다. 지혜바라밀을 연설하여 바른 소견을 열어 보여 중생들로 하여금 자유자재한 지혜를 좋아하고 나쁜 소견의 독화살을 뽑게 했다.

세간을 따라서 갖가지 짓는 일을 말하여 중생들이 생사를 여의고 여러 길에서 뜻대로 태어나게 했다. 신통변화를 보이며 목숨에 자재함을 말하여 중생들이 큰 서원을 내게 했다. 다라니를 성취하는 힘과 큰 서원을 내는 힘과 삼매를 깨끗이 다스리는 힘과 뜻대로 태어나는 힘을 말하며, 갖가지 지혜를 연설하니 중생들의 근성을 두루 아는 지혜와 모든 이의 마음과 행을 두루 아는 지혜와 부처님의 십력을 아는 지혜와 부처님들의 자재함을 아는 지혜이다. 이렇게 하는 일이 법계에 두루했다.

(39-6-1-2-2-14) 정수리

정수리로부터는 수없는 백천억 부처의 몸이 나오는데 거룩한 모습과 잘 생긴 모양으로 청정하게 장엄했고, 위엄과 빛이 엄숙하고 찬란하여 금산과 같았다. 한량없는 광명이 시방에 두루 비치고 묘한 음성이 법계에 가득하며, 한량없는 큰 신통을 나타내며, 모든 세간을 위해 널리 법비를 내렸다.

보리도량에 있는 보살을 위해 여러 법비를 내렸다. 평등을 두루 아는 법비, 정수리에 물 붓는 보살을 위해 넓은 문에 들어가는 법비, 법왕자 보살을 위해 두루 장엄하는 법비, 동자 보살을 위해 견고한 산의 법비, 물러가지 않는 보살을 위해 바다광 법비, 바른 마음을 성취한 보살을 위해 넓은 경계의 법비, 방편이 구족한 보살을 위해 여러 성품문의 법비, 귀한 집에 태어나는 보살을 위해 세간을 따라 주는 법비, 수행하는 보살을 위해 두루 가엾게 여기는 법비, 초발심 보살에게는 중생을 거두어 주는 법비, 믿고 이해하는 보살에게는 끝없는 경계가 앞에 나타나는 법비들이었다.

(39-6-1-2-3) 해당비구가 털구멍에서 광명을 놓다

해당비구는 그 몸에 있는 털구멍마다 아승기 세계의 티끌 수 광명

그물을 내고, 광명그물마다 아승기 빛깔과 장엄과 경계와 사업을 갖추어서 시방의 법계에 가득했다.

(39-6-1-2-4) 선재동자가 해당비구의 모든 법을 생각하다

선재동자는 일심으로 해당비구를 관찰하면서 우러러 사모하여 그 삼매의 해탈을 생각했다. 부사의한 보살의 삼매를 생각하고, 부사의하게 중생을 이익되게 하는 방편 바다를 생각하고, 부사의하고 무위로 널리 장엄하는 문을 생각하고, 법계를 장엄하는 청정한 지혜를 생각하고, 그의 부처님의 대자대비한 힘의 가호를 받는 지혜를 생각하고, 보살의 자재함을 내는 힘을 생각하고, 보살의 큰 서원을 견고히 하는 힘을 생각하고, 보살의 모든 행을 증장하는 힘을 생각했다.

이렇게 생각하고 관찰하기를 하루 낮과 하룻밤을 했고, 7일 낮과 7일 밤을 했고, 보름이나 한 달이나 여섯 달 육 일을 했다. 이렇게 지낸 뒤에 해당비구는 삼매에서 나왔다.

(39-6-1-3) 선재동자가 삼매를 찬탄하고 그 이름을 묻다

"거룩하신 이여, 희유하시고 거룩하십니다. 이 삼매는 가장 깊고, 광대하고, 경계가 한량없고, 신력을 생각하기 어렵고, 광명이 비길 데 없고, 장엄이 수가 없고, 힘을 제어하기 어렵고, 경계가 평등하고, 시방을 두루 비추고, 이익이 한량없어 중생의 모든 괴로움을 없앱니다.

중생으로 하여금 가난한 고통을 여의게 하며, 지옥에서 벗어나게 하며, 축생을 면하게 하며, 액난의 문을 닫으며, 사람과 하늘의 길

을 열며, 천상 인간의 중생을 기쁘게 하며, 선정의 경계를 사랑하
게 하며, 유위의 낙을 늘게 하며, 생사에서 벗어나는 낙을 나타내
며, 보리심을 인도하여 복과 지혜의 행을 증장케 하며, 가엾이 여기
는 마음을 증장케 하며, 큰 서원의 힘을 일으키게 하며, 보살의 도
를 분명히 알게 하며, 가장 높은 지혜[究竟智]를 장엄케 하며, 대승
의 경지에 나아가게 하며, 보현의 행을 환히 알게 하며, 보살지위의
지혜 광명을 증득하게 하며, 보살의 원과 행을 성취하게 하며, 온갖
지혜의 경계에 머물게 하는 까닭입니다.

거룩하신 이여, 이 삼매의 이름은 무엇입니까?"

(39-6-2) 해당비구가 삼매에 대하여 설하다

"소년이여, 이 삼매의 이름은 '넓은 눈으로 얻음을 버림'이라고도
하고 '지혜바라밀 경계의 청정한 광명'이라고도 하고 '두루 장엄한
청정한 문'이라고도 한다. 소년이여, 나는 지혜바라밀을 닦았으므
로 두루 장엄하고 청정한 삼매 등 백만 아승기 삼매를 얻었다."

"이 삼매의 경계는 결국 이것뿐입니까?"

"소년이여, 이 삼매에 들 때는 세계를 아는 데, 가는 데, 초과하
는 데, 장엄하는 데, 다스리는 데, 깨끗이 하는 데 장애가 없다. 부
처님을 보는 데, 광대한 위엄과 도덕을 관찰하는 데, 자재한 신통
의 힘을 아는 데, 광대한 힘을 증득하는 데, 공덕 바다에 들어가는
데, 한량없는 묘한 법을 받는 데, 법 가운데 들어가서 묘한 행을 닦
는 데, 법륜을 굴리는 평등한 지혜를 증득하는 데, 대중이 모인 도
량 바다에 들어가는 데, 법을 관찰하는 데 장애가 없다. 매우 가엾
이 여기므로 중생을 거둬 주는 데, 인자함을 항상 일으켜 시방에 충

만하게 하는 데, 부처님을 보되 싫어하는 마음이 없는 데, 중생바다에 들어가는 데, 중생의 근성바다를 아는 데, 중생의 근기와 차별한 지혜를 아는 데 장애가 없다.”

(39-6-3) 수승한 보살의 법을 찬탄하다

“소년이여, 나는 오직 이 한 가지 지혜바라밀 삼매의 광명만을 알 뿐이다. 보살들이 지혜 바다에 들어가 법계의 지경을 깨끗이 하며, 모든 길을 통달하며, 한량없는 세계에 두루하며, 다라니에 자재하고 삼매가 청정하며, 신통이 광대하고 변재가 다하지 않으며, 여러 지위를 잘 말하며, 중생의 의지가 되는 일을 내가 어떻게 그 묘한 행을 알며 그 공덕을 말하며, 그 행할 것을 알며, 그 경계를 밝히며, 그 원력을 끝까지 이루며, 그 중요한 문에 들어가며, 그 증득한 것을 통달하며, 그 길의 부분을 말하며, 그 삼매에 머물며, 그 마음의 경지를 보며, 그 가진 바 평등한 지혜를 얻겠는가.”

(39-6-4) 다음 선지식 찾기를 권하다

“소년이여, 여기서 남으로 가면 해조(海潮)가 있고 그곳에 보장엄(普莊嚴) 동산이 있다. 그 동산에 휴사(休捨)우바이가 있다. 그에게 가서 보살이 어떻게 보살의 행을 배우며 보살의 도를 닦느냐고 물어라.”

그때 선재동자는 해당비구에게서 견고한 몸을 얻고 묘한 법의 재물을 얻었으며, 깊은 경계에 들어가서 지혜가 밝게 통달하고 삼매가 환히 비치며, 청정한 이해[解]에 머물러 깊은 법을 보았다. 마음은 청정한 문에 편안히 머물고 지혜의 광명이 시방에 가득하여 환희한 마음으로 한량없이 즐거워하며, 땅에 엎드려 발에 절하고 한량없이 돌고 공경하고 우러러며, 생각하고 관찰하며, 찬탄하고 그 이름을 염하고 그 동작을 생각하고 그 음성을 기억하고, 그 삼매와 큰 서원과 행하는 경계를 생각하며, 그 지혜와 청정한 광명을 받으면서 하직하고 물러갔다.

(39-7) 휴사우바이(休捨優婆夷)
제7 불퇴주(不退住) 선지식

(39-7-1) 휴사(休捨)우바이를 뵙고 법을 묻다
(39-7-1-1) 선지식에 대하여 생각하다

이때 선재동자가 선지식의 힘을 입고 선지식의 가르침을 의지하여 선지식을 생각하면서 선지식을 깊이 사랑하는 마음을 내어 이렇게 생각했다.

'선지식들은 부처님을 뵙게 하고 법을 듣게 했다. 선지식은 부처님의 법을 보여 준 까닭에 나의 스승이다. 선지식은 부처님 보기를 허공과 같게 한 까닭에 나의 눈이다. 선지식은 부처님 부처님의 연못에 들어가게 하는 까닭에 나의 나룻목이다.' 점점 남으로 가서 해조에 이르렀다.

(39-7-1-2) 휴사우바이

휴사우바이는 황금자리에 앉아서 해장진주그물관을 쓰고 하늘나라 것보다 더 좋은 진금팔찌를 끼고, 검푸른 머리카락을 드리우고 큰 마니그물로 머리를 장엄하고, 사자구 마니보배로 귀걸이를 했고, 여의마니보배로 영락을 만들고, 온갖 보배그물로 몸을 치장했다. 백천억 나유타 중생이 허리를 굽혀 공경하며, 동방에서 한량없는 중생이 모여 왔으니, 범천과 범중천과 대범천과 법보천과 자재천과 사람과 사람 아닌 이들이었다. 남방과 서방과 북방과 네 간방과 상방과 하방도 그러했다.

이 우바이를 보는 이는 병이 없어지고, 번뇌의 때를 여의고 나쁜 소견을 뽑아 버렸으며, 장애의 산을 부수고 걸림 없이 청정한 경계에 들어가며, 선근을 더욱 밝히고, 감관을 기르며, 지혜의 문에 들어가고, 다라니 문에 들어가서 삼매문과 서원문과 미묘한 수행문과 공덕문들이 앞에 나타나며, 마음이 광대하고 신통을 구족하며 몸에는 장애가 없어 쉽게 모든 곳에 갈 수 있다.

(39-7-1-3) 선재동자가 법을 묻다

그때 선재동자는 장엄동산에 들어가 두루 살피다가 휴사우바이가 묘한 자리에 앉아있는 것을 보고 그곳에 나아가 발에 절하고 여러 번 돌고 말했다.

"거룩하신 이여, 저는 이미 위없는 바른 보리심을 냈으나 보살이 어떻게 보살의 행을 배우며, 어떻게 보살의 도를 닦는 지를 알지 못하겠습니다. 거룩하신 이께서 잘 가르치신다 하니 말씀해 주시기 바랍니다."

(39-7-2) 휴사우바이가 법을 설하다

(39-7-2-1) 시방의 부처님이 나에게 법을 설하다

"소년이여, 나는 보살의 한 해탈문을 얻었다. 나를 보거나 듣거나 생각하는 이나 나와 함께 있는 이나 나에게 도움을 준 이는 모두 헛되지 않을 것이다.

소년이여, 중생으로서 선근을 심지 못하고, 선지식의 거둠을 받지 못하고, 부처님의 보호를 받지 않는 이는 나를 보지 못한다. 소년이여, 어떤 중생이 나를 보기만 하면 위없는 바른 보리심에서 물러나지 않는다.

소년이여, 동방의 부처님들이 항상 여기 오셔서 보배 자리에 앉아 나에게 법을 설한다. 남방과 서방과 북방과 네 간방과 상방과 하방에 계시는 부처님들도 모두 여기 오셔서 보배 자리에 앉아 나에게 법을 설한다.

소년이여, 나는 항상 부처님을 뵙고 법을 들으며 여러 보살과 함께 있다. 소년이여, 나의 대중은 8만 4천억 나유타인데 모두 이 동산에서 나와 함께 수행하며 위없는 바른 보리에서 물러나지 않고, 그 외 다른 중생들도 물러나지 않는 지위에 들어가 있다."

(39-7-2-2) 한량없는 겁 전에 낸 보리심

"거룩하신 이께서 위없는 바른 보리심을 낸 지는 얼마나 되었습니까?"

"소년이여, 나는 과거 연등부처님에게 범행을 닦고 공경하고 공양하면서 법문을 들었고, 그 전에는 이구(離垢)부처님에게 출가하여 도를 배우며 바른 법을 받아지녔고, 그 전에는 묘당(妙幢)부처님에게서, 그 전에는 승수미(勝須彌)부처님에게서, 그 전에는 연화덕장(蓮華德藏)부처님에게서, 그 전에는 비로자나(毘盧遮那)부처님에게서, 그 전에는 보안(普眼)부처님에게서, 그 전에는 범수(梵壽)부처님에게서, 그 전에는 금강제(金剛齊)부처님에게서, 그 전에는 바루나천(婆樓那天)부처님에게서 배웠던 것을 기억한다.

소년이여, 나는 과거의 한량없는 겁 동안 태어나서 이렇게 차례차례 36항하사 부처님 계신 곳에서 받들어 섬기고 공경하고 공양하며 법을 듣고 받아 지니고 범행을 닦던 일을 기억하며 그 이전의 일은 부처의 지혜로 알 것이며 나는 알 수가 없다.”

(39-7-2-3) 보살의 도는 한량이 없다

“소년이여, 보살은 처음으로 마음을 내는 것이 한량이 없어서 법계에 들어간다. 보살은 세간에 널리 들어가는 까닭에 가엾게 여기는 문이 한량이 없다. 보살이 법계에 끝까지 이르는 까닭에 서원의 문이 한량이 없다. 보살이 중생을 널리 덮는 까닭에 인자한 문이 한량이 없다. 보살이 세계에서 한량없는 겁 동안에 닦은 까닭에 닦는 행이 한량이 없다.

보살은 보살의 도가 물러가지 않게 하는 까닭에 삼매의 힘이 한량이 없다. 보살은 세간을 능히 지니는 까닭에 힘이 한량이 없다. 보살은 삼세에 증득하는 까닭에 지혜 광명의 힘이 한량이 없다. 보살은 세계에 널리 나타나는 까닭에 신통한 힘이 한량이 없다. 보살은 한 음성으로 모든 것을 다 이해하는 까닭에 변재의 힘이 한량이 없다. 보살은 부처의 세계에 두루하는 까닭에 청정한 몸이 한량이 없다.”

(39-7-2-4) 보살은 부처님을 섬기기 위해 보리심을 낸다

“거룩하신 이여, 얼마나 수행하면 위없는 바른 보리를 얻게 됩니

까?"

"소년이여, 보살은 한 중생을, 백 중생을, 한량없이 많은 중생을, 한 세계의 중생을, 한량없이 많은 세계의 중생을 교화하고 조복시키기 위해 보리심을 내지 않는다.

보살은 염부제의 티끌 수 세계의 중생을 교화하기 위해 보리심을 내지 않으며, 한량없이 많은 삼천대천세계의 티끌 수 세계 중생을 교화하기 위해 보리심을 내지 않는다.

보살은 한 부처님을, 한량없이 많은 부처님을, 한 세계 가운데 차례로 세상에 나는 부처님을, 한량없이 많은 세계에 차례로 나시는 부처님을, 한 삼천대천세계의 티끌 수 세계 가운데 차례로 나는 부처님을, 한량없이 많은 삼천대천세계의 티끌 수 세계 가운데 차례로 세상에 나는 부처님을 공양하기 위해 보리심을 내지 않는다.

보살은 한 세계를 깨끗하게 장엄하기 위해 한량없이 많은 세계를 깨끗하게 하기 위해, 한 삼천대천세계의 티끌 수 세계를 깨끗하게 하기 위해, 한량없이 많은 삼천대천세계의 티끌 수 세계를 깨끗하게 하기 위해 보리심을 내지 않는다.

보살은 한 부처님이 남긴 법을 지니기 위해, 한량없이 많은 부처님이 남긴 법을 지니기 위해, 한 세계 부처님이 남긴 법을 지니기 위해, 한량없이 많은 세계의 부처님이 남긴 법을 지니기 위해, 한 염부제 티끌 수 세계의 부처님이 남기신 법을 지니기 위해, 한량없이 많은 세계의 티끌 수 세계의 부처님이 남기신 법을 지니기 위해 보리심을 내지 않는다.

한 부처의 서원만을 성취하려고 하지 않은 까닭이며, 한 부처의 국토에만 가려고 하지 않은 까닭이며, 한 부처의 대중이 되지 않은 까닭이며, 한 부처님의 법눈을 지닐려고 하지 않은 까닭이며, 한 부처님의 법륜을 굴리려고 하지 않은 까닭이며, 한 세계의 여러 겁의 차례만을 알려고 하지 않은 까닭이며, 한 중생의 마음바다만 알려고 하지 않은 까닭이며, 한 중생의 근성바다만 알려고 하지 않은 까닭이며, 한 중생의 수행바다만 알려고 하지 않은 까닭이며, 한 중생의 번뇌바다만 알려고 하지 않은 까닭이며, 한 중생의 번뇌 습기(習氣)바다만 알려고 하지 않은 까닭이다.

한량없이 많은 부처세계의 티끌 수 중생의 번뇌 습기바다를 알려고 하지 않은 까닭으로 보리심을 낸다.

중생을 교화하고 조복시켜 남음이 없게 하려고, 부처님을 섬기고 공양하여 남음이 없게 하려고, 부처님의 국토를 깨끗이 하여 남음이 없게 하려고, 부처님의 바른 가르침을 보호하고 지녀 남음이 없게 하려고, 부처님의 서원을 성취하여 남음이 없게 하려고, 부처님의 국토에 모두 가서 남음이 없게 하려고, 부처님의 대중에 들어가서 남음이 없게 하려고, 세계의 여러 겁의 차례를 알아서 남음이 없게 하려고 보리심을 낸다.

중생의 마음바다를 다 알아서 남음이 없게 하려고, 중생의 근성바다를 다 알아서 남음이 없게 하려고, 중생의 업바다를 다 알아서 남음이 없게 하려고, 중생의 수행바다를 다 알아서 남음이 없게 하려고, 중생의 번뇌바다를 다 멸하여 남음이 없게 하려고, 중생의 번뇌 습기바다를 다 없애 남음이 없게 하려고 보리심을 낸다.

소년이여, 보살은 이러한 백만 아승기 방편의 행을 행하기 위해 보리심을 낸다. 소년이여, 보살의 행은 법에 두루 들어가 다 증득하려는 까닭이며, 세계에 두루 들어가 다 깨끗이 하려는 까닭이다. 소년이여, 그래서 온갖 세계를 깨끗이 하여 마치면 나의 서원도 마칠 것이며, 중생의 번뇌 습기를 뽑아 없애면 나의 서원도 만족할 것이다."

"거룩하신 이여, 이 해탈의 이름은 무엇입니까?"

"소년이여, 이것은 '근심 없고 편안한 당기'라 한다."

(39-7-3) 수승한 보살의 법을 찬탄하다

"소년이여, 나는 다만 이 해탈문만을 알 뿐이다. 보살들의 마음이 바다 같아서 부처의 법을 받아들이며, 수미산과 같이 뜻이 견고하여 동요하지 않으며, 선견약(善見藥)과 같아서 중생들의 번뇌병을 치료하며, 밝은 해와 같아서 중생들의 어두운 무명을 깨뜨리며, 단단한 땅과 같아서 중생의 의지할 데가 되며, 좋은 바람과 같아서 중생의 이익을 지으며, 밝은 등불과 같아서 중생들의 지혜의 빛을 내며, 큰 구름과 같아서 중생에게 고요한 법을 비추며, 깨끗한 달과 같아서 중생에게 복덕의 빛을 놓는다. 제석천과 같아서 모든 중생을 수호하는 일은 내가 어떻게 알며 어떻게 그 공덕의 행을 말하겠는가."

(39-7-4) 다음 선지식 찾기를 권하다

"소년이여, 여기서 남쪽으로 가면 바닷가에 나라소(邪羅素)라는 나라가 있고 그 곳에 비목구사(毘目瞿沙) 선인이 있다. 그대는 그에게 가서 보살이 어떻게 보살의 행을 배우며 어떻게 보살의 도를 닦느냐고 물어라."

(39-7-5) 수행의 어려움을 생각하다

  선재동자는 그의 발에 절하고 수없이 돌고 은근하게 우러러보며 눈물을 흘리면서 이렇게 생각했다. '보리는 얻기 어렵고, 선지식은 만나기도 어렵고, 친근하기 어렵고, 보살의 근기를 얻기 어렵고, 보살의 근기를 깨끗하게 하기 어렵고, 함께 수행할 선지식을 만나기 어렵고, 이치대로 관찰하기 어렵고, 가르치는 대로 수행하기 어렵고, 착한 마음을 내는 방편을 만나기 어렵고, 온갖 지혜를 증장하게 하는 법의 광명을 만나기 어렵다.'

  이렇게 생각하며 인사하고 물러갔다.

(39-8) 비목구사선인(毘目瞿沙仙人)
      제8 동진주(童眞住)선지식

(39-8-1) 비목구사선인을 뵙고 법을 묻다
(39-8-1-1) 열 가지 마음을 내어 선지식을 찾다

  그때 선재동자는 보살의 바른 가르침을 따라 생각하고, 보살의 깨끗한 행을 따라 생각하며, 보살의 복력을 증장하려는 마음을 내고, 모든 부처님을 분명히 보려는 마음을 내고, 모든 부처님을 태어나게 하려는 마음을 내고, 서원을 증장하게 하려는 마음을 내고, 시방의 법을 두루 보려는 마음을 내고, 법의 참된 성품을 밝게 보려는 마음을 내고, 장애를 없애려는 마음을 내고, 법계를 관찰하여 어둠을 없애려는 마음을 내고, 마군이의 항복을 받으려는 마음을 내면서 나라소국에 이르러 비목구사선인을 찾았다.

(39-8-1-2) 큰 숲의 장엄과 비목구사선인

선재동자는 그 선인이 전단나무 아래서 1만 무리를 거느리고 풀을 깔고 앉아 있는 것을 보았다. 사슴가죽을 입기도 하고 나무껍질을 입기도 하고, 풀을 엮어서 옷을 만들기도 했으며, 상투를 틀고 고리를 드리운 이들이 앞뒤로 둘러 모시고 있었다.

(39-8-1-3) 선지식을 찬탄하고 법을 묻다

선재동자는 그 앞에 나아가서 엎드려 절하며 말했다.

"저는 이제 참 선지식을 만났습니다. 선지식은 지혜에 나아가는 문으로 진실한 도에 들게 합니다. 지혜에 나아가는 법으로 부처의 지위에 이르게 합니다. 지혜에 나아가는 배[船]로서 지혜 보배의 섬에 이르게 합니다. 지혜에 나아가는 횃불로 십력의 빛을 내게 합니다. 지혜에 나아가는 길로 열반의 성에 들어가게 합니다.

선지식은 지혜에 나아가는 등불로 평탄하고 험한 길을 보게 합니다. 지혜에 나아가는 다리로 험난한 곳을 건너게 합니다. 지혜에 나아가는 일산으로 크게 인자한 그늘을 내게 합니다. 지혜에 나아가는 눈으로 법의 성품의 문을 보게 합니다. 지혜에 나아가는 조수로 대비수(大悲水)를 만족하게 합니다."

이렇게 말하고는 일어나 여러번 돌고 합장하고 여쭈었다.

"거룩하신 이여, 저는 이미 위없는 바른 보리심을 냈으나 보살이 어떻게 보살의 행을 배우며 보살의 도를 닦는지를 알지 못합니다. 거룩한 이께서 잘 가르치신다 하니 바라건대 말씀하여 주시기 바랍니다."

(39-8-2) 선재동자를 찬탄하다

(39-8-2-1) 비목구사선인이 찬탄하다

비목구사선인은 무리들을 돌아보고 말했다.

"선남자들이여, 이 동자는 이미 위없는 바른 보리심을 냈다. 또 중생에게 두려움 없음을 보시했다. 이 소년은 중생에게 이익을 주며, 부처의 지혜바다를 관찰하며, 감로의 법비를 마시며, 광대한 법바다를 측량한다. 이 동자는 중생들을 지혜바다에 머물게 하며, 광대한 자비구름을 일으키며, 광대한 법비를 내리며, 지혜의 달로 세간을 두루 비추며, 세간의 지독한 번뇌를 멸하며, 중생들의 모든 선근을 기른다."

(39-8-2-2) 여러 신선이 찬탄하다

이때 여러 신선은 이 말을 듣고 가지각색 묘한 향과 꽃으로 선재에게 흩뿌리고 절하고 두루 돌며 공경하며 말했다.

"이 소년은 반드시 중생을 구호할 것이다. 지옥의 고통을 멸할 것이며, 축생의 길을 끊을 것이다. 염라대왕의 세계를 바꾸어 놓고 여러 험난한 문을 닫을 것이다. 또 애욕 바다를 말릴 것이며, 괴로움 덩어리를 없앨 것이다. 무명의 어둠을 깨뜨려 탐애의 결박을 끊을 것이다. 복덕의 철위산으로 세간을 둘러쌓아 수미산 같은 지혜를 세간에 드러낼 것이다. 청정한 지혜의 해를 뜨게 하여 선근의 법장(法藏)을 열어보일 것이다. 세간 사람들에게 험하고 평탄함을 알게 할 것이다."

(39-8-2-3) 비목구사선인이 보리심 낸 것을 인정하다

이때 비목구사선인이 여러 신선에게 말했다.

"신선들이여, 어떤 사람이 위없는 바른 보리심을 내면 반드시 온갖 지혜의 도를 성취할 것이다. 그러므로 이 동자는 이미 위없는 바른 보리심을 냈으므로 모든 부처의 공덕 바탕을 깨끗이 할 것이다."

(39-8-3) 무승당해탈의 경계를 보이다

비목구사선인은 선재동자에게 말했다.

"소년이여, 나는 보살의 무승당해탈(無勝幢解脫)을 얻었다."

"거룩하신 이여, 무승당해탈은 그 경계가 어떠합니까?"

이때 비목구사선인은 오른손을 펴서 선재동자의 정수리를 만지며 손을 잡았다. 그때 선재동자는 자기의 몸이 시방으로 열 세계의 티끌 수 세계에 가서 열 세계의 티끌 수 부처님 처소에 이르렀음을 보았다. 저 세계와 모인 대중과 부처님의 잘 생긴 모습이 여러 가지로 장엄했음을 보았으며, 그 부처님이 중생들의 마음을 따라서 법을 연설함을 듣고 한 글자 한 구절을 모두 통달했으며, 따로따로 받아 지녀 섞이지 않았다.

부처님이 갖가지 지혜로 모든 서원을 깨끗하게 다스리는 것도 보고, 청정한 서원으로 모든 힘을 성취하는 것도 보고, 중생들의 마음을 따라 나타내는 모습도 보고, 큰 광명 그물의 가지각색 빛이 청정하고 원만함도 보고, 걸림없는 지혜와 큰 광명의 힘도 알았다.

자기의 몸이 여러 부처님 계신 곳에서 하루 낮 하룻밤을 지내기도 하고, 이레를 지내기도 하고, 혹은 반 달이나 한 달이나 일 년이나 십 년이나 백 년이나 천 년이나 억 년을 지내기도 하며, 아유다(阿

庚多)억 년이나 나유타(那由他)억 년이나 반 겁이나 한 겁이나 백 겁이나 천 겁이나 백천억 겁이나 한량없이 많은 세계의 티끌 수 겁을 지내는 것을 보기도 했다.

그때 선재동자는 보살의 무승당해탈의 지혜 광명으로 비로자나장 삼매의 광명을 얻고, 다함 없는 지혜 해탈삼매의 광명으로 여러 방위를 두루 거두는 다라니 광명을 얻었다. 금강륜 다라니문의 광명으로 매우 청정한 지혜의 마음삼매 광명을 얻었다. 넓은 문 장엄장 반야바라밀의 광명으로 불허공장륜(佛虛空藏輪)삼매의 광명을 얻었다. 일체불법륜삼매의 광명으로 삼세의 다함이 없는 삼매 광명을 얻었다.

이때 비목구사선인이 선재의 손을 놓으니, 선재동자는 자기의 몸이 본래 있던 곳에 있음을 보았다.

그때 비목구사선인은 선재동자에게 말했다.

"소년이여, 그대는 어떻게 생각하는가?"

"그러합니다. 이것이 다 거룩하신 선지식의 힘인 줄 압니다."

(39-8-4) 수승한 보살의 법을 찬탄하다

비목구사선인이 말했다.

"소년이여, 나는 다만 이 보살의 무승당해탈만 알 뿐이다. 보살이 모든 훌륭한 삼매를 성취하여, 모든 시절에 자유자재하고 잠깐 동안에 부처님의 한량없는 지혜를 내고 부처의 지혜등불로 장엄하여 세간을 두루 비추며, 한 생각에 삼세 경계에 두루 들어가서 형상을 나누어 시방의 국토에 두루 가며, 지혜의 몸이 법계에 들어가서 중생의 마음을 따라 그의 앞에 나타나서 그의 근성과 행을 관찰하고 이익되게 하며, 매우 사랑스럽고 깨끗한 광명을 놓는 일을 내가 어떻게 알며, 공덕의 행과 훌륭한 서원과 장엄한 세계와 지혜의 경계와 삼매의 행하는 데와 신통 변화와 해탈의 유희와 몸이 각각 차별함과 음성이 청정함과 지혜의 광명을 어떻게 말하겠는가.

(39-8-5) 다음 선지식을 찾기를 권하다

"소년이여, 여기서 남쪽에 이사나(伊沙那)마을이 있고, 그곳에 승열(勝熱)바라문이 있다. 그대는 그에게 가서 보살이 어떻게 보살의 행을 배우며 보살의 도를 닦느냐고 물어라."

이때 선재동자는 즐거워하며 그의 발에 절하고 수없이 돌고 은근하게 우러러보면서 하직하고 남쪽으로 떠났다.

(39-9) 승열바라문(勝熱婆羅門)

　　제9 법왕자주(法王子住)선지식

(39-9-1) 승열(勝熱)바라문을 뵙고 법을 묻다
(39-9-1-1) 무승당해탈의 법력

이때 선재동자는 보살의 '무승당해탈'의 비춤을 받아 부처님의 부사의한 신통의 힘을 얻었으며, 보살의 부사의한 해탈과 신통한 지혜를 증득했으며, 보살의 부사의한 삼매의 지혜광명을 얻었으며, 시기에 닦는 삼매의 지혜광명을 얻었으며, 경계가 다 생각을 의지하여 존재한 것임을 아는 삼매의 지혜광명을 얻었으며, 세간에서 가장 훌륭한 지혜광명을 얻었다.

모든 곳에 몸을 나타내고 끝까지 다다른 지혜로 둘이 없고 분별이 없는 평등한 법을 말하며, 밝고 깨끗한 지혜로 경계를 두루 비추며, 들은 법을 모두 알아 가지며, 청정한 마음과 앎으로 법의 성품을 결정하고 마음에는 보살의 묘한 행을 항상 버리지 않았다.

온갖 지혜를 구하는데 영원히 물러나지 않아 십력과 지혜의 광명을 얻었다. 묘한 법을 부지런히 구하여 싫은 생각이 없었으며, 바르게 행을 닦아 부처의 경지에 들어갔으며, 보살의 한량없는 장엄을 내고 끝이 없는 큰 서원이 모두 청정했다. 다함이 없는 지혜로 끝이 없는 세계그물을 알고, 겁약하지 않은 마음으로 한량없는 중생 바다를 제도하며, 끝이 없는 보살의 수행하는 경계를 알고, 세계의 여러 가지 차별을 보며, 세계의 여러 가지 장엄을 보며, 세계의 미세한 경계에 들어가며, 세계의 여러 가지 이름을 알며, 세계의 여러 가지 말을 알며, 중생의 여러 가지 지혜를 알며, 중생의 여러 가지 행을 보며, 중생의 성숙한 행을 보며, 중생의 차별한 생각을 보았다.

(39-9-1-2) 보살도 닦는 법을 묻다

선지식을 생각하면서 이사나 마을에 이르러 승열(勝熱)바라문이 모든 고행을 닦으며 온갖 지혜를 구하는 것을 보았다. 사면에 높고 가파른 칼산[刀山] 밑에 불구덩이가 있었다. 승열바라문은 그 산 위에 올라가서 몸을 날려 불구덩이에 들어갔다.

"거룩하신 이여, 저는 이미 위없는 바른 보리심을 냈으나 보살이 어떻게 보살의 행을 배우며 어떻게 보살의 도를 닦는지를 알지 못합니다. 거룩하신 이께서 잘 가르치신다 하니 바라건대 말씀해 주시기 바랍니다."

(39-9-2) 승열바라문이 법을 설하다

(39-9-2-1) 칼산에 올라 몸을 불구덩이에 던지다

"소년이여, 이 칼산 위에 올라가서 몸을 불 구덩이에 던지면 모든 보살의 행이 청정해진다."

(39-9-2-2) 선재동자가 선지식을 의심하다

선재동자는 이렇게 생각했다.

'사람의 몸을 얻기 어렵고, 어려움(難)을 여의기 어렵고, 어려움이 없어짐을 얻기 어렵고, 청정한 법을 얻기 어렵고, 부처를 만나기 어렵고, 감관을 구비하기 어렵고, 불법을 얻기 어렵고, 선한 사람을 만나기 어렵고, 선지식을 만나기 어렵고, 이치대로 가르침을 받기 어렵고, 바른 생활을 하기 어렵고, 법을 따라 행하기 어렵다는데 이것은 마가 아닌가, 외도가 시키는 것이 아닌가? 마의 험악한 도량이 보살인 듯이 선지식의 모양으로 꾸며 선근의 어려움을 짓고 수명의 어려움을 지어서 온갖 지혜의 길을 닦는 것을 막고, 나를 끌어서 나쁜 길에 들어가게 하고, 나의 법문을 막고 나의 불법을 막는 것이 아닌가?'

(39-9-2-3) 범천이 승열바라문을 찬탄하다

이렇게 생각할 때에 일만의 범천이 허공에서 말했다.

"소년이여, 그런 생각을 하지 말라. 거룩한 승열바라문은 금강삼매(金剛三昧)의 광명을 얻었고, 크게 정진하여 중생을 건지려는 마음이 물러나지 않으며, 모든 탐애의 바다를 말리려 하고, 삿된 소견의 그물을 찢으려 하고, 번뇌의 섶을 태우려 하고, 의혹의 숲을 비

추려 하고, 늙어 죽는 공포를 끊으려 하고, 삼세 장애를 무너뜨리려 하고, 모든 법의 광명을 놓으려 한다.

소년이여, 범천들이 삿된 소견에 집착하여 스스로 생각하기를 '우리는 자유자재하며, 능히 짓는 이가 되어 이 세간에서 가장 훌륭하다.'고 생각했다. 이 바라문이 몸의 다섯 군데에 불을 갖다 놓는 것을 보았다. 우리 궁전에 사랑하는 마음이 없고 여러 가지 선정에서도 즐거운 맛[滋味]를 얻지 못하여 바라문에게 법을 청했다.

그때 바라문은 신통한 힘으로 고행을 보이며 우리에게 법을 말하여 우리의 소견을 없애 주고, 교만을 없애 주며, 매우 인자한 마음으로 가엾게 여기며, 광대한 마음을 일으켜 보리심을 내게 하여 항상 부처님을 뵙고 묘한 법을 듣고 모든 곳에 마음이 걸리지 않았다.”

(39-9-2-4) 마의 무리가 승열바라문을 찬탄하다

일만의의 마의 무리가 공중에서 하늘마니보배로 바라문 위에 흩으며 선재동자에게 말했다.

“소년이여, 이 바라문 몸의 다섯 군데에 불을 갖다 놓고 그 불의 광명이 나의 궁전의 장엄거리를 가려 보이지 않게 하므로 나는 그 궁전에 애착하지 않고 권속들과 함께 그의 처소에 왔더니, 나와 한량없는 다른 천자와 천녀들이 위없는 바른 보리에 물러나지 않게 했다.”

(39-9-2-5) 자재천왕의 찬탄

일만의의 자재천왕이 허공 중에서 하늘꽃을 뿌리며 말했다.

“소년이여, 이 바라문이 몸의 다섯 군데에 불을 갖다 놓고 그 불

의 광명이 나의 궁전의 장엄거리를 가려 보이지 않게 하므로 나는
그 궁전에 애착하지 않고 권속들과 함께 그의 처소에 왔더니, 나로
하여금 마음을 자재하게 하고 번뇌에도 자재하게 하고 태어나는 데
도 자재하게 하고 업장에도 자재하게 하고 삼매에도 자재하게 하고
장엄거리에도 자재하게 하고 목숨에도 자재하게 하고 모든 불법까
지 자재하게 했다.”

(39-9-2-6) 화락천왕의 찬탄

　일만의의 화락천왕이 허공에서 하늘음악을 연주하여 공경하고 공
양하면서 말했다.

　“소년이여, 이 바라문이 몸의 다섯 군데에 불을 갖다 놓고 그 불
의 광명이 나의 궁전의 장엄거리들과 채녀들에게 비출 때, 나는 욕
망을 내지도 않고 욕망을 구하지도 않고 몸과 마음이 부드러워져서
무리들과 함께 그의 처소에 왔더니, 나의 마음이 청량하고 깨끗하
고 순일하여지고, 부드러워져 환희하게 되었고 깨끗한 십력과 몸을
얻게 하고 한량없는 몸을 냈다. 부처의 몸과 말과 음성과 마음을 얻
었으며, 온갖 지혜까지 구족하게 성취했다.”

(39-9-2-7) 도솔천왕과 그 권속들의 찬탄

　일만의의 도솔천왕과 천자 천녀와 한량없는 권속들이 허공에서
묘한 향을 뿌려서 공경하고 절하면서 말했다.

　“소년이여, 이 바라문이 몸의 다섯 군데에 불을 갖다 놓고 그 불
의 광명이 비칠 때 하늘들과 권속들이 자기의 궁전을 좋아하지 않
고, 그의 처소에 와서 그의 설법을 들었다. 우리들은 경계에 탐하지

않고 욕심이 적어 넉넉함을 알았으며, 마음이 기쁘고 만족하여 선
근을 내고 보리심을 냈으며, 불법을 원만하게 했다.”

(39-9-2-8) 삼십삼천과 그 권속들의 찬탄

일만의의 삼십삼천왕이 있어 권속들과 천자와 천녀들에게 둘러싸
여서 허공으로 만다라꽃을 뿌리며 공경하고 공양하면서 말했다.

“소년이여, 이 바라문이 몸의 다섯 군데에 불을 갖다 놓고 그 불
의 광명이 비칠 때 우리들은 하늘음악에는 즐거운 생각을 내지 않
고 그의 처소에 왔더니, 바라문이 우리에게 법은 무상하고 파괴되
는 것이라 말하여, 우리로 하여금 낙을 버리고 교만을 끊게 하여 위
없는 보리를 닦게 했다.

소년이여, 우리들이 이 바라문을 보았을 때 수미산 꼭대기가 여섯
가지로 진동하여 기뻐하면서 보리심을 냈는데 견고하여 동요하지
않았다.”

(39-9-2-9) 용왕들의 찬탄

일만의의 용왕이 있으니, 이나발라(伊那跋羅)용왕과 난타와 우파
난타(優波難陀)용왕들이었다, 허공에서 흑전단을 비로 내리고 한량
없는 용녀들은 하늘음악을 연주하며 하늘꽃과 하늘향수의 비를 내
려서 공경하고 공양하며 말했다.

“소년이여, 이 바라문이 몸의 다섯 군데에 불을 갖다 놓고 그 불
의 광명이 용궁에 비치어, 용들로 하여금 뜨거운 모래의 공포와 금
시조의 공포를 여의고, 성내는 일을 제하고 몸이 청량해지고, 마음
에 흐림이 없어 법을 듣고 믿었으며, 용의 종류를 싫어하고 지성으

로 업장을 뉘우쳐 없애며, 위없는 바른 보리심을 내어 온갖 지혜에 머물렀다."

(39-9-2-10) 야차왕의 찬탄

일만의의 야차왕이 허공 중에서 여러 가지 공양거리로 바라문과 선재동자에게 공경하고 공양하면서 말했다.

"소년이여, 이 바라문이 몸의 다섯 군데에 불을 갖다 놓고 그 불의 광명에서 나와 권속들은 중생에게 가엾이 여기는 마음을 냈고, 나찰(羅刹)과 구반다(鳩槃茶)들도 인자한 마음을 냈다. 인자한 마음을 가졌으므로 중생들을 해롭게 하지 않고 나에게로 왔다. 나와 그들은 자신의 궁전에 대해서 좋아하는 생각이 없었다. 함께 바라문의 처소에 갔더니, 그는 우리에게 적당한 법을 말하여 모두 몸과 마음이 안락했으며, 한량없는 야차와 나찰과 구반다들도 위없는 보리심을 내게 했다."

(39-9-2-11) 건발바왕의 찬탄

일만의의 건달바왕이 허공에서 말했다.

"소년이여, 이 바라문이 몸의 다섯 군데에 불을 갖다 놓고 그 불의 광명이 나의 궁전에 비춰 우리들로 하여금 부사의하고 한량없는 즐거움을 받게 했다. 우리들이 그의 처소에 갔더니, 법을 말하여 위없는 바른 보리에서 물러가지 않게 했다."

(39-9-2-12) 아수라왕의 찬탄

일만의의 아수라왕이 큰 바다에서 나와 허공에서 오른 무릎을 펴고 합장하고 절하면서 말했다.

"소년이여, 이 바라문이 몸의 다섯 군데에 불을 갖다 놓고 그 불의 위력에 우리 아수라들의 궁전과 바다와 육지들이 모두 진동하여 우리들로 하여금 교만과 방일을 버리게 했다. 우리들은 그의 처소에 가서 법문을 듣고 아첨과 허황함을 버리고 참는 지위에 머물러 견고하여 동요하지 않는 십력을 원만히 했다."

(39-9-2-13) 가루라왕의 찬탄

일만의의 가루라왕이 있는데 가장 용맹한 왕이 우두머리가 되었다. 외도의 동자로 변하여 허공에서 이렇게 말했다.

"소년이여, 이 바라문이 몸의 다섯 군데에 불을 갖다 놓고 그 불의 광명이 우리 궁전에 비치니 모든 것이 진동하여 모두 무서워했다. 그의 처소에 갔더니, 우리에게 적당하게 법을 말하여 크게 인자함을 익히고 매우 가엾게 여김을 칭찬하고 생사의 바다를 건너게 하며, 탐욕의 수렁에서 중생들을 건져 보리심을 찬탄하고 방편의 지혜를 일으키며, 적당하게 중생들을 조복시켰다."

(39-9-2-14) 긴나라왕의 찬탄

일만의의 긴나라왕이 허공에서 이렇게 말했다.

"소년이여, 이 바라문이 몸의 다섯 군데에 불을 갖다 놓고 그 불의 광명이 우리가 있는 궁전의 여러 다라나무와 보배풍경그물과 보배비단띠와 음악나무와 묘한 보배나무와 모든 악기에서 저절로 부처의 소리와 법의 소리와 물러나지 않는 보살승의 소리와 위없는 보리를 구하는 소리를 냈다.

'어떤 나라 어느 곳에 어떤 보살이 보리심을 냈고, 어떤 보살이 고행을 행하고 버리기 어려운 것을 버렸으며, 온갖 지혜의 행을 깨끗이 했고, 어떤 보살이 도량에 나아갔으며, 어떤 부처님이 불사를 마치고 열반에 들었다'고 했다.

소년이여, 어떤 사람이 염부제의 초목을 갈아서 작은 티끌을 만드는 것보다 나의 궁전에 있는 보배다라나무와 악기에서 말하는 보살의 이름과 부처님의 이름과 서원과 닦는 행들이 더 많아 끝을 알지 못한다.

소년이여, 우리는 부처의 소리와 법의 소리와 보살승의 소리를 듣고 매우 기뻐서 바라문의 처소에 왔더니, 적당하게 법을 말하여 나와 다른 한량없는 중생들로 하여금 위없는 바른 보리에서 물러나지 않게 했다."

(39-9-2-15) 욕계천의 찬탄

한량없는 욕계하늘이 허공에서 아름다운 공양거리로 공경하고 공양하면서 말했다.

"소년이여, 이 바라문이 몸의 다섯 군데에 불을 갖다 놓고 그 불의 광명이 아비지옥과 여러 지옥에 비치어 고통받던 일이 쉬었다. 우리도 그 불의 광명을 보고 깨끗한 신심을 냈고, 그곳에서 죽어 하늘에 태어났으며, 그 은혜를 알았으므로 바라문의 처소에 와서 공경하고 우러러보면서 싫은 생각이 없었다. 바라문은 우리에게 법을 말하여 한량없는 중생들이 보리심을 냈다."

(39-9-2-16) 선재동자가 참회하다

그때 선재동자는 이런 법문을 듣고 매우 기뻐했다. 바라문이 진실한 선지식임을 알고 마음을 내어 엎드려 절하며 이렇게 말했다.

"제가 거룩하신 선지식을 의심했습니다. 거룩하신 이여, 저는 의심에 대하여 참회합니다."

(39-9-2-17) 승열바라문이 선재동자에게 게송을 설하다

바라문은 선재동자에게 게송을 말했다.

어떤 보살이라도 / 선지식의 가르침을 순종하면
모든 의심과 두려움이 없어지고 / 편안하여 마음이 흔들리지 않는다.
이런 사람들은 / 광대한 이익을 얻으며
보리수 아래 앉아서 / 위없는 깨달음을 이룰 것이다.

(39-9-3) 선재동자가 칼산에 올라 불구덩이에 몸을 던지다

그때 선재동자는 칼산에 올라가 몸을 불구덩이에 던졌다. 내려가는 중간에 보살의 잘 머무는 삼매를 얻었고, 몸이 불꽃에 닿자 보살의 고요하고 즐거운 신통삼매를 얻었다.

이에 선재동자가 여쭈었다.

"매우 신기합니다. 거룩하신 이여, 칼산과 불에 몸이 닿았을 때에 편안하고 상쾌했습니다."

(39-9-4) 수승한 보살의 공덕을 찬탄하다

"소년이여, 나는 다만 보살의 다함이 없는 바퀴해탈문을 얻었을

뿐이다. 보살의 큰 공덕 불꽃으로서 중생의 견혹(見惑)을 불살라 남지 않게 하고, 다함이 없는 마음과 게으르지 않는 마음과 겁이 없는 마음을 물러가지 않게 하며, 금강장(金剛藏) 나라연(那羅延) 같은 마음과 빨리 수행하고 지체하지 않는 마음을 내며, 바람 둘레와 같이 여러 가지 노력과 서원을 두루 지니려는 마음에 물러나지 않는 것을 내가 어떻게 알며 어떻게 그 공덕의 행을 말하겠는가.”

(39-9-5) 다음 선지식 찾기를 권하다

“소년이여, 여기서 남쪽으로 가면 사자분신(師子奮迅)성이 있고, 그 성에 자행(慈行)동녀가 살고 있다. 그대는 그에게 가서 보살이 어떻게 보살의 행을 배우며 보살의 도를 닦느냐고 물어라.”

그때 선재동자는 그의 발에 엎드려 절을 하고 수없이 돌고 하직하고 물러갔다.

(39-10) 자행동녀(慈行童女)
　　　제10 관정주(灌頂住)선지식

(39-10-1) 자행(慈行)동녀를 뵙고 법을 묻다
(39-10-1-1) 선지식에게 존중하는 마음을 내다

그때 선재동자는 선지식을 매우 존경하는 마음을 냈다. 광대하고 바른 앎으로 항상 대승을 생각하고 부처 지혜를 일심으로 구했다. 부처님 뵙기를 원하고 법의 경계를 관찰하며, 걸림없는 지혜가 나타나서 모든 법의 참된 경계[實際]와 항상 머물러 있는 경계와 모든 삼세(三世)와 찰나의 경계와 허공과 같은 경계와 둘이 없는 경계와 모든 법의 분별이 없는 경계와 이치의 걸림이 없는 경계와 겁이 바뀌어도 무너지지 않는 경계와 부처님의 경계가 없는 경계를 안다.

부처에게는 분별하는 마음이 없고 생각의 그물을 깨뜨려 집착이 없다. 부처님들의 대중이 모인 도량도 취하지 않고 부처님의 청정한 국토도 취하지 않으며, 중생들은 모두 나[我]가 없음을 알고 모든 소리는 다 메아리 같고 모든 빛은 다 그림자 같은 줄 안다.

(39-10-1-2) 비로자나장 궁전과 자행동녀

점점 남쪽으로 가다가 사자분신(師子奮迅)성에 이르러 자행동녀(慈行童女)를 찾았다.

이 동녀는 사자당왕(師子幢王)의 딸로서 5백 동녀가 시중을 들고 비로자나장(毘盧遮那藏) 궁전에 있으며, 용승전단(龍勝栴檀)이 발이 되고 금실그물을 두르고 하늘옷을 깐 자리에 앉아 묘한 법을 연설한다는 말을 들었다.

선재동자는 왕궁에 나아가 자행동녀를 찾는데 한량없는 사람들이 궁중으로 들어가는 것을 보고, "당신들은 어디로 가느냐?"고 물으니, 그 사람들은 "자행동녀에게 묘한 법을 들으려 간다"고 대답했다.

선재동자는 '이 왕궁의 문은 제한이 없으니 나도 들어가자' 하고 들어가서 비로자나장 궁전을 보았다.

땅은 파려로 덮여 있으며 기둥은 유리(瑠璃)로 되었고 벽은 금강(金剛)으로 되었다. 염부단금(閻浮檀金)으로 담을 쌓았고, 백천 광명은 창호가 되고 아승기 마니보배로 꾸몄으며, 보장(寶藏)마니 거울로 장엄하고 세상에 제일 가는 마니보배로 장식했는데 수없는 보배그물이 위에 덮였으며, 백천의 황금 풍경에서는 아름다운 소리가 났다. 이렇게 부사의한 보배로 훌륭하게 꾸몄으며, 자행동녀는 살갗이 금빛이며, 눈은 자줏빛이고 머리카락은 검푸르며, 범천의 음성으로 법을 연설하고 있었다.

(39-10-1-3) 선재동자가 법을 묻다

선재동자는 앞에 나아가 발에 엎드려 절하고 세 번 돌고 합장하고 말했다.

"거룩하신 이여, 저는 이미 위없는 바른 보리심을 냈으나, 보살이 어떻게 보살의 행을 배우며 어떻게 보살의 도를 닦는지를 알지 못합니다. 거룩한 이께서 잘 가르치신다고 들었으니 말씀해 주시기 바랍니다."

(39-10-2) 지혜바라밀로 장엄한 궁전

그때 자행동녀가 선재동자에게 말했다.

"소년이여, 그대는 나의 궁전에 장엄한 것을 보라."

선재동자는 두루 살펴보았다.

낱낱의 벽과 기둥과 거울과 모양과 형상과 마니보배와 장엄거리와 황금풍경과 보배나무와 보배형상과 보배영락으로 치장되어 있었다. 온 법계의 부처님께서 처음 마음을 내고 보살의 행을 닦고 큰 서원에 만족하고 공덕을 갖추고 정등각을 이루는 일과 묘한 법륜을 굴리다가 열반에 드시는 일이 영상처럼 나타나는데 깨끗한 물속에서 일월성신과 모든 형상이 비치는 듯했다. 이런 것이 모두 자행동녀가 지난 세상에 심은 선근의 힘이었다.

이때 선재동자는 궁전의 장엄에서 본 부처님들의 여러 가지 모양을 생각하면서 합장하고 자행동녀를 쳐다보았다.

"소년이여, 이것은 지혜바라밀의 두루 장엄하는 문이니 내가 삼십육 항하사(恒河沙)의 부처님 계신 데서 이 법을 얻었다. 저 부처님들이 각각 다른 문으로 이 지혜바라밀로 두루 장엄하는 문에 들어가게 했으며, 한 부처님이 말씀하신 것을 다른 부처님이 다시 말씀하시지 않았다."

(39-10-3) 지혜바라밀로 아승기 다라니문이 앞에 나타나다

"거룩하신 이여, 이 지혜바라밀로 두루 장엄하는 문의 경계는 어떠합니까?"

"소년이여, 내가 이 지혜바라밀로 두루 장엄하는 문에 들어가서 따라 나아가면서 생각하고 관찰하고 기억하고 분별할 때 넓은 문 다라니를 얻으니, 백만 아승기 다라니문이 앞에 나타났다.

부처세계 다라니문, 부처 다라니문, 법 다라니문, 중생 다라니문, 과거 다라니문, 미래 다라니문, 현재 다라니문, 항상 머무는 경계 다라니문, 복덕으로 도를 돕는 다라니문, 지혜 다라니문, 지혜로 도를 돕는 다라니문, 소원 다라니문, 업 다라니문, 바른 업 닦는 다라니문, 업이 자재한 다라니문, 착한 행 다라니문, 삼매 다라니문, 신통한 다라니문, 마음바다 다라니문, 곧은 마음 다라니문, 마음을 조복시켜 청정하게 하는 다라니문, 중생이 태어나는 데를 아는 다라니문, 번뇌의 방편을 아는 다라니문, 중생의 성품을 아는 다라니문, 중생의 욕망을 아는 다라니문, 시방을 두루 보는 다라니문, 부처의 법 다라니문, 보살의 법 다라니문, 성문의 법 다라니문, 세간

의 법다라니문 등이다."

(39-10-4) 수승한 보살의 도를 찬탄하다

"소년이여, 나는 다만 지혜바라밀을 두루 장엄하는 해탈문을 알 뿐이다. 보살의 마음이 광대하기가 허공과 같고, 법계에 들어가 복덕이 만족하며, 출세간 법에 머물러 세간의 행을 멀리하며, 지혜 눈이 걸림없어 법계를 두루 관찰하며, 지혜 마음이 광대하여 허공과 같으며, 모든 경계를 분명히 보며, 걸림없는 지위의 큰 광명장을 얻어서 온갖 법과 뜻을 잘 분별하며, 세간의 행을 행하여도 세간 법에 물들지 않으며, 능히 세상을 이익되게 하고, 세간에서 파괴한 것이 아니며, 모든 세상의 의지가 되고 모든 중생의 마음을 두루 알며, 그들에게 알맞게 법을 말하여 모든 시기에 항상 자유자재함을 내가 어떻게 알며 그 공덕의 행을 말하겠는가."

(39-10-5) 다음 선지식 찾기를 권하다

"소년이여, 여기서 남쪽에 삼안(三眼)국이 있고, 거기에 선견(善見)비구가 있다. 그에게 가서 보살이 어떻게 보살의 행을 배우며 보살의 도를 닦느냐고 물어라."

그때 선재동자는 그의 발에 절하고 수없이 돌고 사모하여 우러러보면서 하직하고 떠났다.

III. 십행위 선지식

(39-11) 선견(善見)비구
제1 환희행(歡喜行)선지식

(39-11-1) 선견(善見)비구를 뵙고 법을 묻다
(39-11-1-1) 모든 것이 깊음을 생각하다

이때 선재동자는 보살의 머물러 있는 행과, 증득한 법과, 들어간 곳과, 중생의 미세한 지혜와, 세간의 생각을 의지하여 있음과, 중생의 짓는 행과, 중생의 마음 흐름과, 중생의 그림자 같음과, 중생의 이름과, 중생의 말과, 장엄한 법계와, 갖가지 심은 업과 행과, 업으로 장식한 세간이 깊음을 생각하면서 남쪽으로 갔다.

(39-11-1-2) 선견비구의 용모와 덕화

삼안국(三眼國)에 이르러 도성과 마을과 골목과 저자와 하천과 평원과 산골짜기 등을 두루 다니며 선견(善見)비구를 찾다가 숲속에서 거닐고 있는 것을 보았다.

젊은 나이에 용모가 아름답고 단정했다. 검푸른 머리카락이며, 정수리에는 육계가 있고 피부는 금빛이었다. 목에는 세 줄 무늬가 있고 이마는 넓고 반듯하며, 눈은 길고 넓어 청련화 같고 입술은 붉고 깨끗하여 빔바나무 열매 같았다. 가슴에는 만자가 있고 일곱 군데가 평평하며, 팔은 가늘고 길며 손가락에는 그물막이 있었다. 손바닥과 발바닥에는 금강 같은 바퀴 금이 있고, 몸은 유난히 아름다워 정거천인 같고 위와 아래가 곧고 단정하여 나구타 나무 같으며, 거룩한 모습과 잘 생긴 모양이 원만하여 설산과 같으며, 눈은 깜박이지 않고 둥근 후광이 한 길이었다.

지혜는 넓어 큰 바다와 같아 여러 경계에 마음이 흔들리지 않으며, 잠기듯 일어나는 듯, 지혜도 같고 지혜 아님도 같으며, 움직임과 부질없는 말이 모두 멈추었고 부처님이 행하던 평등한 경계를 얻었다. 매우 가엾이 여김으로 중생들을 교화하여 잠깐도 버리지 않으며, 일체 중생을 이익되게 함이며, 부처님의 법눈을 열어 보이기 위함이다. 부처님이 행하던 길을 밟기 위해 느리지도 빠르지도 않게 자세히 살피며 나아갔다.

(39-11-1-3) 선견비구에게 법을 묻다

이때 선재동자는 비구에게 나아가 엎드려 발에 절하고 허리 굽혀 합장하면서 말했다.

"거룩하신 이여, 저는 이미 위없는 바른 보리심을 냈고, 보살의 행을 구합니다. 거룩하신 이께서 보살의 도를 잘 열어 보이신다하니, 보살이 어떻게 보살의 행을 배우며, 어떻게 보살의 도를 닦는지를 말씀해 주시기 바랍니다."

(39-11-2) 선견비구가 법을 설하다
(39-11-2-1) 여러 부처님 처소에서 범행을 닦았다

"소년이여, 나는 젊었고 출가한 지도 오래되지 않았다. 이승에서 삼십팔 항하사 부처님 처소에서 범행을 닦았다. 어떤 부처님 처소

에서는 하루 낮이나 하룻밤 동안 범행을 닦았으며, 어떤 부처님 처소에서는 칠 일 낮이나 칠 일 밤 동안 범행을 닦았으며, 어떤 부처님 처소에서는 반 달이나 한 달이나 일 년이나 백 년이나 만 년이나 억 년이나 나유타 년이나 한 소겁(小劫)이나 반 대겁이나 한 대겁이나 백 대겁이나 한량없이 많은 대겁을 지냈다.

그 동안에 묘한 법을 듣고 가르침을 받들어 행하며 모든 서원을 장엄하고 증득할 곳에 들어가 모든 행을 닦아서 육바라밀을 만족했으며, 그 부처님들이 성도하고 법을 말하심이 각각 차별되어 어지럽지 않았다. 남기신 교(敎)를 호지하여 열반하는 데까지 보았으며, 저 부처님이 본래 세운 서원과 삼매의 원력으로 모든 부처의 국토를 깨끗이 장엄하며, 일체행삼매(一切行三昧)에 들어간 힘으로 모든 보살의 행을 깨끗이 닦으며, 보현의 법의 뛰어난 힘으로써 여러 부처의 바라밀을 청정하게 함을 알았다."

(39-11-2-2) 잠깐 동안에 한량없는 법을 성취하다

"소년이여, 내가 거닐던 잠깐 동안에 시방이 다 앞에 나타났으니 지혜가 청정한 까닭이며, 잠깐 동안에 모든 세계가 앞에 나타났으니 한량없이 많은 세계를 경과한 까닭이며, 잠깐 동안에 한량없이 많은 부처의 세계를 깨끗이 장엄했으니 큰 서원을 성취한 까닭이며, 잠깐 동안에 한량없이 많은 중생의 차별한 행이 앞에 나타났으니 십력의 지혜를 만족한 까닭이며, 잠깐 동안에 한량없이 많은 부처님들의 청정한 몸이 앞에 나타났으니 보현의 행과 원을 성취한 까닭이다.

잠깐 동안에 한량없이 많은 부처 세계의 티끌 수 부처님께 공경하

고 공양했으니 부드러운 마음으로 부처님께 공양하려는 서원을 성취한 까닭이다. 잠깐 동안에 한량없이 많은 부처님의 법을 받으니 아승기의 차별한 법을 증득하여 법륜을 유지하는 다라니의 힘을 얻은 까닭이다. 잠깐 동안에 한량없이 많은 보살의 수행바다가 앞에 나타나니 행을 깨끗이 하여 인다라그물과 같은 서원의 힘을 얻은 까닭이다. 잠깐 동안에 한량없이 많은 삼매바다가 앞에 나타나니 한 삼매문으로 모든 삼매문에 들어가서 서원의 힘을 청정하게 하는 까닭이다.

잠깐 동안에 한량없이 많은 여러 근성바다가 앞에 나타나니 모든 근성의 경계를 알고 한 근성에서 여러 근성을 보는 서원의 힘을 얻은 까닭이다. 잠깐 동안에 한량없이 많은 부처 세계의 티끌 수 시간이 앞에 나타나니 모든 시간에 법륜을 굴리는데 중생계는 다하여도 법륜은 다함이 없는 원력을 얻은 까닭이다. 잠깐 동안에 한량없이 많은 모든 삼세바다가 앞에 나타나니 모든 세계에서 삼세의 나뉘는 지위를 분명히 아는 지혜 광명과 원력을 얻은 까닭이다."

(39-11-3) 수승한 보살의 법을 찬탄하다

"소년이여, 나는 다만 이 보살이 따라주는 등불의 해탈문을 알 뿐이다. 보살이 금강등(金剛燈)과 같아 부처님의 가문에 태어나서 죽지 않는 목숨을 성취하면 지혜의 등불을 항상 켜서 꺼지지 않으며, 몸이 견고하여 파괴할 수 없다. 환술 같은 육신을 나타냄이 마치 인연으로 생기는 법이 한량없는 갖가지 차별을 나타내듯 중생의 마음을 따라 제각기 형상과 모습을 나타내어 세상에 짝할 이 없다. 독한 칼이나 화재로도 해할 수 없음이 금강산과 같아 파괴할 수 없으며, 마와 외도의 항복을 받고 몸이 훌륭하기는 황금산과 같아 인간 천상에 제일이다. 소문이 멀리 퍼져서 듣지 못한 이가 없고, 세간을 보되 눈앞에 대한 듯하며, 깊은 법장을 연설함이 바다가 다하지 않는 것 같다. 큰 광명을 놓아 시방에 두루 비치니 보는 이가 있으면 모든 장애의 산을 헐고 착하지 않은 근본을 뽑아 버리고 광대한 선근을 심으며, 이런 사람은 보기도 어렵고 세상에 나기도 어려워 내가 어떻게 알며 그 공덕의 행을 말하겠는가.”

(39-11-4) 다음 선지식 찾기를 권하다

“소년이여, 여기서 남쪽에 명문(名聞)국이 있고, 그 나라의 어떤 물가에 자재주(自在主)동자가 있다. 그대는 그에게 가서 보살이 어떻게 보살의 행을 배우며 보살의 도를 닦느냐고 물어라.”

(39-11-5) 더 큰 정진을 위해 나아가다

그때 선재동자는 보살의 용맹하고 청정한 행을 끝내려고 했다. 보살의 큰 힘과 광명을 얻으려 했으며, 보살의 다함이 없는 최고의 공덕행을 닦으려 했으며, 보살의 견고한 큰 원을 만족하려 했다. 보살의 넓고 크고 깊은 마음을 이루려고 했으며, 보살의 한량없이 훌륭한 행을 가지려고 했으며, 보살의 법을 싫어하는 생각이 없고 모든 보살의 공덕에 들어가려 했다. 중생을 거두어 다스리려 했으며, 생사의 숲과 벌판에서 초월하려고 했다. 선지식을 항상 뵙고 섬기고 공양하는 데 게으른 생각이 없었다. 그의 발에 절하고 여러번 돌고 은근하게 우러러보면서 하직하고 물러갔다.

(39-12) 자재주동자(自在主童子)

　　제2 요익행(饒益行)선지식

(39-12-1) 자재주동자를 뵙고 법을 묻다

　이때 선재동자는 선견비구의 가르침을 받고 기억하고 외우며 생각하고 익혀서 분명하게 결정했으며 그 법문에 깨달아 들어갔다. 하늘·용·야차·건달바들에게 둘러싸여 명문국으로 가서 자재주동자를 찾았다.

　이때 하늘·용·건달바들이 공중에서 선재에게 말하기를 '소년이여, 그 동자는 지금 물가에 있다' 했다.

　그때 선재동자는 그곳에 나아가 동자를 보니 일만의 동자에게 둘러싸여 모래로 장난하고 있었다. 선재는 동자의 발에 절하고 한량없이 돌고 합장하고 공경하면서 한 곁에 서서 말했다.

　"거룩하신 이여, 저는 이미 위없는 바른 보리심을 냈으나 보살이 어떻게 보살의 행을 배우며 보살의 도를 닦는지를 알지 못하니 말씀해 주시기 바랍니다."

(39-12-2) 자재주동자가 법을 설하다

(39-12-2-1) 신통과 지혜의 법문에 들어가다

　"소년이여, 나는 옛날에 문수동자에게 글씨[書法]와 산수법[數法]과 인과법[印法] 등을 배워서 온갖 공교한 신통과 지혜의 법문에 들었다.

　소년이여, 나는 이 법문으로 세간의 글씨와 산수법과 인법과 십팔계(界)와 십이처(處)를 알았다. 풍병과 간질과 조갈과 헛것이 들리

는 병 등을 치료했다. 성과 마을과 동산과 누각과 궁전과 가옥들을
세우기도 하고, 갖가지 약을 만들기도 하고, 전장과 농사와 장사하
는 직업을 경영하기도 했다. 짓고 버리고 나아가고 물러가는 일에
모두 적당하게 했으며, 중생들의 모습을 잘 분별하여 선을 짓고 악
을 지어 착한 길에 태어나고 나쁜 길에 태어날 것을 알았다. 이 사
람은 성문의 법을 얻고 이 사람은 연각의 법을 얻고 이 사람은 온갖
지혜에 들어가는 일들을 다 알았다. 중생들에게 이런 법을 배우도
록 하며, 증장케 하고 결정하게 하여 끝까지 청정하게 했다.”

(39-12-2-2) 계산하는 법

“소년이여, 나는 또 보살의 계산하는 법을 알았다. 일백 락차(洛
叉, 10^5)가 한 구지(俱, 10^7)며, 락차와 구지의 곱이 조(阿庾多,
10^{12})이며, 조와 조의 곱이 한 자(10^{24})이며, 조와 자의 곱이 한 간
(10^{36})이며, 자와 자의 곱이 한 극(10^{48})이며, 간과 극의 곱이 항하
사(10^{52})이며 억과 극의 곱이 아승기(10^{56})이며, 조와 극의 곱이 나
유타(10^{60})이며, 억과 나유타의 곱이 무량대수(10^{68})이다.

소년이여, 나는 이 보살의 산수법으로 한량없는 유순의 모래더미
를 계산하여 그 모래수를 다 알며, 동방에 있는 모든 세계의 갖가지
차별과 차례로 머물러 있음을 계산하여 알며, 남방과 서방과 북방
과 네 간방과 상하방도 그렇게 안다. 시방에 있는 모든 세계의 이름
과 모든 겁의 이름과 모든 부처님의 이름과 모든 법의 이름과 모든
중생의 이름과 모든 업의 이름과 모든 보살의 이름과 모든 진리의
이름을 분명히 다 안다.”

(39-12-3) 수를 아는 법을 찬탄하다

"소년이여, 나는 다만 온갖 공교한 큰 신통과 지혜의 광명법문만 알 뿐이다. 보살이 모든 중생의 수를 알며, 법의 종류와 수도 알며, 법의 차별한 수를 알며, 삼세 수를 알며, 중생 이름의 수를 알며, 법 이름의 수를 알며, 부처님의 수를 알며, 부처님의 이름의 수를 알며, 보살의 수를 알며, 보살 이름의 수를 아는 것을 내가 어떻게 그 공덕을 말하며 그 수행을 보이며 그 경계를 드러내며 그 훌륭한 힘을 말하며 그 좋아함을 말하며 그 도를 돕는 것을 말하며 그 큰 원을 나타내며 그 묘한 행을 찬탄하며 그 바라밀을 열어 보이며 그 청정함을 연설하며 그 훌륭한 지혜의 광명을 드러내겠는가."

(39-12-4) 다음 선지식 찾기를 권하다

"소년이여, 여기서 남쪽에 해주(海住)성이 있고, 그곳에 구족(具足)우바이가 있다. 그대는 그에게 가서 보살이 어떻게 보살의 행을 배우며 보살의 도를 닦는지를 물어라."

(39-12-5) 희유한 믿음과 많은 법을 얻다

이때 선재동자는 이 말을 듣고 온몸에 털이 곤두서도록 기뻤고 드물게 믿고 좋아하는 마음을 얻었다. 널리 중생을 이익되게 하려는 마음을 성취했으며, 부처님이 세상에 나시는 차례를 분명히 보고, 깊은 지혜와 청정한 법륜을 다 통달했으며, 길에 몸을 나타내고 삼세가 평등한 경계를 알며, 다하지 않은 공덕의 바다를 내고 큰 지혜의 자재한 광명을 놓았다. 세 가지 세계[三有]의 성에 감긴 쇠통을 열고는 그의 발에 엎드려 절하고 한량없이 돌고 은근하게 우러러보면서 하직하고 물러갔다.

(39-13) 구족우바이(具足優婆夷)
제3 무위역행(無違逆行) 선지식

(39-13-1) 구족(具足)우바이를 뵙고 법을 묻다
(39-13-1-1) 선지식의 가르침의 역할

이때 선재동자는 선지식의 가르침이 바다와 같아 큰 비를 받아들여도 싫어함이 없음을 알아차리고 이렇게 생각했다.

'선지식의 가르침은 봄 날씨와 같아 착한 법의 싹을 자라게 하며, 보름달과 같아 비치는 곳마다 서늘하게 하며, 여름의 설산과 같아 모든 짐승의 갈증을 없애 주며, 연못에 비치는 해와 같아 모든 착한 마음의 연꽃을 피게 한다. 선지식의 가르침은 대보주(大寶洲)와 같아 갖가지 법보(法寶)가 그 마음에 충만하며, 염부나무와 같아 복과 지혜의 꽃과 열매를 맺으며, 용왕과 같아 허공에서 자재하게 유희한다. 선지식의 가르침은 수미산과 같아 한량없는 선한 법의 삼십삼천이 그 가운데 머물며, 제석과 같아 대중이 둘러 호위해 가릴 이가 없고 능히 외도의 아수라 군중을 항복 받는다.' 이렇게 생각하면서 나아갔다.

(39-13-1-2) 구족우바이

해주성에 이르러 바다에 접한 여러 곳을 다니며 이 우바이를 찾았다. 어떤 사람에게 물으니 "소년이여, 그 우바이는 지금 그의 집에 있습니다."고 했다.

선재는 그 말을 듣고 그의 집으로 갔다. 그 집은 매우 넓은데 여러 가지로 장엄했고, 담은 보배로 쌓였고 사면에는 보배로 장엄한 문이 있었다.

선재동자가 들어가니 그 우바이는 보배 자리에 앉아 있었는데 젊어서 살결이 아름답고 단정하며, 깨끗한 단장에 머리카락이 드리웠고 몸에는 영락이 없으나 모습은 위덕과 광명이 있어 불보살을 제외하고는 미칠 이가 없었다. 그 집안에는 십억의 자리를 깔았는데 천상과 인간에 뛰어났으니 모두 보살의 업으로 이루어진 것이다. 집안에는 의복이나 음식이나 살림살이 도구는 없었고, 앞에는 조그만 그릇 하나가 놓여 있었다.

일만의 동녀가 모시고 있는데 위의와 몸매가 천상의 채녀들과 같고 묘한 장식으로 몸을 단장했다. 음성이 아름다워 듣는 이가 기뻐하며 우바이를 모시고 좌우에 있으면서 우러러보고 생각하고 허리를 굽히며 머리를 숙여 시중을 들었다.

그 동녀들의 몸에서는 묘한 향기가 나서 모든 곳에 풍겼다. 중생들이 이 향기를 맡기만 하면 성내는 마음이 없어지고 원수를 맺지도 않았다. 간탐하는 마음, 아첨하는 마음, 구부러진 마음, 미워하고 사랑하는 마음, 못난이 마음, 교만한 마음이 없어졌다. 평등한 마음을 내고 자비한 마음을 일으키고 이익되게 하는 마음을 냈다. 계율을 지니는 마음에 머물러 탐하는 마음이 없으며, 소리를 들은 이는 기뻐하고 모습을 보는 이는 탐욕이 없어졌다.

(39-13-1-3) 법을 묻다

그때 선재동자는 구족우바이를 보고 그 발에 절하고 공경하여 세

번 돌고 합장하고 말했다.

"거룩하신 이여, 저는 이미 위없는 바른 보리심을 냈었으나 보살이 어떻게 보살의 행을 배우며 어떻게 보살의 도를 닦는지를 알지 못합니다. 거룩하신 이께서 잘 가르치신다 하니 바라건대 말씀해 주시기 바랍니다."

(39-13-2) 구족우바이가 법을 설하다

(39-13-2-1) 다함이 없는 복덕장 해탈문을 얻다

"소년이여, 나는 보살의 다함이 없는 복덕장 해탈문을 얻었다. 작은 그릇에서도 중생들의 갖가지 욕망에 따라 갖가지 맛좋은 음식을 내어 모두 배부르게 한다. 시방 세계의 모든 중생이라도 그들의 욕망에 따라 모두 배부르게 해도 그 음식은 줄지도 않고 모자라지도 않는다.

소년이여, 동방의 한 세계에 있는 성문이나 독각이 나의 음식을 먹으면 성문과나 벽지불과를 얻어 마지막 몸에 머문다. 한 세계가 그런 것처럼 수없이 많은 티끌 수 세계에 있는 성문이나 독각이 나의 음식을 먹으면 성문과나 벽지불과를 얻어 마지막 몸에 머문다. 동방처럼 남방·서방·북방과 네 간방과 상방·하방도 그와 같다.

소년이여, 동방의 한 세계나 말할 수없이 수많은 부처세계의 티끌 수 세계에 있는 일생보처 보살이 나의 음식을 먹으면 모두 보리수 아래나 도량에 앉아 마음을 항복 받고 위없는 바른 보리를 이룬다. 동방과 같이 남방·서방·북방과 네 간방과 상방·하방도 그와 같다."

(39-13-2-2) 일만의 동녀들도 모두 나와 같다

"소년이여, 그대는 나의 일만의 동녀들을 보는가?"

"봅니다."

"소년이여, 이 일만의 동녀가 우두머리가 되는 것처럼 아승기 권속들이 모두 나와 더불어 행이 같고 원이 같고 선근이 같다. 벗어나는 길[道]이 같고 청정한 이해가 같고 청정한 생각이 같고 청정한 길[趣]이 같다. 한량없는 깨달음이 같고 모든 감각의 기관을 얻음이 같다. 광대한 마음이 같고 행하는 경계가 같고 이치가 같고 뜻이 같고 분명히 아는 법이 같다. 깨끗한 모습이 같고 한량없는 힘이 같고 끝까지 정진함이 같고 바른 법의 음성이 같고 종류를 따르는 음성이 같고 청정하고 제일가는 음성이 같다.

한량없이 청정한 공덕을 찬탄함이 같고 청정한 업이 같고 청정한 과보가 같다. 크게 인자함이 두루하여 모든 것을 구호함이 같고 매우 가엾이 여김이 두루하여 중생들을 성숙하게 함이 같다. 청정한 몸의 업이 연을 따라 모인 것을 보는 이를 기쁘게 함이 같고 청정한 입의 업으로 세상의 말을 따라서 법으로 교화함이 같다. 모든 부처님의 대중이 모인 도량에 나아감이 같고 모든 부처님 세계에 가서 공양함이 같고 모든 법문을 나타내어 보임이 같고 보살의 청정한 행에 머무름이 같다."

(39-13-2-3) 일만의 동녀들이 수많은 이들에게 공양하다

"소년이여, 일만의 동녀들은 그릇에 좋은 음식을 담아서 찰나 동안에 시방에 두루 가서 모든 후유(後)를 받은 보살과 성문과 독각들에게 공양하며, 여러 아귀까지 배를 채우게 한다.

소년이여, 일만의 동녀들은 그릇을 가지고 천상에 가면 하늘을 만족하게 먹이고 인간에 가면 사람들을 만족하게 먹인다. 소년이여, 잠깐만 기다리면 스스로 볼 것이다."

이렇게 말할 때 한량없는 중생이 네 문으로 들어오는데 모두 이 우바이의 본래의 소원으로 청한 것이었다. 오는 대로 자리를 펴고 앉게 하고, 그들이 달라는 대로 음식을 주어 배부르게 했다.

(39-13-3) 수승한 보살의 공덕을 찬탄하다

그리고 선재동자에게 말했다.

"소년이여, 나는 다만 다함이 없는 복덕장 해탈문을 알 뿐이다. 보살의 모든 공덕은 바다와 같아 깊이가 한이 없고, 허공과 같아 광대하기 끝이 없으며, 여의주와 같아 중생의 소원을 만족하게 하고, 큰 마을과 같아 구하는 대로 얻게 되며, 수미산과 같아 모든 보배가 두루 있고, 깊은 고방과 같아 법의 재물을 항상 쌓아 두며, 밝은 등불과 같아 어둠을 깨뜨리고, 높은 일산과 같아 여러 중생을 가려 주는 일을 내가 어떻게 알며 그의 공덕을 어떻게 말하겠는가."

(39-13-4) 다음 선지식 찾기를 권하다

"소년이여, 남쪽에 대흥(大興)성이 있고, 그곳에 명지(明智)거사가 있다. 그대는 그에게 가서 보살이 어떻게 보살의 행을 배우며 보살의 도를 닦느냐고 물어라."

그때 선재동자는 그의 발에 절하고 한량없이 돌고 우러러보며 아쉬워하면서 하직하고 떠났다.

(39-14) 명지거사(明智居士)

제4 무굴요행(無屈撓行) 선지식

(39-14-1) 명지(明智)거사를 뵙고 법을 묻다

(39-14-1-1) 다함이 없는 장엄한 복덕장 광명을 얻다

이때 선재동자는 다함이 없이 장엄한 복덕장 해탈의 광명을 얻었다. 복덕의 큰 바다를 생각하고, 허공을 관찰하고, 마을에 나아가고, 산에 오르고, 광을 붙들고, 연못에 들어가고, 연못가를 노닐고, 복덕의 바퀴를 깨끗이 하고, 복덕의 장(藏)을 보고, 복덕의 문에 들어가고, 복덕의 길에 다니고, 복덕의 종자를 닦으면서 대흥성(大興城)에 이르러 명지거사를 찾았다.

(39-14-1-2) 선지식을 생각하며 선근이 자라나다

선지식을 우러르는 마음을 내고 선지식으로 마음을 닦고 선지식에게 뜻이 견고해지고, 방편으로 선지식을 구하는 마음이 물러가지 않고, 선지식을 섬기려는 마음이 게으르지 않으며, 선지식을 의지하므로 모든 착한 일이 원만해지고, 모든 복이 생기고 모든 행이 증장하고, 다른 이의 가르침을 받지 않고도 모든 선지식을 섬길 줄을 알았다.

이렇게 생각할 때에 선근이 자라고 깊은 마음을 깨끗이 하고 근기와 성품이 나아지고 덕의 근본을 더하게 하고 큰 소원이 많아지고 큰 자비가 넓어지며, 온갖 지혜에 가깝고 보현의 도를 갖추며, 모든 부처님의 바른 법을 밝게 비추고 부처님의 십력과 광명이 증장되었다.

(39-14-1-3) 명지거사

이때 선재동자는 명지거사가 성안의 네 거리 칠보대 위에서 무수한 보배로 장엄한 자리에 앉아 있는 것을 보았다. 그 자리가 훌륭하여 청정한 마니보배로 자체가 되고 금강제청(帝靑)보배로 다리가 되었으며, 보배 노끈으로 두루 얽었다. 오백 가지 보배로 장식했는데, 하늘옷을 깔고 하늘당기와 번기를 세우고 큰 보배그물을 덮고 보배휘장을 쳤다. 염부단금으로 일산을 만드니 비유리(毘瑠璃)보배로 일산대가 되어 사람들의 머리 위에 받치고 있었다.

부채는 청정한 거위의 깃으로 되었으며, 여러 묘한 향을 풍기고 여러 하늘꽃을 내렸다. 좌우에서는 오백 가지 음악을 연주하니 그 소리의 아름답기가 하늘풍류보다 뛰어나서 듣는 중생들이 모두 기뻐했다. 일만의 권속이 앞뒤에 둘러섰는데 모습이 단정하여 사람들이 보기를 좋아하며 하늘의 장엄으로 훌륭하게 꾸몄다. 하늘사람 가운데 가장 수승하여 비길 데 없으며, 보살의 뜻을 이미 성취했고, 명지거사와 더불어 옛날에 선근이 같은 이들이 늘어 서서 명령을 받고 있었다.

(39-14-1-4) 모든 중생을 위해 보리심을 내다

그때 선재동자는 그의 발에 엎드려 절하고 여러번 돌고 합장하고 서서 여쭈었다.

"거룩하신 이여, 저는 중생을 이익되게 하려고, 괴로움에서 벗어나게 하려고, 끝까지 안락하게 하려고, 생사의 바다에서 뛰쳐나오게 하려고, 법의 보배섬에 머물게 하려합니다. 중생의 사랑의 물결을 말리게 하려고, 모든 중생이 큰 자비심을 일으키게 하려고, 애욕

을 버리게 하려고, 중생이 부처님의 지혜를 우러러보게 하려고, 중
생이 생사의 거친 벌판에서 벗어나게 하려고, 중생이 부처의 공덕
을 좋아하게 하려고, 중생이 삼계의 성에서 나오게 하려 합니다. 중
생을 온갖 지혜의 성에 들어가게 하려고, 위없는 바른 보리심을 냈
으나, 보살이 어떻게 보살의 행을 배우며, 어떻게 보살의 도를 닦으
며, 중생의 의지할 곳이 될지 알지 못합니다."

(39-14-2) 명지거사가 법을 설하다

(39-14-2-1) 보리심을 낸 사람은 만나기 어렵다

거사가 말했다.

"착하고, 착하다. 소년이여, 그대가 능히 위없는 바른 보리심을
냈다.

소년이여, 위없는 바른 보리심을 내는 사람을 만나기가 어렵다.
그 사람은 능히 보살의 행을 구하므로 선지식을 만나는 데 싫어함
이 없으며, 선지식을 친근하는 데 게으름이 없으며, 선지식을 공양
하는 데 고달프지 않으며, 선지식을 시중하는 데 근심을 내지 않으
며, 선지식을 찾는 데 물러가지 않으며, 선지식을 생각하여 버리지
않으며, 선지식을 섬기어 쉬지 않으며, 선지식을 우러러보기를 그
치지 않으며, 선지식의 가르침을 행하여 게으르지 않으며, 선지식
의 마음을 받들어 그르침이 없다."

(39-14-2-2) 법을 듣는 대중들

"소년이여, 그대는 나의 이 대중을 보는가?"

"예, 봅니다."

"소년이여, 나는 그들로 하여금 위없는 바른 보리심을 내게 했다. 부처님의 가문에 나서 백법(白法)을 증장하고 한량없는 바라밀에 편안히 있으며, 부처의 십력을 배워 세간의 종자를 여의었다. 부처님의 종성에 머물러 생사의 바퀴를 버리고, 바른 법륜을 굴리어 삼악취(三惡趣)를 없애며, 바른 법에 머물러 보살들과 같이 모든 중생을 구원한다.

소년이여, 나는 마음대로 복덕이 나오는 광의 해탈문을 얻었으므로 모든 필요한 것은 다 소원대로 된다. 의복, 영락, 코끼리, 말, 수레, 꽃, 향, 당기, 일산, 음식, 탕약, 방, 집, 평상, 등불, 하인, 소, 양과 시중꾼들의 모든 살림살이에 필요한 물건이 찾는 대로 만족하게 되며, 진실한 법문까지 연설한다."

(39-14-2-3) 보살의 부사의한 해탈 경계를 보이다

"소년이여, 잠깐만 기다려라. 그대는 부사의한 해탈 경계를 보게 될 것이다."

이렇게 말할 때 한량없는 중생이 갖가지 방위, 세계, 국토, 도시로부터 오는데, 종류가 각각 다르고 욕망이 같지 않지만 보살의 과거의 서원으로 끝이 없는 중생들이 와서 제각기 자기의 욕망대로 요청했다.

그때 거사는 여러 중생이 모인 줄을 알고 잠깐 생각하면서 허공을 우러러보니, 그들이 원하는 것들이 허공에서 내려와서 대중의 뜻을 만족하게 했다.

그리고 또 갖가지 법을 연설했다. 맛난 음식을 얻어 만족한 이에게는 갖가지 복덕을 모으는 행과 가난을 여의는 행과 모든 법을 아

는 행과 법으로 기쁘고 선정으로 즐거운 음식을 성취하는 행과 모든 거룩한 모습을 닦아 구족하는 행과 굴복하기 어려움을 증장하여 성취하는 행과 위없는 음식을 잘 통달하는 행과 다함이 없는 큰 위엄과 덕의 힘을 성취하여 마와 원수를 항복받는 행을 연설했다. 좋은 음료를 얻어 만족한 이에게는 법을 말하여 나고 죽는 애착을 버리고 부처의 법맛에 들어가게 하며, 갖가지 좋은 맛을 얻은 이에게는 법을 말하여 부처님의 맛좋은 모양을 얻게하고 수레를 얻어 만족한 이에게는 갖가지 법문을 말하여 마하연(摩訶衍) 수레를 타게 하며, 의복을 얻어 만족한 이에게는 법을 말하여 청정한 부끄러움의 옷과 부처님의 청정한 모습을 얻게 했다. 이와 같이 모든 것을 만족하게 한 뒤에 법을 연설하니 법문을 듣고는 본고장으로 돌아갔다.

(39-14-3) 수승한 보살의 덕을 찬탄하다

그때 거사는 선재동자에게 보살의 부사의한 해탈의 경계를 보이면서 말했다.

"소년이여, 나는 뜻대로 복덕을 내는 광해탈문을 알 뿐이다. 보살이 보배손을 성취하여 시방의 모든 국토를 두루 덮고, 자유자재한 힘으로 모든 살림살이 도구를 비 내린다. 여러 가지 보배와 영락과 보배관과 의복과 음악과 꽃과 향과 가루향과 사르는 향과 보배일산과 당기 번기를 비 내려 중생이 있는 곳과 부처님의 대중이 모인 도량에 가득하여 중생을 성숙시키기도 하고 부처님께 공양 올리기도 하는 것을 내가 어떻게 알며 그 공덕과 자재한 신통의 힘을 말하겠는가."

(39-14-4) 다음 선지식 찾기를 권하다

"소년이여, 여기서 남쪽에 사자궁(師子宮)성이 있고, 그곳에 법보계(法寶髻)장자가 있다. 그대는 그에게 가서 보살이 어떻게 보살의 행을 배우며, 보살의 도를 닦느냐고 물어라."

이때 선재동자는 기뻐하면서 뛰고 공경하고 존중하며 제자의 예를 극진히 하고 생각했다.

'이 거사가 나를 생각하므로 내가 온갖 지혜의 길을 보게 되었다. 선지식을 사랑하는 소견을 끊지 않고, 선지식을 존중하는 마음이 무너지지 않고, 선지식의 가르침을 항상 따르고, 선지식의 말씀을 확실하게 믿고, 선지식을 섬기는 마음을 항상 낼 것이다.' 하면서, 그의 발에 엎드려 절하고 여러번 돌고 은근하게 우러러보면서 하직하고 떠났다.

(39-15) 법보계장자(法寶髻長者)
　　　　제5 이치란행(離痴亂行) 선지식

(39-15-1) 법보계장자를 뵙고 법을 묻다

이때 선재동자는 명지거사에게서 해탈문 법문을 듣고, 복덕바다에서 헤엄치고 복덕밭을 다스리고 복덕산을 쳐다보고 복덕나루에 나아가고 복덕광을 열고 복덕의 법을 보고 복덕의 바퀴를 깨끗이 하고, 복덕덩이를 만들고 복덕의 힘을 내고 복덕의 세력을 늘리면서 사자궁성을 향하여 법보계장자를 찾았다.

장자가 시장에 있음을 보고 나아가 발에 엎드려 절하고 여러번 돌고 합장하면서 말했다.

"거룩하신 이여, 저는 이미 위없는 바른 보리심을 냈으나 보살이 어떻게 보살의 행을 배우며 어떻게 보살의 도를 닦는지를 알지 못합니다. 저에게 보살의 도를 말씀해 주시기 바랍니다. 저는 그 도를 의지하여 온갖 지혜에 나아가려 합니다."

(39-15-2) 법보계장자가 법을 설하다
(39-15-2-1) 법보계장자의 집
　이때 장자가 선재동자의 손을 잡고 거처하는 집을 보여 주었다.
　선재가 그 집을 보니 청정하고 광명이 찬란하여 진금으로 되었다. 담은 은으로 쌓였고 전각은 파려로 되었고 누각은 푸른 유리보배로 되었고 기둥은 자거로 되었으며, 백천 가지 보배로 두루 장엄되었다. 적진주 보배로 사자좌를 만들었는데 마니는 휘장이 되었고 진주로 그물을 만들어 위에 덮었다. 마노로 된 못에는 향수가 넘치고 한량없는 보배나무가 행렬을 지어 둘러있으니 십 층으로 된 그 집은 굉장히 넓어서 여덟 개의 문이 있었다.
　선재동자가 차례로 살펴보았다. 1층에서는 음식을 보시하고, 2층에서는 보배옷을 보시하고, 3층에서는 보배장식품을 보시하고, 4층에서는 채녀와 훌륭한 보배를 보시하고, 5층에서는 5지 보살이 구름처럼 모여 법을 연설하여 세간을 이익되게 하며 모든 다라니문과 삼매의 결인과 삼매의 행과 지혜의 광명을 성취했다.
　6층에서는 모든 보살이 매우 깊은 지혜를 이루어 법의 성품을 분명히 통달했고, 광대한 다라니와 삼매의 걸림없는 문을 성취하여 다니는 데 걸림이 없고 두 가지 법에 머물지 않으며, 말할 수 없이 묘하게 장엄한 도량에 있으면서 지혜바라밀문을 분별하여 보였다.

고요한 지혜바라밀문, 중생들의 지혜를 잘 분별하는 지혜바라밀문, 흔들리지 않는 지혜바라밀문, 욕심을 여읜 지혜바라밀문, 항복할 수 없는 광지혜바라밀문, 중생을 비추는 바퀴지혜바라밀문, 바다광 지혜바라밀문, 큰 안목으로 보는 지혜바라밀문, 무진장에 들어가는 지혜바라밀문, 모든 방편바다지혜바라밀문, 모든 세간바다에 들어가는 지혜바라밀문, 걸림없는 변재지혜바라밀문, 중생을 따라주는 지혜바라밀문, 걸림없는 광명지혜바라밀문, 과거의 인연을 항상 살피는 법구름을 펴는 지혜바라밀문이다. 이러한 백만 아승기 지혜바라밀문을 말했다.

7층에서는 보살들이 메아리 지혜[如響忍]를 얻고 방편과 지혜로 분별하며 관찰하여 집착에서 벗어나 부처님의 바른 법에 들어갔다.

8층에서는 한량없는 보살이 있는데 모두 신통을 얻어 물러나지 않으며, 한 음성으로 시방세계에 두루하고 몸이 모든 도량에 나타나 법계에 두루하며, 부처님의 경계에 들어가서 그 몸을 보며, 부처님의 대중 가운데 우두머리가 되어 법을 설했다.

9층에서는 일생보처 보살들이 모여 있었다.

10층에서는 부처님이 가득했다. 처음 발심한 때부터 보살의 행을 닦으며 생사를 초월하여 큰 서원과 신통을 이루고 부처님의 국토와 도량에 모인 대중을 청정하게 하며, 바른 법륜을 굴려 중생을 조복시켰다.

(39-15-2-2) 수승한 과보의 원인

이때 선재동자는 이것을 보고 여쭈었다.

"거룩하신 이여, 무슨 인연으로 이렇게 청정한 대중이 모였으며,

어떤 선근을 심어서 이런 과보를 얻었습니까?"

장자가 말했다.

"소년이여, 과거 부처 세계의 티끌 수 겁 전에 세계가 있었는데, 이름은 원만장엄(圓滿莊嚴)이며, 부처의 이름은 무변광명법계보장엄왕(無邊光明法界普莊嚴王) 여래·응공·정등각이었고, 십호(十號)가 원만했다. 그 부처님이 성에 들어오실 때 내가 음악을 연주하고 향을 피워 공양 올렸다. 그 공덕으로 세 곳에서 회향하여 모든 빈궁과 곤액을 영원히 여의고, 부처님과 선지식을 항상 뵈며, 바른 법을 항상 들었으므로 이 과보를 얻었다.

(39-15-3) 수승한 보살의 공덕을 찬탄하다

"소년이여, 나는 보살의 한량없는 복덕 보배광 해탈문을 알 뿐이다. 보살이 부사의한 공덕의 보배광을 얻고, 분별이 없는 부처님의 몸바다에 들어가서 분별없고 가장 높은 법구름을 받으며, 분별없는 공덕의 도구를 닦고, 분별없는 보현의 수행 그물을 일으킨다. 분별없는 삼매의 경계에 들어가서 분별없는 보살의 선근과 평등하고, 분별없는 부처님의 지위에 머무르며, 분별없는 삼세가 평등함을 증득하며, 분별없는 넓은 눈 경계에 머무르며, 모든 겁에 있으면서도 고달픔이 없는 일을 내가 어떻게 알며 어떻게 그 공덕의 행을 말하겠는가."

(39-15-4) 다음 선지식 찾기를 권하다

"소년이여, 여기서 남쪽에 등근(藤根)국에 보문(普門)성이 있고, 그곳에 보안(普眼)장자가 있다. 그대는 그에게 가서 보살이 어떻게 보살의 행을 배우며 보살의 도를 닦느냐고 물어라."

그때 선재동자는 그의 발에 엎드려 절하고 수없이 돌고 은근하게 우러러보면서 하직하고 물러갔다.

(39-16) 보안장자(寶眼長者)
제6 선현행(善現行) 선지식

(39-16-1) 보안(寶眼)장자를 뵙고 법을 묻다

그때 선재동자는 법보계장자에게서 해탈문 법문을 듣고 부처님들의 한량없는 앎에 깊이 들어갔다. 보살의 한량없는 훌륭한 행에 편안히 머물고, 방편을 통달하고, 법문을 구하고, 믿고 이해함을 완전하게 하고, 근기를 예리하게 하고, 소원을 성취하고, 수행을 통달하고, 서원의 힘을 증장했다. 보살의 최고의 당기를 세우며, 보살의 지혜를 일으켜 법을 비추면서 점점 나아갔다.

등근국(藤根國)에 이르러 보문성을 찾았다. 비록 어려운 일을 당하여도 수고롭게 생각지 않고 오직 선지식의 가르침을 생각하면서, 항상 가까이 모시고 섬기며 공양하려고 여러 감각기관을 가다듬고 방일하지 않았다. 보문성(普門城)은 십만 마을이 주위에 둘러 있고 성곽이 높고 도로가 넓었다. 장자가 있는 곳에 가서 앞에 나아가 엎드려 절하고 합장하고 서서 말했다.

"거룩하신 이여, 저는 이미 위없는 바른 보리심을 냈으나, 보살이 어떻게 보살의 행을 배우며 어떻게 보살의 도를 닦는지를 알지 못합니다."

(39-16-1) 보안장자가 법을 설하다

(39-16-1-1) 모든 중생의 병을 치료하고 법을 설하다

"훌륭하고, 훌륭하다. 소년이여, 그대는 능히 위없는 바른 보리심을 냈다. 나는 모든 중생의 여러 가지 병을 안다. 풍병·황달병·해소·열병·귀신의 침책[鬼魅]·해충의 독과 물에 빠지고 불에 상한 것 등으로 생기는 여러 가지 병을 방편으로 모두 치료한다.

소년이여, 병이 있는 시방의 중생들은 모두 나에게 오면 된다. 내가 다 치료하여 병을 낫게 하며, 향탕으로 몸을 씻기고 향과 꽃과 영락과 좋은 의복으로 잘 꾸며 주고, 음식과 재물을 보시하여 조금도 모자람이 없게 한다.

그런 뒤에 그들에게 알맞게 법을 말한다. 탐욕이 많은 이는 부정관을 가르치고, 미워하고 성내는 일이 많은 이에게는 자비관을 가르치고, 어리석음이 많은 이에게는 갖가지 법의 모양을 분별하도록 인연관을 가르치고, 세 가지가 평등한 이는 더 나은 법문을 가르친다."

(39-16-1-2) 보리심을 내게 하려고 부처님의 공덕을 찬탄하다

"그들이 보리심을 내도록 부처님의 공덕을 찬탄하며, 매우 가엾게 여기는 생각을 일으키도록 나고 죽는 데 한량없는 고통을 나타내며, 공덕이 늘도록 한량없는 복과 지혜를 모으는 것을 찬탄하며, 큰 서원을 세우도록 모든 중생을 조복시키는 것을 칭찬하며, 보현의 행을 닦도록 보살들이 세계에서 여러 겁 동안에 여러 가지 행을 닦는 것을 찬탄했다.

그들이 부처의 거룩한 모습을 갖추도록 보시(檀)바라밀과, 부처의

깨끗한 몸을 얻어 여러 곳에 이르도록 지계(尸)바라밀과, 부처님의 청정하고 부사의한 몸을 얻도록 인욕(忍)바라밀과, 부처님의 최고의 몸을 얻도록 정진(精進)바라밀과, 청정하여 뛰어난 몸을 얻도록 선정(禪)바라밀과, 부처님의 청정한 법의 몸을 드러내도록 지혜(般若)바라밀을 칭찬했다.

그들이 부처님의 깨끗한 육신을 나타내도록 방편(方便)바라밀과, 중생들을 위해 모든 겁에 머물도록 원(願)바라밀과, 청정한 몸을 나타내어 부처님 세계에 나아가도록 역(力)바라밀과, 청정한 몸을 나타내어 중생들의 마음을 따라 기쁘도록 지(智)바라밀을 칭찬했다. 끝까지 깨끗하고 묘한 몸을 얻도록 모든 착하지 않은 법을 아주 떠날 것을 칭찬하며, 이렇게 보시하여 각각 돌아가게 했다."

(39-16-2) 여러 가지 향 만드는 법을 알다

"소년이여, 나는 향을 만드는 여러 가지 방법을 안다. 뛰어난 향, 신두파라향, 최고의 향, 깨닫는 향, 아로나발저향, 굳은 흑전단향, 오락가 전단향, 침수향, 감각기관이 흔들리지 않는 향 등을 만드는 방법을 알고 있다.

소년이여, 나는 이 향을 공양하고 부처님을 뵙고 소원을 만족했다. 중생을 구호하는 소원과 부처 세계를 깨끗이 하는 소원과 부처님께 공양하는 소원이다.

소년이여, 이 향을 피울 때에 한량없는 향기가 나 시방 모든 법계와 부처님 도량에 풍겨 궁궐이나 전각이나 난간이나 담이나 망루나 창호나 누각이나 반월이나 일산이나 당기나 번기나 휘장이나 그물이나 형상이나 장식품이 광명이나 구름비 등에 가득했다."

(39-16-3) 수승한 보살의 일을 찬탄하다

"소년이여, 나는 다만 중생이 부처님을 두루 뵙고 기뻐하는 법문만 알 뿐이다. 보살들이 큰 약왕(藥王)과 같아 보는 이와 듣는 이와 생각하는 이와 함께 있는 이와 따라다니는 이와 이름을 일컫는 이들이 모두 이 일을 얻어 헛되게 지내는 이가 없으며, 어떤 중생이 잠깐 만나더라도 반드시 번뇌를 소멸하고 부처님 법에 들어가 모든 괴로움을 여의며, 생사에 무서움이 아주 없어지고 두려움이 없는 온갖 지혜에 이르며, 늙고 죽는 산이 무너지고 평등하며 고요한 낙에 머무는 일을 내가 어떻게 알며 어떻게 그 공덕의 행을 말하겠는가."

(39-16-4) 다음 선지식 찾기를 권하다

"소년이여, 이 남쪽에 다라당(多羅幢)성이 있고, 그곳에 무염족(싫어 할 줄 모름,無厭足)왕이 있다. 그대는 그에게 가서 보살이 어떻게 보살의 행을 배우며 보살의 도를 닦느냐고 물어라."

그때 선재동자는 보안장자의 발에 절하고 한량없이 돌고 은근하게 우러러보면서 하직하고 물러갔다.

(39-17) 무염족왕(無厭足王)
　　　제7 무착행(無着行) 선지식

(39-17-1) 무염족왕을 뵙고 법을 묻다
(39-17-1-1) 보리심에서 물러나지 않도록 열 가지 마음을 내다

그때 선재동자는 선지식의 가르침을 기억하고, '선지식은 나를 거

두어 주고 보호하고, 위없는 바른 보리에서 물러나지 않게 할 것이다.'라고 생각했다. 그래서 환희한 마음과 깨끗이 믿는 마음과 광대한 마음과 화창한 마음과 즐거운 마음과 경축하는 마음과 묘한 마음과 고요한 마음과 장엄한 마음과 집착이 없는 마음과 걸림없는 마음과 평등한 마음과 자유자재한 마음과 법에 머무는 마음과 부처 세계에 두루 가는 마음과 부처의 장엄을 보는 마음과 십력을 버리지 않는 마음을 냈다.

(39-17-1-2) 무염족왕의 방편

점점 남쪽으로 가면서 다라당성에 이르렀다. 어떤 사람에게 궁궐이 있는 곳을 물었다.

"그 왕은 지금 정전(正殿)의 사자좌에 앉아 법으로 중생을 교화하여 조복시키는데, 다스릴 사람은 다스리고 거두어 줄 사람은 거두어 주며, 죄 있는 사람은 벌 주고 소송을 판결하며, 외롭고 나약한 사람은 어루만져 줍니다. 모두 살생과 훔치는 일과 잘못된 음행을 끊게 하고, 거짓말과 이간하는 말과 욕설과 비단 같은 말을 못하게 하며, 탐욕과 성내는 일과 잘못된 소견을 여의게 합니다."

이때 선재동자는 그 사람의 말을 따라 궁궐을 찾아갔다. 무염족왕이 나라연 금강좌에 앉았는데, 평상 다리가 아승기 보배로 되었고 한량없는 보배 형상으로 장엄했으며, 황금실로 된 그물로 위를 덮었고, 여의주로 관을 만들어 머리를 장엄했으며, 염부단금으로 반월(半月)을 만들어 이마를 장엄하고, 제청마니(帝靑摩尼)로 귀고리를 만들어 드리웠으며, 수많은 보배로 영락을 만들어 목에 걸었고, 하늘마니로 팔찌를 만들어 단장했다.

염부단금으로 일산을 만들어 여러 보배를 장식하여 살이 되고 큰 유리 보배로 대를 만들고 광미(光味)마니로 손잡이를 만들었다. 여러 가지 보배로 만든 풍경에서 아름다운 소리를 내며 큰 광명을 놓아 시방에 두루한 일산을 그 위에 얹었다. 그 아래에 앉아있는 무염족왕(無厭足王)은 큰 세력이 있어 다른 무리들을 굴복시키며 능히 대적할 이가 없었다. 깨끗한 비단을 정수리에 매었고 일만의 대신이 앞뒤로 둘러 모시고 나라 일을 처리했다.

그 앞에는 십만 군졸이 있는데, 형상이 험악하고 의복이 누추하며, 무기를 손에 들고 눈을 부릅뜨고 팔을 뽐내어 보는 사람들이 모두 무서워했다. 남의 물건을 훔치거나 목숨을 살해하거나 유부녀를 간통하거나 삿된 소견을 냈거나 원한을 샀거나 탐욕과 질투로 나쁜 짓을 저질렀으면 오랏줄을 지고 왕의 앞에 끌려오며, 저지른 죄에 따라 형벌을 받았다.

손발을 끊기도 하고 귀와 코를 베기도 하고 눈을 뽑고 머리를 자르며, 살가죽을 벗기고 몸을 오리며, 끓는 물에 삶고 불에 지지며, 높은 산에서 떨어뜨리기도 하여 고통이 한량이 없으니 부르짖고 통곡하는 형상이 대지옥과 같았다.

(39-17-1-3) 선재동자가 무염족왕을 보고 의심하다

선재동자는 이것을 보고 생각했다.

'나는 모든 중생을 이익되게 하려고 보살의 행을 구하고 보살의 도를 닦는데 이 왕은 선한 법은 하나도 없고 큰 죄업을 지으며, 중생을 핍박하여 생명을 빼앗으면서도 장래의 나쁜 길을 두려워하지 않으니 어떻게 여기서 법을 구하며 대비심을 내어 중생을 구호하겠는가.'

(39-17-1-4) 하늘이 경계하는 말을 하다

이렇게 생각하는데 하늘에서 소리가 들렸다.

"소년이여, 그대는 마땅히 보안장자의 가르친 말을 생각하라."

선재동자는 우러러보면서 말했다.

"나는 언제나 생각하며, 잊지 않습니다."

하늘이 말했다.

"소년이여, 그대는 선지식의 말을 떠나지 말라. 선지식은 그대를 인도하여 험난하지 않고 편안한 곳에 이르게 한다.

소년이여, 보살의 교묘한 방편지혜와 중생을 거두어 주는 지혜와 중생을 생각하는 지혜와 중생을 성숙하게 하는 지혜와 중생을 수호하는 지혜와 중생을 해탈하게 하는 지혜와 중생을 조복시키는 지혜가 헤아릴 수 없다."

(39-17-1-5) 보살의 행을 묻다

이때 선재동자는 이 말을 듣고 왕의 처소에 나아가 그 발에 엎드려 절하고 여쭈었다.

"거룩하신 이여, 저는 이미 위없는 바른 보리심을 냈으나, 보살이 어떻게 보살의 행을 배우며 어떻게 보살의 도를 닦는지를 알지 못합니다. 거룩한 이께서 잘 가르치신다 하니 말씀해 주시기 바랍니다."

(39-17-2) 법을 설하다

(39-17-2-1) 궁전의 훌륭함을 보다

이때 무염족왕은 일을 마치고 선재동자의 손을 잡고 궁중으로 들어가서 함께 앉아 말했다.

"소년이여, 그대는 내가 있는 궁전을 보라."

선재동자는 왕의 말대로 궁전을 살펴보았다. 그 궁전은 넓고 크기가 비길 데 없으며 모두 묘한 보배로 이루어졌는데 칠보로 담을 쌓고, 누각은 백천 가지 보배로 되었는데 갖가지 장엄이 다 아름답고 훌륭하며, 부사의한 마니보배로 짠 그물이 위를 덮고 십억 시녀들이 단정하고 아름답고 가고 오는 거동이 볼 만하며, 모든 일이 교묘하여 일어나고 눕는데 공순한 마음으로 뜻을 받들었다.

(39-17-2-2) 방편으로 역행을 하다

이때 무염족왕이 선재동자에게 말했다.

"소년이여, 어떻게 생각하는가? 내가 참으로 악한 업을 짓는다면 이런 과보와 육신과 권속과 부귀와 자유자재함을 어떻게 얻었겠는가.

소년이여, 나는 보살의 환술과 같은 해탈을 얻었다.

소년이여, 나의 나라에 있는 중생들이 살생하고 훔치고, 삿된 소견을 가진 이가 많아서 다른 방편으로는 그들의 나쁜 업을 버리게 할 수 없다. 소년이여, 나는 이런 중생을 조복시키기 위해, 나쁜 사람이 되어 여러 가지 죄악을 짓고 갖가지 고통을 받는 것이다. 나쁜 짓 하는 중생들이 보고 무서운 마음을 내고 싫어하는 마음을 내고 겁내는 마음을 내어 그들이 짓던 모든 나쁜 업을 끊고 위없는 바른 보리심을 내게 하려는 것이다.

소년이여, 나는 이렇게 교묘한 방편으로 중생들이 십악업(十惡業)을 버리고 십선도(十善道)를 행하여 끝까지 쾌락하고 편안하고 마침내 온갖 지혜의 지위에 머물게 하려는 것이다.

소년이여, 나의 몸이나 말이나 뜻으로 짓는 일이 지금까지 한 중생도 해친 일이 없다. 소년이여, 내 마음에는 차라리 오는 세상에 무간(無間) 지옥에 들어가 고통을 받을지언정 모기 한 마리나 개미 한 마리라도 죽일 생각을 내지 않는다. 어떻게 사람에게 그런 마음을 내겠느냐. 사람은 복밭이라 모든 선한 법을 능히 낸다."

(39-17-3) 수승한 보살의 공덕을 찬탄하다

"소년이여, 나는 다만 이 환술같은 해탈을 얻었을 뿐이다. 보살들이 생사가 없는 법의 지혜를 얻고, 모든 세계가 환술같고 보살의 행이 모두 요술과 같고, 모든 세간이 그림자 같고, 모든 법이 꿈과 같은 줄을 알았으며, 실상(實相)의 걸림없는 법문에 들어가서 제석천왕의 진주그물 같은 행을 닦으며, 걸림없는 지혜로 경계에 행하고 모든 것이 평등한 삼매에 들어가서 다라니에 자유자재함을 얻는 일을 내가 어떻게 알며 어떻게 그 공덕의 행을 말하겠는가."

(39-17-4) 다음 선지식 찾기를 권하다

"소년이여, 여기서 남쪽에 묘광(妙光)성이 있고, 대광(大光)왕이 다스린다. 그대는 가서 보살이 어떻게 보살의 행을 배우며 보살의 도를 닦느냐고 물어라."

이때 선재동자는 왕의 발에 절하고 여러번 돌고 하직하고 물러갔다.

(39-18) 대광왕(大光王)

제8 난득행(難得行) 선지식

(39-18-1) 대광왕을 뵙고 법을 묻다

(39-18-1-1) 앞에 들은 법을 생각하며 선지식을 찾다

그때 선재동자는 한결같은 마음으로 왕이 얻은 환술과 같은 지혜 법문을 생각하며, 환술과 같은 해탈을 생각하고, 환술과 같은 법의 성품을 관찰했다. 환술과 같은 소원을 내고, 환술과 같은 법을 깨끗이 하고, 모든 환술과 같은 삼세에 갖가지 환술과 같은 변화를 일으키는 생각을 하면서 남쪽으로 갔다.

도시와 마을에 이르기도 하고 거친 벌판과 산골짜기와 험난한 곳을 지나면서도 고달픈 생각도 없고 쉬지도 않았다. 그러다가 어떤 성에 들어가서 "묘광성이 어디 있습니까?"라고 물었다.

어떤 사람이 대답하기를 "여기가 묘광성이고, 대광왕께서 다스리는 곳입니다"라고 했다.

선재동자는 기뻐하며 이렇게 생각했다.

'나의 선지식이 이 성에 있으니 친히 뵙고 보살의 행과 보살들의 뛰어난 중요한 문(門)과 보살들이 증득한 법과 보살들의 부사의한 공덕과 보살들의 부사의한 자유자재함과 보살들의 부사의한 평등과 보살들의 부사의한 용맹과 보살들의 부사의한 경계의 청정함을 들을 것이다.'

(39-18-1-2) 묘광성의 장엄

성은 금, 은, 유리, 파려, 진주, 자거, 마노의 칠보로 이루어졌

고, 일곱 겹을 둘러싸고 있는 팔공덕수가 가득찬 해자도 칠보로 되어 있었다. 바닥에는 금모래가 깔려있고 우발라꽃, 파두마꽃, 구물두꽃, 분다리꽃들이 덮였으며, 보배나무다리가 일곱 겹으로 줄지어 서 있었다.

성의 크기는 가로 세로가 십 유순이며, 팔각면으로 이루어져 있고 면마다 문이 있는데 칠보로 장식되어 있었다. 땅은 비유리로 되었으며, 성안에 10억의 도로가 있었고, 한량없는 중생들이 살고 있었다. 염부단금누각은 비유리마니그물로 위를 덮었고, 수많은 은누각은 적진주마니그물로 위를 덮었고, 수많은 비유리누각은 묘장마니그물로 위를 덮었고, 수많은 파려누각은 광마니왕마니그물로 덮여 있었다.

(39-18-1-3) 대광왕의 공덕과 보시

그때 선재동자는 이 모든 보물이나 남자나 여자나 육진 경계에는 조금도 애착이 없고, 최고의 법을 생각하여 일심으로 선지식을 만나기를 원하면서 다니다가 대광왕이 거처하는 누각에서 멀지 않은 네 거리에서 여의주 보배로 만든 연화장광대장엄사자좌(蓮華藏黃大莊嚴師子座)에 가부좌하고 있는 대광왕을 보았다. 외모는 32종의 거룩한 모습과 80가지의 잘 생긴 모습을 하고 있는 진금산과 같이 빛이 찬란하고 맑은 허공에 뜬 해와 같이 광채가 찬란하며 보름달 같아 보는 사람마다 시원해 했다. 범천왕이 범천 무리 중에 있는 것 같아 공덕의 보배가 끝이 없고 설산과 같아 잘 생긴 모습의 숲으로 꾸민 것 같았다. 큰 구름과 같이 법의 우레를 진동시켜 여러 무리를 깨우치고 허공과 같이 갖가지 법문의 별들을 나타내며, 수미산처럼 네 가지 빛이 중생의 마음바다에 비치고 보배섬처럼 여러 가지 지혜보배가 가득했다.

중생들의 마음에 따라 보시해 주었다. 성중이나 마을이나 길거리에는 모든 필수품을 쌓아 두고 길거리마다 20억 보살이 있어서 이런 물건으로 중생들에게 보시했다. 중생을 두루 거두어 주기 위해, 중생들을 기쁘게 하기 위해, 중생들을 즐겁게 하기 위해, 중생들의 마음을 깨끗하게 하기 위해, 중생들을 시원하게 하기 위해, 중생들의 번뇌를 없애기 위해, 중생들이 모든 이치를 알게 하기 위해, 중생들을 온갖 지혜의 길에 들어가게 하기 위해, 중생들이 대적하는 마음을 버리게 하기 위해, 중생들이 몸과 말과 뜻으로 짓는 나쁜 짓을 여의게 하기 위해, 중생들의 나쁜 소견을 없애기 위해, 중생들이 모든 업을 깨끗하게 하기 위한 까닭이다.

(39-18-1-4) 대광왕에게 보살의 행을 묻다

이때 선재동자는 오체를 땅에 엎드려 그의 발에 절하고 공경하여 오른쪽으로 여러번 돌고 합장하고 서서 말했다.

"거룩하신 이여, 저는 이미 위없는 바른 보리심을 냈으나 보살이 어떻게 보살의 행을 배우며 보살의 도를 닦는지를 알지 못합니다. 거룩한 이께서 잘 가르쳐 주신다 하니 저에게 말씀해 주시기 바랍니다."

(39-18-2) 대광왕이 법을 설하다

(39-18-2-1) 보살의 인자한 행을 닦다

왕이 말했다.

"소년이여, 나는 보살의 매우 인자한 당기의 행을 닦으며, 당기의 행에 만족했다. 소년이여, 나는 한량없는 백천만억 내지 수없이 많은 부처님의 처소에서 이 법을 묻고 생각하고 관찰하고 닦아서 장엄했다.

소년이여, 나는 이 법으로 왕이 되고 가르치고 거두어 주고 세상을 따라간다. 이 법으로 중생을 인도하고, 수행하게 하고, 나아가게 한다. 방편을 주고, 중생을 이익되게 하고, 중생이 행을 일으키게 하고, 중생이 법의 성품에 머물러서 생각하게 한다. 이 법으로써 중생을 인자한 마음에 머물러서 근본을 삼아 인자한 힘을 갖추게 하며, 이리하여 이익되게 하는 마음과 안락한 마음과 불쌍히 여기는 마음과 거두어 주는 마음과 끊임없이 중생을 수호하여 버리지 않는 마음과 중생의 괴로움을 없애는 마음을 내게 한다.

나는 이 법으로 중생들이 끝까지 쾌락하고 항상 기쁘며, 몸에는 괴로움이 없고 마음은 청량하며, 생사의 애착을 끊고 바른 법의 낙을 즐거워하며, 번뇌의 더러움을 씻고 나쁜 업의 장애를 깨뜨리며, 생사의 흐름을 끊고 진정한 법의 바다에 들어가며, 모든 중생의 길을 끊고 온갖 지혜를 구하며, 마음바다를 깨끗이 하여 무너지지 않는 신심을 내게 한다. 소년이여, 나는 매우 인자한 당기의 행에 머물러서 바른 법으로 세간을 교화한다."

(39-18-2-2) 내 나라 중생들은 두려움이 없다
"소년이여, 내 나라의 모든 중생은 나를 두려워하지 않는다.
소년이여, 빈궁하고 궁핍한 어떤 중생이 나에게 와서 구걸하면, 나는 고방문을 열어 놓고 마음대로 가져가게 하며 말하기를 '나쁜 짓을 하지 말고 중생을 해치지 말고 여러 가지 소견을 일으키지 말고 집착을 내지 말라. 만일 필요한 일이 있거든 나에게 오거나 네거리에 가면, 모든 물건이 구비되어 있으니 마음대로 가져가고 조금도 어려워하지 말라'고 했다.

소년이여, 묘광성에 있는 중생들은 모두 보살로서 대승의 뜻을 냈으며, 마음의 욕망을 따라서 보는 것이 같지 않다. 어떤 이는 이 성이 좁다고 보고, 어떤 이는 이 성이 넓다고 본다. 땅이 흙과 자갈로 된 것으로 보이기도 하고, 여러 보배로 장엄한 것으로 보이기도 한다. 흙을 모아 담을 쌓은 것으로 보이기도 하고, 담이 보배로 둘러 쌓여 있다고 보이기도 한다. 돌과 자갈이 많아서 땅이 울퉁불퉁하게 보이기도 하고, 한량없는 마니보배로 장엄하여 손바닥처럼 평탄하게 보이기도 한다. 집들이 흙과 나무로 지어진 것으로 보이기도 하고, 궁전과 누각과 증대와 창호와 난간과 문들이 모두 보배로 된 것으로 보이기도 한다.

소년이여, 중생이 마음이 청정하고 선근을 심었으며, 부처님께 공양하여 온갖 지혜의 길로 나아갈 마음을 내어 온갖 지혜로써 끝까지 이르는 곳에 이르렀거나, 내가 과거에 보살행을 닦을 때 거두어 주었던 사람이면 이 성이 여러 가지 보배로 장엄되었다고 보지만 다른 이들은 더러운 것으로 본다.

소년이여, 이 국토에 있는 중생들이 오탁악세[五濁世]에서 나쁜 짓을 많이 지었으므로 내가 가엾게 여기는 마음으로 구호하여 보살들의 인자한 마음이 으뜸이 되어 세간을 따라 주는 삼매에 들어가게 했다. 이 삼매에 들어갈 때는 중생들이 가졌던 무서워하는 마음과 해롭게 하는 마음과 원수로 생각하는 마음과 다투는 마음이 모두 소멸된다. 보살들이 인자한 마음이 으뜸이 되어 세간을 따라 주는 삼매에 들어가면 그렇게 되기 때문이다. 소년이여, 잠깐만 기다리면 마땅히 보게 될 것이다."

(39-18-2-3) 대광왕이 삼매에 들다

이때 대광왕이 이 삼매에 들어가니 그 성의 안팎이 여섯 가지로 진동하며 보배땅과 보배담과 보배강당과 보배궁전과 누각과 섬돌과 창호 등 모든 것에서 묘한 소리를 내며 왕을 향하여 경례했다. 묘광성에 사는 사람들이 한꺼번에 환희하여 즐거워하며 왕이 있는 곳을 향하여 땅에 엎드리고, 마을이나 성문이나 도시에 사는 사람들도 모두 와서 왕을 보고 기뻐하여 예배하며, 왕의 처소에 가까이 있던 새와 짐승들도 서로 쳐다보고 자비한 마음을 내어 왕을 향하여 공경하고 예배하며, 모든 산과 들과 초목들도 두루 돌면서 왕을 향하여 예경하고 못과 샘과 강과 바다가 모두 넘치게 솟아서 왕의 앞으로 흘러갔다.

(39-18-2-4) 모든 천왕이 공양을 올리다

일만의의 용왕은 향기구름을 일으키며 번개치고 뇌성하며 장대비를 내렸다. 일만의의 천왕으로 도리천왕과 야마천왕과 도솔천왕과 선변화천왕과 타화자재천왕들이 우두머리가 되어 허공에서 여러 가지 풍악을 연주하고, 수많은 천녀들은 노래하고 찬탄하면서 수많는 꽃구름과 향구름과 보배화만구름과 보배옷구름과 보배일산구름과 보배당기구름과 보배번기구름을 비 내리며 공중에 장엄하여 왕에게 공양했다.

이라바나(伊羅婆拏) 큰 코끼리는 자유로운 힘으로 공중에서 무수한 큰 보배 연꽃을 펴 놓으며, 무수한 보배영락과 보배띠와 보배화만과 보배장엄거리와 보배꽃과 보배향과 갖가지 기묘한 것을 드리워 훌륭하게 장엄하고, 무수한 채녀들은 노래하고 찬탄했다.

염부제에 한량없는 백천만억 나찰왕과 야차왕과 구반다왕과 비사사왕들이 바다에 있기도 하고 육지에 살기도 하면서, 피를 마시고 살을 먹어 중생을 해치던 것이 자비심을 일으키고 이익한 일을 행하며 뒷세상을 분명히 알고 나쁜업을 짓지 않으며, 공경하고 합장하여 왕에게 예배했다.

염부제와 같이 다른 세 천하와 삼천대천세계와 시방의 백천만억 나유타 세계에 있는 모든 악독한 중생도 그러했다.

(39-18-3) 보다 수승한 보살의 법을 찬탄하다

이때 대광왕이 삼매에서 일어나 선재동자에게 말했다.

"소년이여, 나는 다만 보살의 매우 인자함이 으뜸이 되어 세간을 따라 주는 삼매문을 알 뿐이다. 보살들은 중생을 두루 그늘 지어 덮어 주는 높은 일산이 되며, 하품과 중품과 상품의 행을 평등하게 행하는 행을 닦으며, 인자한 마음으로 모든 중생을 맡아 지니는 땅덩어리가 되며, 복덕의 광명이 세간에 평등하게 나타나는 보름달이 되며, 지혜의 빛으로 모든 알아야 할 경계를 비추는 청정한 해가 되며, 모든 중생의 마음속 어둠을 깨뜨리는 밝은 등불이 되며, 중생들의 마음속에 속이고 아첨하는 흐림을 밝히는 구슬이 되며, 모든 중생의 소원을 만족하게 하는 여의주가 되며, 중생들이 빨리 삼매를 닦아서 온갖 지혜의 성중에 들어가게 하는 큰 바람이 된다.

내가 어떻게 그 행을 알고 덕을 말하며, 복덕의 큰 산을 측량하고 공덕의 별을 우러러며, 서원의 바램의 둘레를 관찰하고 깊은 법문에 들어가며, 장엄한 큰 바다를 보이고 보현의 행하는 문을 밝히며, 삼매의 굴을 열어 보이고 대자비한 구름을 찬탄하겠는가."

(39-18-4) 다음 선지식 찾기를 권하다

"소년이여, 여기서 남쪽에 안주(安住)가 있고, 그곳에 부동(不動) 우바이가 있다. 그대는 그에게 가서 보살이 어떻게 보살의 행을 배우며 보살의 도를 닦느냐고 물어라."

이때 선재동자는 왕의 발에 엎드려 절하고 여러번 돌고 은근하게 우러러보면서 하직하고 물러갔다.

(39-19) 부동우바이(不動優婆夷)
　　제9 선법행(善法行) 선지식

(39-19-1) 부동우바이를 뵙고 법을 묻다
(39-19-1-1) 앞에서 들은 법문을 생각하며 감격하다

그때 선재동자는 묘광성에서 나와 걸으면서 대광왕의 가르침을 생각했다. 보살의 매우 인자한 당기의 수행하는 문을 기억하며, 보살의 세간을 따라 주는 삼매의 광명문을 생각하며, 부사의한 서원과 복덕의 자유자재한 힘을 증장시키며, 부사의한 중생을 성숙시키는 지혜를 견고히 하며, 함께 수용하지 않는 큰 위덕을 관찰하며, 차별한 모양을 기억하며, 청정한 권속을 생각하며, 짓는 업을 생각하며 환희하는 마음을 냈다. 깨끗한 신심을 내며 맹렬하고 날카로

운 마음을 냈다. 즐기는 마음을 내며 뛰노는 마음을 냈다. 다행이라고 생각하는 마음을 내며 흐리지 않은 마음을 냈다. 청정한 마음을 내며 견고한 마음을 냈다. 광대한 마음을 내며 다함이 없는 마음을 냈다.

이렇게 생각하며 감격하여 눈물을 흘리면서 '선지식은 진실로 드물어 공덕의 처소를 내며, 보살의 행을 내며, 보살의 깨끗한 생각을 내며, 다라니 바퀴를 널리 내며, 삼매의 광명을 내며, 부처님의 법비를 내리며, 보살이 서원한 문을 나타내 보이며, 생각할 수 없는 지혜의 광명을 내며, 보살의 뿌리와 싹을 증장시킨다'고 생각했다.

(39-19-1-2) 선지식의 은혜를 생각하다

또 '선지식은 나쁜 길을 널리 구호하며 여러 평등한 법을 널리 연설했다. 평탄하고 험난한 길을 널리 보이며 대승의 깊은 이치를 널리 열었다. 보현의 행을 널리 권하여 일으키며 온갖 지혜의 성에 널리 인도하여 이르게 했다. 법계의 바다에 두루 들어가게 하며 삼세의 법바다를 널리 보게 했다. 여러 성인의 도량을 주며 모든 백법(白法)을 증장하게 한다'고 생각했다.

(39-19-1-3) 하늘이 공중에서 말하다

선재동자가 감격하여 생각할 때마다 항상 따라다니며 보살을 깨우쳐 주는 부처님의 심부름하는 하늘이 공중에서 말했다.

"소년이여, 선지식이 가르치는 대로 수행하면 세존이 환희하며, 선지식의 말을 순종하면 온갖 지혜의 지위에 가까워지며, 선지식의 말에 의혹이 없으면 선지식을 항상 만날 것이며, 마음을 내어 항상 선지식을 떠나지 않으면 이치를 구족하게 된다. 소년이여, 안주성으로 가라. 부동우바이라는 큰 선지식을 만날 수 있다."

(39-19-1-4) 부동우바이 집의 광명공덕

이때 선재동자는 삼매에서 일어나 지혜광명 충만하여 안주성으로 갔다. "부동우바이가 어디에 있습니까?"하고 물었다.

어떤 사람이 대답했다.

"소년이여, 부동우바이는 동녀로서 집에서 부모의 보호를 받으면서 한량없는 그의 친족들에게 묘한 법을 말합니다."

선재동자는 이 말을 듣고 기쁘기가 부모를 본 듯하여 곧 부동우바이의 집으로 갔다. 그 집에서는 금빛 광명이 두루 비치는데, 광명을 받는 이는 몸과 뜻이 청량해졌다.

선재동자는 광명이 몸에 비칠 때 5백 가지 삼매의 문을 얻었다. 희유한 모양을 아는 삼매의 문과 고요함[寂靜]에 들어가는 삼매의 문과 세간을 멀리 여의는 삼매의 문과 넓은 눈으로 모두 버리는 삼매의 문과 여래장 삼매의 문 등 5백 가지였다. 이 삼매의 문을 얻었으므로 몸과 마음이 부드럽기가 칠일이 된 태와 같으며, 하늘이나 용이나 건달바나 사람이나 사람 아닌 이에게 있는 향기가 아닌 묘한 향기가 났다.

(39-19-1-5) 부동우바이의 용모

선재동자가 그의 처소에 나아가 공경하며 합장하고 한결같은 마음으로 살펴보았다. 용모는 단정하고 기묘하여 시방세계의 모든 여인은 미칠 수가 없다. 다만 부처님의 정수리에 물을 부은 모든 보살은 견줄 만하다. 입에서 묘한 향기가 나오는 일과 궁전의 장엄도 그 권속 중에는 견줄 만한 이가 없다. 시방세계의 모든 중생이 우바이에게 물드는 마음을 일으킬 수가 없으며, 잠깐 보기만 하여도 모든 번뇌가 소멸한다. 대범천왕은 결코 욕심세계의 번뇌가 생기지 않듯이 이 우바이를 보는 이도 번뇌가 생기지 않는다. 큰 지혜를 구족한 이와 같이 시방 중생들이 이 여인을 보고는 싫은 생각을 일으키지 않는다.

(39-19-1-6) 게송으로 찬탄하다

이때 선재동자는 허리를 굽혀 합장하고 바른 생각으로 관찰했다. 이 여인의 몸은 자유자재하여 헤아릴 수 없으며, 이 세상에는 견줄 이가 없는 빛깔과 용모는 광명에 사무쳐 비추어 막힘이 없어서 중생들을 위해 많은 이익을 짓는다. 털구멍에서는 묘한 향기가 나오고, 권속은 끝이 없으며 궁전은 제일이다. 공덕이 깊고 넓어 끝이 없으므로 기쁜 마음을 내어 게송으로 찬탄했다.

청정한 계를 항상 지키고/ 넓고 큰 참음을 닦아 행하며
꾸준히 노력하여 물러가지 않으니/ 광명이 온 세계에 밝게 비치네.

(39-19-1-7) 보살의 행을 묻다

선재동자는 게송을 마치고 여쭈었다.

"거룩하신 이여, 저는 이미 위없는 바른 보리심을 냈으나, 보살이 어떻게 보살의 행을 배우며, 어떻게 보살의 도를 닦는지를 알지 못합니다. 거룩한 이께서 잘 가르치신다 하니 말씀해 주시기 바랍니다."

(39-19-2) 부동우바이가 법을 설하다

(39-19-2-1) 보살의 꺾을 수 없는 지혜장 혜탈문을 얻다

이때 부동우바이는 보살의 부드럽고 이치에 맞는 말로 선재동자를 위로하며 말했다.

"훌륭하다, 훌륭하다. 소년이여, 그대는 능히 위없는 바른 보리심을 냈다. 소년이여, 나는 보살의 꺾을 수 없는 지혜장(智慧藏) 해탈문을 얻었으며, 보살의 견고하게 받아 지니는 수행의 문을 얻었으며, 보살의 법에 평등하게 지니는 문을 얻었으며, 보살의 법을 밝히는 변재의 문을 얻었으며, 보살의 법을 구하여 고달픔이 없는 삼매의 문을 얻었다."

"거룩하신 이여, 보살의 꺾을 수 없는 지혜장 해탈문과 견고하게 받아 지니는 수행의 문과 법에 평등하게 지니는 문과 법을 밝히는 변재의 문과 보살의 법을 구하여 고달픔이 없는 삼매의 문과 법을 구하여 고달픔이 없는 삼매의 문은 그 경계가 어떠합니까?"

"소년이여, 그것은 알기 어렵다."

"거룩하신 이여, 부처님의 신통으로 설해 주시기 바랍니다. 저는 선지식으로 인하여 믿고 받아지니고 알고 통달하며, 관찰하고 닦아 익히며 순종하여 모든 분별을 떠나서 끝까지 평등하겠습니다."

(39-19-2-2) 지난 세상에 수비부처님을 뵙다

"소년이여, 지난 세상에 이구(離垢)라는 세상이 있었는데 부처님의 명호는 수비(脩臂)였고, 전수(電授)라는 국왕이 있어 한 명의 딸을 두었는데 그가 나의 전생이다. 늦은 밤 음악 소리가 그치고 부모와 형제는 모두 잠이 들었고, 5백의 동녀들도 자고 있었다. 나는 누

각에서 별을 보고 있다가 허공에 계시는 그 부처님을 뵈었다. 보배
산과 같았고 한량없이 많은 하늘과 용과 팔부신장과 보살들에게 둘
러싸여 있었으며, 부처님 몸에서 큰 광명 그물을 놓아 시방세계에
두루했다. 나는 그 향기를 맡고 몸이 부드러워지고 마음이 기뻤다.

나는 누각에서 내려와 땅에 서서 열 손가락을 모아 부처님께 예배
했고, 부처님을 살펴보았으나 정수리를 볼 수 없었으며, 좌우를 살
펴보았으나 끝을 알 수 없었고, 부처님의 거룩하고 잘 생긴 모습을
생각했으나 만족하지 않았다. 생각하기를 '부처님께서는 어떤 업을
지어서 이렇게 훌륭한 몸을 얻었으며, 거룩한 모습이 원만하고 광
명이 구족하며, 권속을 많이 두고 궁전이 장엄하며, 복덕과 지혜가
청정하고 다라니와 삼매가 부사의하며, 신통이 자재하고 변재의 걸
림이 없는가.' 했다."

(39-19-2-3) 부처님께 이러한 법을 듣다

"소년이여, 그때 부처님께서 나의 생각을 아시고 말씀하시기를 '
너는 깨뜨릴 수 없는 마음을 내어 번뇌를 없애라. 최상의 마음을 내
어 집착을 깨뜨려라. 물러나지 않는 마음을 내어 깊은 법문에 들어
가라. 참고 견디는 마음을 내어 나쁜 중생을 구호하라. 의혹이 없는
마음을 내어 길에 태어나라. 싫어함이 없는 마음을 내어 부처님 뵙
는 생각을 쉬지 말라. 만족할 줄 모르는 마음을 내어 부처님의 법비
를 받으라. 옳게 생각하는 마음을 내어 부처님의 광명을 내라. 크게
머물러 지니는 마음을 내어 부처님의 법륜을 굴려라. 널리 유통하
려는 마음을 내어 중생의 욕망을 따라 법보를 널리 베풀라' 하셨다.

소년이여, 나는 그 부처님이 계신 곳에서 이러한 법을 듣고 온갖

지혜를 구하며 부처의 십력을 구하며 부처의 육신을 구하며 부처의 잘 생긴 모습을 구하며 부처의 모인 대중을 구하며 부처의 국토를 구하며 부처의 위의를 구하며 부처의 수명을 구했다. 이런 마음을 내니 그 마음이 견고하기가 금강과 같아 모든 번뇌나 이승으로는 깨뜨릴 수 없었다."

(39-19-2-4) 법을 듣고 삼독을 끊다

"소년이여, 내가 이 마음을 내면서부터 염부제의 티끌 수 겁을 지내면서 탐욕심을 내지 않았는데, 하물며 그런 일을 행했겠는가. 이러한 겁 동안 나의 친족에게도 성내는 마음을 일으키지 않았는데 하물며 다른 중생에게 일으켰겠는가. 이러한 겁 동안 나의 몸에도 나라는 소견을 내지 않았는데, 하물며 모든 물건에 내 것이란 생각을 냈겠는가. 이러한 겁 동안 죽을 때와 날 때와 태에 들었을 때에 한 번도 미혹하여 중생이란 생각이나 기억이 없는 마음[無記心]을 내지 않았는데, 하물며 다른 때이겠는가.

이러한 겁 동안 꿈속에서 한 분의 부처님을 뵌 것도 잊지 않았는데, 하물며 보살의 열 가지 눈으로 본 것을 잊었겠는가."

(39-19-2-5) 부처님의 바른 법을 한 글자도 잊지 않다

"이러한 겁 동안 받아 지닌 여러 부처님의 바른 법을 한 글자 한 구절도 잊지 않았고 세속의 말까지도 잊지 않았는데, 하물며 부처님이 설법하신 것을 잊었겠는가.

이러한 겁 동안 받아지닌 부처님의 법바다에서 한 글자 한 구절도 생각하지 않는 것이 없고, 관찰하지 않는 것이 없으며, 세속의 법

도 그러했다. 이러한 겁 동안 이러한 모든 법바다를 받아지니고 일찍이 한 법에서도 삼매를 얻지 못한 것이 없으며 세간의 기술의 법에서도 그러했다. 이러한 겁 동안 부처님의 법륜을 지녔으며, 지니는 곳마다 한 글자 한 구절도 버린 적이 없으며, 한 번도 세상 지혜를 내지 않았다. 중생을 조복시키기 위한 방편은 여기에 속하지 않는다. 이러한 겁 동안 부처바다를 뵙고 한 부처님에게도 청정한 서원을 성취하지 못한 것이 없으며, 여러 화신 부처님[化佛]에게도 그러했다. 이러한 겁 동안 여러 보살이 묘한 행을 닦는 것을 보고 모두 성취했다."

(39-19-2-6) 청정하고 훌륭한 말로 중생을 깨우치다

"이러한 겁 동안 내가 본 중생들 중에서 한 중생에게도 위없는 바른 보리심을 내도록 권하지 않은 적이 없으며, 성문이나 벽지불의 뜻을 내도록 권한 일이 없다. 이러한 겁 동안 모든 부처의 법에 대하여 한 글자 한 구절에도 의혹을 내지 않고 두 가지 생각을 내지 않고, 분별하는 생각을 내지 않고 갖가지 생각을 내지 않고, 집착하는 생각을 내지 않고 낫다 못하다는 생각을 내지 않고, 사랑하고 미워하는 생각을 내지 않았다.

소년이여, 나는 그때부터 항상 부처님을 보았고, 보살을 보았고, 진실한 선지식을 보았다. 항상 부처님의 서원을 듣고 보살의 행을 듣고 보살의 바라밀문을 듣고 보살의 처지인 지혜의 광명문을 듣고, 보살의 무진장문을 듣고, 끝이 없는 세계의 그물에 들어가는 문을 듣고, 끝이 없는 중생계를 내는 원인의 문을 들었다. 항상 청정한 지혜의 광명으로 중생의 번뇌를 없애고, 지혜로 중생의 선근을

생장케 하고, 모든 중생의 좋아함을 따라 몸을 나타내고, 청정하고 훌륭한 말로 법계의 모든 중생을 깨우친다."

(39-19-2-7) 삼매문에 들어 자재한 신통변화를 나타내 보이다

"소년이여, 나는 보살이 온갖 법을 구하여 싫음이 없는 장엄문을 얻었고, 모든 법이 평등한 지위를 다 지니는 총지문(摠持門)을 얻었다. 헤아릴 수 없이 자재한 신통 변화를 나타내는 것을 그대는 보고자 하느냐?"

선재동자는 진심으로 보기를 원한다고 말했다.

그때 부동우바이는 용장(龍藏)사자좌에 앉아서 법을 구하여 싫음이 없는 장엄삼매문[一切法無厭足莊嚴三昧門]과 공하지 않은 바퀴 장엄삼매문[不空輪莊嚴三昧門]과 십력의 지혜바퀴가 앞에 나타나는 삼매문[十力智輪現前三昧門]과 불종무진장삼매문(佛種無盡藏三昧門)에 들어갔으며, 이렇게 만 가지 삼매문에 들어갔다.

이 삼매문에 들어갈 때에 시방에 있는 수많은 부처 세계의 티끌 수 세계가 여섯 가지로 진동했다. 국토는 청정한 유리로 이루어졌고, 낱낱 세계마다 백 억 사천하와 백 억 부처님이 있는데, 어떤 이는 도솔천에 계시고, 열반에 들기도 하며, 낱낱 부처님께서 광명그물을 놓아 법계에 두루 하니, 도량에 모인 대중이 청정하게 둘러싸고 있으며, 미묘한 법륜을 굴리어 중생들을 깨우쳤다.

(39-19-3) 수승한 보살의 능력을 찬탄하다

이때 부동우바이가 삼매에서 일어나 선재동자에게 말했다.

"소년이여, 그대는 이것을 보았는가?"

"예. 저는 모두 보았습니다."

"소년이여, 나는 다만 이 법을 구하여 싫음이 없는 삼매의 광명을 얻고, 중생에게 미묘한 법을 말하여 기쁘게 할 뿐이다. 보살이 가루라처럼 허공으로 다니면서 걸림이 없이 중생바다에 들어가서 선근이 성숙한 중생을 보고는 곧 들어다가 열반의 언덕에 두며, 장사꾼들처럼 보배섬에 들어가서 부처님의 십력과 지혜의 보배를 구하며, 고기잡는 사람처럼 바른 법의 그물을 가지고 생사의 바다에 들어가 애욕의 물속에서 중생들을 건졌다. 마치 아수라왕이 세 가지 세계[三有]의 큰 성과 번뇌의 바다를 흔들듯 했다.

해가 허공에 떠서 애욕의 진흙에 비추어 마르게 하며, 보름달이 허공에 떠서 교화 받을 사람의 마음꽃을 피게 하며, 땅덩이가 두루 평등하듯이 한량없는 중생이 머물러 있으면서 선한 법의 싹을 증장하게 하며, 바람이 향하는 곳에 걸림이 없듯이 나쁜 소견의 나무를 뽑아 버리며, 전륜왕처럼 세간에 다니면서 사섭(四攝)법으로 중생들을 거두어 주는 일을 내가 어떻게 알며 어떻게 그 공덕의 행을 말하겠는가."

(39-19-4) 다음 선지식 찾기를 권하다

"소년이여, 여기서 남쪽에 도살라[都薩羅]성이 있고, 그곳에 출가한 변행(遍行)외도가 있다. 그대는 그에게 가서 보살이 어떻게 보살의 행을 배우며 보살의 도를 닦느냐고 물어라."

그때 선재동자는 그의 발에 예배하고 한량없이 돌고 은근하게 우러러보면서 하직하고 떠났다.

(39-20) 변행외도(遍行外道)
　　제10 진실행(眞實行) 선지식

(39-20-1) 변행외도를 뵙고 법을 묻다

　그때 선재동자는 부동우바이에게 법을 듣고 일심으로 기억하여 가르친 것을 모두 믿어 받들고 생각하고 관찰하면서 나아가 여러 나라와 도시를 지나서 도살라성(都薩羅城)에 이르렀다. 해가 질 무렵에 성에 들어가서 상점과 골목과 네 거리로 다니면서 변행외도를 찾았다.

　성 동쪽에 선득(善得)산이 이었다. 밤중에 선재동자가 산꼭대기를 보니 초목과 바위에 광명이 환하게 비치어 마치 해가 뜨는 듯했다. 이것을 보고 기쁜 마음으로 생각하기를 '내가 아마 여기서 선지식을 만나려나 보다' 하고, 성에서 나와 산으로 올라갔다. 이 외도가 산 위의 평탄한 곳에서 천천히 거니는데, 생긴 모습이 원만하고 위엄과 광채가 찬란하여 대범천왕으로도 미칠 수 없으며, 일만의의 범천들이 호위하고 있었다.

　선재동자는 그 앞에 나아가 엎드려 절하고 한량없이 돌고 합장하고 서서 말했다.

　"거룩하신 이여, 저는 이미 위없는 바른 보리심을 냈으나, 보살이 어떻게 보살의 행을 배우며, 어떻게 보살의 도를 닦는지를 알지 못합니다. 거룩하신 이께서 잘 가르치신다 하니 말씀하여 주시기 바랍니다."

(39-20-2) 변행외도가 법을 설하다

(39-20-2-1) 모든 곳에 이르는 보살의 행에 머물다

"훌륭하고, 훌륭하다. 소년이여, 나는 모든 곳에 이르는 보살의
행에 편안히 머물렀고, 세간을 두루 관찰하는 삼매의 문을 성취했
고, 의지할 데 없고 지음이 없는 신통의 힘을 성취했고, 넓은 문 반
야바라밀을 성취했다.

소년이여, 모든 중생은 넓은 세간에서 여러 장소와 형상과 행과
이해로 온갖 길에서 나고 죽는다. 하늘길과 용의 길과 야차의 길과
건달바와 아수라와 가루라와 긴나라와 마후라가와 지옥과 축생의
길이며, 염라왕 세계와 사람과 사람 아닌 이들의 길이다."

(39-20-2-2) 온갖 법으로 중생들을 이익되게 하다

"여러 가지 소견에 빠지고 이승을 믿고 대승을 좋아하는 중생들
가운데 나는 갖가지 방편과 지혜의 문으로 이익되게 한다. 세간의
갖가지 기술을 연설하여 공교한 기술을 습득하는 다라니지혜를 갖
추게 하며, 네 가지로 거두어 주는 방편을 말하여 온갖 지혜의 길을
구족하게 한다. 바라밀을 말하여 온갖 지혜의 지위로 회향하게 하
며, 보리심을 칭찬하여 위없는 도의 뜻을 잃지 않게 한다. 보살의
행을 칭찬하여 부처의 국토를 깨끗이 하고 중생을 제도하려는 소원
을 만족하게 하며, 나쁜 짓을 하며 지옥 따위에 빠져 여러 가지 고
통받는 일을 말하여 나쁜 업을 싫어하게 한다. 부처님께 공양하고
선근을 심으면 온갖 지혜의 과보를 얻는다고하여 기쁜 마음을 내게
하며, 모든 여래, 응공, 정등각의 공덕을 찬탄하여 부처의 몸을 좋
아하고 온갖 지혜를 구하게 한다. 부처님의 위엄과 공덕을 찬탄하

여 부처님의 무너지지 않는 몸을 좋아하게 하며, 부처님의 자유자재한 몸을 찬탄하여 부처님의 가릴 수 없는 큰 위덕을 구하게 한다.

소년이여, 이 도살라성의 여러 곳에 있는 많은 남녀 가운데서 나는 갖가지 방편으로 그들의 형상처럼 나투고 그들에게 알맞게 법을 말한다. 그 중생들은 내가 어떤 사람인지, 어디서 왔는지를 알지도 못하며 듣는 이로 하여금 사실대로 수행하게 한다. 소년이여, 이 성에서 중생들을 이익되게 하는 것처럼 염부제의 여러 성과 도시와 마을의 사람이 사는 곳에서도 이와 같이 이익되게 한다."

(39-20-2-3) 여러 외도를 방편으로 조복시키다

"소년이여, 염부제에 있는 96종 외도들이 제각기 야릇한 소견으로 고집을 부리면 나는 그 가운데 방편으로 조복하여 잘못된 소견을 버리게 한다. 염부제에서와 같이 다른 사천하에서도 그렇게 하고, 삼천대천세계에서도 그렇게 하며, 시방의 한량없는 세계의 중생 바다에서도 중생의 마음을 따라서 갖가지 방편과 법문과 몸과 말로써 법을 말하여 이익되게 한다."

(39-20-3) 수승한 보살의 법을 찬탄하다

"소년이여, 나는 다만 이 모든 곳에 이르는 보살의 행만을 알 뿐이다. 보살의 몸은 온갖 중생의 수와 같고, 중생들과 차별이 없는 몸을 얻으며, 변화된 몸으로 길에 두루 들어가 태어나되 여러 중생의 앞에서 청정한 광명으로 세간에 널리 비추고 걸림없는 소원으로 온갖 겁에 머무르며, 제석의 그물 같은 비길 이 없는 행을 얻어 중생을 항상 이익되게 하고 함께 거처하면서도 집착이 없으며, 삼세에 두루 평등하여 내가 없는 지혜로 널리 비추고 매우 자비한 광명으로 모든 것을 관찰하는 일을 내가 어떻게 알며 그 공덕의 행을 말하겠는가.”

(39-20-4) 다음 선지식 찾기를 권하다

“소년이여, 여기서 남쪽에 광대(廣大)국이 있고, 그곳에 향을 파는 육향장자가 있다. 그대는 그에게 가서 보살이 어떻게 보살의 행을 배우며 보살의 도를 닦느냐고 물어라.”

그때 선재동자는 그의 발에 엎드려 절하고 여러번 돌고 은근하게 우러러보면서 하직하고 물러갔다.

Ⅳ. 십회향위 선지식

(39-21) 육향장자(鬻香長者)

제1 구호일체중생이중생상(救護一切衆生離衆生相)회향 선지식

(39-21-1) 육향장자를 뵙고 법을 묻다

(39-21-1-1) 오직 부처님 법장을 보호하기를 원하다

그때 선재동자는 선지식의 가르침으로 몸과 목숨도 돌보지 않고, 재물에도 집착하지 않고, 여러 사람을 좋아하지도 않고, 오욕(五欲)을 탐하지도 않고, 권속을 그리워하지도 않고, 왕의 지위를 소중히 여기지도 않았다.

오직 중생을 교화하고, 부처의 국토를 깨끗이 하고, 부처님께 공양하고, 법의 참된 성품을 알고, 보살의 공덕바다를 닦아 모으고, 공덕을 닦아 행하여 물러가지 않고, 겁마다 큰 서원으로 보살의 행을 닦고, 부처님의 도량에 모인 대중 속에 들어가고, 한 삼매의 문에 들어가서 삼매문의 자재한 신통의 힘을 나타내고, 부처님의 한 털구멍에서 모든 부처님을 보아도 만족함이 없고, 법의 지혜 광명을 얻어서 모든 부처의 법장을 보호하고 유지하기를 원했다.

(39-21-1-2) 보살도를 닦는 법을 묻다

이러한 모든 부처와 보살의 공덕을 일심으로 구하면서 점점 나아가 광대국(廣大國)에 이르러 육향장자 앞에서 엎드려 발에 절하고

여러번 돌고 합장하고 서서 여쭈었다.

"거룩하신 이여, 저는 이미 위없는 바른 보리심을 냈고, 부처님의 평등한 지혜를 구하며, 부처님의 한량없는 큰 서원에 만족하려 하며, 부처님의 육신을 깨끗이 하려 하며, 부처님의 청정한 법의 몸을 뵈려 하며, 부처님의 광대한 지혜의 몸을 알고자 합니다. 모든 보살의 행을 깨끗이 다스리려 하며, 보살의 삼매를 밝히려 하며, 보살의 다라니에 머물고자 하며, 장애를 없애려고 하며, 시방세계에 다니려고 합니다. 그러나 보살이 어떻게 보살의 행을 배우며 어떻게 보살의 도를 닦아서 온갖 지혜를 내는지 알지 못합니다."

(39-21-2) 육향장자의 설법

"훌륭하고, 훌륭하다. 소년이여, 그대는 능히 위없는 바른 보리심을 냈다. 소년이여, 나는 향을 잘 분별하며, 향을 조화롭게 만드는 법을 안다. 사르는 향과 바르는 향과 가루향 등 모든 향이 나는 곳도 안다.

소년이여, 인간세상에 상장(象藏)향이 있다. 용이 싸울 적에 생기며, 한 개만 피워도 큰 향구름을 일으켜 수도를 덮으며, 칠 일 동안 향비를 내리며, 몸에 닿으면 몸이 금빛이 되고 의복이나 궁전이나 누각에 닿아도 금빛으로 변한다. 바람에 날려 궁전 안에 들어가면 그 향기를 맡은 중생은 칠 일 동안 밤낮으로 환희하고 몸과 마음이 쾌락하며, 병이 침입하지 못하고 모든 근심이 없어져 놀라지도 무섭지도 어지럽지도 성내지도 않는다. 인자한 마음으로 서로 대하고 뜻이 청정해지며, 나는 그것을 알고 법을 말하여 그들이 위없는 바른 보리심을 내게 한다.

소년이여, 마라야산(摩羅耶山)에서는 전단향(栴檀香)이 나는데 이름은 우두(牛頭)이다. 몸에 바르면 불구덩이에 들어가도 타지 않는다.

바다 속에는 무능승(無能勝)향이 있다. 북이나 소라에 바르면 소리가 날 적에 모든 적군이 물러간다.

아나바달다(阿那婆達多) 못가에서는 침수향이 나는데 이름은 연화장(蓮華藏)이다. 삼씨[麻子]만큼만 태워도 향기가 염부제에 풍기며, 중생들이 맡으면 모든 죄를 여의고 계행이 청정해진다.

설산에는 아로나(阿盧那)향이 있다. 중생이 이 향을 맡으면 마음이 결정되어 물드는 집착을 여의며, 내가 법을 말하면 듣는 사람이 모두 이구삼매(離垢三昧)를 얻는다.

나찰 세계에는 해장(海藏)향이 있다. 이 향은 전륜왕이 사용하는데, 한 개만 피워도 전륜왕과 네 가지 군대가 모두 허공에 나른다.

선법천(善法天)에는 정장엄(淨莊嚴)향이 있다. 한 개만 피워도 여러 하늘이 부처님을 생각하게 한다.

수야마천(須夜摩天)에는 정장(淨藏)향이 있다. 한 개만 피워도 수야마천 무리들이 천왕의 처소로 모여 와서 함께 법을 듣는다.

도솔천에는 선타바(先陀婆)향이 있다. 일생보처 보살이 앉은 앞에서 한 개만 피우면 큰 향구름을 일으켜서 법계를 뒤덮고 공양거리를 비로 내려 부처와 보살께 공양한다.

선변화천(善變化天)에는 탈의(奪意)향이 있다. 한 개를 피우면 이레 동안에 모든 장엄거리를 비로 내린다."

(39-21-3) 수승한 보살의 도를 찬탄하다

"소년이여, 나는 다만 향을 화합하는 법을 알 뿐이다. 보살들이 모든 나쁜 버릇을 여의어 세상 탐욕에 물들지 않으며, 번뇌 마군의 오랏줄을 아주 끊고 육취[趣]에서 뛰어나며, 지혜의 향으로 장엄하여 세간에 물들지 않으며, 집착이 없는 계율을 구족하게 성취하며, 집착이 없는 지혜로 그 경계에 머물며, 모든 곳에 애착이 없고 마음이 평등하여 집착도 없고 의지함도 없는 것에 대하여 내가 어떻게 그 묘한 행을 알며, 공덕을 말하며, 청정한 계율의 문을 나타내며, 허물없이 짓는 업을 보이며, 물들지 않는 몸과 뜻의 행을 말하겠는가."

(39-21-4) 다음 선지식 찾기를 권하다

"소년이여, 여기서 남쪽에 누각(樓閣)성이 있고, 그곳에 바시라(婆施羅)뱃사공이 있다. 그대는 그에게 가서 보살이 어떻게 보살의 행을 배우며 보살의 도를 닦느냐고 물어라."

이때 선재동자는 그의 발에 엎드려 절하고 여러번 돌고 은근하게 우러러보면서 인사하고 물러갔다.

(39-22) 바시라선사(婆施羅船師)
    제2 불괴(不壞)회향 선지식

(39-22-1) 바시라를 뵙고 법을 묻다
(39-22-1-1) 길을 살피면서 선지식을 생각하다

선재동자는 누각성(樓閣城)으로 갔다. 길이 높고 낮음을 보며, 평탄하고 험함을 보며, 깨끗하고 더러움을 보며, 굽고 곧음을 보았다. 점점 나아가면서 이렇게 생각했다.

'내가 마땅히 저 선지식을 친근할 것이다. 선지식은 보살의 도와, 바라밀의 도와, 중생을 거둬 주는 도와, 법계에 두루 들어가되 장애가 없는 도와, 중생이 나쁜 꾀를 내지 않는 중생에게 교만을 여의게 하는 도와, 중생에게 번뇌를 없애는 도와, 중생에게 여러 가지 소견을 버리게 하는 도와, 중생에게 온갖 나쁜 가시를 뽑게 하는 도와 중생에게 온갖 지혜의 성에 이르게 하는 도를 수행하여 성취하게 한다.

왜냐 하면 선지식에게서 모든 착한 법을 얻는 까닭이며, 선지식의 힘으로 온갖 지혜의 길을 얻는 까닭이다. 선지식은 보기 어렵고 만나기도 어렵다.'

(39-22-1-2) 보살도를 닦는 일을 묻다

이렇게 생각하면서 걸어가다가 누각성에 이르렀다. 그 뱃사공은 성문 밖 바닷가에 있으면서 많은 장사꾼들과 한량없는 대중에게 둘러싸여 바다의 일을 말하며, 부처님의 공덕바다를 방편으로 일러주는 것을 보고, 그 앞에 나아가 발에 절하고 여러번 돌고 합장하며 말했다.

"거룩하신 이여, 저는 이미 위없는 바른 보리심을 냈지만, 보살이 어떻게 보살의 행을 배우며, 보살의 도를 닦는 지를 알지 못합니다. 거룩하신 이께서 잘 가르쳐 주신다 하니 말씀해 주시기 바랍니다."

(39-22-2) 바시라의 설법

(39-22-2-1) 선재동자를 찬탄하다

"훌륭하고, 훌륭하다. 소년이여, 그대는 이미 위없는 바른 보리심을 냈다. 이제 또 지혜를 내는 인연과 생사의 괴로움을 끊는 인연과 지혜의 보배섬에 가는 인연과 무너지지 않는 대승의 인연과 이승들이 생사를 두려워하고 고요한 삼매의 소용돌이에 머무름을 멀리 여의는 인연과 큰 서원의 수레를 타고 모든 곳에 두루하여 보살의 행을 수행하되 장애가 없는 청정한 도의 인연과 보살의 행으로 깨뜨릴 수 없는 온갖 지혜를 장엄하는 청정한 도의 인연과 시방의 법을 두루 관찰하되 장애가 없는 청정한 도의 인연과 온갖 지혜의 바다에 빨리 들어가는 청정한 도의 인연을 묻는구나."

(39-22-2-2) 중생을 위해 닦는 보살의 도

"소년이여, 나는 이 성의 바닷가에 있으면서 보살이 매우 가엾게 여기는 당기의 행[幢行]을 깨끗하게 닦았다.

소년이여, 나는 염부제에 있는 빈궁한 중생들을 보고 그들을 이익되게 하려고 보살의 행을 닦으며, 그들의 소원을 만족시키기 위해서 먼저 세상의 물건을 주어 마음을 채우고 다시 법을 설하여 환희하게 한다. 복덕의 행을 닦게 하고 지혜를 내게 하고 선근의 힘을 늘게 하고, 보리심을 일으키게 하고 보리의 원을 깨끗하게 하고 매우 가엾게 여기는 마음을 견고하게 한다. 생사를 없애는 도를 닦게 하고 생사를 싫어하지 않는 행을 내게 하고, 중생바다를 거둬 주고 공덕바다를 닦게 하고 법바다를 비추게 하고, 부처바다를 보게 하여 온갖 지혜의 바다에 들어가게 한다.

소년이여, 나는 여기 있어서 이렇게 생각하고 뜻을 가지고 모든 중생을 이익되게 한다."

(39-22-2-3) 바다에 있는 모든 보배

"소년이여, 나는 바다에 있는 모든 보배의 섬과 보배의 처소와 보배의 종류와 보배의 종자를 안다. 나는 모든 보배를 깨끗하게 하고 연마하고 나타나게 했고 만들 줄을 안다. 나는 모든 보배의 그릇과 쓰임과 경계와 광명을 안다. 나는 용궁의 처소와 야차 궁전의 처소와 부다(部多) 궁전의 처소를 알고 잘 피하여 그들의 난을 면한다."

(39-22-2-4) 바다에 대한 모든 것을 알다

"소용돌이 치는 곳과 얕은 곳과 깊은 곳과 파도가 멀고 가까운 것과 물빛이 좋고 나쁜 것들이 여러 가지로 같지 않은 것을 잘 분별하여 안다. 일월성신이 돌아가는 위치와 밤과 낮과 새벽과 신시 때와 시각과 누수(漏水)가 늦고 빠름을 잘 분별하여 안다. 배의 철물과 나무가 굳고 연한 것과 기관이 만만하고 거셈과 물이 많고 적음과 바람이 순하고 거슬림을 안다. 모든 편안하고 위태한 것을 분명하게 알아서 갈 만하면 가고 갈 수 없으면 가지 않는다.

소년이여, 나는 이런 지혜를 성취하여 모든 중생을 이익되게 한다."

(39-22-2-5) 배로써 중생들을 이익되게 하다

"소년이여, 나는 안전한 배로 장사하는 무리들을 태우고 편안한 길을 가게 하며 법을 말하여 기쁘게 하면서 보배가 있는 섬으로 인도하여 여러 가지 보물을 주어 만족하게 한 후에 염부제로 돌아온다.

소년이여, 나는 큰 배를 가지고 이렇게 다니지만 한 번도 실수한 일이 없다. 어떤 중생이 내 몸을 보거나 내 법을 들은 이는 영원히 나고 죽는 바다를 무서워하지 않는다. 온갖 지혜의 바다에 들어가서 모든 애욕의 바다를 말리고 지혜의 광명으로 삼세 바다를 비추며 모든 중생의 고통바다를 끝나게 한다. 모든 중생의 마음바다를 깨끗이 하고 세계바다를 청정하게 하며, 시방의 큰 바다에 두루 가서 모든 중생의 근성바다를 알고 수행바다를 알고 그 바다를 널리 따른다.”

(39-22-3) 보살이 아는 바다를 찬탄하다

“소년이여, 나는 다만 크게 가엾게 여기는 당기의 행을 얻었으므로 나를 보거나 내 음성을 듣거나 나와 함께 있거나 나를 생각하는 이는 헛되지 않게 한다. 보살이 생사의 바다에 다니면서도 모든 번뇌 바다에 물들지 않고 허망한 소견 바다를 버리며, 모든 법의 성품 바다를 살피고 사섭법(四攝法)으로 중생 바다를 거두어 주며, 이미 온갖 지혜의 바다에 머물러서 모든 중생의 애착 바다를 소멸하고 모든 시간의 바다에 평등하게 있으면서 신통으로 중생바다를 제도하며, 때를 놓치지 않고 중생바다를 조복하는 일이야 내가 어떻게 알며, 그 공덕의 행을 말하겠는가.”

(39-22-4) 다음 선지식 찾기를 권하다

“소년이여, 여기서 남쪽에 가락(可樂)성이 있고, 그곳에 무상승(無上勝)장자가 있다. 그대는 그에게 가서 보살이 어떻게 보살의 행을 배우며, 보살의 도를 닦느냐고 물어라.”

그때 선재동자는 그의 발에 엎드려 절하고 여러번 돌고 은근하게 우러러보고 기뻐하면서 선지식을 구하는 마음이 싫어할 줄 모르며,

하직하고 떠났다.

(39-23) 무상승장자(無上勝長者)
제3 등일체불(等一切佛)회향 선지식

(39-23-1) 무상승장자를 뵙고 법을 묻다
(39-23-1-1) 선재동자의 구도

이때 선재동자는 크게 인자함으로 두루하는 마음과 크게 가엾게 여김으로 윤택한 마음을 일으켜 계속하여 끊이지 않았다. 복덕과 지혜로 장엄하며, 모든 번뇌의 때를 버리고 평등한 법을 증득하여 마음이 높고 낮지 않으며, 나쁜 가시를 뽑아 모든 장애를 없애며, 견고하게 정진함으로 담과 해자를 삼고 매우 깊은 삼매로 정원을 만들며, 지혜의 햇빛으로 무명의 어둠을 깨뜨리고 방편의 봄바람으로 지혜의 꽃을 피게 하며, 걸림 없는 서원이 법계에 가득하고 마음은 항상 온갖 지혜의 성에 들어가서 보살의 도를 구했다. 점점 앞으로 나아가 그 성에 이르렀다.

(39-23-1-2) 무상승장자

무상승장자가 성의 동쪽에 크게 장엄한 당기와 근심 없는 숲에 있었다. 한량없는 장사꾼과 많은 거사에게 둘러싸였으며, 인간의 갖가지 일을 끊어 버리고 법을 말하여 그들의 교만을 아주 뽑아 내 것을 여의게 하며, 쌓아 둔 것을 버리고 간탐의 때를 없애며, 마음이 청정하여 흐리고 더러움이 없으며, 깨끗이 믿는 힘을 얻어 항상 부처님을 보고 법을 받아 지니기를 좋아하며, 보살의 힘을 내고 보살의 행을 일으키며, 보살의 삼매에 들어가 보살의 지혜를 얻으며, 보살의 바른 생각에 머물러 보살의 원이 늘어나게 했다.

(39-23-1-3) 보살도를 닦는 법을 묻다

이때 선재동자는 그 장자가 대중에게 법을 말함을 보고, 몸을 엎드려 그의 발에 절하고 여쭈었다.

"거룩하신 이여, 저는 선재입니다. 일심으로 보살의 행을 구하고 있습니다. 보살이 어떻게 보살의 행을 배우며 보살의 도를 닦습니까? 닦고 배울 적에 모든 중생을 교화하며 부처님을 뵈오며, 불법을 듣고 지니며 법문에 들어가며, 모든 세계에 들어가서 보살의 행을 배우며 모든 겁에 머물러 있으면서 보살의 도를 닦으며, 부처님의 신통한 힘을 압니다. 어떻게 하면 부처님께서 생각하시는 것과 지혜를 얻겠습니까?"

(39-23-2) 무상승장자의 설법

"훌륭하다, 훌륭하다. 소년이여, 그대는 위없는 바른 보리심을 이미 냈구나. 소년이여, 나는 모든 곳에 이르는 보살의 행하는 문과 의지함이 없고 지음이 없는 신통한 힘을 성취했다.

소년이여, 어떤 것을 모든 곳에 이르는 보살의 행하는 문이라 하는가? 나는 이 삼천대천세계의 욕계에 사는 모든 중생에게 법을 말한다. 삼십삼천과 야마천과 도솔천과 선변화천(善變化天)과 타화자재천과 마의 하늘과 그외에 모든 하늘 · 용 · 야차 · 나찰 · 구반다 · 건달바 · 아수라 · 가루라 · 긴나라 · 마후라가 · 사람과 사람 아닌 이와 마을과 성중과 도시의 모든 곳에 있는 중생들에게 법을 말한다.

그래서 그른 법을 버리고 다툼을 쉬고 싸움을 없애고 성냄을 그치고 원수를 풀고 속박을 벗고 옥(獄)에서 나와 공포를 없애고 살생을 끊게 한다. 삿된 소견과 나쁜 짓과 하지 못할 일을 모두 금하게 한다. 모든 착한 법에 순종하여 배우고 모든 기술을 닦아 익혀 모든 세간에서 이익을 얻게 한다. 그들에게 갖가지 언론을 분별하여 환희심을 내고 성숙하게 한다. 외도를 따라서 훌륭한 지혜를 말하며 모든 소견을 끊고 불법에 들어오게 한다. 형상 세계의 모든 범천에서도 그들에게 훌륭한 법을 말한다.

이 삼천대천세계에서와 같이 시방의 나유타 부처 세계에서도 그들에게 부처의 법·보살의 법·성문의 법·독각의 법을 말한다. 지옥을 말하고 지옥 중생을 말하고 지옥으로 가는 길을 말한다. 축생을 말하고 축생의 차별을 말하고 축생의 고통을 말하고 축생으로 가는 길을 말한다. 염라왕의 세계를 말하고 염라왕 세계의 고통을 말하고 염라왕 세계로 가는 길을 말한다. 하늘 세계를 말하고 하늘 세계의 낙을 말하고 하늘 세계로 가는 길을 말한다. 인간을 말하고 인간의 고통과 낙을 말하고 인간으로 가는 길을 말한다.

보살의 공덕을 드러내 보이며 생사의 걱정을 여의게 한다. 온갖 지혜를 가진 이의 묘한 공덕을 알게 하며 모든 세계에서 미혹하여 받는 고통을 알게 한다. 걸림이 없는 법을 보게 하며 세간이 생기는 원인을 보인다. 세간의 고요한 낙을 나타내며 중생들의 집착한 생각을 버리게 한다. 부처의 의지함이 없는 법을 얻게 하며 모든 번뇌의 둘레를 없애게 한다. 부처님의 법륜을 굴리게 하려고 중생들에게 이 법을 말한다."

(39-23-3) 수승한 보살의 경계를 찬탄하다

"소년이여, 나는 다만 모든 곳에 이르는 보살이 수행하는 청정한 법문과 의지함이 없고 무위의 신통한 힘을 알 뿐이다. 보살들이 자유자재한 신통을 갖추고 부처의 세계에 두루 이르며, 보안지(普眼地)를 얻어 모든 음성과 말을 들으며, 모든 법에 들어가 지혜가 자재하며, 다투는 일이 없고 용맹하기 짝이 없으며, 넓고 큰 혀로 평등한 음성을 내며, 몸이 훌륭하여 보살들과 같으며, 부처님와 더불어 끝까지 둘이 없고 차별이 없으며, 지혜의 몸이 광대하여 삼세에 두루 들어가며, 경계가 없어 허공과 같은 일이야 내가 어떻게 알며, 어떻게 그 공덕의 행을 말하겠는가."

(39-23-4) 다음 선지식 찾기를 권하다

"소년이여, 여기서 남쪽에 수나(輸那)국이 있고, 그 나라에 가릉가숲[迦陵迦林]성이 있다. 그곳에 사자빈신(師子頻申)비구니가 있다. 그대는 거기 가서 보살이 어떻게 보살의 행을 배우며, 보살의 도를 닦느냐고 물어라."

선재동자는 그의 발에 절하고 여러번 돌고 은근하게 우러러보면서 하직하고 물러갔다.

(39-24) 사자빈신비구니(師子頻申比丘尼)
　　제4 지일체처(至一切處)회향 선지식

(39-24-1) 사자빈신비구니를 뵙고 법을 묻다
(39-24-1-1) 일광동산의 갖가지 장엄

선재동자가 수나국에 이르러 이 비구니를 두루 찾았다. 어떤 사람이 말하기를 "그 비구니는 승광왕(勝光王)이 보시한 햇빛동산[日光園]에서 법을 말하여 한량없는 중생을 이익되게 하고 있다."고 했다.

이때 선재동자는 그 동산에 가서 두루 살펴보았다. 그 동산에 만월(滿月)이라는 큰 나무가 있었는데 형상은 누각과 같고 큰 광명을 놓아 한 유순을 비추었다. 보부(普覆)라는 잎나무가 있는데 모양은 일산 같고 비유리 검푸른 광명을 놓았다. 화장(華藏)이라는 꽃나무가 있는데 모양이 설산과 같았다. 여러 꽃비를 내려 다함이 없는 것이 도리천의 파리질다라(波利質多羅) 나무와 같았다.

그때 선재동자가 이 동산을 보니 한량없는 공덕과 갖가지 장엄이 보살의 업보로 이루어졌고 세상에서 벗어난 선근으로 생겼고 부처님께 공양한 공덕으로 이루어졌다. 이것이 다 사자빈신비구니가 법이 환술과 같음을 알면서도 청정한 복덕과 착한 업을 쌓은 원인으로 생긴 것이다. 삼천대천세계의 하늘과 용의 팔부신중과 한량없는 중생이 이 동산에 모였는데도 좁지 않았다. 왜냐 하면 이 비구니의 부사의한 위덕과 신통으로 생긴 까닭이기 때문이다.

(39-24-1-2) 사자빈신비구니

이때 선재동자는 사자빈신비구니가 모든 보배나무 아래 놓인 사자좌에 앉아 있음을 보았다. 몸매가 단정하고 위의가 고요하며 여러 감관이 조화롭고 큰 코끼리 같았다. 마음에 때가 없음이 깨끗한 연못과 같고, 구하는 대로 베풀어 줌이 화수분과 같고, 세상 법에 물들지 않음은 연꽃과 같았다. 마음에 두려움이 없기는 사자왕과 같고, 깨끗한 계율을 보호하여 흔들리지 않음은 수미산과 같았다. 보는 이마다 서늘하게 함은 묘한 향과 같고 여러 중생의 번뇌를 덜어 줌은 설산의 전단향과 같았다. 보는 중생의 괴로움이 소멸함은 선견약(善見藥)과 같고, 보는 이마다 헛되지 않음은 바루나(婆樓那)하늘과 같으며, 모든 선근을 길러 줌은 기름진 밭과 같았다.

(39-24-1-3) 사자빈신비구니의 설법

낱낱의 사자좌에 모인 대중도 같지 않으며 말하는 법문도 각각 달랐다. 대자재천자가 거느린 정거천 무리에게는 해탈법문을 했고, 애락범천왕이 거느린 범천 무리에게는 보문차별청정언음륜법문을 했다. 자재천왕이 거느린 타화자재천의 천자와 천녀들에게는 보살청정심법문을 했고, 선변화천왕이 거느린 선변화천의 천자와 천녀들에게는 법을 좋게 하는 장엄함법문을 했다.

도솔천왕이 거느린 도솔천의 천자와 천녀들에게는 심장선회법문을 했고, 야마천왕이 거느린 야마천의 천자와 천녀들에게는 무변장엄법문을 했다. 제석환인이 거느린 삼십삼천의 천자와 천녀들에게는 싫어서 떠나는 법문을 했다.

사가라용왕이 거느린 용자와 용녀에게는 신통경계광명장엄법문을 했고, 비사문천왕이 거느린 야차의 무리에게는 중생구호광법문을 했다. 지국건달바왕이 거느린 건달바 무리에게는 다함이 없는 환희법문을 했다.

라후아수라왕이 거느린 아수라 무리에게는 빨리 법계를 장엄하는 지혜법문을 했고, 빨리 잡는 가루라왕이 거느린 가루라 무리에게는 생사의 바다를 두려워하여 동요됨법문을 했고, 큰 나무 긴나라왕이 거느린 긴나라 무리에게는 불수행광명법문을 했다.

암라숲마후라가왕이 거느린 마후라가 무리에게는 불환희심법문을 했고, 나찰왕이 거느린 나찰 무리에게는 가엾게 여기는 마음냄법문을 했다.

어떤 자리에는 성문승을 믿고 좋아하는 중생들이 앉아 있었는데 그들에게는 지혜의 광명법문을 했고, 어떤 자리에는 연각승을 믿고 좋아하는 중생들이 앉아 있었는데 그들에게는 공덕의 광대한 광명법문을 했다.

어떤 자리에는 대승을 믿고 좋아하는 중생들이 앉아 있었는데 그들에게는 넓은 문 삼매지혜의 광명법문을 했다. 어떤 자리에는 초지 보살들이 앉아 있었는데 그들에게는 부처의 서원법문을 했다.

어떤 자리에는 2지 보살들이 앉아 있었는데 그들에게는 때를 여읜 바퀴법문을 했다. 어떤 자리에는 3지 보살들이 앉아 있었는데 그들에게는 고요한 장엄법문을 했다. 어떤 자리에는 4지 보살들이 앉아 있었는데 그들에게는 온갖 지혜를 내는 경계법문을 했다. 어떤 자리에는 5지 보살들이 앉아 있었는데 그들에게는 묘한 꽃 갈무리법문을 했다. 어떤 자리에는 6지 보살들이 앉아 있었는데 그들에게는 비로자나장법문을 했다. 어떤 자리에는 7지 보살들이 앉아 있었는데 그들에게는 두루 장엄한 땅법문을 했다. 어떤 자리에는 8지 보살들이 앉아 있었는데 그들에게는 법계에 두루한 경계의 몸법문을 했다. 어떤 자리에는 9지 보살들이 앉아 있었는데 그들에게는 얻은 것 없는 힘의 장엄법문을 했다. 어떤 자리에는 십지 보살들이 앉아 있었는데 그들에게는 걸림없는 바퀴법문을 했다. 어떤 자리에는 금강저를 든 신장들이 앉아 있었는데 그들에게는 금강지혜나라연장엄법문을 했다.

선재동자가 이 무리들을 둘러보니 사자빈신비구니가 그들의 욕망과 이해함을 이미 알고 있거나 알지 못함을 차별하여 법을 말하며 위없는 바른 보리에서 물러나지 않게 했다.

왜냐하면 이 비구니는 넓은 눈으로 모두 버리는, 모든 불법을 말하는, 법계가 차별한, 모든 장애를 없애는, 모든 중생의 착한 마음을 내는, 훌륭하게 장엄한, 걸림 없는 진실한, 법계에 원만한, 마음을 갈무리한, 모든 것을 내는 반야바라밀에 들어갔다.

이 열 가지 반야바라밀을 머리로 삼아 수없는 반야바라밀에 들어갔으며, 햇빛동산에 있는 보살과 중생들은 다 사자빈신비구니가 처음으로 권하여 마음을 내게 했고, 바른 법을 받아 지니고 생각하고 닦아서 위없는 바른 보리에서 물러나지 않게 한 이들이다.

이때 선재동자는 사자빈신비구니의 이러한 동산과 사자좌와 거니는 것과 모인 대중과 신통과 변재를 보았다. 부사의한 법문을 듣고 광대한 법구름이 마음을 윤택하게 하여 '내가 마땅히 오른쪽으로 한량없는 백천 바퀴를 돌 것이다.'고 생각했다.

(39-24-1-4) 보살의 행을 묻는 선재동자

이때 이 비구니가 큰 광명을 놓아 그 동산과 모인 대중을 장엄에 비추니 선재동자는 자기의 몸과 동산에 있는 나무들이 오른쪽으로 이 비구니를 향해 도는 것을 보았다. 한량없는 바퀴를 돌고는 선재동자가 합장하고 여쭈었다.

"거룩하신 이여, 저는 이미 위없는 바른 보리심을 냈으나 보살이 어떻게 보살의 행을 배우며 어떻게 보살의 도를 닦는지를 알지 못합니다. 거룩한 이께서 잘 가르친다 하니 말씀해 주시기 바랍니다.”

(39-24-2) 사자빈신비구니의 설법

(39-24-2-1) 온갖 지혜를 성취하는 해탈을 얻다

“소년이여, 나는 온갖 지혜를 성취하는 해탈을 얻었다.”

“무슨 까닭으로 온갖 지혜를 성취한다 합니까?”

“소년이여, 이 지혜의 광명은 잠깐 동안에 삼세의 모든 법을 두루 비춘다.”

“거룩하신 이여, 이 지혜의 광명은 경계가 어떠합니까?”

“소년이여, 나는 이 지혜의 광명문에 들어가서 모든 법을 내는 삼매왕을 얻었다. 이 삼매로 뜻대로 태어나는 몸을 얻게 되어 시방 모든 세계의 도솔천궁에 있는 일생보처보살의 처소에 나아가고, 그 보살들 앞에서 한량없는 몸을 나타내고, 한량없는 부처세계에 수많은 공양을 올렸다. 천왕의 몸과 인간왕의 몸으로 꽃구름을 들고 화만 구름을 들며, 사르는 향, 바르는 향, 가루향, 의복, 영락, 당기, 번기, 비단, 일산, 보배그물, 보배휘장, 보배광, 보배 등의 모든 장엄거리를 받들어 공양했다.

도솔천궁에 계시는 보살과 같이 태에 들어 있고 태에서 탄생하고, 집에 있고 출가하고, 도량에 나아가서 바른 깨달음을 이루고, 바른 법륜을 굴리고 열반에 든다. 이러는 중에 천궁에 있기도 하고, 용궁에 있기도 하고 사람의 궁전에 있기도 하는 그 부처님이 계신 곳에서 이렇게 공양했다.”

(39-24-2-2) 중생을 보아도 중생이라는 분별을 내지 않다

"내가 이렇게 부처님께 공양한 것을 아는 이는 모두 위없는 바른 보리에서 물러나지 않았으며, 나에게 오면 반야바라밀을 말해 주었다.

소년이여, 나는 중생을 보아도 중생이란 분별을 내지 않는것은 지혜의 눈으로 보는 까닭이다. 말을 들어도 말이란 분별을 내지 않으니 마음에 집착이 없는 까닭이다. 부처님을 뵈어도 여래라는 분별을 내지 않은것은 법의 몸을 통달한 까닭이다. 법륜에 머물러 있으면서도 법륜이란 분별을 내지 않는것은 법의 성품을 깨달은 까닭이다. 한 생각에 모든 법을 두루 알면서도 법이란 분별을 내지 않으니 법이 환술과 같음을 아는 까닭이다."

(39-24-3) 수승한 보살의 공덕행을 찬탄하다

"소년이여, 나는 다만 온갖 지혜를 성취하는 해탈을 알 뿐이다. 보살들이 마음에 분별이 없어 모든 법을 두루 알며, 한 몸이 단정하게 앉아도 법계에 가득하며, 자기의 몸에 모든 세계를 나타내며, 잠깐 동안에 모든 부처님 계신 곳에 나아가며, 자기의 몸 안에 모든 부처님의 신통한 힘을 나타내며, 한 털로 수없이 많은 부처의 세계에 두루 들며, 내 몸의 한 털구멍에 수없이 많은 세계가 이루어지고 무너짐을 나타내며, 한 생각에 한량없이 많은 중생과 함께 있으며, 한 생각 동안에 한량없이 많은 모든 겁에 들어가는 일이야 내가 어떻게 알며 그 공덕의 행을 말하겠는가."

(39-24-4) 다음 선지식 찾기를 권하다

"소년이여, 여기서 남쪽에 험난(險難)국이 있고, 그 나라에 보배 장엄성이 있다. 그 성중에 바수밀다(婆須蜜多)여인이 있다. 그대는 그녀에게 가서 보살이 어떻게 보살의 행을 배우며, 보살의 도를 닦느냐고 물어라."

이때 선재동자는 그의 발에 엎드려 절하고 여러번 돌고 은근하게 우러러보면서 하직하고 물러갔다.

(39-25) 바수밀다녀(婆須蜜多女)
    제5 무진공덕장(無盡功德藏)회향 선지식

(39-25-1) 바수밀다녀를 뵙고 법을 묻다
(39-25-1-1) 선재동자가 지혜광명으로 마음이 열리다

선재동자는 큰 지혜의 광명이 비치어 마음이 열리고 생각하고 관찰하여 법의 성품을 보았다. 모든 음성을 아는 다라니문을 얻었으며, 모든 법륜을 받아 지니는 다라니문을 얻었으며, 모든 중생이 돌아가 의지할 데가 되는 가엾이 여기는 힘을 얻었으며, 모든 법의 이치를 관찰하는 광명의 문을 얻었으며, 법계에 가득한 청정한 서원을 얻었으며, 시방의 모든 법을 두루 비추는 지혜의 광명을 얻었으며, 모든 세계를 두루 장엄하는 자유자재한 힘을 얻었으며, 모든 보살의 업을 널리 발기하는 원만한 서원을 얻었다. 험난국의 보배장엄성에 이르러 바수밀다 여인을 찾았다.

(39-25-1-2) 성 안에 있는 사람들의 생각

성중의 어떤 사람은 이 여인의 공덕과 지혜를 알지 못하고 이렇게 생각했다.

'이 동자는 여러 감관이 고요하고 지혜가 명철하며, 미혹하지도 않고 산란하지도 않으며, 한결같이 찾으며 자세히 보는 것이 게으르지도 않고 집착함도 없다. 눈을 깜박이지도 않고 마음이 흔들리지도 않으며, 너그럽고 깊어 큰 바다와 같다. 바수밀다 여인에게 사랑하는 마음이나 뒤바뀐 마음이 없어, 깨끗하다는 생각을 내거나 욕심을 내어서 이 여인에게 반하지도 않을 것이다. 이 동자는 마의 행을 행하지도 않고 마의 경계에 들어가지도 않고 탐욕의 수렁에 빠지지도 않고 마의 속박을 받지도 않으며, 하지 않아야 할 것은 하지 않는데 무슨 생각으로 이 여인을 구하는가?'

(39-25-1-3) 선재동자를 찬탄하다

그 사람들 중에는 이 여인이 지혜가 있는 것을 아는 이가 있어서 선재에게 말했다.

"훌륭하고, 훌륭하다. 소년이여, 그대는 이 바수밀다 여인을 찾으니 이미 광대한 좋은 이익을 얻었다. 소년이여, 그대는 결정코 부처의 자리를 구할 것이며, 모든 중생의 의지가 될 것이며, 탐애의 화살을 뽑을 것이며, 남자들이 여자에게 대하여 깨끗하지 못하다는 생각을 깨뜨리게 할 것이다.

소년이여, 바수밀다 여인은 이 성에서 가장 번잡한 시장의 북쪽에 있는 자기 집에 있다."

(39-25-1-4) 바수밀다녀의 집

선재동자는 이 말을 듣고 즐거워하며 그녀의 집 문 앞에 이르렀다. 그 집은 크고 훌륭하여 보배담과 보배나무와 보배해자가 각각 열 겹으로 둘러 있었다. 해자에는 향수가 가득하고 금모래가 깔렸으며, 하늘의 보배꽃과 우발라꽃·파두마꽃·구물두꽃·분타리꽃들이 물 위에 가득 피었다.

(39-25-1-5) 바수밀다녀의 용모

이때 선재동자는 그 여인을 보았다. 용모는 단정하고 모습이 원만하며 살갗이 금빛이었다. 눈매와 머리카락이 검푸르며 길이는 적당하여 욕계의 사람이나 하늘에는 비길 수 없었다. 음성은 미묘하여 범천보다 뛰었으며, 모든 중생의 갖가지 말을 모두 구족했으며, 글자와 문장도 잘 알고 언론이 능란했다. 환술과 같은 지혜를 얻어 방편문에 들었고, 보배영락과 장엄거리로 몸을 치장했으며 여의주로 관을 만들어 썼다.

또 한량없는 권속들이 둘러 모였으며 선근이 같고 행과 소원이 같고 온갖 복덕을 구비하여 다함이 없었다.

(39-25-1-6) 보살의 행을 묻다

그때 바수밀다 여인의 몸에서 광대한 광명을 놓아 그 집의 모든 궁전에 비추니 모두 몸이 서늘하고 상쾌했다. 선재동자는 그 앞에 나아가 발에 엎드려 절하고 합장하고 말했다.

"거룩하신 이여, 저는 이미 위없는 바른 보리심을 냈으나, 보살이 어떻게 보살의 행을 배우며 어떻게 보살의 도를 닦는지를 알지 못합니다. 거룩하신 이께서 잘 가르치신다 하니 말씀해 주시기 바랍니다.”

(39-25-2) 바수밀다녀의 설법
(39-25-2-1) 탐욕을 떠난 해탈을 얻다

“소년이여, 나는 이탐욕제(離貪欲際)해탈을 얻었다. 그들의 욕망을 따라 몸을 나타내니 하늘이 볼 때에는 천녀의 형상이 되어 광명이 훌륭하여 비길 데 없으며, 사람이나 사람 아닌 이가 볼 때는 그에 맞는 여인이 되어 그들의 욕망대로 나를 보게 한다.

어떤 중생이 애욕에 얽매여 나에게 오면 그에게 법을 말한다. 그는 법을 듣고는 탐욕이 없어지고 보살의 집착 없는 경계의 삼매를 얻는다.

어떤 중생이 잠깐만 나를 보아도 탐욕이 없어지고 보살의 환희 삼매를 얻는다.

어떤 중생이 잠깐만 나와 말해도 탐욕이 없어지고 보살의 걸림없는 음성 삼매를 얻는다.

어떤 중생이 잠깐만 내 손목을 잡아도 탐욕이 없어지고 보살의 모든 부처 세계에 두루 가는 삼매를 얻는다.

어떤 중생이 내 자리에 잠깐만 올라와도 탐욕이 없어지고 보살의 해탈한 광명의 삼매를 얻는다.

어떤 중생이 잠깐만 나를 살펴보아도 탐욕이 없어지고 보살의 고요하고 장엄한 삼매를 얻는다.

어떤 중생이 잠깐만 나의 활개(어깨에서 팔까지)가 뻗는 것을 보아도 탐욕이 없어지고 보살이 외도를 굴복시키는 삼매를 얻는다.

어떤 중생이 나의 눈이 깜짝이는 것을 보기만 하여도 탐욕이 없어지고 보살의 부처 경계에 광명 삼매를 얻는다.

어떤 중생이 나를 포근히 감싸면 탐욕이 없어지고 보살이 모든 중생을 거두어 주고 떠나지 않는 삼매를 얻는다.

어떤 중생이 나의 입술만 스쳐도 탐욕이 없어지고 보살이 모든 중생의 복덕을 늘게 하는 삼매를 얻는다.

중생들이 나를 가까이 하면 모두 탐욕을 여의는 경계에 머물러 보살의 온갖 지혜가 앞에 나타나는 걸림없는 해탈에 들어간다."

(39-25-2-2) 과거 고행(高行)부처님에게 법을 배우다

"거룩한 이께서는 어떤 선근을 심고 어떤 복업을 닦아서 이렇게 자재함을 성취했습니까?"

"소년이여, 지난 세상에 부처님이 나셨으니 이름이 고행(高行)이었고, 그 나라의 수도는 묘문(妙門)이었다.

소년이여, 고행부처님께서 중생을 불쌍히 여기시고 수도에 들어와서 성 문턱을 밟으니 성안에 있던 모든 것이 진동하며 갑자기 넓어지고 보배로 장엄되었다. 한량없는 광명이 서로 비추고, 가지각색 보배꽃을 땅에 뿌리며 하늘류를 한꺼번에 올리니 모든 하늘이 허공에 가득했다.

소년이여, 그때 나는 장자의 아내였는데 이름은 선혜(善慧)였다. 부처님의 신통을 보고 마음을 깨달았다. 남편과 함께 부처님 계신 곳에 가서 보배돈 한 푼으로 공양했더니, 그때 부처님의 시자인 문수보살이 나에게 법을 말하여 위없는 바른 보리심을 내게 했다."

(39-25-3) 수승한 보살의 방편지혜

"소년이여, 나는 다만 이 보살의 탐욕의 경계를 여읜 해탈을 얻었을 뿐, 보살들이 끝이 없는 교묘한 방편의 지혜를 성취하여 그 광대한 장(藏)의 경계가 비길 데 없는 일이야 내가 어떻게 알며 그 공덕의 행을 말하겠는가."

(39-25-4) 다음 선지식 찾기를 권하다

"소년이여, 여기서 남쪽에 선도(善度)성이 있고, 그 성에 비슬지라(毘瑟祇羅)거사가 있다. 그는 항상 전단좌부처님[栴檀座佛] 탑에 공양하고 있다. 그대는 그에게 가서 보살이 어떻게 보살의 행을 배우며 보살의 도를 닦느냐고 물어라."

이때 선재동자는 그의 발에 엎드려 절하고 여러번 돌고 은근하게 우러러보면서 하직하고 떠났다.

(39-26) 비슬지라거사(鞞瑟氐羅居士)
　　　제6 수순견고일체선근(隨順堅固一切善根)회향 선지식

(39-26-1) 비슬지라거사를 뵙고 법을 묻다

그때 선재동자는 선도성(善度城)에 이르러 거사의 집에 나아가 발에 엎드려 절하고 합장하고 여쭈었다.

"거룩하신 이여, 저는 이미 위없는 바른 보리심을 냈으나, 보살이 어떻게 보살의 행을 배우며 어떻게 보살의 도를 닦는지를 알지 못합니다. 거룩한 이께서 잘 가르친다 하니 말씀해 주시기 바랍니다."

(39-26-2) 비슬지라거사의 설법

(39-26-2-1) 열반에 들지 않는 해탈

"소년이여, 나는 보살의 불반열반제(不般涅槃際)해탈을 얻었다. 소년이여, 부처님이 이미 반열반에 들었다거나, 부처님이 지금 반열반에 든다거나, 부처님이 장차 반열반에 들것이다 하는 생각을 하지 않는다. 나는 시방 세계의 부처님들이 마침내 반열반에 드는 이가 없는 줄 안다. 중생을 조복시키기 위해 일부러 보이는 것은 예외이다.

소년이여, 내가 전단좌여래의 탑 문을 열 때에 삼매를 얻었으니 이름이 불종무진[佛種無盡]이다.

소년이여, 나는 생각마다 이 삼매에 들고, 생각마다 한량없는 훌륭한 일을 안다."

(39-26-2-2) 불종무진삼매

"불종무진삼매는 경계가 어떠합니까?"

"소년이여, 내가 이 삼매에 들고는 차례차례 이 세계의 부처님들을 보았다. 가섭불(迦葉佛) · 구나함모니불(拘那牟尼佛) · 구류손불(拘留孫佛) · 시기불(尸棄佛) · 비바시불(毗婆尸佛) · 제사불(提舍佛) · 불사불(弗沙佛) · 무상승불(無上勝佛) · 무상연화불(無上蓮華佛)이다.

이런 이들이 우두머리가 되었으며, 잠깐 동안에 백 부처님을 보고, 천 부처님을 보고, 십만 부처님을 보고, 억 부처님, 천억 부처님, 백천억 부처님, 야유다억 부처님, 나유타 부처님을 보며, 수없이 많은 세계의 티끌 수 부처님들을 차례로 보았다.

부처님들이 처음으로 마음을 내고 선근을 심고 훌륭한 신통을 얻고 큰 원을 성취하고 묘한 행을 닦고 바라밀을 구족하며, 보살의 지위에 들어가서 청정한 법의 지혜를 얻고 마군들을 항복 받고 정등각을 이루어 국토가 청정하고 대중이 둘러싸고 있음을 보았다.

큰 광명을 놓으며 묘한 법륜을 굴리며 신통으로 변화하는 갖가지 차별을 다 지니고 기억하고 살펴보고 분별하여 나타낸다. 미래의 미륵불 등 여러 부처님과 현재의 비로자나불 등 여러 부처님도 다 그와 같이 하며 이 세계에서와 같이 시방세계에 계시는 삼세의 모든 부처님·성문·독각·보살 대중들도 그와 같이 한다."

(39-26-3) 수승한 보살의 지혜

"소년이여, 나는 다만 이 보살들이 얻는 불반열반제해탈을 얻었을 뿐, 보살들이 한 생각의 지혜로 삼세를 두루 알며, 잠깐 동안에 모든 삼매에 두루 들어가며, 부처님의 지혜바다가 항상 마음에 비쳐 모든 법에 분별이 없으며, 모든 부처님이 다 평등하고 부처님과 나와 모든 중생이 평등하여 둘이 없음을 알며, 모든 법의 성품이 청정함을 알아 생각함도 없고 움직임도 없지만 모든 세간에 두루 들어가며, 모든 분별을 여의고 부처의 법인(法忍)에 머물러서 법계의 중생들을 모두 깨우치는 일이야 내가 어떻게 알며 그 공덕의 행을 말하겠는가."

(39-26-4) 다음 선지식 찾기를 권하다

"소년이여, 여기서 남으로 가면 보달락가(補怛洛迦)산이 있고, 그곳에 관자재(觀自在)보살이 있다. 그대는 그에게 가서 보살이 어떻게 보살의 행을 배우며 보살의 도를 닦느냐고 물어라."

그리고 계송을 말했다.

바다 위에 산이 있고 성인 많으니 / 보배로 이루어져 매우 깨끗해
꽃과 과실나무들이 우거져 있고 / 샘과 못과 시냇물이 갖추어 있네.

용맹한 장부이신 관자재보살이 / 중생에게 이익 주시려 거기 계시니
그대는 가서 모든 공덕 물어 보아라. / 그대에게 큰 방편을 일러 줄
것이다.

이때 선재동자는 그의 발에 절하고 여러번 돌고 은근하게 우러러
보면서 하직하고 물러갔다.

(39-27) 관자재보살(觀自在菩薩)
　　제7 수순일체중생(隨順一切衆生)회향 선지식

(39-27-1) 관자재보살을 뵙고 법을 묻다
(39-27-1-1) 선지식의 공덕을 생각하며 관자재보살을 찾다

그때 선재동자는 일심으로 비슬지라 거사의 가르침을 생각하여
보살의 해탈하는 마지막 단계에 들어가고, 보살의 생각을 따라 주
는 힘을 얻었다. 부처님이 나타나는 차례를 기억하고, 계속하는 차
례를 생각하고, 부처님의 명호의 차례를 지니고, 부처님들의 말씀
하시는 법을 관찰했다. 부처님이 갖추신 장엄을 알고, 부처님들의
정등각의 성취를 보고, 부처님들의 부사의한 업을 분명하게 알았

다. 그 산에 이르러 관자재보살을 찾았다.

서쪽 골짜기에 시냇물이 굽이쳐서 흐르고 수목은 우거져 있으며 부드러운 향풀이 오른쪽으로 쏠려 땅에 깔렸다. 관자재보살이 금강석 위에서 가부하고 있었고, 한량없는 보살들도 보석 위에 앉아서 공경하며 둘러 모셨다. 관자재보살이 대자대비한 법을 말하여 그들이 모든 중생을 거두어 주도록 했다.

선재동자가 기뻐하면서 합장하고 생각하기를 '선지식은 곧 부처님이며, 모든 법구름이며, 모든 공덕의 창고이다. 선지식은 만나기 어렵고, 십력(十力)의 원인이며, 다함이 없는 지혜의 횃불이며, 복덕의 싹이며, 온갖 지혜의 문이며, 지혜 바다의 길잡이며, 온갖 지혜에 이르는 길을 도와주는 기구이다.' 하고 곧 대보살이 있는 곳으로 나아갔다.

(39-27-1-2) 선재동자를 찬탄하는 관자재보살

그때 관자재보살은 멀리서 선재동자를 보고 말했다.

"잘 왔다. 그대는 대승의 마음을 내어 중생들을 널리 거두어 주고, 정직한 마음으로 불법을 구하고, 자비심이 깊어서 모든 중생을 구호하며, 보현의 묘한 행이 계속하여 앞에 나타나고, 큰 서원과 깊은 마음이 원만하고 청정하며, 부처의 법을 부지런히 구하여 모두 받아 지니고, 선근을 쌓아 만족함을 모르며, 선지식을 순종하여 가르침을 어기지 않고, 문수사리보살의 공덕과 지혜의 바다로부터 태어났으므로 마음이 성숙하여 부처의 힘을 얻고, 광대한 삼매의 광명을 얻었으며, 오로지 깊고 묘한 법을 구하고, 항상 부처님을 뵈옵고 크게 환희하며, 지혜의 청정함이 허공과 같아 스스로도 분명히 알고 다른 이에게 말하기도 하며, 부처님의 지혜의 광명에 편안히 머물러 있다."

(39-27-1-3) 보살의 행을 묻는 선재동자

이때 선재동자는 관자재보살의 발에 엎드려 절하고 수없이 돌고 합장하고 여쭈었다.

"거룩하신 이여, 저는 이미 위없는 바른 보리심을 냈으나, 보살이 어떻게 보살의 행을 배우며 어떻게 보살의 도를 닦는 지를 알지 못합니다. 거룩한 이께서 잘 가르치신다 하니 말씀해 주시기 바랍니다."

(39-27-2) 관자재보살의 설법
(39-27-2-1) 보살의 대비행 해탈문

"훌륭하고, 훌륭하다. 소년이여, 그대는 이미 위없는 바른 보리심을 냈다. 소년이여, 나는 보살의 크게 가엾게 여기는 행의 해탈문을 성취했다. 소년이여, 나는 이 보살의 크게 가엾게 여기는 행의 해탈문으로 모든 중생을 평등하게 끊임없이 교화한다.

소년이여, 나는 크게 가엾게 여기는 행의 해탈문에 머물렀으므로 모든 부처님의 처소에 항상 있다. 모든 중생의 앞에 항상 나타나서 보시로써 중생을 거두어 주기도 하고, 사랑하는 말로써 하기도 하고, 이롭게 하는 행으로써 하기도 하고, 같이 일함으로써 중생을 거두어 주기도 한다. 육신을 나투어 중생을 거둬 주기도 하고, 갖가지 부사의한 빛과 깨끗한 광명을 나타내어 중생을 거둬 주기도 하며, 음성으로써 하기도 하고, 위의로서 하기도 한다. 법을 말하기도 하고, 신통변화를 나타내기도 하며, 그의 마음을 깨닫게 하여 성숙시키고, 같은 형상으로 변화하여 함께 있으면서 성숙하게 하기도 한다."

(39-27-2-2) 대비행으로 중생을 구제하다

"소년이여, 나는 크게 가엾게 여기는 행의 해탈문을 수행하여 중생을 구호한다. 중생이 험난한 길에서 공포를 여의며, 번뇌의 공포, 미혹한 공포, 속박될 공포, 살해될 공포, 빈궁한 공포, 생활하지 못할 공포, 나쁜 이름을 얻는 공포, 죽을 공포, 여러 사람 앞에서의 공포, 나쁜 길에 태어날 공포, 캄캄함 속에서 공포, 옮겨 다닐 공포, 사랑하는 이와 이별할 공포, 원수를 만나는 공포, 몸을 핍박하는 공포, 마음을 핍박하는 공포, 근심 걱정의 공포를 여의게 한다.

여러 중생이 나를 생각하거나 나의 이름을 부르거나 나의 몸을 보거나 하면, 모든 공포를 면하게 한다.

소년이여, 나는 이런 방편으로써 중생들의 공포를 여의게 하고, 위없는 바른 보리심을 내어 영원히 물러가지 않게 한다."

(39-27-3) 보현행의 원을 찬탄하다

"소년이여, 나는 다만 이 보살의 크게 가엾게 여기는 행의 해탈문을 얻었을 뿐이다. 보살들이 보현의 모든 원을 깨끗이 하고, 보현의 모든 행에 머물러 있으면서 모든 착한 법을 항상 행하고, 모든 삼매에 항상 들어가고, 그지없는 겁에 항상 머물고, 모든 삼세 법을 항상 알고, 그지없는 세계에 항상 가고, 모든 중생의 나쁜 짓을 항상 쉬게 하고, 모든 중생의 착한 일을 항상 늘게 하고, 모든 중생의 삶과 죽음의 흐름을 항상 끊는 일이야 내가 어떻게 알며, 그 공덕의 행을 말하겠는가."

(39-27-4) 정취보살

그때 동방에 정취(正趣)보살이 있었다. 공중으로부터 사바세계에 와서 철위산(鐵圍山) 꼭대기에서 발로 땅을 누르니, 사바세계는 여섯 가지로 진동하고 모든 것이 여러 가지 보배로 장엄되었다.

정취보살이 몸에서 광명을 놓아 해와 달과 모든 별과 번개의 빛을 가렸다. 하늘과 용들의 팔부와 제석과 범천과 사천왕의 광명들은 어둠으로 변하고, 그 광명이 모든 지옥과 축생과 아귀와 염라왕의 세계를 두루 비추어 모든 나쁜 길의 고통을 소멸하여 번뇌가 일어나지 않고 근심 걱정을 여의게 했다.

모든 부처님 국토에서 모든 꽃과 향과 영락과 의복과 당기와 번기를 내리며, 이러한 여러 가지 장엄거리로 부처님께 공양하고, 중생의 좋아함을 따라 모든 궁전에서 몸을 나타내어 보는 이들을 모두 기쁘게 했다.

(39-27-5) 정취보살에게 나아가기를 권하다

이런 일이 있고 관자재보살이 선재동자에게 말했다.

"소년이여, 그대는 이 정취보살이 여기 오는 것을 보느냐?"

"봅니다."

"소년이여, 그대는 그에게 가서 보살이 어떻게 보살의 행을 배우며 보살의 도를 닦느냐고 물어라."

(39-28) 정취보살(正趣菩薩)

제8 진여상(眞如相)회향 선지식

(39-28-1) 정취보살을 뵙고 보살의 행을 묻다

이때 선재동자는 가르침을 받들고 그 보살이 계신 곳에 나아가 그의 발에 엎드려 절하고 합장하고 여쭈었다.

"거룩하신 이여, 저는 이미 위없는 바른 보리심을 냈으나, 보살이 어떻게 보살의 행을 배우며 어떻게 보살의 도를 닦는지를 알지 못합니다. 거룩한 이께서 잘 가르치신다 하니 말씀해 주시기 바랍니다."

(39-28-2) 정취보살의 설법

(39-28-2-1) 보문속질행 해탈을 얻다

"소년이여, 나는 보살의 보문속질행(普門速疾行)해탈을 얻었다."

"거룩하신 이여, 어느 부처님에게서 이 법문을 얻었으며, 떠나온 세계는 얼마나 멀며, 떠나온 지는 얼마나 오래되었습니까?"

"소년이여, 이 일은 알기 어렵다. 모든 세간의 하늘·사람·아수라·사문·바라문들이 알지 못한다. 용맹하게 정진하여 물러가지 않고 겁이 없는 보살들로서 모든 선지식이 거두어 주고 부처님이 생각하시고 선근이 구족하고 뜻이 청정하여 보살의 근기를 얻고 지혜의 눈이 있어야 능히 듣고 지니고 알고 말한다."

"거룩하신 이여, 제가 부처님의 신통하신 힘과 선지식의 힘을 받들어 능히 믿고 받겠으니 바라옵건대 말씀해 주시기 바랍니다."

(39-28-2-2) 보승생부처님에게서 법문을 듣다

"소년이여, 나는 동방 묘장(妙藏) 세계의 보승생(普勝生)부처님 계신 곳으로부터 이 세계에 왔다. 그 부처님 처소에서 이 법문을 들었다. 그곳을 떠난 지가 수없이 많은 겁을 지났다. 순간순간 수없이 많은 걸음을 걸었고, 부처 세계를 지나왔는데, 부처 세계마다 들어가서 부처님께 공양올렸다. 그 공양거리는 위없는 마음으로 이룬 것이며, 무위법으로 인정한 것이며, 여러 부처님께서 인가한 것이며, 모든 보살이 찬탄한 것이다.

소년이여, 나는 저 세계의 모든 중생을 보고 그 마음을 다 알며 그 근성을 다 안다. 그들의 욕망과 이해를 따라서 몸을 나타내어 법을 말했다. 광명을 놓기도 하고 재물을 보시하기도 하여 갖가지 방편으로 교화하고 조복시키기 위해 조금도 쉬지 않았다.

동방에서와 같이 남방과 서방과 북방과 네 간방과 상방과 하방에서도 그와 같이 했다."

(39-28-3) 수승한 보살의 지혜를 찬탄하다

"소년이여, 나는 다만 보살의 보문속질행해탈을 얻었으므로 빨리 걸어 모든 곳에 이르렀다. 보살들은 시방에 두루하여 가지 못하는 곳이 없으며, 지혜의 경계도 같아 차별이 없다. 몸을 잘 나투어 법계에 두루하며 모든 길에 이르고 모든 세계에 들어가며, 모든 법을 알고 모든 세상에 이르러 평등하게 모든 법문을 연설한다. 한꺼번에 모든 중생에게 비추고, 부처님들에게 분별을 내지 않으며, 모든 곳에 장애됨이 없는 일이야 내가 어떻게 알며, 그 공덕의 행을 말하겠는가."

(39-28-4) 다음 선지식 찾기를 권하다

"소년이여, 여기서 남쪽에 타라발지(墮羅鉢底)성이 있고, 그곳에 대천(大天)신이 있다. 그대는 그에게 가서 보살이 어떻게 보살의 행을 배우며 보살의 도를 닦느냐고 물어라."

이때 선재동자는 그의 발에 엎드려 절하고 여러번 돌고 은근하게 우러러보면서 하직하고 물러갔다.

(39-29) 대천신(大天神)
　　제9 무박무착해탈(無縛無着解脫)회향 선지식

(39-29-1) 대천신을 뵙고 법을 묻다
(39-29-1-1) 대천신을 찾아가다

그때 선재동자는 보살의 광대한 행에 들어갔다. 보살의 지혜의 경계를 구하며, 신통한 일을 보고, 훌륭한 공덕을 생각하고, 크게 환희함을 내고, 견고한 정진을 일으키고, 부사의하고 자유자재한 해탈에 들어가고, 공덕의 지위를 행하고, 삼매의 경지를 관찰하고, 다 지니는 지위에 머물고, 크게 원하는 지위에 들어가고, 변재의 지위를 얻고, 모든 힘의 지위를 이루었다. 타라발지성에 이르러 대천신(大天神)을 찾았다. 사람들이 대답하기를 '이 성안에 있으며 거대한 몸을 가졌고 대승에게 법을 말한다'고 했다.

(39-29-1-2) 보살의 행을 묻다

선재동자는 대천신에게 가서 그의 발에 절하고 앞에서 합장하고 말했다.

"거룩하신 이여, 저는 이미 위없는 바른 보리심을 냈으나, 보살이 어떻게 보살의 행을 배우며 어떻게 보살의 도를 닦는지를 알지 못합니다. 거룩하신 이께서 잘 가르치신다 하니 말씀해 주시기 바랍니다."

(39-29-2) 대천신의 설법
(39-29-2-1) 보살은 만나기 어렵다

이때 대천신이 네 손을 길게 펴서 네 바다의 물로 얼굴을 씻으며 황금꽃을 선재에게 뿌리며 말했다.

"소년이여, 모든 보살은 보기 어렵고 듣기 어렵고 세간에 나오는 일이 드물다. 중생 가운데 제일이며 사람들 중에 분타리꽃이다. 중생들이 돌아갈 곳이며 중생을 구원하는 이며, 세간을 위해 편안한 곳이 되고 세간을 위해 광명이 된다. 미혹한 이에게 편안한 길을 가리키고 길잡이가 되어 중생을 인도하여 불법의 문에 들게 하며, 법의 대장이 되어 온갖 지혜의 성을 수호한다.

보살은 이와 같이 만나기 어려우니 오직 몸과 말과 뜻에 허물이 없어야 그의 형상을 보고 그의 변재를 들으며 언제나 항상 앞에 나타난다.

(39-29-2-2) 운망해탈을 얻다
(39-29-2-2-1) 갖가지 꽃과 보물을 나타내 보이다

"소년이여, 나는 이미 보살의 운망(雲網)해탈을 성취했다."

"거룩하신 이여, 운망해탈의 경계가 어떠합니까?"

이때 대천신은 선재의 앞에서 금과 은과 유리와 파리와 자거와 마

노와 큰 불꽃보배와 깨끗한 보배와 큰 광명보배와 시방에 두루 나
타나는 보배와 보배관과 보배인장과 보배영락과 보배귀고리와 보
배팔찌와 보배자물쇠와 진주그물과 가지각색 마니보배와 모든 장
엄거리와 여의주를 산 같이 나타냈다. 모든 꽃과 화만과 향과 사르
는 향과 바르는 향과 의복과 당기 번기와 음악과 다섯 가지 오락 기
구를 산과 같이 나타내며, 백천만억 아가씨[童女]를 나타냈다.

(39-29-2-2-2) 갖가지 물건들을 보시하다

"소년이여, 이 물건을 가져다가 부처님에게 공양하여 복덕을 닦
고, 모든 중생에게 보시하여 그들로 하여금 보시바라밀을 배우고
버리기 어려운 것들을 버리게 하라.

소년이여, 내가 그대에게 이런 물건을 보여 주고 그대로 하여금
보시를 행하게 하듯이 모든 중생을 위해서도 그렇게 한다. 이 선근
으로써 삼보와 선지식에게 공양하고 공경하여 착한 법을 증장하게
하고 위없는 보리심을 내게 한다."

(39-29-2-2-3) 갖가지 방편으로 중생을 구제하다

"소년이여, 어떤 중생이 오욕(五欲)을 탐하여 방일하는 이에게는
부정한 경계를 보여 준다. 어떤 중생이 성 잘 내고 교만하여 언쟁을
좋아하는 이에게는 나찰이 피를 빨고 살을 씹는 매우 무서운 형상
을 보여 주어 놀래고 두려워하는 마음을 부드럽게 하고 원수를 여
의게 한다. 어떤 중생이 혼미하고 게으르면 그에게는 국왕의 법과
도적과 수재와 화재와 중대한 질병을 나타내 두려운 마음을 내고
근심과 고통을 알아서 스스로 힘쓰게 한다.

이러한 갖가지 방편으로써 모든 착하지 않은 행동을 버리고 착한 법을 닦게 한다. 모든 바라밀의 장애를 버리고 바라밀을 구족하게 하며, 모든 험하고 어려운 길을 벗어나서 장애가 없는 곳에 이르게 한다."

(39-29-3) 수승한 보살의 힘을 찬탄하다

"소년이여, 나는 다만 운망해탈을 알 뿐이다. 보살들이 제석천왕과 같이 모든 번뇌의 아수라를 항복 받으며, 큰 물과 같이 모든 중생의 번뇌의 불을 소멸하며, 맹렬한 불과 같이 모든 중생의 애욕의 물을 말리며, 큰 바람과 같이 모든 중생의 여러 소견의 당기를 꺾어 버리며, 금강과 같이 모든 중생의 '나'라는 집착을 깨뜨리는 일이야 내가 어떻게 알며 그 공덕의 행을 말하겠는가."

(39-29-4) 다음 선지식 찾기를 권하다

"소년이여, 이 염부제 마갈타국의 보리도량에 땅을 관장하는 안주[安住]신이 있다. 그대는 그에게 가서 보살이 어떻게 보살의 행을 배우며 보살의 도를 닦느냐고 물어라."

(39-30) 안주신(安住神)
　　　제10 등법계무량(等法界無量)회향 선지식

(39-30-1) 안주신을 뵙고 법을 묻다
(39-30-1-1) 땅의 신들이 선재동자를 찬탄하다

그때 선재동자는 마갈타국의 보리도량에 있는 안주신의 처소에

갔다. 백만의 땅을 맡은 신들이 함께 그들의 말을 했다.

"여기 오는 동자는 부처의 광이니, 반드시 모든 중생의 의지할 곳이 될 것이며, 모든 중생의 근본 무명을 깨뜨릴 것이다. 이 사람은 이미 법왕의 문중에 났으니 마땅히 번뇌를 여의고 걸림 없는 법비단을 머리에 쓸 것이며, 지혜 보배로써 모든 삿된 이론(異論)의 외도들을 꺾을 것이다."

(39-30-1-2) 안주신과 땅의 신들이 광명을 놓다

이때 안주신과 백만의 땅신이 큰 광명을 놓아 삼천대천세계를 두루 비추었다. 땅이 한꺼번에 진동하며 갖가지 보물이 모든 곳을 장엄하며, 깨끗한 그림자와 흐르는 빛이 번갈아 사무쳤다. 모든 잎나무와 꽃나무는 순식간에 자라고, 과실나무의 과실은 순식간에 익었다. 모든 강은 서로 들어가 흐르며, 못에는 물이 넘치고, 가늘고 향기로운 비가 내려 땅을 적시고, 바람이 불어 꽃이 흩어졌다. 무수한 음악을 한꺼번에 연주하고 하늘의 징검다리는 아름다운 소리를 냈다. 소와 코끼리와 사자가 모두 기뻐서 뛰놀며 부르짖는 소리는 메아리쳤다. 백천의 묻힌 갈무리가 저절로 솟아났다.

(39-30-2) 안주신의 설법

(39-30-2-1) 백천 아승기 보장을 나타내보이다

이때 안주신이 선재동자에게 말했다.

"잘 왔다. 소년이여, 그대가 이 땅에서 선근을 심었을 때 내가 나타난다. 보겠는가?"

그때 선재동자는 안주신의 발에 절하고 여러번 돌고 합장하고 여

쭈었다.

"거룩하신 이여, 보고 싶습니다."

이때 안주신이 발로 땅을 눌러서 백천의 아승기 보배광을 저절로 솟아오르게 하며 말했다.

"소년이여, 이 보배광은 그대를 따라다니는 것이다. 이것은 그대가 옛적에 심은 선근의 과보이며, 그대의 복덕으로 유지되는 것이니 마음대로 사용하라."

(39-30-2-2) 불가괴지혜장해탈문을 얻다

"소년이여, 나는 보살의 불가괴지혜장(不可壞智慧藏)해탈을 얻었다. 항상 이 법으로 중생들을 성취하게 한다.

소년이여, 나는 연등(然燈)부처님 때부터 항상 보살을 따라서 공경하고 호위했다. 보살들의 마음과 행과 지혜의 경계와 모든 서원과 청정한 행과 모든 삼매와 광대한 신통과 자유자재한 힘과 깨뜨릴 수 없는 법을 보살폈다. 모든 부처님의 국토에 두루 가서 모든 부처님의 수기를 받았으며, 모든 부처님의 법륜을 굴렸다. 모든 수다라(修多羅)의 문을 널리 말했으며, 큰 법의 광명으로 널리 비추어 모든 중생을 교화하고 조복시켰다. 모든 부처님이 나타내는 신통변화를 받아 지니고 기억했다."

(39-30-2-3) 과거 묘안부처님에게 법을 얻다

"소년이여, 지나간 옛적 수미산 티끌 수의 겁을 지나서 장엄겁이 있었는데, 세계 이름은 월당(月幢)이며, 부처님 명호는 묘안(妙眼)이었다. 그 부처님에게서 이 법문을 얻었다.

소년이여, 나는 이 법문을 닦고 익히고 증장했다. 여러 부처님을 항상 뵙고 떠나지 않았으며, 이 법문을 처음 얻고 부터 현겁(賢劫)에 이르기까지 그 동안에 수없이 많은 부처 세계의 티끌 수 여래·응공·정등각을 만나서 받들어 섬기고 공경하고 공양했다. 부처님들이 보리좌에 나아가 큰 신통을 나타내심을 보았으며, 부처님들이 가진 모든 공덕과 선근을 보았다."

(39-30-3) 수승한 보살의 일을 찬탄하다

"소년이여, 나는 다만 불가괴지혜장법문을 알 뿐, 보살들이 부처님을 항상 따라다니면서 모든 부처님의 말씀을 능히 지니며, 모든 부처님의 깊은 지혜에 들어가서 순간순간 모든 법계에 가득하며, 부처님의 몸과 같고 부처님의 마음을 내며 부처님의 법을 구족하고 부처의 일을 짓는 것이야 내가 어떻게 알며 그 공덕의 행을 말하겠는가."

(39-30-4) 다음 선지식 찾기를 권하다

"소년이여, 이 염부제 마갈타국의 가비라성에 바산바연저(婆珊婆演底)주야신(主夜神)이 있다. 그대는 그에게 가서 보살이 어떻게 보살의 행을 배우며 보살의 도를 닦느냐고 물어라."

이때 선재동자는 그의 발에 절하고 여러번 돌고 은근하게 우러러 보면서 하직하고 물러갔다.

V. 십지위 선지식

(39-31) 바산바연저주야신(婆珊婆演底主夜神)
제1 환희지歡喜地 선지식

(39-31-1) 바산바연저주야신을 뵙고 법을 묻다
(39-31-1-1) 가르침을 생각하며 선지식을 찾다

이때 선재동자는 일심으로 잘 머무는 땅을 다스리는 안주신의 가르침을 생각하고 보살의 깨뜨릴 수 없는 지혜광해탈을 기억했다. 그 삼매를 닦고 규모를 배우고 유희를 살피고 미묘한데 들어가고 지혜를 얻고 평등함을 통달하고 그지없음을 알고 깊이를 헤아리면서 점점 걸어서 그 성에 이르렀다.

동문으로 들어가서 잠깐 동안에 해는 넘어갔다. 마음에 보살의 가르침을 순종하면서 밤을 다스리는 주야신을 보려 했다. 선지식은 부처님과 같다는 생각을 했고, '선지식으로부터 두루한 눈을 얻어 시방의 경계를 볼 것이며, 광대한 지혜를 얻어 모든 반연을 통달할 것이며, 삼매의 눈을 얻어 모든 법문을 관찰할 것이며, 지혜의 눈을 얻어 시방의 세계 바다를 밝게 볼 것이다'라고 생각했다.

(39-31-1-2) 주야신

이렇게 생각하다가 주야신이 허공에 있는 보배 누각의 향연화장(香蓮華藏) 사자좌에 앉아 있는 것을 보았다.

몸은 금빛이며, 눈과 머리카락은 검푸르고, 용모가 단정하여 보는 사람마다 즐거워하며, 보배 영락으로 몸을 장엄하고, 몸에는 붉은 옷을 입고 머리에는 범천관을 썼으며 여러 별이 몸에서 반짝거렸다. 털구멍마다 한량없고 수없는 나쁜 길 중생들을 제도하여 험난한 길을 면하게 하는 형상을 나타내는데, 이 중생들이 인간에 나기도 하고 천상에 나기도 하며, 이승의 보리로 향해 가기도 하고 온갖 지혜의 길을 닦기도 했다.

털구멍마다 갖가지 교화하는 방편을 보이는데, 몸을 나타내기도 하고 법을 말하기도 하며, 성문승의 도를 나타내기도 하고, 독각승의 도를 나타내기도 했다. 보살의 행, 보살의 용맹, 보살의 삼매, 보살의 자재, 보살의 있는 곳, 보살의 관찰, 보살의 사자 기운 뻗음, 보살의 해탈과 유희를 나타내기도 하여 갖가지로 중생을 성숙하게 했다.

(39-31-1-3) 지혜에 이르는 길을 묻다

선재동자는 이런 일을 보기도 하고 듣기도 하여 매우 기뻐서 땅에 엎드려 발에 절하고 수없이 돌고 합장하고 말했다.

"거룩하신 이여, 저는 이미 위없는 바른 보리심을 냈습니다. 선지식을 의지하여 부처님의 공덕과 법장을 보호하려 하니, 바라옵건대 저에게 온갖 지혜에 이르는 길을 보여 주십시오. 그 길로 행하여 십력의 지위에 이르고자 합니다."

(39-31-2) 바산바연저주야신의 설법
(39-31-2-1) 모든 어둠을 깨뜨리는 광명해탈을 얻다

(39-31-2-1-1) 중생들에게 갖가지 마음을 일으키다

그때 주야신이 선재동자에게 말했다.

"훌륭하고, 훌륭하다. 소년이여, 그대는 깊은 마음으로 선지식을 공경하여 그 말을 듣고 가르치는 대로 수행하는 까닭에 결정코 위없는 바른 보리를 얻을 것이다.

소년이여, 나는 보살이 중생의 어둠을 깨뜨리는 법인 광명의 해탈을 얻었다.

소년이여, 나는 나쁜 꾀를 가진 중생에게는 인자한 마음을 일으키고, 착하지 못한 업을 짓는 중생에게는 가엾이 여기는 마음을 일으키고, 착한 업을 짓는 중생에게는 기뻐하는 마음을 일으키고, 착하고 나쁜 두 가지 행을 하는 중생에게는 둘이 아닌 마음을 일으키고, 잡되고 물든 중생에게는 깨끗함을 내게 하는 마음을 일으키고, 삿된 길로 가는 중생에게는 바른 행을 내게 하는 마음을 일으키고, 용렬한 이해심을 가진 중생에게는 이해를 내게 하는 마음을 일으키고, 생사를 좋아하는 중생에게는 윤회를 끝내는 마음을 일으키고, 이승의 길에 머문 중생에게는 온갖 지혜에 머물게 하는 마음을 일으킨다.

소년이여, 나는 이 해탈을 얻었으므로 항상 이런 마음과 서로 응한다."

(39-31-2-1-2) 중생의 갖가지 고난을 구제하다

"소년이여, 나는 밤이 깊고 고요하여 귀신과 도둑과 나쁜 중생들이 돌아다닐 때, 구름이 끼고 안개가 자욱하고 태풍이 불고 큰 비가 퍼붓고 해와 달과 별빛이 어두워 지척을 분간하지 못할 때, 중생들

이 바다에 들어가거나 육지에 다니거나 삼림 속에서나 거친 벌판에서나 험난한 곳에서 도둑을 만나거나 양식이 떨어졌거나 방향을 모르거나 길을 잃어 놀라서 그 상황을 벗어나지 못할 때, 이를 보고는 갖가지 방편으로 그들을 구제해 준다.

바다에서 헤매는 이에게는 뱃사공이 되고 큰 고기 · 큰 말 · 큰 거북 · 큰 코끼리 · 아수라(阿修羅)나 바다를 맡은 신장이 되어 중생을 위해 폭풍우가 멎고 파도를 가라앉히고 길을 인도하여 섬이나 언덕을 보여 주어 공포에서 벗어나 편안하게 한다. 또 생각하기를 '이 선근을 중생에게 회향하여 모든 괴로움을 여의게 하여지다'하고 기도한다.

육지에 다니는 중생들이 캄캄한 밤에 무서운 일을 당했을 때에는 달이나 별이나 새벽 하늘이나 저녁 번개가 갖가지 광명이 되기도 하며 집이 되고 여러 사람이 되기도 하여 위험한 액난을 면하게 한다. 또 생각하기를 '이 선근을 중생에게 회향하여 모든 번뇌의 어둠을 멸하여지다'하고 기도한다.

중생들이 목숨을 아끼거나 명예를 사랑하거나 재물을 탐하거나 벼슬을 소중히 여기거나 이성(異性)에게 애착하거나 처첩을 그리워하거나 구하는 일을 이루지 못하고 근심하는 이들을 내가 모두 구제하여 괴로움을 여의게 한다. 험한 산악 지대에서 조난당한 이에게는 착한 신장이 되어 친근하기도 하고 좋은 새가 되어 아름다운 소리로 위로하며 신기한 약초가 되어 빛으로 비춰 주기도 하고 과실나무를 보여 주고 맑은 샘을 보여 주고 지름길을 보여 주고 평탄한 곳을 보여 주어 모든 액난을 면하게 한다.

거친 벌판이나 빽빽한 숲속이나 험난한 길을 가다가 덩굴에 얽히

거나 안개에 쌓여 두려워하는 이에게는 바른 길을 인도하여 벗어나
게 한다. 또 생각하기를 '모든 중생이 삿된 소견의 숲을 베며 애욕
의 그물을 찢고 생사의 벌판에서 뛰어나며 번뇌의 어둠을 멸하고
온갖 지혜의 평탄한 길에 들어서서 공포가 없는 곳에 이르러 끝까
지 안락하게 하여지다'하고 기도한다.

　소년이여, 어떤 중생이 국토에 애착하여 근심하는 이에게는 방편
을 베풀어 싫어하게 한다. 또 원하기를 '모든 중생이 오온에 애착
하지 말고 모두 부처님의 깨달음의 경지에 머무르게 하여지다'하고
기도한다.

　소년이여, 어떤 중생이 고향 마을을 사랑하고 집에 탐착하여 어둠
속에서 괴로움을 받는 이에게는 법을 말하여 싫증을 내고 법에 만
족하며 법에 의지하게 한다. 또 생각하기를 '모든 중생이 여섯 군데
마을에 탐착하지 말고 생사의 경지에서 빨리 벗어나 끝까지 온갖
지혜의 성에 머물러지다'하고 기도한다.

　소년이여, 어떤 중생이 캄캄한 밤길을 가다가 방향을 잘못 알아
평탄한 길에는 험난한 생각을 내고 위험한 길에도 평탄한 생각을
내며 높은 데를 낮다 하고 낮은 데를 높다 하여 마음이 홀려 크게
고생하는 이에게는 좋은 방편으로 광명을 비추어서 상황을 바로 알
게 한다. 나가려는 이는 문을 보여 주고 다니려는 이는 길을 보여주
고 시내를 건너려는 이는 다리를 보여 주고 강을 건너려는 이는 배
를 주며 방향을 살피는 이에게는 험하고 평탄함과 위태하고 편안한
곳을 일러 주고 쉬어 가려는 이에게는 도시와 마을과 물과 숲을 보
여 준다. 또 생각하기를 '내가 여기서 캄캄한 밤을 밝혀 주어 세상
의 모든 일을 편하게 하듯이, 모든 중생에게 생사의 캄캄한 밤과 무

명의 어두운 곳을 지혜의 광명으로 두루 비추게 하여지다'하고 기도한다.

모든 중생이 지혜의 눈이 없고 허망한 생각과 뒤바뀐 소견에 덮혀서 무상한 것을 항상하다 생각하고, 낙(樂)이 없는 것을 즐겁다 생각하고, 나[我]가 아닌 것을 나라 생각하고, 부정한 것을 깨끗하다 생각하며, 나[我]다 사람[人]이다 중생(衆生)이다라는 고집과 오온, 십이처, 십팔계의 법에 집착하여 원인과 과보를 모르고 착하고 나쁜 것을 알지 못하며, 중생을 살해하거나 잘못된 소견을 가지며, 부모에게 불효하고 사문과 바라문을 공경하지 않으며, 악한 사람, 선한 사람을 알지 못하고 나쁜 짓을 탐하고 삿된 법에 머물며, 부처님을 훼방하고 바른 법륜을 파괴하는 이들과 보살들을 훼방하고 해롭게 하며, 대승을 업신여기고 보리심을 끊으며 신세진 이에게는 도리어 상해하고 은혜 없는 곳에는 원수로 생각하며, 성현을 비방하고 나쁜 사람을 친근하며, 절이나 탑의 물건을 훔치고 다섯 가지 역적죄[五逆罪]를 지으며, 오래지 않아서 삼악도(三惡道)에 떨어질 이들을 '원컨대 내가 지혜의 광명으로 중생의 캄캄한 무명을 깨뜨리고, 빨리 위없는 바른 보리심을 내게 하여지다'하고 기도한다.

발심한 후에는 보현의 법을 보여 주고 십력을 일러 주며, 여래 법왕의 경계를 보이고 부처님의 온갖 지혜의 성을 보인다. 부처님의 수행과 자재와 성취와 다라니와 모든 부처의 한결같은 몸과 모든 부처의 평등한 곳을 보여서 그들을 편안히 머물게 한다.

소년이여, 모든 중생이 병에 붙들리기도 하고 늙음에 시달리기도 하며 가난에 쪼들리기도 하고 화난(禍難)을 만나기도 하며 국법을 범하고 형벌을 받게 될 때, 믿을 데 없어 매우 두려워하는 이들을 내가 구제하여 편안하게 한다. 또 '내가 법으로써 중생들을 포섭하여 모든 번뇌와 나고 늙고 병들고 죽는 일과 근심 · 걱정 · 고통에서 해탈하게 하며, 선지식을 가까이 모시고 법보시를 항상 행하고 착한 업을 부지런히 지으며, 부처님의 청정한 법의 몸을 얻어 마침내 깨달음의 자리에 머물게하여지다'하고 기도한다.

소년이여, 모든 중생이 소견의 숲에 들어가 삿된 길에 머물며, 여러 경계에 잘못된 분별을 내며, 착하지 않은 몸의 업, 말의 업, 뜻의 업을 행하고 갖가지 잘못된 고행을 부질없이 지으며, 바른 깨달음이 아닌데 바른 깨달음이라 생각하고, 바른 깨달음을 바른 깨달음이 아니라 생각하며, 나쁜 동무에게 붙들려 나쁜 소견을 내고, 나쁜 길에 떨어지게 되는 것을 여러 가지 방편으로 구호하여 바른 소견에 들게 하여 인간이나 천상에 나게 한다.

또 '내가 이 나쁜 길에 떨어질 중생을 구원하는 것처럼, 모든 중생을 널리 구원하여 온갖 괴로움에서 해탈하고 바라밀인 세상에서 벗어나는 성인의 도에 머물러, 온갖 지혜에서 물러가지 않게 하며, 보현의 서원을 갖추어 온갖 지혜에 가까워지며, 보살의 행을 버리지 않고 부지런히 모든 중생을 교화하게 하여지다'하고 기도한다.”

(39-31-2-2)모든 어둠을 깨뜨리는 광명해탈을 펴다
(39-31-2-2-1) 법문의 이름
이때 바산바연저주야신이 이 해탈의 뜻을 다시 펴려고, 부처님의 신통한 힘을 받들고 시방을 관찰하며 선재동자에게 게송을 말했다.

내가 얻은 이 해탈문은 / 깨끗한 법의 광명을 내어

캄캄한 어둠을 깨뜨리고 / 때를 기다려 연설하네.

(39-31-2-2-2) 과거의 인행
그 옛날 오랜 세월 동안 / 넓고 큰 인자함을 행하여
여러 세간 두루 덮었으니 / 불자들은 닦아 배우라.

고요하고 가엾이 여기는 바다가 / 삼세 부처를 내어
중생의 고통 멸하니 / 그대들 이 문에 들어가라.

세간의 낙도 내고 / 출세간의 낙도 내어
내 마음 즐겁게 하니 / 그대들 이 문에 들어가라.

유의법의 근심 버리고 / 성문의 과도 멀리하며
부처의 힘 깨끗이 닦으니 / 그대들 이 문에 들어가라.

(39-31-2-2-3) 과보를 일러주다
나의 눈 매우 청정해서 / 시방세계를 모두 보고
그 세계의 부처님들 / 보리수 아래 앉으심도 보니

잘 생긴 몸매로 몸을 장엄하고 / 한량없는 대중이 둘러 있는데
털구멍에서 / 가지각색 광명을 내네.

또 모든 중생은 / 여기서 죽어 저기에 나고
오취(五趣)에 헤매면서 / 한량없는 고통을 받는다.

나의 귀 매우 청정해 / 듣지 못하는 것이 없어
모든 말 바다를 / 듣고 기억하고

부처님들 법륜을 굴리는 / 그 음성 비길 데 없어
여러 가지 말과 글자를 / 모두 기억한다.

나의 코 매우 청정해 / 모든 법에 막힘이 없고
온갖 것에 자유자재하니 / 그대들 이 문에 들어가라.

나의 혀 매우 넓고 크고 / 청정하고 말을 잘하여
알맞게 묘한 법 말하니 / 그대들 이 문에 들어가라.

나의 몸 매우 청정해 / 삼세가 모두 진여와 평등
중생의 마음을 따라 / 온갖 것을 모두 나타낸다.

나의 마음 걸림 없이 청정해서 / 허공에 삼라만상 있는 듯하니
모든 부처님을 생각하여도 / 그러나 분별하지 않는다.

한량없는 세계의 / 모든 마음을
근성과 욕락 모두 알지만 / 그러나 분별하지 않는다.

(39-31-2-2-4) 업의 작용
나의 큰 신통의 힘으로 / 한량없는 세계 진동하며
가지 못하는 곳 없어서 / 억센 중생들 모두 다 조복시킨다.

나의 복 엄청나게 커서 / 허공에도 넘치니
모든 부처님을 공양하고 / 일체 중생을 이익되게 한다.

나의 지혜 넓고 청정해서 / 모든 법의 바다 분명히 알고
중생의 의혹 없애니 / 그대들 이 문에 들어가라.

나는 삼세 부처들과 / 모든 법을 알고
그 방편까지 알아 / 이 문이 넓고 비길 데 없네.

낱낱 티끌 속마다 / 삼세 모든 세계를 보며
그 세계의 부처님 보니 / 이것은 넓은 문의 힘이네.

시방세계의 티끌 속마다 / 노사나(盧舍那)부처님
보리수 밑에서 성도하고 / 법 연설함을 보네.

(39-31-2-3) 보리심 내던 옛 일을 말하다

이때 선재동자가 주야신에게 여쭈었다.

"당신께서 위없는 바른 보리심을 낸 지는 얼마나 오래되었고, 이 해탈은 언제 얻었으며, 이렇게 중생을 이익되게 합니까?"

주야신이 대답했다.

"나는 부처님을 뵙고 삼매를 얻었으니 이름이 '부처를 보고 중생을 조복시키는 삼세 지혜의 광명을 내는 바퀴'였다. 이 삼매를 얻고는 수미산 티끌 수의 겁을 기억하며, 그 동안에 부처님들의 태어나심을 보았고, 그 부처님이 묘한 법을 말씀하심을 들었으며, 법을 들

은 까닭으로 모든 중생의 어둠을 깨뜨리는 법 광명의 해탈을 얻었다.

이 해탈을 얻고 나의 몸이 부처 세계의 티끌 수 세계에 두루 미침을 보았으며, 저 세계에 있는 부처님들도 보고, 또 나의 몸이 그 부처님 계신 데 있음을 보았으며, 또 그 세계의 모든 중생을 보고 그 말을 알고 그 근성을 알고, 지난 옛적에 선지식이 거두어 주었음을 알았으며, 그들이 좋아하는 대로 몸을 나타내어 그들을 기쁘게 했다.

나는 그때 거기서 얻은 해탈이 계속 깊어졌으며, 내 몸이 백천 부처세계의 티끌 수 세계에 두루 미침을 보았으며, 이와 같이 잠깐 동안에 말할 수 없는 세계의 티끌 수 세계에 이르렀고, 그런 세계의 모든 부처님을 보았으며, 또 내 몸이 저 부처님들의 처소에서 법을 듣고 받아 지니고 기억하고 관찰하여 결정함을 보았다.

또 그 부처님들의 예전에 나셨던 일[本事]과 큰 서원을 알았으며, 저 부처님께서 부처 세계를 깨끗이 장엄했고 나도 장엄했으며, 그 세계의 모든 중생을 보고 그들에게 알맞은 몸을 나타내어 교화하고 조복했다. 이 해탈문이 잠깐 동안 지나서 법계에 가득했다."

(39-31-3) 수승한 보살의 행과 공덕

"소년이여, 나는 다만 이 보살이 모든 중생의 어둠을 깨뜨리는 법 광명의 해탈을 알 뿐이다. 보살들이 보현보살의 끝이없는 행과 원을 성취하고, 모든 법계 바다에 두루 들어가고, 보살들의 금강 지혜 당기인 자재한 삼매를 얻고, 큰 서원을 내고, 부처의 종자에 머물러 있으며, 잠깐 동안에 모든 큰 공덕 바다를 이루고, 모든 광대한 세계를 깨끗이 장엄하고, 자유자재한 지혜로 모든 중생을 교화하여 성숙하게 하고, 지혜의 해로 모든 세간의 어둠을 멸하고, 용맹한 지혜로 모든 중생의 잠을 깨우고, 지혜의 달로 모든 중생의 의혹을 결단하고, 청정한 음성으로 모든 생사의 집착을 끊으며, 모든 법계의 낱낱의 티끌마다 자유자재한 신통을 나타내고, 지혜의 눈이 깨끗하여 삼세를 평등하게 보는 일이야 내가 어떻게 그 묘한 행을 알며, 그 공덕을 말하며, 그 경계에 들어가서 그 자재함을 보이겠는가."

(39-31-4) 다음 선지식 찾기를 권하다

"소년이여, 이 염부제 마갈제국 보리도량에 보덕정광(普德淨光) 주야신이 있다. 나는 본래 그에게서 위없는 바른 보리심을 냈고, 그가 항상 묘한 법으로 나를 깨우쳐 주었다. 그대는 그에게 가서 보살이 어떻게 보살의 행을 배우며 보살의 도를 닦느냐고 물어라."

(39-31-5) 선재동자의 찬탄

그때 선재동자는 바산바연저주야신을 향하여 게송을 말했다.

당신의 청정한 몸을 보니 / 좋은 모습 세간에 우뚝하여
문수사리보살과 같고 / 보배의 산과도 같습니다.

당신의 법의 몸 깨끗하여 / 삼세에 모두 평등하고
세계들도 그 속에 들어가 / 성립되고 파괴됨이 걸림이 없습니다.

모든 태어나는 길을 보니 / 당신의 형상 모두 보이고

하나하나의 털구멍 속에 / 별과 달이 각각 나뉘었습니다.

그대의 마음 넓고 큰 것이 / 허공처럼 시방세계에 두루하니
부처님들 그 가운데 다 들어가도 / 청정하여 분별이 없습니다.

털구멍마다 / 무수한 광명을 놓아
시방의 부처님 계신 곳에 / 장엄거리를 널리 내립니다.

털구멍마다 / 무수한 몸을 나타내
시방의 모든 국토에 / 방편으로 중생을 제도합니다.

털구멍마다 / 무수한 세계를 보이며
중생의 욕망 따라서 / 갖가지로 청정하게 합니다.

어떤 중생이 / 이름을 듣거나 몸만 보아도
모두 공덕을 얻어 / 보리를 성취합니다.

오랜 세월 나쁜 길에 있다가 / 비로소 당신 뵈오며
환희하며 받드니 / 번뇌를 멸하는 까닭입니다.

일 천 세계의 티끌 수 겁에 / 한 터럭 공덕을 찬탄하여도
세월은 끝날 수 있어도 / 공덕은 다할 수 없습니다.

 선재동자는 이 게송을 말하고는 발에 엎드려 절하고 여러번 돌고

은근하게 존경하면서 하직하고 물러갔다.

(39-32) 보덕정광주야신(普德淨光主夜神)
제2 이구지(離垢地) 선지식

(39-32-1) 보덕정광주야신을 뵙고 법을 묻다
(39-32-1-1) 가르침을 생각하며 선지식을 찾아가다

그때 선재동자는 바산바연저(婆珊婆演底)주야신을 만나 처음으로 보리심을 내던 일과 보살의 장(藏)을 내던 일과 보살의 원을 세우던 일과 바라밀을 깨끗하게 하던 일과 지위에 들어가던 일과 행을 닦던 일을 생각했다. 보살의 벗어나는 길을 행하던 일과 온갖 지혜의 광명 바다와 중생을 구제하는 마음과 널리 두루하는 크게 가엾게 여기는 마음과 모든 부처 세계에서 오는 세월이 끝날 때까지 보현의 행과 원을 항상 내는 것을 분명히 알면서 점점 나아가 보덕정광(普德淨光)주야신에게 이르러 그의 발에 절하고 여러번 돌고 합장하며 말했다.

(39-32-1-2) 선재동자가 보살의 지위에 대하여 묻다

"거룩하신 이여, 저는 이미 위없는 바른 보리심을 냈으나, 보살이 어떻게 보살의 지위를 수행하며 어떻게 보살의 지위를 내며 어떻게 보살의 지위를 성취하는지를 알지 못합니다."

(39-32-2) 보덕정광주야신의 설법
(39-32-2-1) 보살을 원만하게 하는 열 가지 법

주야신이 대답했다.

"훌륭하고, 훌륭하다. 소년이여, 그대는 위없는 바른 보리심을 냈고 이제 또 보살의 지위를 수행하여 성취함을 묻는구나.

소년이여, 보살은 열 가지 법을 성취하면 보살의 행을 원만히 한다. 첫째는 청정한 삼매를 얻어 모든 부처님을 항상 봄이며, 둘째는 청정한 눈을 얻어 모든 부처님의 잘 생긴 모습으로 장엄함을 관찰함이며, 셋째는 모든 부처님의 한량없고 끝이없는 공덕의 바다를 아는 것이며, 넷째는 법계와 평등한 한량없는 부처님 법의 광명바다를 아는 것이며, 다섯째는 모든 부처님의 털구멍마다 중생의 수와 같은 큰 광명바다를 놓아 한량없는 중생을 이익되게 함이며, 여섯째는 모든 부처님의 털구멍마다 모든 보배빛 광명불꽃을 내는 것을 보는 것이며, 일곱째는 생각마다 모든 부처님의 변화하는 바다를 나타내어 법계에 가득하고 모든 부처의 경계에 끝까지 이르러 중생을 조복하는 것이며, 여덟째는 부처님의 음성을 얻고 모든 중생의 말과 같아 삼세 온갖 부처님의 법륜을 굴리는 것이며, 아홉째는 모든 부처님의 끝이없는 이름 바다를 아는 것이며, 열째는 모든 부처님께서 중생을 조복하는 부사의하고 자재한 힘을 아는 것이다.

소년이여, 보살이 이 열 가지 법을 성취하면 보살의 모든 행을 원만하게 한다."

(39-32-2-2) 보덕정광주야신이 얻은 해탈

"소년이여, 나는 보살의 적정선정락보유보(寂靜禪定樂普遊步)해탈을 얻었다. 삼세의 모든 부처님을 두루 보고 그 부처님들의 청정한 국토와 도량에 모인 대중을 보며 신통과 이름과 법을 말함과 수명과 말씀과 모습이 각각 같지 않음을 모두 보면서도 집착함이 없다.

왜냐하면 모든 부처님은 가는 것이 아니니 세상 길이 아주 없어진 까닭이며, 오는 것이 아니니 자체 성품의 남이 없는 까닭이다. 나는 것이 아니니 법의 몸이 평등한 까닭이며, 없어지는 것이 아니니 나는 모양이 없는 까닭이다. 진실한 것이 아니니 환(幻) 같은 법에 머무는 까닭이며, 허망한 것이 아니니 중생을 이익되게 하는 까닭이다. 변하는 것이 아니니 생사를 초월한 까닭이며, 무너지는 것이 아니니 성품이 변하지 않는 까닭이다. 한 모양이니 말을 여읜 까닭이며, 모양이 없으니 성품과 모양이 본래 공한 까닭이다.

소년이여, 내가 이렇게 모든 부처님을 알 때, 보살의 고요한 선정의 낙(樂)으로 두루 다니는 해탈문을 분명하게 알고 성취하고 자라게 한다. 또한 생각하고 관찰하여 견고하게 장엄하며, 모든 허망한 생각과 분별을 일으키지 않고 크게 가엾이 여김으로 모든 중생을 구호하며, 한결같은 마음이 흔들리지 않고 초선(初禪)을 닦았다. 뜻으로 짓는 모든 업을 쉬고 모든 중생을 거두어 주며 지혜의 힘이 용맹하고 기쁜 마음이 매우 즐거워 제2선을 닦았으며, 모든 중생의 성품을 생각하며 생사를 여의어 제3선을 닦았으며, 모든 중생의 온갖 고통과 번뇌를 모두 멸하여 제4선을 닦았다.

그래서 모든 지혜와 서원을 증장하고 원만히 하며, 모든 삼매바다를 내고, 보살들의 해탈바다의 문에 들어가며, 모든 신통에 유희하고 모든 변화를 성취하여 청정한 지혜로 법계에 두루 들어갔다.”

(39-32-2-3) 갖가지 방편으로 중생을 성취시키다

“소년이여, 나는 이 해탈을 닦는 중생을 여러 가지 방편으로 성취

시켰다. 집에 있으면서 방일하는 중생에게는 부정한 생각·싫은 생각·고달프다는 생각·핍박하는 생각·속박되는 생각·나찰이라는 생각·무상하다는 생각·괴롭다는 생각·나[我]가 없다는 생각·공한 생각·남이 없다는 생각·자유롭지 못한 생각·늙고 병들어 죽는 생각을 내게 하며, 스스로 다섯 가지 욕락에 집착하지 않고 다른 사람에게도 권하여 집착하지 않게 하며, 다만 법의 즐거움에 머물러서 집을 떠나 집 아닌데 들게 했다.

　어떤 사람이 고요한 데 머물렀으면 나쁜 소리를 쉬게 하고, 고요한 밤에 깊은 법을 말하여 순조롭게 행할 인연을 주고 출가하는 문을 열어 바른 길을 보이며 광명이 되어 어두운 장애를 없애고 공포를 없애며, 출가하는 일과 불보·법보·승보와 선지식을 찬탄하여 공덕을 갖추게 하며, 또 선지식을 친근하는 행을 찬탄했다."

(39-32-2-4) 해탈을 닦을 때 이런 일을 했다

　"소년이여, 내가 해탈을 닦을 때에는 중생들이 법답지 못한 탐욕을 내지 않게 하고 삿된 분별을 일으키지 않게 하며 여러 가지 죄를 짓지 않게 했다. 이미 지은 것은 쉬게 했으며, 만일 착한 법을 내지 못했거나 바라밀의 행을 닦지 못했거나 온갖 지혜를 구하지 못했거나 큰 자비심을 일으키지 못했거나 인간과 천상에 태어날 업을 짓지 못한 것들은 모두 내게 했다. 이미 낸 것은 더욱 증장케 하여, 이렇게 도에 순종하는 인연을 주거나 온갖 지혜를 이루게 했다."

(39-32-3) 수승한 보살의 도를 찬탄하다

　"소년이여, 나는 다만 이 보살의 적정선정락보유보해탈문을 얻었을 뿐이다. 보살들이 보현의 행과 원을 구족하고 그지없는 법계를 통달하며, 항상 모든 선근을 증장하고 모든 부처님의 십력을 비추어 보며, 모든 부처님의 경계에 머물러서 생사 중에 있으면서도 장애가 없고 온갖 지혜와 원을 빨리 만족하며, 모든 세계에 널리 나아가 모든 부처님을 두루 뵈오며, 모든 부처의 법을 다 듣고 모든 중생의 어리석음을 능히 깨뜨리며, 나고 죽는 밤중에 온갖 지혜의 광명을 내는 일이야 내가 어떻게 알며, 그 공덕의 행을 말하겠는가."

(39-32-4) 다음 선지식 찾기를 권하다

"소년이여, 여기서 멀지 않은 보리도량의 오른쪽에 희목관찰중생(喜目觀察衆生)주야신이 있다. 그대는 그에게 가서 보살의 행을 어떻게 배우며, 보살의 도를 어떻게 닦느냐고 물어라."

(39-32-5) 해탈의 뜻을 게송으로 펴다
(39-32-5-1) 법문을 설하다

그때 보덕정광주야신이 해탈의 뜻을 거듭 펴려고 게송으로 말했다.

믿고 이해하는 마음이 있어 / 삼세 부처님을 모두 본다면
그 사람 눈이 깨끗해져서 / 부처님 바다에 들어가네.

이때 선재동자는 그의 발에 엎드려 절하고 수없이 돌고 은근하게 우러러보면서 하직하고 물러갔다.

(39-33) 희목관찰중생주야신(喜目觀察衆生主夜神)

　제3 발광지 선지식

(39-33-1) 희목관찰중생주야신을 보고 법을 묻다

(39-33-1-1) 선지식의 가르침을 생각하다

　이때 선재동자는 선지식의 가르침을 공경하고 선지식의 말을 실행하면서 이렇게 생각했다.

　'선지식은 보기 어렵고 만나기 어려우니 선지식을 보면 마음이 산란하지 않고, 장애의 산을 깨뜨리고, 크게 가엾이 여기는 바다에 들어가 중생을 구호하고, 지혜의 빛을 얻어 법계를 널리 비추고, 온갖 지혜의 길을 수행하고, 시방의 부처바다를 두루 보고, 부처님들이 법륜 굴리는 것을 보고 기억하여 잊지 않을 것이다.'

　이렇게 생각하면서 희목관찰중생주야신에게 가려고 했다.

(39-33-1-2) 희목관찰중생주야신이 선재동자에게 가피를 내림

　이때 희목관찰중생주야신은 선재동자에게 가피하여 선지식을 친근하면 모든 선근을 내어 증장하고 성숙함을 알게 했다.

　선지식을 친근하면 도를 도와주는 방법을 닦아 알고, 용맹한 마음을 일으킴을 알게 하고, 깨뜨릴 수 없는 업을 지음을 알게 하고, 굴복할 수 없는 힘을 얻음을 알고, 그지없는 방편에 들어감을 알고, 오래도록 수행함을 알고, 그지없는 업을 마련함을 알고, 한량없는 도를 행함을 알고, 빠른 힘을 얻어 여러 세계에 이름을 알게 하고, 본래 있던 곳을 떠나지 않고도 시방세계에 두루 이름을 알게 했다.

(39-33-1-3) 선지식 친근 공덕을 생각하다

이때 선재동자는 이렇게 생각했다.

'선지식을 친근함으로 온갖 지혜의 길을 용맹하게 닦고, 큰 서원 바다를 빨리 내게 되고, 모든 중생을 위해서는 오는 세월이 끝나도록 끝이 없는 고통을 받을 수 있고, 크게 정진하는 갑옷을 입고 한 티끌 속에서 법을 말하는 소리가 법계에 두루하고, 모든 방위의 바다에 빨리 가게 되며, 한 터럭만한 곳에서 오는 세월이 다하도록 보살의 행을 닦고, 잠깐 동안 보살의 행을 행하여 끝까지 온갖 지혜의 지위에 머물게 되고, 삼세 모든 부처님의 자재한 신통으로 장엄한 길에 들어가고, 모든 법계의 문에 항상 들어가고, 항상 법계를 반연하여 조금도 동하지 않고 시방세계에 갈 것이다.'

(39-33-2) 희목관찰중생주야신의 설법

(39-33-2-1) 십바라밀을 설하다

선재동자는 이렇게 생각하고 희목관찰중생주야신(기쁜 눈으로 중생을 보는 주야신)에게 나아갔다. 그 신은 부처님의 대중이 모인 도량에서 연화장 사자좌에 앉아 대세력보희당해탈(큰 세력으로 널리 기쁘게 하는 당기 해탈, 大勢力普喜幢解脫)에 들어갔다. 그 몸에 있는 한량없는 털구멍마다 나타난 몸구름이 그들에게 알맞은 묘한 음성으로 법을 말하여 한량없는 중생을 두루 거두어 주었다. 중생들은 환희하며 이익을 얻었다.

(39-33-2-1-1) 보시바라밀

한량없이 나타난 몸구름은 시방의 모든 세계에 가득하여 보살들이 보시바라밀을 행하던 일을 말해 모든 일에 미련이 없고, 모든 중생에게 두루 보시해 주는 마음이 평등하여 교만이 없고, 주기 어려운 안팎의 것을 모두 버리게 했다.

(39-33-2-1-2) 지계바라밀

중생의 수만큼 한량없이 나타난 몸구름이 법계에 가득하여 모든 중생 앞에 나타나서 깨끗하게 계율을 지킴을 말했다. 죄를 짓지 않으며 여러 가지 고행을 닦아 성품이 구족하며, 세간에 의지하지 않고 경계에 애착이 없었다. 윤회하는 생사에서 바퀴 돌듯이 오고 감을 말하며, 인간과 천상의 성하고 쇠하고 괴롭고 즐거움을 말하며, 모든 경계가 부정하다고 말하며, 모든 법이 무상하다고 말하며, 모든 변천하는 것이 괴롭다고 말했다. 세간 사람들이 뒤바뀐 것을 버리고 부처의 경지에 서 있어 계율을 지니게 하며, 여러 가지 계율을 말해 향기가 널리 퍼져 중생들을 성숙하게 했다.

(39-33-2-1-3) 인욕바라밀

중생의 수만큼 한량없이 나타난 몸구름이 법계에 가득하여 모든 중생 앞에 나타나서 모든 고통을 참으라고 했다. 베고 오리고 때리고 꾸짖고 업신여기고 욕해도 마음이 태연하여 흔들리지도 어지럽지도 않으며, 여러 가지 행에 낮지도 높지도 않고 중생들에게 교만한 마음을 내지 말라고 했다. 법의 성품에 편안히 머물고 그대로 알며, 보리심을 말하되 다함이 없으니, 마음이 다하지 않으므로 지혜도 다하지 않아 모든 중생의 번뇌를 끊으며 중생들의 미천하고 누추하고 완전하지 못한 몸을 말하여 싫어함을 내게 하고, 부처님의 청정하고 미묘하고 위가 없는 몸을 말하여 즐거움을 내게 했다. 이런 방편으로 중생들을 성숙하게 했다.

(39-33-2-1-4) 정진바라밀

중생 세계와 같은 갖가지 몸구름을 내어 중생들의 좋아함을 따라서 용맹하게 정진하여 지혜로 도를 도와주는 법 닦음을 말했다. 용맹하게 정진하여 마와 원수를 항복 받으며, 보리심을 내고 흔들리지도 물러가지도 않도록 했다. 용맹하게 정진하여 중생을 제도하여 생사의 바다에서 벗어나게 하며, 나쁜 길[惡道]의 험난을 멸하며, 무지한 산을 깨뜨리게 하며, 부처님에게 공양하되 고달픈 생각을 내지 말며, 부처님의 법륜을 받아 지니게 했다. 장애의 산을 무너뜨리게 하며, 중생을 교화하여 성숙하게 하며, 부처님의 국토를 깨끗하고 장엄하게 하여 이런 방편으로 중생을 성숙하게 했다.

(39-33-2-1-5) 선정바라밀

갖가지 한량없는 몸구름을 내어 여러 가지 방편으로 중생들의 마음을 기쁘게 하여 나쁜 뜻을 버리고 욕망을 싫어하게 하는데 부끄러움을 말해 중생들이 모든 감관을 숨겨 보호하게 했다. 위없이 깨끗한 행을 말하고 욕심 세계는 마(魔)의 경계라고 말해 두려움을 내게 했다. 세상의 욕락을 좋아하지 말라고 말해 법의 즐거움에 머물되 차례차례로 선정과 삼매의 낙에 들어가게 했다. 그들로 하여금 생각하고 관찰하여 번뇌를 멸하게 하며, 보살의 삼매 바다와 신통한 힘으로 변화하여 나타나서 자유자재하게 유희함을 말해 중생들로 하여금 기뻐하여 근심을 여의고 마음이 깨끗하며 육근(根)이 용맹하여 법을 소중하게 여겨 닦아 증장하게 했다.

(39-33-2-1-6) 지혜바라밀

중생세계와 같은 갖가지 몸구름을 내어 그들을 위해 시방 국토에 가서 부처님과 스승과 선지식에게 공양하고 부처님의 법륜을 받아 지니며 부지런히 정진하고 게으르지 말라고 했다. 부처님의 바다를 찬탄하고 법문 바다를 관찰하라고 말해 법의 성품과 모양을 나타내 보였다. 삼매의 문을 열며 지혜의 경계를 열고 중생의 의심 바다를 말리며, 지혜의 금강으로 중생의 소견을 깨뜨리게 하며, 지혜의 해가 떠서 중생들의 어리석은 어둠을 파하여 그들이 환희하여 온갖 지혜를 이루게 했다.

(39-33-2-1-7) 방편바라밀

중생의 세계와 같은 여러 가지 몸구름을 내어 중생 앞에 나아가서 그들에게 알맞은 법을 말하는데 세간의 신통과 복력과 삼계가 무서운 것이라 말했다. 세간의 업을 짓지 말라고 하여 삼계를 여의고 소견의 숲에서 벗어나게 했다. 온갖 지혜의 길을 칭찬하여 이승의 지위에서 뛰어나게 했다. 생사에 머물지도 말고 열반에 머물지도 말라고 하여 유위나 무위에 집착하지 않게 했다. 천상에 머물거나 도량에 머물라고 하여 보리심을 내게 하니 이런 방편으로 중생들을 교화하여 마침내 온갖 지혜를 얻게 했다.

(39-33-2-1-8) 서원바라밀

모든 세계의 티끌 수 몸구름을 내어 중생의 앞에 나아가서 순간순간 보현보살의 행과 원을 보였다. 항상 청정한 큰 원이 법계에 가득함을 보이며, 세계바다를 깨끗하게 함을 보이며, 부처님의 바다에 공양함을 보이며, 법문바다에 들어감을 보였다. 항상 수없이 많은 세계바다에 들어감을 보이며, 모든 세계에서 오는 세월이 끝나도록 온갖 지혜의 도를 청정하게 수행함을 보이며, 부처님의 힘에 들어감을 보이며, 삼세의 방편 바다에 들어감을 보였다. 항상 모든 세계에 가서 갖가지 신통변화를 나타냄을 보이며, 보살의 행과 원을 보여, 중생이 온갖 지혜에 머물게 하며 이렇게 하는 일이 쉽지 않았다.

(39-33-2-1-9) 역바라밀

모든 중생의 마음 수와 같은 몸구름을 내어 중생 앞에 나아가 보살들이 온갖 지혜를 모으는데 도를 도와주는 법을 말했다. 끝이 없는 힘과 온갖 지혜를 구하는 데 깨뜨릴 수 없는 힘과 다하지 않는 힘과 위없는 행을 닦아 물러가지 않는 힘과 중간에 끊어지지 않는 힘과 나고 죽는 법에 물들지 않는 힘과 모든 마의 군중을 파하는 힘과 번뇌의 때를 여의는 힘과 업장의 산을 깨뜨리는 힘과 모든 겁에 있어서 크게 가엾게 여기는 행을 닦는 데 게으르지 않는 힘과 부처님의 국토를 진동하여 중생들을 환희하게 하는 힘과 외도를 깨뜨리는 힘과 넓은 세간에서 법륜을 굴리는 힘을 말하여 이런 방편으로 중생들을 성숙시켜 온갖 지혜에 이르게 했다.

(39-33-2-1-10) 지바라밀

중생들의 마음 수와 같은 한량없이 변화하는 몸구름을 내어 시방의 한량없는 세계에 나아가 중생의 마음을 따라 보살의 지와 행을 연설했다. 모든 중생의 세계바다에 들어가는 지혜, 마음 바다에 들어가는 지혜, 근성바다에 들어가는 지혜, 수행바다에 들어가는 지혜를 말했다. 모든 중생을 제도하되 때를 놓치지 않는 지혜, 법계의 음성을 내는 지혜, 잠깐 동안 법계바다에 두루 하는 지혜, 잠깐 동안 세계바다가 무너짐을 아는 지혜, 잠깐 동안 세계바다가 이루어지고 머물고 장엄이 차별함을 아는 지혜, 잠깐 동안 부처님을 자재하게 친근하고 공양하며 법륜을 듣는 지혜를 말했다. 이러한 지[智]바라밀을 보여 중생들을 기쁘게 하며 화창하고 즐겁고 마음이 청정하여 결정적인 이해를 내고 온갖 지혜를 구하여 물러감이 없게 했다.

보살의 십바라밀을 말하여 중생을 성숙하게 하듯이, 보살의 가지가지 수행하는 법을 말하여 이익되게 했다.

(39-33-2-2) 털구멍에서 한량없는 중생들의 몸구름을 내다

낱낱의 털구멍 속에서 한량없는 종류의 중생들의 몸구름이 나왔다.

(39-33-2-3) 처음 발심할 때의 십바라밀의 공덕

이와 같은 여러 가지 음성으로써 희목관찰중생주야신이 처음 발심한 때부터 공덕을 말했다. 선지식을 받들어 섬기며 부처님을 친근하여 착한 법을 수행할 때, 보시바라밀을 행하여 버리기 어려운 것을 버렸으며, 지계바라밀을 행하여 왕의 지위와 궁전과 권속을 버리고 출가하여 도를 닦았으며, 인욕바라밀을 행하여 세간의 모든

괴로움과 보살이 닦는 고행을 참았으며, 바른 법이 견고하여 마음이 흔들리지 않았으며, 중생들이 나의 몸과 마음에 나쁜 짓하고 나쁜 말 하는 것을 능히 참았다. 여러 가지 업을 참아 다 무너뜨리지 않고, 온갖 법을 참아서 결정한 지혜를 내며, 모든 법의 성품을 참아 잘 생각했다.

정진바라밀을 행하여 온갖 지혜의 행을 일으키고 모든 불법을 이루었으며, 선정바라밀을 행하여 그 선정바라밀의 도구와 닦아 익힘과 성취와 청정과 삼매의 신통을 일으킴과 삼매 바다에 들어가는 문을 드러내 보였으며, 지혜바라밀을 행하여 지혜바라밀의 도구와 청정과 큰 지혜의 해와 큰 지혜의 구름과 큰 지혜의 광과 큰 지혜의 문을 다 드러내 보였다.

방편바라밀을 행하여 방편바라밀의 도구와 수행과 성품과 이치(理致)와 청정과 서로 응하는 일을 다 드러내 보였다. 서원바라밀을 행하여 서원바라밀의 성품과 성취와 닦아 익힘과 서로 응하는 일을 다 드러내 보이며, 역바라밀을 행하여 역바라밀의 도구와 인연과 이치와 연설과 서로 응하는 일을 다 드러내 보였다.

지바라밀을 행하여 지바라밀의 도구와 성품과 성취와 청정과 처소와 자라남과 깊이 들어감과 광명과 드러내 보임과 이치와 서로 응하는 일과 가려냄과 행상(行相)과 서로 응하는 법과 거두어 주는 법과 아는 법과 아는 업과 아는 세계와 아는 겁과 아는 세상과 아는 부처님의 출현하심과 아는 부처님과 아는 보살과 아는 보살의 마음과 보살의 지위와 보살의 도구와 보살의 나아감과 보살의 회향과 보살의 큰 원과 보살의 법륜과 보살의 가려내는 법과 보살의 법바다와 보살의 법운 바다와 보살의 이치 따위의 지바라밀과 서로 응하는 경계를 다 드러내 보여 중생을 성숙하게 했다.

(39-33-2-4) 모든 공덕이 계속하는 차례를 말하다

또 이 주야신의 처음 발심한 때부터 공덕과, 익힌 선근과, 모든 바라밀과, 죽고 태어나는 이름과, 선지식을 친근하고 부처님을 섬기며 바른 법을 받아 지니고 보살의 행을 닦음을 말했다. 여러 삼매에 들어가서 삼매의 힘으로 널리 부처님을 보고 여러 세계를 보고 여러 겁을 알고 법계에 깊이 들어가 중생을 관찰하며 법계바다에 들어가 중생들이 여기서 죽어 저기 나는 것을 알며, 청정한 하늘귀를 얻어 온갖 소리를 듣고, 청정한 하늘눈을 얻어 모든 형상을 보고, 남의 속을 아는 지혜를 얻어 중생들의 마음을 알고, 전생을 아는 지혜를 얻어 앞으로 일어날 일을 안다. 의지함도 없고 지음도 없이 뜻대로 움직이는 트임을 얻어 자재하게 다니며 시방세계에 두루하여 이러한 일이 계속하는 차례를 말했다. 보살의 해탈을 얻고 보살의 해탈바다에 들어가며, 보살의 자유자재함을 얻고 보살의 용맹을 얻으며 보살의 걸음걸이를 얻고 보살의 생각에 머물고 보살의 도에 들어가는 이러한 모든 공덕이 계속되는 차례를 연설하고 분별하여 보여 중생들을 성숙하게 했다.

(39-33-3) 선재동자가 자재한 힘을 내는 해탈을 얻다

이렇게 말할 때 순간순간 시방에서 한량없는 부처님 국토들을 깨끗하게 하며, 나쁜 길 중생을 제도하며, 중생을 인간과 천상에 나서 부귀하고 자재하게 하며, 중생을 생사의 바다에서 벗어나게 하며, 중생을 성문이나 벽지불의 지위에 머물게 하며, 중생을 부처님의 지위에 머물게 했다.

이때 선재동자는 위에 나타낸 희유한 일을 보고 듣고 일어나는 생각마다 관찰하고 생각하고 이해하여 깊이 들어가 편안하게 머물렀다. 부처님의 위신력과 해탈력에 힘입어 보살의 부사의한 큰 세력과 널리 기뻐하는 당기의 자재한 힘을 내는 해탈을 얻었다.

이러한 일이 일어난 이유는 희목관찰중생주야신과 더불어 지난 세상에 함께 수행한 까닭이며, 부처님의 신통한 힘으로 가피한 까닭이며, 부사의한 선근으로 도와주는 까닭이며, 보살의 근성을 얻은 까닭이며, 부처님의 종류로 태어난 까닭이며, 선지식의 힘으로 거두어 주는 까닭이며, 부처님의 호념하심을 받은 까닭이며, 비로자나부처님께서 교화하신 까닭이며, 저런 선근이 이미 성숙한 까닭이며, 보현보살의 행을 닦은 까닭이다.

(39-33-4) 선재동자의 찬탄

그때 선재동자는 이 해탈을 얻고 마음이 환희하여 합장하고 희목관찰중생주야신을 향하여 게송으로 찬탄했다.

한량없고 수없는 겁 동안에 / 부처님의 깊은 법 배우고
교화할 만한 이를 따라서 / 묘한 몸을 나타내시네.

모든 중생이 미혹하고 / 망상에 빠진 줄 알고
갖가지 몸을 나타내어 / 적합한 대로 조복시키니

법의 몸 항상 고요하고 / 청정하여 두 모양 없지만

중생들을 교화하기 위해 / 가지각색 형상 나타내시네.

모든 오온 · 십이처 · 십팔계에 / 집착하지 않지만
행동과 육신을 보여 / 모든 중생을 조복시키네

안과 밖 모든 법에 집착하지 않고 / 나고 죽는 바다에서 뛰어났지만
가지가지 몸을 나투어 / 모든 세계에 머물며,

여러 가지 분별 멀리 여의고 / 희롱거리 언론에 흔들리지 않으나
망상에 집착한 이를 위해 / 부처님의 십력을 나타낸다.

한결같은 마음 삼매에 머물러 / 한량없는 세월에 동하지 않지만
털구멍으로 변화한 구름 내어 / 시방 부처님께 공양올린다.

부처님 방편의 힘을 얻어 / 생각생각 끝이 없을 때에
갖가지 몸 나타내어 / 여러 중생을 붙들어 주네.

모든 생사의 바다 / 갖가지 업으로 장엄한 줄 알고도
걸림이 없는 법을 말하여 / 모두 청정하게 한다.

형상 있는 몸 짝 없이 묘하고 / 깨끗하기가 보현과 같지만
중생의 마음에 따라 / 세간의 모든 모양을 보이네.

(39-33-5) 희목관찰중생주야신이 발심한 때의 일을 말하다

"소년이여, 그대는 어떻게 생각하는가? 그때 시방이라는 전륜성왕이 문수사리보살의 전생이며, 나를 깨우쳐 준 주야신은 보현보살의 전생이었다. 나는 그때 왕의 딸로서 주야신의 깨우침을 받고 부처님을 뵙고 위없는 바른 보리심을 냈다. 그때부터 부처세계의 티끌 수 겁을 지내면서 나쁜 길에는 떨어지지 않고, 항상 인간이나 천상에 태어나서 모든 곳에서 부처님을 뵈었으며, 묘등공덕당(妙燈功德幢)부처님 때에 이르러서 대세력보희당해탈을 얻었고, 이 해탈로써 모든 중생을 이익되게 했다."

(39-33-6) 수승한 보살의 일을 찬탄하다

"소년이여, 나는 다만 대세력보희당해탈문을 얻었다. 저 보살들이 잠깐 동안에 모든 부처님의 처소에 두루 나아가서 온갖 지혜의 바다에 빨리 들어가는 일과 잠깐 동안에 문으로 나아가 큰 서원바다에 들어가는 일과 잠깐 동안에 서원바다의 문으로 오는 세월이 끝나도록 생각마다 모든 행을 내고 낱낱의 행 가운데 모든 세계의 티끌 수 몸을 낸다. 낱낱의 몸으로 모든 법계의 문에 들어가고, 낱낱의 법계의 문마다 모든 부처 세계에서 중생의 마음을 따라서 여러 가지 묘한 행을 말한다. 모든 세계의 낱낱의 티끌 속마다 그지없는 부처님바다를 보고, 낱낱의 부처님의 처소마다 법계에 두루한 부처님들의 신통을 본다. 낱낱 부처님의 처소마다 지나간 겁에 닦던 보살의 행을 보고, 모든 법륜을 받아 수호했다. 낱낱의 부처님의 처소마다 삼세 모든 부처님의 신통 변화하는 것을 보는 일이야 내가 어떻게 알며 그 공덕의 행을 말하겠는가."

(39-33-7) 다음 선지식 찾기를 권하다

소년이여, 여기 모인 대중 가운데 보구중생묘덕(普救衆生妙德)주야신이 있다. 그대는 그에게 가서 보살이 어떻게 보살의 행에 들어가며 보살의 도를 깨끗이 하는가 물어라."

이때 선재동자는 그의 발에 엎드려 절하고 여러번 돌고 은근하게 우러러보면서 하직하고 떠났다.

(39-34) 보구중생묘덕주야신(普救衆生妙德神)

　　제4 염혜지(焰慧地) 선지식

(39-34-1) 보구중생묘덕주야신을 뵙고 법을 청하다

(39-34-1-1) 원을 세우고 선지식을 찾다

그때 선재동자는 희목관찰중생주야신에게서 보희당해탈문을 듣고 믿고 이해하고 나아갔다. 알고 순종하고 생각하고 익히면서 선지식의 가르침을 생각하여 잠시도 마음에서 떠나지 않고, 모든 감관이 산란하지 않으며, 일심으로 선지식을 뵈려고 시방으로 두루 구하여 게으르지 않았다. 발원하기를 '항상 선지식을 가까이 모셔 공덕을 내며, 선지식과 선근이 같으며, 선지식의 교묘한 방편의 행을 얻으며, 선지식을 의지하여 정진바다에 들어가서 한량없는 겁 동안 떠나지 말지어다.' 했다.

(39-34-1-2) 광명을 놓아 선재동자의 정수리에 들다

이렇게 원을 세우고 보구중생묘덕주야신이 있는 곳에 나아갔다.

그 주야신은 선재동자를 위해 보살이 중생을 조복하는 해탈의 신통한 힘을 보이고, 여러 가지 거룩한 몸매로 몸을 장엄하며, 지등보조청정당(智燈普照淸淨幢)을 양미간으로 큰 광명을 놓으니 한량없는 광명으로 권속을 삼았으며, 그 광명이 모든 세간을 비추고는 선재동자의 정수리로 들어가서 온몸에 가득했다.

(39-34-1-3) 선재동자가 삼매를 얻고 세계와 중생들의 차별한 모습을 보다

선재동자가 모든 세계의 차별함을 보니, 어떤 세계는 더럽고 어떤 세계는 깨끗하고 어떤 세계는 더러운 데로 나아가고 어떤 세계는 깨끗한 데로 나아가며, 어떤 세계는 더러우면서 깨끗하고 어떤 세계는 깨끗하면서 더럽고 어떤 세계는 깨끗하기만 하며, 어떤 세계는 모양이 반듯하고 어떤 세계는 엎어져 있고 어떤 세계는 옆으로 있었다.

(39-34-1-4) 널리 중생 구호하는 것을 보다

이와 같은 여러 세계의 여러 갈래[趣]에서 중생을 널리 구호하는 주야신을 보았는데, 온갖 때와 여러 곳에서 여러 중생의 형상과 말과 행동과 이해에 따라서 방편력으로 그들의 앞에 나타나서 그들에게 맞게 교화를 했다.

지옥의 중생들은 고통에서 벗어나게 하고 축생의 중생들은 서로 잡아먹지 않게 하고 아귀의 중생들은 기갈이 없어지게 하고 용들은 공포를 여의게 하고 욕심세계의 중생들은 욕심세계의 고통을 여의게 했다. 사람들에게는 캄캄한 밤에 대한 두려움과 훼방을 받는 것

에 대한 두려움, 나쁜 소문 나는 것에 대한 두려움, 대중에 대한 두려움, 살아갈 수 없을 것에 대한 두려움, 죽음에 대한 두려움, 악도(惡道)에 태어나는 것에 대한 두려움, 선근이 끊어지는 것에 대한 두려움, 보리심에서 물러나는 것에 대한 두려움, 나쁜 친구를 만나게 되는 것에 대한 두려움, 선지식을 떠나는 것에 대한 두려움, 삼승의 지위에서 떨어질 것에 대한 두려움, 생사(生死)하는 것에 대한 두려움, 다른 종류들과 함께 있게 되는 것에 대한 두려움, 나쁜 시기에 태어나는 것에 대한 두려움, 나쁜 종족에 태어나는 것에 대한 두려움, 나쁜 업을 짓게 되는 것에 대한 두려움, 업과 번뇌에 장애가 되는 것에 대한 두려움, 여러 생각에 고집하여 속박되는 두려움을 모두 여의게 했다.

(39-34-1-5) 중생들을 구호하는 까닭

난생(卵生), 태생(胎生), 습생(濕生), 화생(化生), 형상 있는 것, 형상 없는 것, 생각 있는 것, 생각 없는 것, 생각 있지도 않고 없지도 않은 것들이 앞에 나타나면 부지런히 구호했다. 보살의 서원하는 힘을 성취하려는 까닭이며, 보살의 삼매의 힘에 깊이 들어가려는 까닭이며, 보살의 신통한 힘을 굳게 하려는 까닭이며, 보현의 행과 원의 힘을 내려는 까닭이며, 보살이 가엾게 여기는 마음을 넓게 하려는 까닭이며, 걸림없는 마음으로 중생을 두루 덮어 주는 인자함을 얻으려는 까닭이며, 중생에게 한량없는 낙을 주려는 까닭이며, 모든 중생을 널리 거두어 주는 지혜와 방편을 얻으려는 까닭이며, 보살의 광대한 해탈과 자유자재한 신통을 얻으려는 까닭이며, 부처의 세계를 깨끗하게 장엄하려는 까닭이며, 법을 분명하게 깨치려는 까닭이며, 부처님께 공양하려는 까닭이며, 부처님의 가르침을 받아 지니려는 까닭이며, 선근을 모으고 묘한 행을 닦으려는 까닭이며, 중생의 마음바다에 들어가 장애를 없애려는 까닭이며, 중생의 근성을 알고 교화하여 성숙되게 하려는 까닭이며, 중생의 믿고 이해함을 깨끗이 하고 나쁜 장애를 없애려는 까닭이며, 중생의 무지한 어둠을 깨뜨리려는 까닭이며, 온갖 지혜의 청정한 광명을 얻게 하려는 까닭이다.

(39-34-1-6) 선재동자의 기쁨

이때 선재동자는 주야신의 이런 신통의 힘과 헤아릴 수 없는 깊은 경지와 두루 나타나서 모든 중생을 조복시키는 보살의 해탈을 보고, 한량없이 기뻐하며 엎드려 예배하고 한결같은 마음으로 우러러 보았다.

그때 주야신이 보살의 장엄한 모습을 버리고 본래의 형상을 회복하면서도 자유자재한 신통의 힘은 버리지 않았다.

이때 선재동자는 공경하고 합장하고 한곁에 물러가서 게송으로 찬탄했다.

(39-34-1-6-1) 보구중생묘덕주야신의 끝없는 덕용

이러한 신통한 힘을 / 내가 뵈옵고
마음이 환희하여 / 게송으로 찬탄합니다.

당신의 높으신 몸의 / 여러 가지 장엄함을 보니
허공에서 반짝이는 여러 별이 / 깨끗하게 단장함과 같습니다.

한량없는 세계에 / 당신이 놓으시는 수많은 훌륭한 광명이
가지가지 아름다운 빛으로 / 시방의 많은 세계 비추십니다.

털구멍마다 중생의 수만큼 / 많은 광명을 놓으니
낱낱 광명에서 / 보배로운 연꽃이 나옵니다.

연꽃에서 나툰 몸[化身]이 나와 / 중생의 고통을 소멸하고
광명에서는 아름다운 향기를 내어 / 여러 중생에게 널리 풍기며
갖가지 꽃으로 비 내려 / 모든 부처님께 공양합니다.

눈썹 사이에는 수미산처럼 / 거대한 광명을 놓아
여러 중생에게 비추니 / 무명의 어리석음 멸해집니다.

입으로 놓는 깨끗한 광명 / 한량없는 해와 같이
광대한 비로자나의 경계를 / 두루 비춥니다.

눈으로 놓는 깨끗한 광명 / 한량없는 달과 같이
시방세계에 널리 비추어 / 세상의 어리석음 없앱니다.

갖가지 몸을 나투니 / 그 모양 중생과 같아
시방세계에 가득하여 / 삼계의 중생을 제도합니다.

미묘한 몸은 시방에 퍼져 / 중생들 앞에 두루 나타나
물과 불과 도둑 따위와 / 국왕들의 온갖 두려움을 없애 줍니다.

(39-34-1-6-2) 이익 얻음을 찬탄하다
나는 기쁜 눈의 가르침 받고 / 당신 계신 곳으로 나오니
당신께서는 양미간으로 / 찬란한 광명을 놓습니다.

시방에 두루 비추어 / 모든 어둠을 멸하시며
신통한 힘을 나투어 / 나의 몸에 들여 보냅니다.

원만한 광명을 받고 / 나의 마음 매우 기쁩니다.
다라니와 삼매를 얻고 / 시방의 부처님 두루 뵙습니다.

지나는 곳마다 / 여러 티끌을 보니
낱낱의 티끌 속마다 / 세계를 보게 됩니다.

한량없는 어떤 세계는 / 모두 흐리고 더러워
중생들 고통을 받느라고 / 항상 울부짖습니다.

더럽고 깨끗한 어떤 세계는 / 즐거움은 적고 근심이 많은데
삼승의 형상을 나투고 / 그곳에 가서 구제합니다.

깨끗하고 더러운 세계에서는 / 중생들 즐거워하는데
보살이 항상 가득해 / 부처님 법을 받아 지닙니다.

하나하나 티끌 가운데 / 한량없는 세계 있으니
비로자나 부처님께서 / 지난 세월에 장엄하신 곳입니다.

부처님은 그 많은 세계에서 / 낱낱이 보리수 아래 앉아서
성도하시고 법륜을 굴려 / 모든 중생을 제도하십니다.

중생을 널리 구호하는 신이 / 저 한량없는 세계에서
부처님 계신 곳마다 / 나아가 공양함을 제가 봅니다.

(39-34-1-7) 해탈에 대해 묻는 선재동자

이때 선재동자는 이 게송을 말하고, 보구중생묘덕주야신에게 말했다.

"주야신이여, 이 해탈은 깊고 깊어 희유합니다. 이름은 무엇이며, 이 해탈을 얻으신 지는 얼마나 오래되었으며, 어떠한 행을 닦아서 청정하게 되었습니까?"

(39-34-2) 보구중생묘덕주야신의 설법
(39-34-2-1) 헤아리기 어려운 경계

주야신이 대답했다.

"소년이여, 이것은 알기 어렵다. 하늘이나 인간이나 이승들도 헤아리지 못한다. 이것은 보현보살의 행에 머무른 이의 경계이며, 크게 자비한 빛에 머무른 이의 경계이며, 세 가지 나쁜 길[三惡道]과 여덟 가지 어려운 데[八難]를 깨끗이 한 이의 경계이며, 부처 세계에서 부처의 종자를 계승하여 끊어지지 않게 하는 이의 경계이며, 부처의 법에 머물러 지니는 이의 경계이며, 온갖 겁 동안에 보살의 행을 닦아 큰 서원 바다를 만족한 이의 경계이며, 법계 바다에서 청정한 지혜의 광명으로 무명의 어두운 장애를 멸한 이의 경계이며,

잠깐 동안 지혜 광명으로 삼세의 방편바다를 두루 비추는 이의 경계인 까닭이다."

(39-34-2-2) 보구중생묘덕주야신의 초발심
(39-34-2-2-1) 보구중생묘덕주야신이 태어난 과거 세계
"부처님의 힘을 말할테니 잘 들어라.

소년이여, 지나간 옛적 부처세계의 티끌 수 겁 전에 원만청정(圓滿淸淨)겁이 있었다. 세계의 이름은 비로자나대위덕(毘盧遮那大威德)이며, 수미산 티끌 수의 부처님이 그 세계에 출현하셨다."

(39-34-2-2-2) 부처님이 출현하여 중생을 제도하다
(39-34-2-2-2-1) 도를 얻은 곳
"그때 성 북쪽에 보광법운음당(普光法雲音幢)보리수가 있었다. 잠깐 동안 여래의 도량에 나타나서 견고하게 장엄했다. 마니왕으로 뿌리가 되고 온갖 마니로 줄기가 되고 여러 가지 보배로 잎이 되어 차례차례 피어서 서로 어울렸으며, 상하 사방에 원만하게 장엄하여 보배 광명을 놓고 묘한 음성을 내어 여래의 깊은 경계를 연설했다.

보리수 앞에 향물 못이 있으니 이름은 보배꽃 광명으로 법을 말하는 못이였다. 묘한 보배로 언덕이 되고, 백만억 나유타 보배나무가 둘러섰는데, 나무마다 모양이 보리수와 같고, 보배 영락을 둘렀으며, 보배로 이루어진 한량없는 누각이 도량에 두루하여 장엄하게 꾸몄으며, 삼세 모든 여래의 장엄한 경계를 나타내는 구름[普現三世一切如來莊嚴境界雲]의 향물이 솟아올랐다."

(39-34-2-2-2-2) 최초의 부처님

"수미산 티끌 수 부처님이 나타나셨다. 첫 부처님은 보지보염묘
덕당왕(普智寶焰妙德幢王)이었고, 이 연화 위에서 처음으로 위없는
바른 보리를 얻었고, 천 년 동안 바른 법을 연설하여 중생을 성숙시
켰다.

여래가 성불하기 만 년 전에 이 연화에서 '신통을 나타내어 중생
을 성숙시킴'의 깨끗한 광명을 놓았다. 중생으로서 이 광명을 만난
이는 마음이 열려 알지 못함이 없으며, 만 년 뒤에 부처님이 출현하
실 것을 알았다.

9천 년 전에 '모든 중생의 때를 여읜 등불'의 깨끗한 광명을 놓았
다. 중생으로서 이 광명을 만난 이는 청정한 눈을 얻어 모든 빛을
보았으며 9천 년 뒤에 부처님이 출현하실 것을 알았다.

8천 년 전에 '모든 중생의 업을 지어 과보 받는 음성'의 큰 광명을
놓았다. 중생으로서 이 광명을 만난 이는 모든 업의 과보를 모두 알
았으며 8천 년 뒤에 부처님이 출현하실 것을 알았다.

7천 년 전에 '모든 선근을 내는 음성'의 큰 광명을 놓았다. 중생으
로서 이 광명을 만난 이는 모든 근이 원만했으며 7천 년 뒤에 부처
님이 출현하실 것을 알았다.

6천 년 전에 '부처의 부사의한 경계의 음성'의 큰 광명을 놓았다.
중생으로서 이 광명을 만난 이는 마음이 광대하여 자재함을 두루
얻었으며, 6천 년 뒤에 부처님이 출현하실 것을 알았다.

5천 년 전에 '모든 부처의 세계를 깨끗이 하는 음성'의 큰 광명을
놓았다. 중생으로서 이 광명을 만난 이는 모든 부처님의 청정한 국
토를 보았으며, 5천 년 뒤에 부처님이 출현하실 것을 알았다.

4천 년 전에 '모든 여래의 경계가 차별 없는 등불'의 큰 광명을 놓았다. 중생으로서 이 광명을 만난 이는 모두 여러 부처님을 뵈었으며, 4천 년 뒤에 부처님이 출현하실 것을 알았다.

3천 년 전에 '삼세의 밝은 등불'의 큰 광명을 놓았다. 중생으로서 이 광명을 만난 이는 모든 여래의 본래 일바다를 다 보았으며, 3천 년 뒤에 부처님이 출현하실 것을 알았다.

2천 년 전에 '여래의 가림을 여읜 지혜 등불'의 큰 광명을 놓았다. 중생으로서 이 광명을 만난 이는 넓은 눈을 얻어 모든 여래의 신통변화와 모든 부처의 국토와 모든 세계의 중생을 보았으며, 2천 년 뒤에 부처님이 출현하실 것을 알았다.

1천 년 전에 '모든 중생이 부처님을 뵙고 선근을 모으게 함'의 큰 광명을 놓았다. 중생으로서 이 광명을 만난 이는 부처님을 보는 삼매를 성취했고, 1천 년 뒤에 부처님이 출현하실 것을 알았다.

칠 일 전에 '모든 중생의 기뻐하는 음성'의 큰 광명을 놓았다. 중생으로서 이 광명을 만난 이는 여러 부처님을 두루 뵙고 크게 환희했으며, 칠 일 후에 부처님이 출현하실 것을 알았다."

(39-34-2-2-2-3) 중생들이 모이다

"칠 일이 지난 후에 모든 세계가 진동하며 순일하게 깨끗하여 더러움이 없었으며, 매순간마다 시방의 모든 청정한 부처 세계를 나타내고, 그 세계의 여러 가지 장엄도 나타내고, 중생의 근성이 성숙하여 부처님을 친견할 이는 도량으로 나아갔다.

소년이여, 삼세 모든 여래의 장엄한 경계를 두루 비추는 큰 보배 연꽃왕에 열 부처세계의 티끌 수 연꽃으로 둘러싸였고, 연꽃 속에는 마니보배광 사자좌가 있고 사자좌마다 보살이 가부좌하고 있었다."

(39-34-2-2-2-4) 열 가지 법륜을 굴리다

"소년이여, 보지보염묘덕당왕여래께서는 여기서 위없는 바른 보리를 이룰 때 시방의 모든 세계에서도 위없는 바른 보리를 이루었다.

중생의 마음따라 그 앞에 나타나서 법륜을 굴리고, 낱낱의 세계에서 한량없는 중생을 나쁜 길의 고통을 여의게 하고, 천상에 나게 하고, 성문이나 벽지불의 지위에 머물게 했다.

한량없는 중생이 중생을 벗어나는 보리행을 성취하게 하고, 용맹한 당기 보리행을 성취하게 하고, 법 광명 보리행을 성취하게 하고, 청정한 근(根) 보리행을 성취하게 하고, 평등한 힘 보리행을 성취하게 하고, 법성에 들어가는 보리행을 성취하게 하고, 온갖 처소에 두루 가서 깨뜨릴 수 없는 신통한 힘 보리행을 성취하게 하고, 넓은 문 방편도에 들어가는 보리행을 성취하게 하고, 삼매문에 머무는 보리행을 성취하게 하고, 모든 청정한 경계를 반연하는 보리행을 성취하게 했다.

한량없는 중생에게 보리심을 내게 하고, 보살의 도에 머물게 하고, 청정한 바라밀 길에 머물게 하고, 보살의 초지(初地)에 머물게 하고, 보살의 이지와 십지에 머물게 하고, 보살의 훌륭한 행과 원에 들어가게 하고, 보현의 청정한 행과 원에 머물게 했다.

소년이여, 보지보염묘덕당왕여래가 이렇게 부사의한 자재로운 신통을 나타내어 법륜을 굴릴 때 그 낱낱의 세계에서 계속 한량없는 중생을 조복했다."

(39-34-2-2-4) 보현보살의 인도

"보현보살은 보배꽃 등불나라 수도에 있는 중생들이 잘 생긴 모양과 여러 환경을 믿고 교만한 마음을 내어 다른 이들을 능멸하는 것을 알고 단정하고 훌륭한 몸으로 화하여 그 성중에 이르러 큰 광명을 놓아 모든 것을 비추었다. 그래서 전륜성왕과 여러 보배와 일월성신과 중생들의 광명이 드러나지 못했다. 마치 해가 뜨면 모든 별의 빛이 없어지는 듯 염부금은 검은 먹이 된 듯했다.

이때 중생들은 이렇게 말했다.

'누가 이렇게 했을까? 하늘의 짓일까, 범천의 짓일까. 이런 광명을 놓아 우리들의 몸에 있던 광채가 나타나지 못하는구나. 아무리 생각해도 알 수가 없다.'

이때 보현보살은 전륜왕의 궁전의 허공에서 이렇게 말했다.

'대왕이여, 지금 부처님이 '넓은 광명 법 구름 음성 당기' 보리수 아래 계십니다.'

이때 전륜성왕의 딸 '연꽃 묘한 눈'공주가 보현보살의 몸에 광명이 자재함을 보며, 몸에 있는 여러 장엄거리에서 아름다운 소리를 듣고는 환희한 마음으로 이렇게 생각했다.

'내게 있는 모든 선근의 힘으로 이러한 몸과 장엄과 모습과 위의와 자유자재함을 얻기를 원합니다. 거룩하신 보살께서 중생들이 나고 죽는 캄캄한 밤중에 큰 광명을 놓으면서 여래가 세상에 출현하심을 보여 주시니, 모든 중생에게 지혜의 광명이 되어 저들의 캄캄한 무명을 깨뜨리게 하시며, 내가 태어나는 곳마다 선지식을 만나기를 발원합니다.'"

(39-34-2-2-5) 전륜왕의 찬탄

"소년이여, 그때 전륜왕은 귀한 딸과 일 천 아들과 권속과 신하들과 네 종류의 군대와 한량없는 백성에게 둘러싸였다. 왕의 신통한 힘으로 한 유순 높은 허공에 올라가서 큰 광명을 놓아 사천하를 비추었다. 중생들은 전륜왕을 우러러보았다. 중생들과 함께 부처님을 뵈려고 계송으로 찬탄했다.

여래께서 세상에 나타나시어 / 많은 중생을 구원하시니
너희들은 빨리 일어나 / 부처님 계신 곳으로 나아가라.

한량없고 수없는 여러 겁 만에 / 부처님이 세간에 출현하시어
깊고 묘한 법문을 연설하시니 / 한량없는 중생들이 이익을 얻네.

이 세간 중생들이 잘못된 생각으로 / 어리석고 의심 많고 지혜가 없어
생사에 헤매는 줄 살펴보시고 / 부처님이 자비심을 일으켜셨네.

끝이 없는 천만억 겁 오랜 세월에 / 위없는 보리행을 닦아 익힘은
많은 중생 건지려고 하시는 원력 / 가엾게 여기시는 마음이네.

눈과 코와 손과 발, 머리와 몸과 / 온갖 것을 다 버리시던
보리를 구하려는 고마운 마음 / 한량없는 오랜 겁 한결같네

끝이 없는 천억 겁을 지내더라도 / 부처님 만나기 어려운 일인데
누구나 보고 듣고 섬긴다 하면 / 모든 일이 헛되지 않으리라.

너희들은 지금 우리와 함께 / 부처님 계신 곳에 나아가 뵙자.
여래의 사자좌에 앉아서 / 마군을 항복 받고 부처 되셨네.

여래의 거룩한 몸 우러러보아라. / 한량없는 광명을 멀리 놓으니
가지가지 미묘한 여러 빛깔이 / 캄캄한 것을 훤히 비추네.

부처님의 하나하나 털구멍마다 / 부사의한 광명을 놓아서
수없는 중생들께 널리 비추니 / 그들을 고루고루 기쁘게 한다.

너희들은 모두 다 엄청나게 큰 / 꾸준히 노력하는 마음을 내고
부처님 계신 곳에 함께 나아가 / 공경하는 정성으로 공양올려라.

(39-34-2-2-6) 전륜왕의 딸이 인행을 닦다

  '연꽃 묘한 눈'공주는 몸에 치장하고 있던 장엄을 벗어 부처님께 흩었다. 장엄은 공중에서 보배일산이 되어 보배그물을 드리웠다. 이 일산 안에 보리수가 있는데 가지와 잎이 무성하여 법계를 두루 덮었는데 잠깐 동안에 한량없는 장엄을 나타냈다.

  비로자나여래께서 이 보리수 아래 앉으셨는데, 수없이 많은 부처 세계의 티끌 수 보살들이 앞뒤로 둘러쌌다. 모두 보현보살의 행과 원으로부터 나서 여러 보살의 차별 없이 머무르는 데 머물렀다.

  모든 세간의 임금들도 보았고, 여래의 자재하신 신통도 보았고, 모든 겁의 차례와 세계가 이루어지고 파괴됨도 보았고, 모든 세계에 여러 부처님이 출현하시는 차례도 보았다. 여러 세계마다 보현보살이 있어서 부처님께 공양하고 중생을 조복시키는 것도 보았고,

모든 보살이 보현보살의 몸속에 있음을 보았다. 자기의 몸이 그의 몸속에 있음을 보았고, 그 몸이 모든 여래의 앞과 모든 보현의 앞과 모든 보살의 앞과 모든 중생의 앞에 있음을 보았다.

모든 세계마다 각각 부처 세계의 티끌 수 세계가 있어서 갖가지 경계선이며 가짐이며 형상이며 성품이며 버려짐이며 장엄이며 청정함이며 장엄구름이 위에 덮여 있었다. 갖가지 겁의 이름이며 부처님이 출현함이며 삼세며 처소며 법계에 머무름이며 법계에 들어감이며 허공에 머무름이며 여래의 보리도량이며 여래의 신통한 힘이며 여래의 사자좌며 여래의 대중바다며 여래의 대중 차별이며 여래의 교묘한 방편이며 여래의 법륜을 굴림이며 여래의 묘한 음성이며 여래의 말씀 바다며 여래의 경전구름이 있었다.

이런 것들을 보고 마음이 청정해서 매우 환희로웠다.

(39-34-2-2-7) 여래의 경전 설하심을 듣고 큰 이익을 얻다
(39-34-2-2-7-1) 삼매

보지보염묘덕당왕여래께서 일체여래전법륜(一切如來轉法輪) 경전을 말씀하시니 열 부처 세계의 수많은 경이 권속이 되었다.

이때 공주는 이 경전을 듣고 일 만 삼매를 얻었다.

부처님이 보는 삼매, 세계를 비추는 삼매, 삼세문에 들어가는 삼매, 보처님의 법륜을 말하는 삼매, 부처님의 서원 바다를 아는 삼매, 중생을 깨우쳐서 생사의 괴로움에서 벗어나게 하는 삼매 등이다.

(39-34-2-2-7-2) 큰 서원

보현보살의 큰 서원을 일심으로 생각하며 여래의 열 부처세계의

수많은 서원바다를 세웠다. 부처님 국토를 깨끗이 하는 서원과 중생을 조복시키는 서원과 법계를 두루 아는 서원과 법계바다에 들어가는 서원과 부처님 세계에서 오는 세월이 끝나도록 보살의 행을 닦는 서원과 오는 세월이 끝나도록 보살의 행을 버리지 않는 서원과 여래에게 친근하는 서원과 선지식을 받들어 섬기는 서원과 부처님께 공양하는 서원과 잠깐마다 보살의 행을 닦고 온갖 지혜를 늘게 하여 끊어짐이 없는 서원이었다. 이와 같은 열 부처세계의 수많은 서원바다를 세워서 보현보살의 큰 서원을 성취하려 했다.

그때 여래께서 공주를 위해 발심한 후부터 모든 선근과 묘한 행과 결과를 연설해주었으며, 그녀가 깨달아서 여래의 서원바다를 성취하며 일심으로 온갖 지혜의 자리에 나아가게 했다.

(39-34-2-2-8) 발심의 최초를 말하다

"소년이여, 이것보다 십 대겁(大劫) 전에 일륜광마니(日輪光摩尼) 세계가 있었고 인다라당묘상(因陀羅幢妙相)부처님이 계셨다. 그때 '연꽃 묘한 눈'공주는 여래가 남긴 교법 중에서 보현보살의 권고로 연꽃 자리에 있는 낡은 불상을 보수했고, 채색을 올렸으며 보배로 장엄하고 위없는 보리심을 냈다.

소년이여, 과거에 보현보살을 만났으므로 이 선근을 심었으며, 그 후부터 나쁜 길에 떨어지지 않고, 항상 천왕이나 인왕의 족성에 태어났으며, 단정하고 화평하고 모든 모습이 원만하여 보는 이들이 기뻐했으며, 부처님을 항상 뵙고, 보현보살을 항상 친근했으며, 지금까지도 나를 지도하고 깨우치고 성숙하게 하여 환희심을 내게 한다."

(39-34-2-2-9) 고금의 일을 모아서 해석하다

"소년이여, 어떻게 생각하느냐? 그때의 비로자나장묘보연화계 전륜성왕은 지금의 미륵보살이고, 원만면(圓滿面)왕비는 지금의 적정음해주야신(寂靜音海主夜神)이니 여기서 멀지 않는 곳에 있다.

그때의 '연꽃 묘한 눈'공주는 지금의 나이며 그때 여자로서 보현보살의 권고를 받고 연꽃자리 위에 있는 불상을 보수한 것이 위없는 보리의 인연이 되어 위없는 보리심을 내게 하여 그때 처음으로 발심한 것이다.

그후 나를 인도하여 묘덕당(妙德幢)부처님을 친견하게 했다. 몸의 영락을 부처님께 뿌려 공양하고 부처님의 신통한 힘을 보며 부처님의 법문을 들었다. 바로 보살이 모든 세계에 두루 나타나서 중생을 조복하는 해탈문을 얻었다. 생각마다 한량없는 부처님을 보기도 하고, 부처님의 도량에 모인 대중들과 청정한 국토를 보기도 했는데, 모두 존중하고 공경하고 공양했으며, 법문을 듣고 가르치신 대로 닦아 행했다."

(39-34-2-2-10) 부처님의 회상에서 수행하다

(39-34-2-2-10-1) 여러 부처님을 섬기며 수행한 일

"소년이여, 비로자나대위덕 세계의 '원만하고 청정한' 겁을 지나고, 보륜묘장엄(寶輪妙莊嚴) 세계가 있었다. 겁의 이름은 대광(大光)이니, 오 백 부처님이 출현하셨는데, 나는 다 받들어 섬기고 공경하고 공양했다.

맨 처음은 대비당(大悲幢)부처님이시며 처음 출가할 때 나는 주야신이 되어 공경하며 공양했다.

다음은 금강나라연당(金剛那羅延幢)부처님이시며, 나는 전륜왕이 되어 공경하고 공양했다. 부처님이 일체불출현(一切佛出現)경을 말씀하시니 열 세계의 수많은 경전이 권속이 되었다.

다음은 금강무애덕(金剛無碍德)부처님이시며, 나는 전륜왕이 되어 공경하고 공양했다. 부처님이 보조일체중생근(普照一切衆生根)경전을 말씀하셨고 한량없는 경전이 권속이 되었는데 내가 다 받아 가졌다.

다음은 화염산묘장엄(火焰山妙莊嚴)부처님이시며, 나는 장자의 딸이 되었고, 부처님이 보조삼세장(普照三世藏)경을 말씀하시니, 염부제의 수 많은 경전이 권속이 되었는데 내가 모두 듣고 법대로 받아 가졌다.

다음은 일체법해고승왕(一切法海高勝王)부처님이시며, 나는 아수라왕이 되어 공경하고 공양했다. 부처님이 분별일체법계(分別一切法界)경을 말씀하시니, 오백 경전이 권속이 되었는데 내가 다 듣고 법대로 받아 가졌다.

다음은 해악법광명(海嶽法光明)부처님이시며, 나는 용왕의 딸이 되어 여의마니보배 구름을 내려 공양했다. 부처님이 증장환희해(增長歡喜海)경을 말씀하시니, 백만억 경전이 권속이 되었는데 내가 모두 듣고 법대로 받아 가졌다.

다음은 보염산등(寶焰山燈)부처님이시며, 나는 해주신이 되어 보배연꽃구름을 내려 공경하고 공양했다. 부처님이 법계방편해광명(法界方便海光明)경을 말씀하시니, 부처세계의 수 많은 경전이 권속이 되었는데 내가 모두 듣고 법대로 받아 가졌다.

다음은 공덕해광명륜(功德海光明輪)부처님이시며, 나는 오통선인

[五通仙]이 되어 큰 신통을 나타냈다. 육만 신선들이 앞뒤로 호위했고, 향꽃구름을 내려 공양했으며, 부처님이 나에게 무착법등(無着法燈)경을 말씀하셨다. 육 만 경전이 권속이 되었는데 내가 모두 듣고 법대로 받아 가졌다.

다음은 비로자나공덕장(毗盧遮那功德藏)부처님이시며, 나는 출생평등의(出生平等義)주지신이 되었다. 한량없는 주지신과 함께 모든 보배나무와 모든 마니광과 모든 보배영락구름을 내려 공양했다. 부처님이 출생일체여래지장(出生一切如來智藏)경을 말씀하시니 한량없는 경전이 권속이 되었는데, 내가 모두 듣고 법대로 받아 가졌다."

(39-34-2-2-10-2) 최후의 부처님을 섬기며 수행한 일

"소년이여, 이러한 차례로써 최후에 나신 부처님 이름은 충만허공법계묘덕등(充滿虛空法界妙德燈)이다. 나는 미안[美顔]이라는 기생이었다. 부처님이 성에 오심을 보고 노래와 춤으로 공양했으며 부처님의 신통에 힘입어 공중에 솟아올라 일 천 게송으로 부처님을 찬탄했다. 부처님은 나를 위해 미간에 광명을 놓으니 장엄법계대광명(莊嚴法界大光明)이었다. 나는 그 광명을 받고 법계방편불퇴장(法界方便不退藏)해탈문을 얻었다.

소년이여, 이 세계에는 이러한 부처세계의 수많은 겁이 있었고, 모든 여래가 그 가운데 나시는 것을 내가 모두 받들어 섬기고 공경하고 공양했으며, 여래들께서 말씀하신 법을 내가 다 기억하여 한 구절 한 글자도 잊지 않았고, 여래의 계신 데마다 모든 불법을 칭찬하고 찬탄하여 한량없는 중생에게 이익을 주었다. 모든 여래의 처

소에서 온갖 지혜의 광명을 얻고 삼세의 법계 바다에 나타나서 모든 보현의 행에 들어갔다.

소년이여, 나는 온갖 지혜의 광명을 의지했으므로 잠깐 동안 한량없는 부처님을 뵈었으며, 예전에 얻지 못하고 예전에 보지 못하던 보현의 모든 행을 다 만족하게 성취했다. 그 까닭은 온갖 지혜의 광명을 얻었기 때문이다."

(39-34-2-2-10-3) 보구중생묘덕주야신의 해탈 게송
이때 중생을 구호하는 주야신이 해탈의 뜻을 거듭 펴려고 게송으로 말했다.

(39-34-2-2-10-3-1) 설법 듣기를 권함
선재여, 내 말을 들어라 / 매우 깊고 볼 수 없는 법이
삼세의 차별한 모든 문을 / 두루 비추는구나.

내가 처음 마음을 내고 / 부처님의 공덕을 구하여
들어갔던 모든 해탈을 / 그대는 자세히 들어라.

(39-34-2-2-10-3-2) 천 부처님의 출현
지나간 옛적을 생각해 보면 / 세계의 수많은 겁 전에
그 보다 더 전에 겁이 있었으니 / 이름이 원만하고 청정함이다.

그때 보륜묘장엄이라는 / 세계가 있었는데
한량없는 부처님이 / 그 세상에 나셨다.

첫 부처님 이름은 지혜불꽃 / 다음 부처님은 법당불
셋째는 법수미이고 / 넷째는 덕사자이다.
다섯째는 적정왕 / 여섯째는 멸제전
일곱째는 고명칭 / 여덟째는 대공덕이다.

아홉째는 승일불 / 열째는 월면불
이러한 열 부처님 계신 데서 / 처음으로 법문을 깨달았다.

이후부터 차례차례로 / 열 부처님 출현하셨으니
제1은 허공처불 / 제2는 보광불

제3은 주제방불 / 제4는 정념해불
제5는 고승광불 / 제6은 구미운불
제7은 법염불 / 제8은 산승불
제9는 대비화불 / 제10은 법계화불이다.

수미산 티끌 수 겁 동안에 / 출현하신 여러 부처님
내가 모두 공양 올렸고 / 세간의 등불이시네.

부처 세계의 수많은 겁에 / 출현하신 부처님들을
내가 모두 공양 올렸고 / 이 해탈문으로 들어갔다.

나는 한량없는 겁 동안 / 행을 닦고 이 도를 얻었으니
그대들도 이 행을 닦으면 / 해탈문으로 들어갈 것이다.

(39-34-3) 수승한 보살의 공덕행을 찬탄하다

"소년이여, 나는 다만 보살이 세간에 나타나서 중생을 조복하는 해탈을 얻었을 뿐, 보살이 끝이 없는 행을 닦아 모음과 갖가지 이해를 내는 일과 몸을 나타냄과 뿌리[根]를 갖춤과 소원을 만족함과 삼매에 듦과 신통변화를 일으킴과 법을 관찰함과 지혜의 문에 들어감과 법의 광명을 얻는 일이야 내가 어떻게 알며, 어떻게 그 공덕의 행을 말하겠는가."

(39-34-4) 다음 선지식 찾기를 권하다

"소년이여, 여기서 멀지 않은 곳에 적정음해(寂靜音海)주야신이 있고, 마니광당장엄연화좌(摩尼光幢莊嚴蓮華座)에 앉았으며, 백만 아승기 주야신들에게 앞뒤로 둘러싸여 있었다. 그대는 그에게 가서 보살이 어떻게 보살의 행을 배우며 보살의 도를 닦느냐고 물어라."

이때 선재동자는 그의 발에 엎드려 절하고 수없이 돌고 은근하게 우러러보면서 하직하고 떠났다.

(39-35) 적정음해주야신(寂靜音海主夜神)

　　　제 5 난승지(難勝地) 선지식

(39-35-1) 적정음해주야신을 뵙고 법을 묻다

그때 선재동자는 보구중생묘덕주야신에게 보살이 세간에 나타나서 중생을 조복하는 해탈문을 들었다. 분명히 알고 믿고 이해하며 자유자재하며 편안하게 있으면서 적정음해주야신에게 갔다. 그의 발에 엎드려 절하고 수없이 돌고 합장하고 말했다.

"거룩하신 이여, 저는 이미 위없는 바른 보리심을 냈습니다. 저는 선지식을 의지하여 보살의 행을 배우고 보살의 행에 들어가고 보살의 행을 닦고 보살의 행에 머물고자 합니다. 바라건대 자비하신 마음으로 가엾게 여겨 보살이 어떻게 보살의 행을 배우며 보살의 도를 닦는지 말씀해 주십시오."

(39-35-2) 적정음해주야신의 설법
(39-35-2-1) 큰 지혜를 구하려는 마음

그때 적정음해주야신이 선재동자에게 말했다.

"훌륭하고, 훌륭하다. 소년이여, 그대가 선지식을 의지하여 보살의 행을 구하려 하는구나. 나는 보살의 생각생각마다 광대한 기쁨을 내는 장엄 해탈문을 얻었다."

"매우 거룩하신 이여, 그 해탈문은 어떤 작용을 하며 경계를 행하며 방편을 일으키며 무엇을 관찰합니까?"

"소년이여, 나는 청정하고 평등하며 좋아하는 마음을 냈다. 나는 세간의 티끌을 여의고, 청정하고 견고하게 장엄하여 깨뜨릴 수 없는 좋아하는 마음을 냈다. 나는 물러나지 않는 지위[不退轉位]를 반연하여 영원히 물러나지 않는 마음을 냈다. 나는 공덕 보배의 산을 장엄하여 흔들리지 않는 마음을 냈다. 나는 머무는 곳이 없는 마음을 냈다. 나는 중생의 앞에 두루 나타나서 구호하는 마음을 냈다. 나는 부처님 바다를 보아 만족함이 없는 마음을 냈다. 나는 모든 보살의 청정한 서원의 힘을 구하는 마음을 냈다. 나는 큰 지혜의 광명 바다에 머무는 마음을 냈다."

(39-35-2-2) 중생을 교화하려는 큰 자비심

"나는 중생이 걱정의 벌판을 뛰어넘게 하는 마음을 냈으며, 근심과 괴로움을 여의게 하는 마음을 냈으며, 뜻에 맞지 않는 빛·소리·향기·맛·닿음·법진을 버리게 하는 마음을 냈다. 나는 중생이 이별하는 괴로움과 원수를 만나는 괴로움을 여의게 하는 마음을 냈으며, 나쁜 인연과 어리석은 고통을 여의게 하는 마음을 냈으며, 험난을 당하는 중생의 의지가 되려는 마음을 냈다. 나는 중생이 괴로운 생사에서 벗어나게 하는 마음을 냈으며, 나고 늙고 병들고 죽는 고통을 여의게 하는 마음을 냈으며, 여래의 위가 없는 법의 즐거움을 성취하게 하는 마음을 냈으며, 나는 중생이 기쁨을 받게 하는 마음을 냈다."

(39-35-2-3) 중생들의 갖가지 폐단을 다스리다

"다시 법을 말하여 그들로 하여금 차츰차츰 높은 지혜의 지위에 이르게 한다. 어떤 중생이 자기가 있는 궁전이나 가옥에 애착하면 법의 성품을 통달하여 여러 가지 집착을 여의게 하며, 부모나 형제나 자매를 그리워하면 여러 부처님과 보살의 청정한 모임에 참여하게 하며, 부인을 그리워하면 생사의 애착을 버리고 가엾게 여기는 마음을 내게하여 중생에게 둘이 없는 평등심을 내게 하며, 왕궁에서 채녀(采女)들이 받들어 모시면 여러 성인이 모이는 데 참여하여 여래의 가르침에 들게 하며, 경계에 물듦을 보면 여래의 경계에 들어가게 한다.

어떤 중생이 화를 많이 내면 여래의 인욕바라밀을 실천하게 하며, 게으르면 청정하게 꾸준히 노력하는 바라밀을 실천하게 하며, 마음

274 우리말 화엄경 입법계품

이 산란하면 선정바라밀을 실천하게 하며, 무명의 어두움에서 헤매면 어두움에서 벗어나게 하며, 지혜가 없으면 반야바라밀을 실천하게 한다.

어떤 중생이 삼계(三界)에 물들면 생사에서 벗어나게 하며, 뜻이 용렬하면 부처님 보리에 대한 서원을 실천하게 하며, 자신을 이롭게 하는 행에 머무르면 모든 중생을 이익되게 하는 소원을 빌게 하며, 뜻과 힘이 미약하면 보살의 힘[力]바라밀을 실천하게 하며, 어리석어 마음이 캄캄하면 보살의 지[智]바라밀을 실천하게 한다.

어떤 중생의 신체가 불구이면 자비를 실천하게 하여 여래의 청정한 육신을 얻게 하며, 얼굴이 추하면 인욕을 실천하여 위가 없는 청정한 법신을 얻게 하며, 모습이 추악하면 지계를 실천하여 여래의 미묘한 육신을 얻게 한다. 어떤 중생이 근심이 많으면 여래의 안락함을 얻게 하며, 가난하면 보살의 공덕인 보배광을 얻게 하며, 외롭게 홀로 있으면 불법의 인연을 부지런히 구하게 한다.

어떤 중생이 길을 가고 있으면 온갖 지혜의 길로 향하게 하며, 마을에 있으면 삼계에서 뛰어나게 하며, 인간 몸 받아 있으면 이승의 길에서 초월하여 여래의 지위에 머물게 하며, 네 간방에 있으면 삼세가 평등한 지혜를 얻게 하며, 어떤 중생이 여러 방위에 있으면 지혜를 얻어 모든 법을 보게 한다.

어떤 중생이 탐심이 많으면 부정관(不淨觀)을 하게 하여 생사에 대한 애착을 버리게 하며, 성을 많이 내면 인자함을 관하는 법을 말하여 부지런히 닦는 데 들어가게 하며, 어리석은 짓을 많이 하면 밝은 지혜를 얻어 모든 법바다를 보게 하며, 탐진치의 삼독이 치성하면 여러 승(乘)의 소원바다에 들게 한다.

어떤 중생이 나고 죽는 것을 좋아하면 싫어서 떠나게 하며, 생사의 괴로움을 싫어하여 여래의 제도를 받을 이를 보면 좋은 방편으로 태어나게 하며, 오온(五蘊)에 애착하면 의지 없는 경계에 머물게 한다.

어떤 중생의 마음이 용렬하면 훌륭하게 장엄한 도를 보이며, 교만하면 평등한 법의 지혜를 말하며, 마음이 곧지 못하면 보살의 곧은 마음을 말한다.

소년이여, 나는 이러한 한량이 없는 법보시로 중생들을 거두어 준다. 갖가지 방편으로 교화하고 조복하여 나쁜 길을 여의고 인간이나 천상의 낙을 받게 하며 삼계의 속박을 벗어나 온갖 지혜에 머물게 한다. 그때 나는 엄청난 즐거움과 법의 광명바다를 얻고 마음이 밝고 편안하고 즐거웠다."

(39-35-2-4) 보살의 경계

"소년이여, 나는 도량에 모인 보살 대중을 항상 관찰하여 그들이 갖가지 원과 행을 닦으며, 깨끗한 몸을 나투며, 항상한 광명이 있으며, 광명을 놓으며, 방편으로 온갖 지혜의 문에 들어가며, 삼매에 들어 갖가지 신통변화를 나타내며, 음성바다를 내며, 장엄한 몸을 갖추며, 여래의 문에 들어가며, 세계바다에 나아가 갖가지 부처바다를 보며, 변재바다를 얻으며, 해탈 경계를 비추며, 지혜의 광명바다를 얻으며, 삼매바다에 들어가며, 해탈의 문에 유희하며, 문(門)으로 모든 지혜에 나아가며, 허공 법계를 장엄하며, 장엄구름으로 허공을 두루 덮으며, 도량에 모인 대중을 관찰하며, 세계를 모으며, 부처님 세계에 들어가며, 방위바다[方海]에 나아가 갖가지 여래

의 명령을 받으며, 여래의 처소에서 수많은 보살과 함께 하며, 장엄
구름을 내리며, 여래의 갖가지 법바다를 보며, 지혜바다에 들어가
며, 여래의 갖가지 방편에 들어가며, 여래의 갖가지 장엄한 자리에
앉았음을 안다.

소년이여, 나는 이 도량에 모인 대중을 관찰하여 부처님의 신통한
힘이 한량없고 그지없음을 알고 매우 기뻐했다."

(39-35-2-5) 부처님의 수승한 작용

"소년이여, 나는 비로자나여래께서 잠깐 동안 부사의하게 청정한
몸을 나타냄을 관찰하고 매우 기뻐했다.

여래께서 잠깐 동안 큰 광명을 놓아 법계에 가득함을 관찰하고 매
우 기뻐했다. 여래께서 낱낱의 털구멍에서 잠깐 동안 한량없는 부
처 세계의 티끌 수의 광명바다를 냈다. 낱낱의 광명이 한량없는 부
처세계의 티끌 수의 광명으로 권속을 삼고, 낱낱이 법계에 두루하
여 중생의 괴로움을 소멸시킴을 관찰하고 매우 기뻐했다.

소년이여, 나는 여래의 정수리와 두 어깨에서 잠깐 동안 부처세계
의 수많은 보배불꽃산구름[寶焰山雲]을 나타내어 시방의 법계에 가
득함을 보고 매우 기뻐했다.

소년이여, 나는 여래의 털구멍마다 잠깐 동안에 부처세계의 수많
은 향기광명구름을 내 시방의 부처세계에 가득함을 보았고, 부처세
계의 티끌 수의 몸매로 장엄한 여래의 몸구름을 내 시방의 세계에
두루함을 보았고, 수없이 많은 부처세계의 수많은 변화하는 구름을
내는 것을 보았고, 여래께서 처음 마음을 내 바라밀을 닦아 장엄한
길을 갖추어 보살의 지위에 들어감을 보고 매우 기뻐했다.

소년이여, 나는 여래의 낱낱의 털구멍에서 잠깐 동안 수없이 많은 부처세계의 티끌 수의 천왕의 몸구름을 나타내며, 천왕의 자재한 신통변화로 시방의 법계에 가득하여 천왕의 몸으로 제도할 수 있는 이에게는 그 앞에 나타나서 법을 말하는 것을 보고 매우 기뻐했다.

예전에 얻지 못한 것을 지금 얻었고, 증득하지 못한 것을 증득했고, 들어가지 못한 곳에 들어갔으며, 만족하지 못한 것에 만족했고, 보지 못한 것을 보았으며, 듣지 못한 것을 들었다.

무슨 까닭이냐? 법계의 모양을 분명하게 아는 까닭이며, 온갖 법이 오직 한 모양임을 아는 까닭이며, 삼세의 도에 평등하게 들어간 까닭이며, 온갖 끝이없는 법을 말하는 까닭이다.

소년이여, 나는 보살이 생각생각마다 엄청나게 기쁜 장엄을 내는 해탈의 광명바다에 들어갔다."

(39-35-2-6) 해탈의 수승한 경계

"소년이여, 이 해탈은 온갖 법계의 문에 두루 들어가므로 끝이 없다. 온갖 지혜 성품의 마음을 평등하게 내므로 다함이 없다. 경계가 없는 모든 중생의 생각 속에 들어가므로 경계가 없다. 고요한 지혜라야 알 수 있으므로 매우 깊다. 모든 여래의 경계에 두루하므로 크고 넓다. 보살의 지혜눈으로 알므로 무너짐이 없다. 법계의 밑바닥까지 다하므로 바닥이 없다. 한 가지 일에서 모든 신통변화를 두루 보므로 넓은 문이다. 모든 법의 몸이 평등하여 둘이 없으므로 취할 수 없다. 환술[幻]과 같은 법이므로 나지 않는다.

이 해탈은 온갖 지혜와 서원의 광명으로 생기므로 영상과 같다. 보살의 여러 가지 훌륭한 행을 변화시켜 내므로 화신과 같다. 모든 중생의 의지할 곳이 되므로 땅과 같다. 가엾게 여겨 모든 것을 적시므로 큰 물과 같다. 중생들의 탐애의 물을 말리므로 큰 불과 같다. 중생들을 온갖 지혜로 빨리 나아가게 하므로 큰 바람과 같다. 여러 가지 공덕으로 모든 중생을 장엄하므로 큰 바다와 같다. 온갖 지혜의 법보(法寶)바다를 내므로 수미산과 같다. 모든 미묘한 법으로 장엄하므로 큰 성곽과 같다. 삼세 부처님의 신통한 힘을 두루 받아들이므로 허공과 같다. 중생들에게 진리의 비를 두루 내리므로 큰 구름과 같다.

이 해탈은 중생들의 무지한 어둠을 깨뜨리므로 밝은 해와 같다. 광대한 복덕바다를 만족케 하므로 보름달과 같다. 모든 곳에 두루 하므로 진여와 같다. 자신의 착한 업이 변화하여 나타나므로 그림자와 같다. 그에게 맞추어 법을 말하므로 메아리와 같다. 중생의 마음을 따라 나타나므로 영상과 같다. 모든 신통의 꽃을 피우므로 큰 나무와 같다. 본래부터 깨뜨릴 수 없으므로 금강과 같다. 한량없이 자유자재한 힘을 내므로 여의주와 같다. 모든 삼세 여래의 신통한 힘을 나타내므로 깨끗한 마니보배와 같다. 모든 부처님의 법륜의 소리를 평등하게 내므로 기쁜 당기마니보배와 같다.

소년이여, 내가 이제 그대에게 이런 비유를 말하였으니 그대는 잘 생각하고 따라서 깨달음에 이르도록 하라."

(39-35-2-7) 열 가지 큰 법장을 수행하여 해탈을 얻다

그때 선재동자는 적정음해주야신에게 말했다.

"큰 성인이시여, 어떻게 수행하여 이 해탈을 얻었습니까?"

주야신이 대답했다.

"소년이여, 보살이 열 가지 큰 법장(法藏)을 닦아 행하면 이 해탈을 얻는다. 첫째는 보시하는 광대한 법장을 닦아 중생의 마음을 따라서 만족케 하고, 둘째는 계행을 깨끗이 지니는 광대한 법장을 닦아서 부처님의 공덕 바다에 들어가고, 셋째는 참는 광대한 법장을 닦아서 법의 성품을 두루 생각하고, 넷째는 꾸준히 노력하는 광대한 법장을 닦아서 온갖 지혜에 나아가 물러나지 않고, 다섯째는 선정의 광대한 법장을 닦아서 중생의 시끄러움을 없애고, 여섯째는 반야의 광대한 법장을 닦아서 법바다를 두루 알고, 일곱째는 방편의 광대한 법장을 닦아서 중생을 성숙하게 하고, 여덟째는 서원의 광대한 법장을 닦아서 세계와 중생바다에 두루하여 미래 세상이 끝나도록 보살의 행을 수행하고, 아홉째는 힘의 광대한 법장을 닦아서 잠깐 동안에 법계바다에 나타나서 모든 국토에서 등정각을 이루어 쉬지 않고, 열째는 깨끗한 지혜의 광대한 법장을 닦아서 여래의 지혜를 얻는다. 이렇게 하여 삼세의 모든 법을 두루 알아 막힘이 없는 것이다.

소년이여, 모든 보살이 열 가지 큰 법장에 편안히 머무르면, 이러한 해탈을 얻어 청정하고 증장하고 쌓이고 견고하여 편안히 머물러서 원만하게 된다."

(39-35-3) 적정음해주야신이 발심한 때를 말하다
(39-35-3-1) 다른 세계에서 수행한 일
선재동자가 말했다.
"거룩하신 이여, 위없는 바른 보리심을 낸 지는 얼마나 되었습니까?"

주야신이 말했다.

"소년이여, 이 화장장엄세계해(華藏莊嚴世界海)의 동쪽으로 열 세계해를 지나서 '온갖 깨끗한 빛 보배세계해'가 있다. 이 세계해에 '모든 여래의 서원 광명음성'이라는 세계종(世界種)이 있다. 그곳에 '청정하고 빛난 금장엄'이라는 세계가 있다. 일체향금강마니왕으로 자체가 되었고, 형상은 누각과 같으며 여러 묘한 보배구름이 경계선이 되어 보배영락바다에 머무르며, 묘한 궁전구름이 위에 덮였는데, 깨끗한 것과 더러운 것이 섞여 있었다.

이 세계 전에 '넓은 광명당' 겁이 있었고, 나라 이름은 '두루 원만한 묘한 광'이며, 도량의 이름은 '온갖 보배광 아름다운 달광명'이었으며, 불퇴전법계음(不退轉法界音)부처님이 이 도량에서 위없는 바른 보리를 이루었다.

나는 그때 보리수신(菩提樹神)이 되었으니 이름은 '복덕을 구족한 등불광명당기'로서, 도량을 수호하다가 그 부처님이 등정각을 이루어 신통한 힘을 나타내심을 보고 위없는 바른 보리심을 냈고, 즉시 삼매를 얻었는데, 이름이 '여래의 공덕 바다를 두루 비춤'이었다.

이 도량에서 다음 여래가 세상에 나셨으니 이름은 법수위덕산(法樹威德山)이었다. 나는 그때 목숨을 마치고 다시 태어나서 그 도량의 주야신이 되었으니 이름은 '훌륭한 복과 지혜광명'이었다. 그 여래께서 바른 법륜을 굴리시면서 큰 신통을 나타내심을 보고 삼매를 얻었으니, 이름이 '모든 탐욕을 여읜 경계를 두루 비춤'이었다.

다음 세상은 일체법해음성왕(一切法海音聲王)여래이며, 나는 그때 주야신이 되어 부처님을 뵙고 받들어 섬기며 공양하고, 삼매를 얻었으니 이름이 '모든 착한 법을 내어 자라게 하는 땅'이었다.

다음 세상은 보광명등당왕(寶佽明燈幢王)여래이며, 나는 그때 주야신이 되어 부처님을 뵙고 받들어 섬기며 공양하고 삼매를 얻었으니 이름이 '신통을 두루 나타내는 광명구름'이었다.

다음 세상은 공덕수미광(功德須彌光)여래이며, 나는 그때 주야신이 되어 부처님을 뵙고 받들어 섬기며 공양하고, 삼매를 얻었으니 이름이 '여러 부처님 바다를 두루 비춤'이었다.

다음 세상은 법운음성왕(法雲音聲王)여래이며, 나는 그때 주야신이 되어 부처님을 뵈옵고 받들어 섬기며 공양하고, 삼매를 얻었으니 이름이 '모든 법바다 등불'이었다.

다음 세상은 지등조요왕(智燈照耀王)여래이며, 나는 그때 주야신이 되어 부처님을 뵙고 받들어 섬기며 공양하고, 삼매를 얻었으니 이름이 '모든 중생의 괴로움을 없애는 청정한 광명등불'이었다.

다음 세상은 법용묘덕당(法勇妙德幢)여래이며, 나는 그때 주야신이 되어 부처님을 뵙고 받들어 섬기며 공양하고, 삼매를 얻었으니 이름이 '삼세 여래의 광명광'이었다.

다음 세상은 사자용맹법지등(師子勇猛法智燈)여래이며, 나는 그때 주야신이 되어 부처님을 뵙고 받들어 섬기며 공양하고 삼매를 얻었으니 이름이 '모든 세간에 걸림없는 지혜바퀴'였다.

다음 세상은 지력산왕(智力山王)여래이며, 나는 그때 주야신이 되어 부처님을 뵙고 받들어 섬기며 공양하고, 삼매를 얻었으니 이름이 '삼세 중생들의 근기와 행을 두루 비춤'이었다.

소년이여, 청정하고 빛난 금장엄세계의 넓은 광명당기 겁의 세계에 수많은 여래가 세상에 나셨는데, 나는 그때마다 천왕도 되고 용왕도 되고 야차왕도 되고 건달바왕도 되고 아수라왕도 되고 가루라왕도 되고 긴나라왕도 되고 마후라가왕도 되고, 사람왕도 되고, 범왕도 되며, 하늘의 몸도 되고 사람의 몸도 되고 남자의 몸도 되고 여자의 몸도 되고 동남의 몸도 되고 동녀의 몸도 되어 갖가지 공양거리로 여러 부처님께 공양했고, 부처님의 설법을 들었다.

여기서 목숨을 마치고 또 이 세계에 태어나서 두 부처세계의 수많은 겁을 지내면서 보살의 행을 닦았다. 그런 뒤에 목숨을 마치고는 이 화장엄세계해의 사바세계에서 수많은 겁을 지내면서 보살의 행을 닦았다. 그런 뒤에 목숨을 마치고는 이 화장장엄세계해(華藏莊嚴世界海)의 사바세계에 태어나서 구류손여래를 만나서 받들어 섬기며 공양하고, 삼매를 얻었으니 이름이 '모든 때를 여읜 광명'이었다.

다음에 구나함모니(拘那含牟尼)여래를 만나서 받들어 섬기며 공양하고, 삼매를 얻었으니 이름이 '모든 세계해를 두루 비춤'이었다. 다음에 가섭(迦葉)여래를 만나서 받들어 섬기며 공양하고, 삼매를 얻었으니 이름이 '모든 중생의 말씀 바다를 연설함'이었다.

다음에 비로자나여래를 만났는데, 이 도량에서 정등각(正等覺)을 이루고 잠깐 동안 신통한 힘을 나타내셨다. 나는 그때 뵙고 '광대하게 기쁜 장엄을 내는 해탈'을 얻었다. 이 해탈을 얻고 수없이 많은 부처세계의 티끌 수의 법계안립해(法界安立海)에 들어갔다. 법계가 나란히 정돈된 바다에 있는 세계의 티끌을 보니, 낱낱의 티끌 속에 수없이 많은 세계의 티끌 수의 부처님 국토가 있고, 낱낱의 부처님 국토에 비로자나여래께서 도량에 앉아서 잠깐 동안에 정등각을 이루시고 여러 가지 신통변화를 나투시며, 신통변화는 낱낱이 법계 바다에 두루하며, 그 곳에서 말씀하는 묘한 법을 들었다.

부처님의 털구멍마다 변화의 바다를 내고, 신통한 힘을 나타내며, 법계바다의 세계해와 세계종과 세계에서 중생의 마음을 따라서 바른 법륜을 굴리심을 보고 빨리 성취되는 다라니문을 얻었으며, 온갖 글과 뜻을 받아 생각하여 밝은 지혜로 모든 청정한 법장에 두루 들어가고, 자유자재한 지혜로 깊은 법바다에 노닐고, 두루한 지혜로 삼세의 광대한 이치를 알고, 평등한 지혜로 부처님들의 차별 없는 법을 통달하여, 모든 법문을 깨달았다.

낱낱의 법문 속에서 경구름을 깨닫고, 낱낱의 경구름 속에서 법바다를 깨닫고, 낱낱의 법바다 속에서 법의 품을 깨닫고, 낱낱의 법의 품에서 법구름을 깨닫고, 낱낱의 법구름 속에서 법의 흐름을 깨닫고, 낱낱 법의 흐름 속에서 크게 기쁜 바다를 내고, 낱낱의 크게 기쁜 바다에서 지위[地]를 내고, 낱낱의 지위에서 삼매바다를 내고, 낱낱 삼매바다에서 부처 뵙는 바다[見佛海]를 얻고, 낱낱의 부처 뵙는 바다에서 지혜광명바다를 얻었다.

낱낱 지혜광명바다가 삼세를 두루 비추고 시방에 두루 들어가 한량없는 여래의 옛적에 닦던 수행바다를 알고, 한량없는 여래의 지내온 본사바다[本事海]를 알고, 버리기 어려운 것을 버린 보시바다를 알고, 청정한 계행바다[戒輪海]를 알고, 청정한 참는 바다를 알고, 광대한 정진바다를 알고, 깊고 깊은 선정바다를 알고, 지혜바라밀바다를 알고, 방편바라밀바다를 알고, 역바라밀바다를 알고, 지바라밀바다를 알았다.

한량없는 여래가 옛적에 보살의 지위를 초월함을 알고, 옛적에 보살의 지위에 머물러서 수없는 세월에 신통한 힘 나타냄을 알고, 보살의 지위에 들어감을 알고, 보살의 지위를 닦음을 알고, 옛적에 보살의 지위를 다스림을 알고, 보살의 지위를 관찰함을 알았다.

옛날 보살이던 때에 항상 부처님을 보고 뵙는 것을 알고, 부처님 바다와 겁바다를 보고 함께 머무름을 알고, 한량없는 몸으로 세계바다에 태어남을 알고, 법계에 두루하여 광대한 행을 닦음을 알고, 갖가지 방편문을 나타내어 중생을 조복시키고 성숙케 함을 알았다.

한량없는 여래가 큰 광명을 놓아 시방의 세계바다에 비춤을 알고, 크게 신통한 힘을 나타내어 중생의 앞에 나타남을 알고, 광대한 지혜의 지위를 알고, 바른 법륜 굴림을 알고, 나투는 모습바다를 알고, 나투는 몸바다를 알고, 광대한 힘바다를 알아서 여래가 처음 마음 낸 때부터 법이 없어지던 것을 다 보고 알았다."

(39-35-3-2) 사바세계에서 수행한 일

"소년이여, 나는 지나간 옛적 두 부처세계의 티끌 수 겁 전에, 청정하고 빛난 금장엄세계에서 보리수신이 되어 불퇴전법계음(不退轉法界音)여래의 법문을 듣고 위없는 바른 보리심을 냈다. 두 부처세계의 티끌 수 겁 동안에 보살의 행을 닦았으며, 그런 뒤에 이 사바세계의 현겁(賢劫)에 태어나서 구류손부처님으로부터 석가모니부처님까지 오는 세상에 나실 여러 부처님들을 친근하고 공양했다. 이 세계의 현겁에서 여러 부처님께 공양한 것처럼 앞으로 올 모든 세계의 여러 겁 동안에 나실 부처님께도 모두 친근하게 공양할 것이다.

소년이여, 청정하고 빛난 금장엄세계에는 지금도 여러 부처님이 나시면서 계속하여 끊이지 않는다. 그대는 한결같은 마음으로 이 보살의 크게 용맹한 문을 닦으라."

(39-35-3-3) 적정음해주야신의 게송

(39-35-3-3-1) 수행하기를 권하다

이때 적정음해주야신이 해탈의 뜻을 거듭 펴려고 게송으로 말했다.

선재동자여, 내가 말하는 / 청정한 해탈문을 자세히 들어라.

듣고는 환희한 마음을 내어 / 부지런히 닦아 끝까지 이르라.

(39-35-3-3-2) 수행한 것을 밝히다

나는 지나간 오랜 겁 동안 / 믿고 좋아하는 마음을 냈으니

청정하기 허공과 같아 / 온갖 지혜를 항상 관찰했다.

나는 삼세 부처님들께 / 믿고 좋아하는 마음을 내고

그곳 대중들과 함께 / 항상 친근하기를 원했다.

나는 예전에 부처님 뵙고 / 중생을 위해 공양 올렸으며

청정한 법문을 듣고 / 마음이 매우 기뻤다.

항상 부모를 소중히 여기며 / 공경하고 공양하여

조금도 멈추지 않았으므로 / 이 해탈문에 들었다.

늙은 이, 병든 이, 가난한 이와 / 모든 감관이 구족하지 못한 이들

모두 제도하여 / 편안함을 얻게 했다.

수재와 화재와 죄인과 도둑들 / 바다에서나 어디서나 두려움에 쌓인 이
그들을 제도하려고 / 원을 세우고 수행을 했다.

번뇌가 많은 이들과 / 업장에 얽매인 이들과
험난한 길에 빠진 이들을 / 나는 항상 제도했다.

여러 가지 나쁜 길에서 / 한량없는 고통을 받으며
나고 늙고 병들고 죽음을 / 나는 모두 소멸시켰다.

미래 세월이 끝나도록 / 모든 중생을 위해
나고 죽는 고통을 멸하고 / 깨달음의 즐거움을 얻게 하리라.

(39-35-4) 수승한 보살의 일을 찬탄하다

"소년이여, 나는 다만 잠깐 동안 광대한 기쁨으로 장엄한 해탈을
알 뿐이다. 보살들이 법계바다에 깊이 들어가서 모든 겁의 수를 다
알고 세계가 이루어지고 무너짐을 보는 일이야 내가 어떻게 알며
그 공덕의 행을 어떻게 말하겠는가."

(39-35-5) 다음 선지식 찾기를 권하다

"소년이여, 이 보리도량의 여래의 모임 가운데 수호일체성(守護
一切城)주야신이 있다. 그대는 그에게 가서 보살이 어떻게 보살의
행을 배우며, 보살의 도를 닦느냐고 물어라."

(39-35-6) 선재동자가 선지식의 덕을 게송으로 찬탄하다

　이때 선재동자는 한결같은 마음으로 적정음해주야신의 가르침을 생각하면서 게송으로 말했다.

나는 선지식의 가르침 받고 / 천신이 있는 곳에 와서
보배 자리에 앉은 신을 보니 / 몸의 크기가 한량없습니다.

빛깔과 모양에 집착하여 / 모든 법이 있다는 것에 착각하는
소견 좁고 지혜 없는 사람들 / 높은 경계를 어떻게 알겠습니까.

이 세상의 천상 인간 사람들 / 한량없는 겁 동안 관찰하여도
아무도 헤아릴 수 없으니 / 몸매가 엄청 큰 까닭입니다.

오온(五蘊)을 멀리 여의었고 / 십이처에도 머물지 않아
세간의 의심 아주 끊었으며 / 자재한 힘을 나타냅니다.

안의 법도 밖의 법도 취하지 않아 / 흔들림이 없으며
청정한 지혜의 눈으로 / 부처님의 신통을 봅니다.

몸은 바른 법의 창고며 / 마음은 걸림없는 지혜이며
지혜의 비춤을 이미 얻어서 / 여러 중생을 다시 비춥니다.

마음에 끝이없는 업을 모아 / 모든 세간을 장엄했고
세상이 모두 마음인 줄 알면서 / 중생들 같이 몸을 나타냅니다.

세상은 모두 꿈이며 / 모든 부처님은 그림자이며
여러 가지 법 메아리 같은 줄 알아 / 중생들의 고집을 없애게 합니다.

삼세의 중생을 위해 / 잠깐 동안 몸을 나투지만
마음은 머문 곳이 없어 / 시방에 가득하여 법을 설합니다.

끝이 없는 모든 세계바다와 / 부처바다와 중생바다가
모두 한 티끌 속에 있으니 / 이 성인의 해탈한 힘입니다.

이때 선재동자는 그의 발에 엎드려 절하고 여러번 돌고 은근하게 우러러 보면서 하직하고 떠났다.

(39-36) 수호일체성주야신(守護一切城主夜神)
　　제6 현전지(現前地) 선지식

(39-36-1) 수호일체성주야신을 뵙고 법을 묻다
(39-36-1-1) 선재동자가 다음 선지식을 찾아가다
이때 선재동자는 적정음해주야신의 가르침을 생각하고 관찰했다. 낱낱의 글귀를 하나도 잊지 않았고, 한량없는 깊은 마음과 한량없는 법의 성품과 모든 방편과 신통과 지혜를 기억하고 생각하고 가려서 계속하고 끊이지 않았다. 마음이 광대하고 증득하여 편안히 머물면서 수호일체성주야신이 있는 곳으로 나아갔다.

(39-36-1-2) 수호일체성주야신이 열 가지 몸을 나타내다

그 주야신은 보배광명마니왕으로 된 사자좌에 앉았고, 수많은 주야신들에 둘러쌓여 있었다. 모든 중생의 모습인 몸을 나타냈다. 중생을 널리 대해도 세간에 물들지 않았다. 중생의 수와 같은 몸을 나타내며, 세간을 초월한 몸을 나타내며, 중생을 성숙시키는 몸을 나타내며, 시방에 빨리 가는 몸을 나타내며, 시방을 두루 포섭하는 몸을 나타내며, 끝까지 여래의 성품에 이른 몸을 나타내며, 끝까지 중생을 조복시키는 몸을 나타내는 것을 보았다.

(39-36-1-3) 중생을 거두어 주는 법에 대하여 묻다

선재동자는 그것을 보고 기뻐하며 그의 발에 절하고 여러번 돌고 앞에 서서 합장하고 말했다.

"거룩하신 이여, 나는 이미 위없는 바른 보리심을 냈으나, 보살들이 보살의 행을 닦을 때, 어떻게 중생을 이익되게 하며, 위없이 거두어 주는 일로 중생을 거두어 주며, 부처님의 가르침을 따르며, 법왕의 자리에 가까이 하는지를 알지 못합니다. 바라건대 인자한 마음으로 저에게 말씀해 주시기 바랍니다."

(39-36-2) 수호일체성주야신의 설법
(39-36-2-1) 선재동자를 찬탄하다

주야신이 선재에게 말했다.

"소년이여, 그대가 중생을 구호하기 위해, 부처님 세계를 깨끗하게 장엄하기 위해, 여래에게 공양하기 위해, 모든 겁에 있으면서 중생을 구원하기 위해, 부처의 성품을 수호하기 위해, 시방에 두루 들어가 모든 행을 닦기 위해, 법문바다에 들어가기 위해, 평등한 마음

으로 모든 것에 두루하기 위해, 부처님의 법륜을 모두 받기 위해, 중생의 좋아하는 마음을 따라 법비를 내리기 위해 보살들의 수행하는 문에 대해 묻는구나."

(39-36-2-2) 보살의 자유자재한 묘한 음성해탈

"소년이여, 나는 보살의 매우 깊고 '자유자재한 묘한 음성 해탈'을 얻었다. 법사가 되어 거리낌 없으니 모든 부처님의 법장을 잘 열어 보이는 까닭이다. 서원과 자비의 힘을 갖추었으니 중생을 보리심에 머물게 하는 까닭이다. 중생을 이익되게 하는 일을 지으니 선근을 쌓아 쉬지 않는 까닭이다. 중생을 지도하는 스승이 되었으니 중생을 보리의 도에 머물게 하는 까닭이다. 세간의 청정한 법의 해[法日]가 되어 세간에 두루 비추어 선근을 내게 하는 까닭이다. 세간에 마음이 평등하여 여러 중생의 착한 법을 증장하게 하는 까닭이다. 경계에 마음이 청정하여 착하지 않는 업을 없애는 까닭이다. 중생을 이익되게 서원하여 몸이 항상 모든 국토에 나타나는 까닭이다. 온갖 본사(本事)의 인연을 나타내어 여러 중생을 착한 행에 머물게 하는 까닭이다. 선지식을 섬겨 중생들을 부처님 가르침에 머물게 하는 까닭이다.

소년이여, 이 법을 중생에게 베푸는 것은 선한 법을 내어 온갖 지혜를 구하게 하며, 마음의 견고함이 금강나라연(那羅延) 광과 같아 부처의 힘과 마의 힘을 잘 관찰하며, 항상 선지식을 친근하고 모든 업과 번뇌의 산을 깨뜨리며, 온갖 지혜의 도를 돕는 법을 모아서 마음에 항상 온갖 지혜의 지위를 버리지 않게 함이다."

(39-36-2-3) 열 가지로 법계를 관찰하다

"소년이여, 나는 이러한 깨끗한 법의 광명으로 모든 중생을 이익되게 하여 선근과 도를 돕는 법을 모을 때 열 가지로 법계를 관찰했다.

첫째는 광대한 지혜의 광명을 얻어서 법계가 한량없음을 알며, 둘째는 부처님이 알고 보시는 것을 알아 법계가 끝이 없음을 알며, 셋째는 부처님의 국토에 들어가서 여러 여래께 공경하고 공양하여 법계가 수없이 많음을 알며, 넷째는 법계바다 속에서 보살행을 닦음을 보아 법계가 가없음을 알며, 다섯째는 여래의 끊이지 않는 지혜에 들어가서 법계가 끊임없음을 안다.

여섯째는 여래의 한결같은 음성을 중생이 알아 법계가 한 성품임을 알며, 일곱째는 여래의 서원이 중생을 두루 제도함을 알아 법계의 성품이 깨끗함을 알며, 여덟째는 보현의 묘한 행이 두루하여 법계가 중생에게 두루함을 알며, 아홉째는 보현의 묘한 행이 잘 장엄하여 법계가 한 가지로 장엄함을 알며, 열째는 온갖 지혜의 선근이 법계에 가득하여 법계가 파괴할 수 없음을 안다.

소년이여, 이 열 가지로 법계를 관찰하여 선근을 모으며, 도를 돕는 법을 마련하며, 부처님들의 광대한 위덕을 알고, 여래의 부사의한 경계에 깊이 들어간다."

(39-36-2-4) 열 가지의 큰 위덕다라니

"소년이여, 나는 이렇게 바른 마음으로 생각하고 여래의 열 가지 큰 위덕다라니바퀴를 얻었다.

다라니바퀴는 법에 두루 들어가며, 법을 두루 지니며, 법을 두루 말하며, 시방의 부처님을 두루 생각하며, 부처님의 명호를 두루 말하며, 삼세 부처님들의 서원바다에 두루 들어가며, 승(乘)의 바다에 두루 들어가며, 중생의 업바다에 두루 들어가며, 업을 빨리 돌리며, 온갖 지혜를 빨리 나게 한다.

소년이여, 열 가지 다라니바퀴는 일 만 다라니바퀴로 권속을 삼고 항상 중생에게 묘한 법을 연설한다."

(39-36-2-5) 갖가지 법을 말하다

"소년이여, 나는 중생에게 듣는 지혜의 법과, 생각하는 지혜의 법과, 닦는 지혜의 법과, 한 가지 있는 법과, 온갖 있는 법과, 한 여래의 이름바다법과, 모든 여래의 이름바다법과, 한 세계바다의 법과, 모든 세계바다의 법과, 한 부처님의 수기바다[授記海] 법과, 모든 부처님의 수기바다법과, 한 여래에게 모든 대중의 도량바다법과, 모든 여래에게 모든 대중의 도량바다법과, 한 여래의 법륜바다법과, 모든 여래의 법륜바다법과, 한 여래의 경전 법과, 모든 여래의 경전법과, 한 여래의 회중을 모으는 법과, 모든 여래의 회중을 모으는 법과, 한 보리 마음바다법과, 모든 보리 마음바다법과, 한 승(乘)으로 벗어나는 법과, 모든 승으로 벗어나는 법을 말하기도 한다. 소년이여, 나는 이러한 수없이 많은 법문을 중생에게 설한다.

소년이여, 나는 여래의 차별 없는 법계문바다에 들어가서 위없는 법을 말하여 중생들을 두루 거두어서 끝까지 보현의 행에 머물게 한다.

소년이여, 나는 매우 깊고 자유자재한 묘한 음성해탈을 성취했으므로 잠깐 동안 온갖 해탈문을 증장하며, 잠깐 동안 모든 법계에 가득하다."

(39-36-2-6) 처음 해탈문을 얻은 일에 대하여

(39-36-2-6-1) 처음 부처님 때의 일

이때 선재동자가 주야신에게 말했다.

"신기합니다. 주야신이시여, 이 해탈문은 매우 드문데 거룩하신 이께서는 성취한지 얼마나 오래되었습니까?"

"소년이여, 지난 옛날 세계의 수많은 겁 전에 '무구광명'겁이 있었다. 세계의 이름은 법계공덕구름이었다. 중생의 업을 나타내는 마니왕 바다로 자체가 되었는데, 형상은 연꽃 같고 사천하의 수많은 향마니수미산 그물 속에 있으며, 여래의 서원음성을 내는 연화로 장엄하고 나유타 연화로 권속을 삼았으며, 나유타 향마니로 사이사이를 장식했고 나유타 사천하가 있으며, 낱낱의 사천하에 백천억 나유타 성(城)이 있었다.

소년이여, 그 세계에 '묘당기'라는 사천하가 있었다. 그 가운데 있는 수도는 '넓은 보배꽃광명'이었다. 수도에서 멀지 않은 곳에 '법왕의 궁전을 두루 나타냄'이라는 보리도량이 있었다. 나유타 여래가 그 가운데 나타나셨다.

처음 부처님은 법해뇌음광명왕불(法海雷音光明王佛)이며, 그 부처님이 나셨을 때 일광명면(日光明面)전륜왕이 있어서 부처님에게서 일체법해선(一切法海旋) 경전를 받아 지녔고, 부처님이 열반에 드신 후에 출가하여 바른 법을 보호하여 전법했다.

법이 없어지려 할 때 일천 무리의 다른 대중이 있어 일천 가지로 법을 말하며, 말겁(末劫)이 되어서는 번뇌와 업이 두터운 비구들이 많아서 서로 다투며 경계에만 집착하고 공덕을 구하지 않았다. 왕의 논쟁, 도둑의 논쟁, 여인의 논쟁, 나라의 논쟁, 바다의 논쟁과 모든 세간의 논쟁을 하기 좋아하므로, 비구는 '이상하고 괴롭다. 부처님이 한량없는 겁바다에서 이 법의 횃불을 모으셨는데 어찌하여 너희들은 훼방하고 없애려 하느냐?' 이렇게 생각했다. 그리고 허공으로 올라가서, 몸으로 여러 가지 빛불꽃구름을 내며, 가지각색 빛광명그물을 놓아 한량없는 중생의 치성한 번뇌를 제거하고, 보리심을 내게 했다. 이 인연으로 여래의 법이 다시 6만 5천 년 동안 흥했다.

그때 법륜화광(法輪化光)비구니가 있었다. 전륜왕의 딸로서 십 만 비구니로 권속을 삼았는데 부왕의 말씀을 듣고 신통한 힘을 보고 보리심을 내어 영원히 물러나지 않았다. '모든 부처님의 가르침의 등불'삼매를 얻었다. 또 매우 깊고 자유자재한 묘한 음성 해탈을 얻었다. 삼매를 얻고는 몸과 마음이 부드러워졌으며, 법해뇌음광명왕여래를 보고 신통한 힘을 얻었다.

"소년이여, 어떻게 생각하느냐? 그때 전륜왕으로서 여래를 따라 바른 법륜을 굴리고 부처님이 열반하신 뒤에 말법(末法)시대에 불법을 흥하게 한 이는 지금의 보현보살이며, 법륜화광비구니는 나의 전생이었다. 그때 나는 불법을 수호하여 십만 비구니들이 위없는 바른 보리에서 물러나지 않게 했고, 부처님을 보는 삼매를 얻게 했고, 부처님의 법륜과 금강광명다라니를 얻게 했고, 법문바다에 널리 들어가는 지혜바라밀을 얻게 했다."

(39-36-2-6-2) 백 부처님 때의 일

"다음 부처님은 이구법광명부처님이였으며, 차례로 백 부처님이 나셨다. 다음은 법륜광명계부처님이며, 차례로 법일공덕운부처님,

법해묘음왕부처님, 법일지혜등부처님, 법화당운부처님, 법염산당왕부처님, 심심법공덕월부처님, 법지보광장부처님, 개시보지장부처님, 공덕장산왕부처님, 보문수미현부처님, 일체법정진당부처님, 법보화공덕운부처님, 적정광명계부처님, 법광명자비월부처님 등이다.

소년이여, 이러한 나유타 부처님 중에 마지막 부처님의 이름은 법계성지혜등(法界城智慧燈)이었다. 모든 때 여읜 광명겁 동안 세상에 계셨으며, 내가 존중하고 친근하여 공양했다. 말씀하신 묘한 법을 듣고 받아 지녔으며, 여러 여래에게 출가하여 도를 배웠고, 교법을 수호했으며, 보살의 매우 깊고 자유자재한 묘한 음성의 해탈에 들어가 갖가지 방편으로 한량없는 중생들을 교화하여 성숙하게 했다.

그 후에 수많은 겁 동안에 세상에 나시는 부처님을 공양하고 그 법을 수행했다.

소년이여, 나는 그때부터 나고 죽는 어두운 무명 속에 있는 중생들 속에 홀로 깨어 있어서, 중생들이 마음성[心城]을 수호하고 삼계의 성을 버리게 하며, 온갖 지혜의 위없는 법의 성에 머물게 했다."

(39-36-3) 수승한 보살의 일을 찬탄하다

"소년이여, 나는 다만 매우 깊고 자유자재한 묘한 음성의 해탈을 알고 세간 사람들의 희롱거리 말을 여의고 두 가지 말을 하지 않으며, 진실한 말과 청정한 말을 할 뿐이다. 보살들이 모든 말의 성품을 알아 생각마다 중생을 깨닫게 하며, 여러 중생의 음성바다에 들어가서 온갖 말을 분명하게 하며, 법문바다를 분명히 보며, 온갖 법을 포섭한 다라니에 이미 자재해졌다. 중생들에 따라 법을 말하여 의심을 없게 하며, 중생을 널리 거두어 주고 보살의 위없는 업을 교묘하게 닦으며, 보살의 미세한 지혜에 깊이 들어가 보살들의 법장을 잘 관찰하며, 보살의 법을 자유롭게 말하는 것은 모든 법륜의 다라니를 이미 성취한 까닭이니, 그런 일이야 내가 어떻게 알며 그 공덕의 행을 말하겠는가."

(39-36-4) 다음 선지식 찾기를 권하다

"소년이여, 이 부처님 회중에 개부일체수화(開敷一切樹華)주야신이 있다. 그대는 그에게 가서 보살이 어떻게 온갖 지혜를 배우며, 모든 중생을 편안케 하며, 온갖 지혜에 머물게 하는가를 물어라."

(39-36-5) 수호일체성주야신의 게송

그때 수호일체성주야신이 이 해탈의 뜻을 거듭 밝히려고 게송으로 말했다.

보살의 깊은 해탈 보기 어려워 / 진여와 같은 허공의 평등한 모양
그지없는 법계의 안에 계시는 / 삼세의 모든 여래 두루 보네.

한량없이 훌륭한 공덕을 내며 / 부사의한 참 법의 성품에 들어
온갖 것에 자재한 지혜를 기르며 / 삼세의 해탈도를 열어 통하네.

세계의 티끌처럼 많은 겁 전에 / 그때에 정광겁이 있었고
그 세계의 이름은 법불꽃구름이며 / 수도는 보배꽃광명이네.

그 세상에 나셨던 많은 부처님 / 한량없는 나유타 만큼 많은데
법해음부처님께서 / 이 겁에 가장 먼저 나셨네.

맨 나중 나셨던 부처님은 / 법계염등왕부처님이며
이렇게 나셨던 모든 여래를 / 내가 모두 공양하고 법을 들었네.

법해뇌음부처님을 뵈었는데 / 부처님의 몸빛이 진금빛이며
여러 모양 장엄하심은 보배산 같아 / 나도 부처 되려고 발심했네.

부처님 몸매를 잠깐 뵙고는 / 광대한 보리심을 바로 내며
서원하고 온갖 지혜 구하려 하니 / 그 성품이 법계의 허공과 같네.

이리하여 삼세의 부처님들과 / 모든 보살대중을 두루 뵈며
국토와 중생바다 다 보고 나서 / 그런 것들 반연하여 대비심을 내네.

중생들이 좋아하는 마음을 따라 / 한량없는 갖가지 몸을 나타내어
시방의 모든 국토에 가득하여 / 땅 흔들고 빛을 펴서 중생을 깨닫
게 하네.

둘째 나신 부처님 가까이 뵙고 / 시방세계 부처님도 다 뵈었으며
마지막 부처님이 나시기까지 / 수미산 같이 수없이 많네.

모든 세계 수많은 갑절 겁 동안 / 출현하시는 세상의 등불인 여러 부처님
내가 다 친근하고 받들어 섬겨 / 이 해탈을 청정하게 닦아 이루었네.

(39-36-6) 선재동자가 법을 얻은 것을 찬탄하다

이때 선재동자는 보살의 매우 깊고 자유자재한 묘한 음성의 해탈에 들어갔다. 끝이 없는 삼매바다에 들어가고, 크고 넓은 다라니 바다에 들어가서 보살의 신통과 보살의 변재를 얻고 마음이 매우 기뻐서 수호일체성주야신을 관찰하고 게송으로 찬탄했다.

광대한 지혜바다 이미 행하고 / 끝이 없는 업바다를 이미 건너서
장수하고 근심 없는 지혜의 몸이 / 위덕과 광명으로 여기 계십니다.

법의 성품 허공같이 통달하시고 / 삼세에 들어가되 걸림이 없어
생각으로는 모든 경계 반연하여도 / 마음에는 모든 분별 아주 끊었습니다.

중생들의 성품 없음 통달하고도 / 중생에게 대비심을 일으키시며
여래의 해탈문에 깊이 들어가 / 한량없는 중생을 제도하십니다.

온갖 법을 관찰하고 생각해 알고 / 모든 법의 성품을 증득하여 알며
부처님의 지혜를 이렇게 닦아 / 중생을 교화하여 해탈하게 합니다.

당신은 중생들을 지도하는 이 / 여래의 지혜 길을 열어 보이며
온 법계의 수많은 중생들에게 / 공포에서 벗어나는 행을 말합니다.

여래의 서원길에 이미 머물고 / 보리의 큰 교법을 이미 받았고
온갖 것에 두루하는 힘을 닦아서 / 시방에 자재하신 부처 뵈었습니다.

신의 마음 깨끗하기 허공과 같아 / 여러 가지 번뇌를 두루 여의고
삼세의 한량없는 여러 세계와 / 부처·보살·중생을 모두 아십니다.

천신은 한 생각이 낮과 밤이며 / 날과 달과 해와 겁을 모두 아시고
중생들의 여러 종류 이름과 형상들 / 제각기 차별함을 모두 아십니다.

시방세계와 중생의 죽고 나는 곳과 / 형상 세계와 무형 세계와 유
상(有想)과 무상(無想)
이런 것들 세속 따라 모두 다 알고 / 인도하여 보리에 들게 하십니다.

여래의 서원집에 이미 나시고 / 부처님의 공덕바다 이미 들어가
마음이 걸림없고 몸이 청정하여 / 중생따라 여러 몸을 나타냅니다.

　이때 선재동자는 게송을 말하고 나서 주야신의 발에 예배하고 여
러번 돌고 은근하게 우러러 보면서 하직하고 물러갔다.

(39-37) 개부일체수화주야신(開敷一切樹華主夜神)
　　　제 7 원행지(遠行地) 선지식

(39-37-1) 개부일체수화주야신을 뵙고 법을 묻다
　이때 선재동자는 보살의 매우 깊고 자유자재한 묘한 음성의 해탈
문에 들어가서 수행이 증진되어 개부일체수화주야신에게 나아갔
다. 그는 보배향나무로 지은 누각 안에서 묘한 보배로 만든 사자좌
에 앉았는데, 백만의 주야신이 모시고 있었다.

선재동자는 그의 발에 예배하고 앞에 서서 합장하고 말했다.

"거룩하신 이여, 저는 이미 위없는 바른 보리심을 냈으나, 보살이 어떻게 보살의 행을 배우며 온갖 지혜를 얻는지 알지 못합니다. 바라건대 자비하신 마음으로 저에게 말씀해 주시기 바랍니다."

(39-37-2) 개부일체수화주야신의 설법

(39-37-2-1) 중생을 안락하게 하는 행

주야신이 말했다.

"소년이여, 나는 이 사바세계에서 해가 지고 연꽃이 지고 사람들이 구경하던 일을 마칠 때에, 여러 산이나 물이나 성이나 벌판 등에 있는 여러 중생들이 모두 그들이 있던 곳으로 돌아가려 할 때 이들을 보호하여 바른 길을 찾게 하며 가려는 곳에 가서 밤을 편안히 지내게 한다."

(39-37-2-2) 중생들을 이익되게 하는 행

"소년이여, 어떤 중생이 한창 혈기가 충만할 나이에 교만하고 방탕하여 오욕락(五欲樂)을 마음껏 누리거든, 나는 그에게 늙고 병들어 죽는 일을 보여 두려운 생각을 내고 나쁜 짓을 버리게 하며, 갖가지 선근을 칭찬하여 닦아 익히게 한다. 인색한 이에게는 보시를 찬탄하고, 파계하는 이에게는 청정한 계율을 칭찬하고, 성 잘 내는 이에게는 인자한 곳에 머물게 하고, 해칠 마음을 가진 이에게는 참는 일을 하게 하고, 게으른 이에게는 정진하게 하고, 산란한 이에게는 선정을 닦게 하고, 나쁜 꾀를 가진 이에게는 지혜를 배우게 하고, 소승을 좋아하는 이는 대승에 머물게 하고, 삼계의 여러 길을 좋아하는 이는 보살의 서원바라밀에 머물게 하며, 중생이 복과 지혜가 미약하여 번뇌와 업의 핍박으로 걸림이 많은 이는 보살의 역바라밀에 머물게 하며, 중생이 마음이 어두워 지혜가 없으면 보살의 지바라밀에 머물게 한다.

소년이여, 나는 이미 보살의 큰 기쁨을 내는 광명의 해탈문을 성취했다."

(39-37-2-3) 해탈문의 경계

선재동자가 말했다.

"거룩하신 이여, 이 해탈문의 경계가 어떠합니까?"

주야신이 말했다.

"소년이여, 이 해탈에 들어가면 여래께서 중생들을 두루 거두어 주는 교묘한 방편지혜를 알게 된다. 중생이 받는 여러 가지 즐거움은 모두 여래의 위덕의 힘이다. 여래의 가르침을 순종하고 여래의 말씀을 실행하고 여래의 행을 배우고 여래의 두호하는 힘을 얻고 여래의 인가하는 도를 닦고 여래의 행하던 착한 일을 심고 여래의 법을 의지하고 여래의 지혜의 햇빛으로 비추고 여래의 성품이 깨끗한 업의 힘으로 거두어 주는 까닭으로 생긴다.

소년이여, 내가 큰 기쁨을 내는 광명의 해탈에 들어가서, 비로자나 여래·응공·정등각께서 과거에 닦으시던 보살의 수행바다를 기억하여 분명하게 보았다."

(39-37-2-4) 발심한 일에 대하여 말하다

"소년이여, 부처님께서 보살로 계실 때에 모든 중생이 '나'와 '내

것'이라는 것에 집착하여 무명의 어두운 밤에 머물며, 여러 소견의 숲속에 들어가서 탐애에 얽매이고 성내는 데 휩싸이고 어리석은 데 어지럽히고 미워하는 데 감기어, 나고 죽는 데 바퀴돌 듯이 하고 빈궁하고 피곤하여 부처님이나 보살들을 만나지 못하는 것을 보았다.

그런 것을 보고 가엾게 여기는 마음을 내어 중생을 이익되게 했다. 보배로 된 도구를 얻어 중생을 거두어 주는 마음과 중생들이 생활에 필요한 물품을 구족하여 모자람이 없게 하는 마음과 일에 집착을 여의게 하는 마음과 경계에 물들고 탐내지 않는 마음과 끊임없이 베푸는 마음과 과보에 희망하지 않는 마음과 영화에 부러워하지 않는 마음과 인연에 미혹하지 않는 마음을 냈다.

진실한 법의 성품을 관찰하고, 중생을 구호하고, 법의 소용돌이에 깊이 들어가고, 중생에 대하여 평등한 데 머무는 인자한 마음과 중생에게 방편을 행하는 가엾게 여기는 마음과 큰 법의 일산이 되어 중생을 두루 덮는 마음과 큰 지혜의 금강저로 중생의 번뇌의 산을 깨뜨리는 마음과 중생의 기쁨을 증장하는 마음을 냈다. 끝까지 안락하게 하는 마음과 중생의 욕망을 따라 모든 보배를 비내리는 마음과 평등한 방편으로 중생을 성숙하게 하는 마음과 중생으로 하여금 성스러운 재물에 만족케 하는 마음과 중생이 반드시 모두 십력(十力)의 지혜열매를 얻게 하는 마음을 냈다."

(39-37-2-5) 중생을 성숙하게 하는 행

"이런 마음을 내어 보살의 힘을 얻고 큰 신통변화를 나타냈다. 법계와 허공계에 두루하여 중생에게 생활에 필요한 물품을 비 내려 그들의 욕망대로 뜻에 만족하여 기쁘게 하며, 뉘우치지도 인색하지도 않았다. 이러한 방편으로 중생들을 두루 거두어 교화하고 성숙하게 하여 생사의 고통에서 벗어나게 하면서도 갚음을 바라지 않으며, 여러 중생의 마음보배를 깨끗하게 다스려서 그들로 하여금 여러 부처님과 같은 선근을 일으키게 하며 온갖 지혜와 복덕바다를 증장하게 했다.

보살이 이렇게 하여 잠깐 동안에 모든 중생을 성숙하게 하며, 부처님 세계를 깨끗이 장엄하며, 법계에 두루 들어가며, 허공계에 두루 가득하며, 삼세에 두루 들어가며, 중생의 지혜를 성취하고 조복하며, 온갖 법륜을 굴리며, 온갖 지혜의 도로써 중생을 이익되게 하며, 세계의 갖가지로 차별된 중생 앞에서 오는 세월이 끝나도록 부처님의 등정각을 이루심을 나타내며, 널리 모든 세계의 겁에서 보살의 행을 닦아 두 가지 생각을 내지 않는다. 모든 광대한 세계해의 세계종 가운데 있는 갖가지로 경계가 된 세계와 갖가지로 장엄한 세계와 갖가지의 자체로 된 세계와 갖가지의 형상으로 된 세계와 갖가지 널려 있는 세계에 들어가는 것이다. 어떤 세계는 더러운데 깨끗하기도 하며, 깨끗한데 더럽기도 하며, 더럽기만 하고, 깨끗하기만 하며, 작기도 하고 크기도 하고 굵기도 하고 가늘기도 했다. 혹은 바르고 기울고 엎어지고 젖혀졌다. 이러한 여러 가지 세계 중에서 잠깐 동안에 보살들의 행을 행하고 보살의 지위에 들어가고 보살의 힘을 나투며 삼세 부처님의 몸을 나타내고 중생의 마음을 따라 알고 보게 했다.

소년이여, 비로자나여래께서 지나간 옛날 보살의 행을 닦을 때에 여러 중생이 공덕을 닦지 않아서 지혜가 없어 '나'와 '내것'에 집착하며, 무명에 가려 바르게 생각하지 않고 삿된 소견에 들어가며 원인과 결과를 알지 못하고 번뇌의 업을 따르다가 생사의 험악한 구렁에 빠져서 갖가지 한량없는 괴로움을 받는 것을 보고 중생들에게 매우 가엾게 여기는 마음을 내어 온갖 바라밀행을 닦게 하며 선근을 찬탄하며 편안히 머물게 하여, 생사와 빈궁한 고통을 여의고 복덕과 도를 돕는 법을 닦게 했다.

갖가지 인과의 문을 말하여 업과 과보가 서로 위반하지 않음을 알게 한다. 법을 증득하여 들어갈 곳을 말하여 중생의 욕망과 이해를 알게 한다. 여러 가지로 태어날 국토를 말하며 그들로 하여금 부처의 종자를 끊어지지 않게 한다. 부처님의 가르침을 수호하게 하며 나쁜 짓을 버리게 한다. 온갖 지혜에 나아가는 도를 돕는 법을 말하여 중생들이 환희한 마음을 내게 하며, 법보시를 행하여 모든 것을 두루 거두어 주면 온갖 지혜의 행을 일으키게 한다. 바라밀의 도를 닦아 배우게 하며, 온갖 지혜를 이루는 여러 선근바다를 증장하게 한다. 모든 거룩한 재물을 만족하게 하며, 부처님의 자유자재한 문에 들어가게 한다. 한량없는 방편을 거두어 가지며, 여래의 위엄과 공덕을 살펴보게 하며, 보살의 지혜에 편안히 머물게 했다.”

(39-37-2-6) 깊어서 알기 어려운 법의 근본

선재동자가 말했다.

“거룩하신 이께서 위없는 바른 보리심을 낸 지는 얼마나 오래되었습니까?”

주야신이 대답했다.

“소년이여, 이것은 믿기 어렵고 알기 어렵고 이해하기 어렵고 들어가기 어렵고 말하기 어렵다. 모든 세간에서나 이승들도 알지 못한다.

오직 부처님들의 신통한 힘으로 두호하고 선지식이 거두어 주는 이는 알 수 있다. 훌륭한 공덕을 모아 욕망과 좋아함이 청정하여 용렬한 마음이 없고 물든 마음이 없고 왜곡된 마음이 없다. 널리 비추는 지혜의 광명된 마음을 얻고, 중생들을 두루 이익되게 하려는 마음과 모든 번뇌와 여러 마가 깨뜨릴 수 없는 마음을 낸다. 온갖 지혜를 성취하려는 마음과 생사의 낙을 좋아하지 않는 마음을 일으키며, 부처님의 묘한 낙을 구한다. 중생의 괴로움을 멸하고, 부처님의 공덕 바다를 닦고, 법의 참된 성품을 관찰한다. 청정한 믿음과 이해를 갖추고 생사의 흐름을 초월하여 여래의 지혜 바다에 들어간다. 위없는 법의 성(城)에 결정코 이르며, 여래의 경계에 용맹하게 들어가며, 부처님의 지위에 빨리 나아간다. 온갖 지혜의 힘을 성취하며, 시방에서 끝까지 이름을 얻은 사람이라야 이것을 지니며 들어가고 통달한다.

왜냐하면 이것은 여래의 지혜 경계이므로 보살도 알지 못하는데 하물며 중생이 어떻게 알겠는가. 그러나 내가 이제 부처님의 위신력에 힘입어 교화할 만한 중생의 뜻을 빨리 청정하게 하며, 선근을 닦는 중생의 마음이 자유자재하게 하기 위해 그대의 물음을 따라 말한다.”

(39-37-2-7) 게송으로 거듭 말하다

이때 개부일체수화주야신이 이 뜻을 거듭 밝히려고 삼세의 여래의 경계를 관찰하고 게송으로 말했다.

소년이여, 그대가 물은 / 깊고 깊은 부처님의 경계는
헤아릴 수 없는 오랜 겁 동안 / 말해도 다 말할 수 없다.

탐욕과 성냄과 어리석음과 / 교만과 의혹에 가려진
중생으로는 알 수 없는 / 부처님의 묘한 법이다.

간탐과 질투와 아첨과 속이는 / 나쁜 마음과 번뇌와 업에
가려진 중생으로는 알 수 없는 / 부처님의 경계이다.

오온과 십이처와 십팔계에 집착하여 / 몸이 있다거나 소견이 뒤바뀌고
생각이 뒤바뀐 중생은 알 수 없는 / 부처님의 깨달음이다.

부처님의 경계 고요하고 / 성품이 깨끗하고 분별 여의었는데
내가 있다고 고집하는 중생은 / 이 법의 성품을 알 수가 없다.

부처님의 가문에 나서 / 부처님의 수호를 받으며
부처님의 법장을 가진 이만이 / 지혜의 눈으로 보는 경계일 뿐이다.

선지식을 가까이 모시고 / 맑고 깨끗한 법을 좋아하며
부처님의 힘을 구하는 이는 / 이 법문을 듣고 기뻐할 것이다.

마음이 깨끗하고 분별이 없어 / 마치 허공과 같고
지혜의 등불로 어둠을 깨치면 / 이것이 그들의 경계인 것이다.

크게 자비한 마음으로 / 모든 세간을 두루 덮어
온갖 것에 평등하면 / 이것이 그들의 경계인 것이다.

집착이 없는 기쁜 마음으로 / 끝까지 후회함이 없으며
부처님의 가르침을 따라 행하면 / 이것이 그들의 경계인 것이다.

모든 법의 성품과 / 모든 업의 씨앗을 알고
어디에도 마음이 흔들리지 않으면 / 이것이 그들의 경계인 것이다.

용맹하게 꾸준히 노력하고 / 편안한 마음 물러나지 않아
온갖 지혜 부지런히 닦으면 / 이것이 그들의 경계인 것이다.

마음은 고요히 삼매에 머물고 / 끝까지 청량하여 번뇌가 없으며
온갖 지혜의 원인을 닦으면 / 이것이 깨달은 이의 해탈인 것이다.

모든 진실한 모양을 알고 / 끝이 없는 법계의 문에 들어가
중생을 제도하여 남김이 없으면 / 이것이 지혜를 얻은 이의 해탈인
것이다.

중생의 진실한 성품 통달하여 / 보이는 모든 현상에 집착하지 않고
그림자처럼 마음물에 비치면 / 이것이 바른 길 걷는 이의 해탈인
것이다.

삼세의 모든 부처님의 / 방편과 서원의 힘으로 태어나서
모든 세계와 겁에 부지런히 수행하면 / 이것이 보현의 해탈인 것이다.

모든 법계의 문에 두루 들어가 / 시방의 세계바다 모두 보며
생겨나고 없어지는 겁을 보아도 / 끝까지 분별하는 마음이 없다.

법계의 모든 티끌 마다 / 여래가 보리수 아래 앉아서
도를 이루고 중생 교화함을 보면 / 이것이 걸림없는 눈 가진 이의
해탈인 것이다.

그대는 한량없는 겁바다에서 / 선지식을 모셔 공양했고
중생을 이익되게 하려고 법을 구하니 / 부지런히 기억하여 잊지를
않네.

비로자나불의 광대한 경계가 / 한량없고 끝이 없어 부사의하지만
부처님의 힘을 입어 설법을 하며 / 그대의 청정한 마음은 더욱 빛나네.

(39-37-2-8) 발심한 인연에 대하여 말하다
(39-37-2-8-1) 옛적 부처님의 일을 말하다
  "소년이여, 지나간 옛적 세계해의 수많은 겁 전에 '넓은 광명진금
마니산'이라는 한 세계해가 있었다. 그 세계해에 보조법계지혜산적
정위덕왕(普照法界智慧山寂靜威德王)부처님이 출현하셨다. 소년이
여, 부처되기 전에 그 부처님은 보살의 행으로 그 세계해를 깨끗이
했는데, 그 세계해 가운데 세계의 수많은 세계종이 있고, 낱낱의 세

계종마다 수많은 세계가 있으며, 낱낱의 세계마다 여래께서 나타나셨다. 낱낱의 여래께서 세계해 티끌 수만큼 경전을 말씀하시고, 낱낱의 경전에서 부처세계의 수많은 보살들에게 수기를 주며 갖가지 신통한 힘을 나타내고 법문을 하여 한량없는 중생을 제도했다.

소년이여, 넓은 광명진금마니산 세계해 가운데 '두루 장엄한 당기'라는 한 세계종이 있으며 그 가운데 '모든 보배빛 넓은 광명'의 세계가 있었다. 화신부처님의 그림자를 나타내는 마니왕으로 형상은 하늘성과 같으며, 여래도량의 형상을 나타내는 마니왕으로 밑바닥이 되어 모든 보배꽃바다 위에 있으니 깨끗하고 더러움이 섞여 있었다. 이 세계에 나유타 사천하가 있고 그 복판에 '온갖 보배산 당기'라는 한 사천하가 있고, 넓이와 길이가 10만 유순이며, 낱낱의 사천하에 각각마다 1만의 큰 성이 있었다. 그 염부제에 '견고하고 묘한 보배장엄구름등불'이라는 수도가 있는데 1만의 큰 성들이 둘러싸고 있었다. 그 염부제 사람의 수명이 1만 세였다. 그때 '모든 법 음성 원만한 일산'이라는 왕이 있었다. 5백 대신과 6만 궁녀와 7백 왕자가 있었는데, 왕자들이 용모가 단정하고 용맹하여 큰 위덕이 있었으며, 그 왕의 위덕이 염부제에 널리 퍼져서 대적할 이가 없었다.

세계가 겁이 다할 때 오탁(五濁)의 다섯 가지 흐린 것이 생겨 사람들의 수명은 짧아지고 재물은 모자라고 형상은 더럽고 고통이 많고 즐거움이 없었다. 열 가지 착한 일[十善]은 닦지 않고 나쁜 업만 지으며 서로 다투고 헐뜯으며 다른 이의 권속을 떠나게 하고 다른 사람의 영화를 질투하며, 생각대로 소견을 내고 법답지 못하게 탐심을 냈다.

그런 인연으로 풍우가 고르지 못하고 곡식이 풍년 들지 않으며, 동산에 풀과 나무가 타 죽고 백성들은 궁핍하여 질병이 많아서 사방으로 흩어져 의지할 곳이 없어 모두 수도로 와서 여러 백천만억 겹을 둘러싸고, 사방에서 고래고래 소리를 지르며, 손을 들기도 하고 합장하기도 하며, 머리를 땅에 조아리기도 하고 손으로 가슴을 두들기기도 하며, 무릎을 꿇고 부르짖기도 하고 몸을 솟구쳐 외치기도 하며, 머리를 풀어헤치고 옷은 남루하며, 살갗이 터지고 눈에는 빛이 없었다. 임금을 향하여 하소연했다.

"대왕이여, 저희들은 지금 빈궁하고 외롭고 굶주리고 헐벗고 병들고 쇠약하여 여러 가지 고통에 시달리고 있습니다. 목숨이 바람 앞의 등불 같으며 의지할 곳도 없고 구해 줄 이도 없습니다. 저희들은 이제 대왕을 희망으로 여기고 왔습니다. 인자하고 지혜로우신 대왕께서는 저희들을 안락하게 거두어 줄 것이라는 생각, 사랑을 베풀어 줄 것이라는 생각, 살려 줄 것이라는 생각, 거두어 줄 것이라는 생각, 보배광을 얻을 수 있다는 생각, 나루를 만날 수 있다는 생각, 바른 길을 찾았다는 생각, 때를 만났다는 생각, 보물섬을 보았다는 생각, 금은보화를 얻을 수 있을 것이라는 생각, 천궁에 올라갈 수 있다는 생각을 냈습니다."

(39-37-2-8-2) 큰 자비심을 일으키다

그때 대왕은 이 말을 듣고 가엾게 여기는 백 만 아승기 문을 얻어 한결같은 마음으로 생각하며, 열 가지 가엾게 여기는 말을 했다.

"애닳다. 중생이여, 끝도 없는 생사의 구렁에 빠졌으니 빨리 건져 내어 온갖 지혜의 땅에 머물게 할 것이다.

모든 번뇌의 핍박을 받으니 구호하여 온갖 착한 업에 머물게 할 것이다.

나고 늙고 병들고 죽는 것에 떨고 있으니 의지할 데가 되어 몸과 마음이 편안함을 얻게 할 것이다.

항상 세상의 공포 속에서 시달리니 도와주어 온갖 지혜의 길에 머물게 할 것이다.

지혜의 눈이 없어 내 몸이란 소견[身見]의 의혹에 덮혔으니 방편을 지어 의혹의 소견과 눈에 가린 막을 걷어내어 줄 것이다. 항상 어리석음에 미혹되었으니 밝은 횃불이 되어 온갖 지혜의 성을 비추어 보게 할 것이다.

항상 아끼고 질투하고 아첨하는 데 흐려져 있으니 열어보여서 청정한 법의 몸을 증득하게 할 것이다.

생사의 바다에 오랫동안 빠졌으니 건져내어 보리의 언덕에 오르게 할 것이다.

여러 감관이 거칠어 조복시키기 어려우니 잘 다스려 여러 부처님의 신통한 힘을 갖추게 할 것이다.

소경과 같아 길을 보지 못하니 잘 인도하여 온갖 지혜의 문에 들어가게 할 것이다.”

(39-37-2-8-3) 큰 보시행을 행하다

대왕은 이렇게 말하고 북을 치고 ‘내가 지금 모든 중생에게 보시하여 필요한 것을 모두 만족하게 할 것이다’라고 명령을 내리고, 즉시 염부제에 있는 크고 작은 여러 성과 모든 마을에 선포하여 창고를 열고 갖가지 물품을 내어 네거리에 쌓아 놓았으니 금·은·유리 · 마니 등의 보배와 의복과 음식과 꽃과 향과 영락과 궁전과 집과 평상과 방석들이었다. 큰 광명 마니보배당기를 세웠으니 그 빛이 몸에 비치면 모두 편안해졌다.

또 여러 가지 병에 필요한 약과 끓는 물을 보시하고 여러 가지 보배그릇에 여러 가지 보배를 담고 금강그릇에는 갖가지 향을 담고 보배향그릇에는 갖가지 옷을 담았다. 연과 가마와 수레와 당기 번기와 비단 일산 따위의 여러 가지 살림살이에 필요한 것들을 고방문을 열어 놓고 주었으며, 또 여러 마을과 성시와 동산과 숲과 처자와 권속과 왕의 지위와 머리 · 눈 · 귀 · 코 · 입술 · 혀 · 치아 · 손 · 발 · 피부 · 근육 · 염통 · 콩팥 · 간 · 허파 등의 몸 속과 밖에 있는 것들을 베풀어 주었다.

견고하고 묘한 보배로 장엄한 구름등불성 동쪽에 '마니산광명문'이 있고, 그 문 밖에 보시하는 모임이 있었다. 땅이 넓고 청정하고 평탄하여 구덩이나 가시덤불이나 자갈 따위가 없고, 모두 아름다운 보배로 되었으며, 여러 보배꽃을 흩고 묘한 향을 풍겼으며 여러 가지 보배등을 켰으니 모든 향기구름이 허공에 가득하고, 한량없는 보배나무가 차례차례 줄을 지었으며, 한량없는 꽃그물과 한량없는 향그물이 위에 덮이고 한량없는 백천억 나유타 악기에서는 아름다운 음악이 항상 나는데, 이런 것들을 묘한 보배로 장엄했으니 보살의 깨끗한 업으로 생긴 과보이다.

그 모임 가운데 사자좌가 놓여 있었다. 열 가지 보배가 바닥이 되고, 열 가지 보배가 난간이 되었으며, 열 가지 보배나무가 사방으로 둘러섰고, 금강보배바퀴가 그 밑을 받쳤는데, 보배로 용과 신의 형상을 만들어 함께 받들게 했고 갖가지 보물로 장엄했다. 당기 ·

번기가 사이사이로 벌였고 여러 가지 그물이 위에 덮이고 한량없는 보배향에서는 향기구름이 나오고 여러 가지 보배옷이 곳곳에 깔려 있고, 백천 가지 풍류를 항상 잡히며, 또 그 위에 보배일산을 받았는데, 한량없는 보배불꽃광명을 놓아서 염부금처럼 찬란하고 깨끗하며 보배그물을 덮고 영락을 드리우고, 마니보배로 된 띠를 둘렀고, 갖가지 풍경에서는 항상 묘한 소리를 내어 중생들에게 착한 업을 닦으라고 권했다.

그때 대왕이 사자좌에 앉았는데, 얼굴이 단정하고 거룩한 모습을 구족했다. 빛이 찬란한 보배로 관을 만들어 썼으니, 나라연(那羅延) 같은 몸이라 해칠 수 없었다. 여러 시절이 모두 원만하고 성품이 너그럽고 어질어서 왕족에 태어났으며, 재물과 법에 자유자재하고 변재가 걸림이 없고 지혜가 통달하며 어진 생각으로 나라를 다스렸는데 명령을 어기는 이가 없었다.

그때 염부제에 한량없고 수많은 백천만억 나유타 중생이 있는데, 수많은 국토에서 갖가지 종족과 형상과 의복과 말과 욕망을 가진 이들이 모여 와서 대왕을 우러러 보면서 이렇게 말했다.

"이 대왕은 큰 지혜가 있는 이며 복이 수미산 같은 이며 공덕이 달 같은 이로서 보살의 서원에 머물러서 광대한 보시를 합니다."

이때 대왕은 저들이 와서 구걸함을 보고, 가엾이 여기는 마음과 환희한 마음과 존중하는 마음과 선지식이란 마음과 광대한 마음과 서로 계속하는 마음과 정진하는 마음과 물러가지 않는 마음과 모든 것을 주려는 마음과 두루한 마음을 냈다.

소년이여, 그때 대왕이 구걸하는 이들을 보고 크게 환희한 마음을 내는 것이 잠깐 동안이지만 도리천왕, 야마천왕, 도솔타천왕이 백천억 나유타 겁 동안에 받을 쾌락과 자재천왕이 한량없는 겁 동안에 받을 쾌락과 대범천왕이 끝이 없는 겁 동안에 받을 범천의 쾌락과 광음천왕이 헤아릴 수 없는 겁 동안에 받을 천상의 낙과 변정(遍淨)천왕이 다함 없는 겁 동안에 받을 천왕의 낙과 정거(淨居)천왕이 말 할 수 없는 겁 동안에 고요한 데 머무르는 낙으로도 미칠 수 없다.

소년이여, 어질고 인자하고 효도하고 공순한 어떤 사람이 난리를 만나 부모, 처자, 형제, 자매와 멀리 헤어졌다가, 뜻밖에 거친 벌판에서 서로 만나 반갑게 붙들고 어루만지며 어쩔 줄을 모르듯이 저 대왕이 와서 구걸하는 이들을 보고 기뻐함도 그와 같다.

소년이여, 그 대왕이 그때 선지식을 만나서 부처님의 보리를 이해하고 이루고자 함이 더욱 증장하며 근기가 성취하고 믿음이 청정하며 환희함을 만족했다. 무슨 까닭인가? 이 보살이 여러 가지 행을 부지런히 닦아 온갖 지혜를 구하며, 중생이 이익되기를 원하고 보리의 한량없는 낙을 얻기를 원하며, 착하지 못한 마음을 버리고 모든 선근을 모으기를 좋아하며, 중생을 구호하기를 원하고 살바야(모든 법을 깨닫는 지혜)의 도를 관찰하기를 좋아하며, 온갖 지혜의 법을 수행하기를 즐기고 모든 중생의 소원을 만족하게 하며, 부처님의 공덕 바다에 들어가서 모든 마의 번뇌와 업을 깨뜨리며, 여래의 가르침을 따라서 온갖 지혜의 걸림없는 도를 행했기 때문이다.

온갖 지혜의 흐름에 깊이 들어갔으며 법의 흐름이 항상 앞에 나타나며 서원이 다함이 없어 대장부가 되었으며 거룩한 이의 법에 머물러 여러 가지의 착한 일을 쌓아 집착을 여의어 세간의 경계에 물들지 않으며, 법의 성품이 허공과 같음을 알고 와서 구걸하는 이에게 외아들인 생각과 부모라는 생각과 복밭이라는 생각과 만나기 어려운 생각과 이익되고 신세진다는 생각과 견고한 생각과 스승이란 생각과 부처님이란 생각을 냈다.

그래서 처소도 가리지 않고 종류도 택하지 않고 형상도 가리지 않고, 오는 이마다 그의 욕망대로 인자한 마음으로 모든 것을 평등하게 보시하여 만족하게 했다. 음식을 구하는 이는 음식을 주고 옷을 구하는 이는 옷을 주고 향과 꽃을 구하는 이는 향과 꽃을 주고 화만과 일산을 구하는 이는 화만과 일산을 주며, 당기·번기·영락·궁전·동산·정원·코끼리·말·수레·평상·보료·금·은·마니·보물과 고방에 쌓아둔 것과, 권속·도시·마을등을 중생들에게 보시했다.

(39-37-2-9) 발심한 일을 말하다
(39-37-2-9-1) 몸과 마음의 덕
"그때 이 모임에 보배광명[寶光明]이라는 장자의 딸이 60명의 아가씨들과 함께 있었다.

단정하고 아름다워 사람들이 기뻐하니 살갗은 금빛이고 눈과 머리카락은 검푸르고, 몸에서는 향기가 나고 입으로는 범천의 음성을 말하며, 훌륭한 보배 옷으로 단장했고, 항상 수줍은 모습을 하고 바른 생각이 산란하지 않으며, 위의를 갖추고 어른을 공경하며, 깊고 묘한 행을 따르기를 생각하여 한 번 들은 법은 늘 기억하고 잊지 않으며, 전생에 심은 선근이 마음을 윤택하게 하여 청정하고 넓고 크기가 허공과 같아 중생들을 평등하게 하며 부처님들을 항상 보고 온갖 지혜를 구했다."

(39-37-2-9-2) 큰 마음을 내다

"그때 보배광명 아가씨가 대왕으로부터 멀지 않은 곳에서 합장 예배하고 이렇게 생각했다. '나는 지금 선지식을 뵙고 좋은 이익을 얻었다.'

대왕을 큰 스승이라는 생각과 선지식이라는 생각과 자비를 구족한 생각과 거두어 주리라는 생각을 내고 마음이 정직하여 환희심을 내고, 몸에 걸었던 영락을 벗어 왕에게 받치고 이렇게 원했다.

'지금 대왕께서 한량없고 끝이없는 무명 중생의 의지할 곳이 되었으니 저도 오는 세상에서 그와 같이 되어지이다. 대왕이 아는 법과 타는 수레와 닦는 도와 갖춘 모습과 가진 재산과 거두어 주는 대중이 끝이없고 다함이 없으며 이길 수 없고 파괴할 수 없습니다. 저도 오는 세상에 그와 같이 되며, 대왕이 나는 곳에 따라 나게 하여지이다.'

이때 대왕은 이 아가씨가 이런 마음을 내는 것을 알고 말했다 '아가씨여, 네가 원하는 대로 너에게 줄 것이다. 내게 있는 온갖 것을 다 주어 모든 중생을 만족하게 할 것이다."

(39-37-2-10) 보배광명 아가씨의 게송
(39-37-2-10-1) 백성들에게 이익 준 일을 말하다

이때 보배광명 아가씨는 믿는 마음이 청정해지고 매우 환희하여 게송으로 대왕을 찬탄했다.

지난 옛날 이 성중에 / 대왕이 나기 전에는
즐거운 것 하나 없어 / 마치 아귀들이 사는 세상 같았습니다.

중생들이 서로 살해하고 / 훔치고 간음하며
이간하고 거짓말하고 / 무리짓고 욕설만 했습니다.

남의 재물을 욕심내고 / 성 잘 내고 표독한 마음 품어
나쁜 소견과 나쁜 행동으로 / 죽으면 나쁜 길에 떨어졌습니다.

이러한 중생들이 우악하고 / 어리석어
뒤바뀐 소견에 빠졌으며 / 매우 가물어 비가 오지 않았습니다.

곡식은 싹이 나지 않고 / 풀과 나무는 타 죽고
샘과 시냇물 모두 마르고 / 흉년이 들어 인심이 사나웠습니다.

대왕이 아직 나기 전에 / 물은 모두 말라 버리고
동산에 해골이 많아 / 마치 거친 벌판 같았습니다.

대왕께서 임금이 되어 / 여러 백성을 건지시니
반가운 구름 팔방에 퍼져 / 단비가 흡족하게 내립니다.

대왕이 이 나라에 군림하여 / 여러 가지 나쁜 짓 끊어 주시며
감옥에는 죄인이 없고 / 외로운 이들 모두 편안했습니다.

예전에는 여러 중생들 / 서로서로 남을 해치며
피 튀기며 싸웠는데 / 지금은 모두 인자해졌습니다.

예전에는 여러 중생들 / 가난하고 헐벗어서
풀잎으로 앞을 가리고 / 굶주려서 아귀 같았습니다.

대왕이 세상에 나셔서 / 살이 저절로 나고
나무에서 의복이 나와 / 남자와 여자들 새 옷을 입었습니다.

옛날에는 하찮은 이익으로 다투어 / 법도 없이 서로 빼앗더니
지금은 모든 것이 풍족하여 / 마치 제석천의 동산에 온 듯합니다.

옛날에는 사람들이 나쁜 짓을 하며 / 지나친 음탐을 내어
유부녀나 아가씨들을 / 갖가지로 침해했습니다.

지금에는 얌전하고 / 옷 잘 입은 부인을 보고도
마음에 음욕이 일어나지 않아 / 마치 지족천(知足天)에 온 듯합니다.

옛날에는 여러 중생들 / 거짓말하고 진실하지 못하여
법도 모르고 이익도 없이 / 아첨하고 잘 보이려고 했습니다.

지금에는 여러 사람들 / 나쁜 말은 하나도 없고
마음이 유순하며 / 하는 말이 모두 온화합니다.

옛날에는 여러 중생들 / 여러 가지로 삿된 짓하여
개 · 돼지 · 소를 보고도 / 합장하고 절을 했습니다.

지금은 임금의 바른 법 들어 / 올바르게 알고 사견이 없어져
즐거움과 괴로움이 모두 / 인연으로 생기는 줄 알았습니다.

대왕이 묘한 연설 하시며 / 듣는 이 모두 기뻐하니
제석과 범천의 음성으로도 / 이 소리에 미칠 수 없습니다.

대왕의 보배로 된 일산 / 공중에 높이 솟았는데
유리로 대가 되고 / 마니그물로 덮여 있습니다.

황금 풍경에서는 / 여래의 화평한 음성이 나서
미묘한 법을 말하여 / 중생의 번뇌를 멸합니다.

시방 여러 세계의 / 모든 겁 동안에 출현하신
여래와 그 권속들의 / 법을 널리 연설합니다.

차례차례로 / 과거의 시방세계와
그 국토에 계시던 / 모든 여래를 말합니다.

미묘한 음성이 / 염부계(閻浮界)에 퍼져서
인간과 천상의 / 여러 가지 법을 말합니다.

중생들이 듣고는 / 스스로 업의 모임을 알고
악을 버리고 부지런히 닦아 / 부처님의 보리로 회향을 합니다.

(39-37-2-10-2) 대왕의 본생을 찬탄하다

대왕의 아버지는 정광명이고 / 어머니는 연꽃빛이며
오탁의 다섯 가지 흐림이 나타날 때에 / 임금으로서 천하를 다스립니다.

그때 수많은 동산이 있고 / 동산에는 오백의 못이 있어
각각 일천의 나무가 둘러싸고 / 못마다 연꽃이 덮여 있습니다.

그 못 언덕 위에 / 집을 지으니 기둥이 천 개이며
난간이며 모든 장엄이 / 구비되었습니다.

말세가 되고 나쁜 법 생겨 / 여러 해에 비가 안 오니
못에는 물이 마르고 / 초목은 말라 죽었습니다.

대왕이 나시기 칠 일 전에 / 이상한 상서가 나타나
보는 이마다 생각하기를 / 세상을 구할 이가 나타날까?

그날 밤중에 / 여섯 가지로 땅이 진동하며
어느 보배꽃 덮인 못에는 / 광명으로 햇빛처럼 빛이 났습니다.

오백 개의 못 안에는 / 팔공덕수가 가득하고
마른 나무에는 가지가 나고 / 꽃과 잎이 무성합니다.

못에 가득한 물은 / 여러 곳으로 넘쳐 흘러서

널리 염부제까지 / 흡족하게 적셨습니다.

약풀이나 여러 나무나 / 온갖 곡식이며 채소들
가지와 잎과 꽃과 열매가 / 모두 다 번성했습니다.

구렁과 도랑과 언덕 / 높은 곳 낮은 땅의
모든 땅바닥이 / 한결같이 편편해졌습니다.

가시덤불과 자갈밭 / 온갖 더러운 것들도
모두 잠깐 동안에 / 보배옥으로 변했습니다.

중생들 이것을 보고 / 기뻐하고 찬탄하면서
좋은 이익을 얻은 것이 / 목마를 때 마신 물 같다고 합니다.

그때 정광명왕은 / 한량없는 권속들과 함께
법의 수레를 갖추고 / 숲 동산에 놀러 갑니다.

오백 연못 가운데 / 경희(慶喜)라는 못이 있고
못 위에 법당이 있으니 / 대왕께서 거기 앉으셨습니다.

대왕이 부인께 말하기를 / 지금부터 이레 전에
밤중에 땅이 진동하면서 / 여기서 광명이 나타났습니다.

저 연못 속에는 / 천엽(千葉) 연화가 피었는데

찬란하기가 일천 햇빛과 같아 / 수미산 꼭대기까지 비쳤습니다.

금강으로 줄기가 되고 / 염부금은 꽃판이 되어
여러 가지 보배는 꽃과 잎이며 / 묘한 향은 꽃술이 되었습니다.

그 연꽃에서 왕이 탄생하여 / 단정하게 가부좌를 하니
거룩한 모습으로 장엄하며 / 하늘과 신들이 공경했습니다.

대왕은 너무 기뻐서 / 못에 들어가 얼싸안고
나와서 부인께 주면서 / 당신의 아들이니 경사가 났습니다.

묻힌 보배 솟아 나오고 / 보배 나무에는 옷이 열리며
하늘 풍류의 아름다운 소리가 / 공중에 가득합니다.

모든 중생이 / 기쁜 마음으로 합장하고
희유한 일이라 외치며 / 훌륭하다 세상을 구원할 이입니다.

왕의 몸으로 광명을 놓아 / 온갖 것을 두루 비추니
모든 사천하의 / 암흑은 없어지고 병이 소멸했습니다.

야차와 비사사(毘舍闍) / 독한 벌레와 나쁜 짐승들
사람을 해치는 것들이 / 모두 숨어 버리고 없습니다.

나쁜 소문과 손해 보는 것과 / 횡액과 병에 붙들리는 것 등

이런 괴로움이 소멸되니 / 모든 사람 기뻐서 날뜁니다.

여러 가지 중생이 / 부모와 같이 서로 보고
나쁜 짓 버리고 인자한 마음으로 / 온갖 지혜만을 구합니다.

나쁜 길은 닫아 버리고 / 인간과 천상의 길을 열며
보리를 드날려 / 중생들을 제도합니다.

우리들은 대왕을 뵙고 / 모두 좋은 이익 얻으며
갈 데 없고 지도할 이 없는 이들 / 모두 다 안락을 얻었습니다.

   이때 보배광명 아가씨는 게송으로 '모든 법음성 원만한 일산'왕을 찬탄하고, 여러번 돌고 합장하고 엎드려 절하고는 허리를 굽혀 공경하며 한쪽에 물러가 앉았다.

(39-37-2-11) 보배광명 아가씨를 찬탄하고 옷을 주다
   그때 대왕은 아가씨에게 말했다.
   "착하다. 아가씨여, 네가 다른 이의 공덕을 믿으니 희유한 일이다. 모든 중생은 다른 이의 공덕을 믿지도 않고 알지도 못한다.
   아가씨여, 모든 중생은 은혜 갚을 줄을 모르며 지혜가 없고 마음이 흐리며 성품이 밝지 못하여 뜻과 기운이 없고 수행하는 일에도 게으르며, 보살과 여래의 공덕과 신통한 지혜를 믿지도 않고 알지도 못한다.
   아가씨여, 이제 보리에 나아가려 하므로 보살의 이러한 공덕을 알

것이다. 너는 지금 이 염부제에 나서 용맹한 마음을 내어 중생을 널리 거두어 주는 공이 헛되지 않을 것이며, 또 이런 공덕을 성취할 것이다.”

왕은 아가씨를 칭찬하고는 훌륭한 보배 옷을 가져와 보배광명 아가씨와 그 권속들에게 입으라고 말했다.

그때 아가씨들은 무릎을 꿇고 두 손으로 옷을 받들어 머리 위에 올려 놓았다가 입었다. 옷을 입고는 오른쪽으로 돌았는데, 보배옷에는 모든 별처럼 광명이 두루 나오는 것을 여러 사람이 보고 이렇게 말했다.

‘이 아가씨들이 모두 단정하여 깨끗한 밤하늘의 별처럼 장엄되었다.’

(39-37-2-12) 과거의 일과 현재의 일을 밝히다

“소년이여, 그때에 ‘모든 법음성 원만한 일산왕’은 다른 사람이 아니라 지금의 비로자나 여래 · 응공 · 정등각이다.

또 정광명왕은 지금의 정반왕이시고, 보배광명 부인은 마야부인이며, 보배광명 아가씨는 곧 나이다. 그 왕이 그때에 사섭법(四攝法)으로 거두어 준 중생들은 지금 이 회상에 있는 여러 보살이다. 모두 위 없는 바른 보리에서 물러나지 않고, 초지(初地)에도 있고 십지에도 있으면서 여러 가지 큰 서원을 갖추고 여러 가지 도를 돕는 법을 모으며, 여러 가지 묘한 행을 닦아서 여러 가지 장엄을 갖추고 여러 가지 신통을 얻고 여러 가지 해탈에 머물러 있으면서 여러 가지 묘한 법의 궁전에 거처하고 있다.”

(39-37-3) 개부일체수화주야신의 계송

그때 모든 나무의 꽃을 피우는 주야신이 선재동자에게 이 해탈의
뜻을 거듭 펴려고 계송으로 말했다.

나에게 넓고 큰 눈이 있어 / 시방의 모든 세계해에서
다섯 길에 바퀴 돌 듯하는 이들을 / 모두 다 보네.

그리고 저 여래 부처님께서 / 보리수 밑에 앉으시니
신통이 사방에 가득하여 / 법을 설하여 중생을 제도하네.

나에게는 청정한 귀가 있어서 / 온갖 소리를 다 듣고
부처님이 법을 설하시면 / 기뻐하며 믿는 것을 보네.

나에게는 남의 마음을 아는 신통이 있어 / 여러 겁 동안에 있었던
내 일과 남의 일을 / 분명하게 모두 아네.

나는 또 잠깐 동안에 / 세계해의 티끌 같은 겁 동안
부처님과 보살과 / 다섯 길의 중생들을 아네.

여러 부처님께서 / 처음에 보리심을 내시고
여러 가지 행을 닦아서 / 낱낱이 원만함을 아네.

저 부처님께서 / 보리를 성취하시고
여러 가지 방편으로 중생을 위해 / 법륜 굴림을 아네.

저 부처님께서 / 가지신 여러 승과
바른 법이 머무는 동안에 / 많은 중생 건짐을 아네.

나는 한량없는 겁 동안 / 닦아 익힌 이 법문을
이제 그대에게 말하니 / 불자여, 마땅히 배우도록 하라.

(39-37-4) 수승한 보살의 일을 찬탄하다

"소년이여, 나는 다만 이 보살의 광대한 기쁜 광명을 내는 해탈문을 알 뿐이며, 보살들의 모든 부처님을 가까이 모시고 공양하며 온갖 지혜의 큰 서원바다에 들어가서 모든 부처님의 서원바다를 만족하며, 용맹한 지혜를 얻어 한 보살의 지위에서 모든 보살 지위의 바다에 들어가며, 청정한 서원을 얻어 한 보살의 행에서 모든 보살의 수행바다에 들어가며 자유자재한 힘을 얻어 한 보살의 해탈문에서 모든 보살의 해탈문바다에 들어가는 일이야 내가 어떻게 알며 그 공덕의 행을 말하겠는가."

(39-37-5) 선지식 찾기를 권하다

"소년이여, 이 도량 안에 일체 중생을 구호하는[救護一切衆生] 대원정진력(大願精進力)주야신이 있다. 그에게 가서 보살이 어떻게 중생을 교화하여 위없는 바른 보리에 나아가게 하며, 어떻게 모든 부처님 세계를 깨끗이 장엄하며, 어떻게 모든 여래를 받들어 섬기며, 어떻게 모든 부처님의 법을 닦느냐고 물어라."

그때 선재동자는 그의 발에 엎드려 절하고 수없이 돌고 은근하게 우러러보며 하직하고 물러갔다.

(39-38) 대원정진력주야신(大願精進力主夜神)

제 8부동지(不動地) 선지식

(39-38-1) 대원정진력주야신을 뵙고 법을 묻다

(39-38-1-1) 대원정진력주야신이 갖가지 몸을 나투다

그때 선재동자는 큰 서원 정진하는 힘으로 중생 구호하는 대원정진력 주야신에게 나아갔다. 그 주야신이 대중들 가운데서 궁전 나타내는 마니왕장 사자좌에 앉았는데, 법계의 국토를 두루 나타내는 마니그물이 그 위를 덮었다.

해와 달과 별의 그림자인 몸을 나타내고 중생들의 마음을 따라 볼 수 있는 몸과 중생의 형상과 평등한 몸과 끝이없이 광대한 빛깔바다의 몸과 온갖 위의를 나타내는 몸을 나타냈다. 시방에 두루 몸을 나타내고, 중생을 두루 조복시키는 몸과 빠른 신통을 널리 부리는 몸과 중생들을 이익되게 하여 끊이지 않는 몸과 항상 허공에 다니면서 이익되게 하는 몸을 나타냈다. 여러 부처님 계신 곳에서 예배하는 몸을 나타내고, 선근을 닦는 몸과 부처님 법을 받아 지니고 잊지 않는 몸과 보살의 서원을 이룩하는 몸과 광명이 시방에 가득한 몸과 법의 등불로 세상의 어둠을 두루 없애는 몸을 나타냈다.

법이 환술[幻]과 같음을 아는 깨끗한 지혜의 몸을 나타내고, 티끌의 어둠을 멀리 여의는 법의 성품몸과 큰 지혜로 법을 비추어 분명히 아는 몸과 끝까지 병환이 없고 열이 없는 몸과 깨뜨릴 수 없이 견고한 몸과 머무는 데 없는 부처님 힘의 몸과 분별없이 때를 여의는 몸과 본래 청정한 법의 성품몸을 나타냈다.

(39-38-1-2) 선재동자가 열 가지 마음을 내다

이때 선재동자는 이렇게 세계의 수많은 차별한 몸을 보고, 한결같은 마음으로 엎드려 절하고 일어나서 합장하고 우러러보면서 선지식에게 열 가지 마음을 냈다. 선지식에게 내 몸과 같은 마음을 내니 나로 하여금 부지런히 노력하여 온갖 지혜의 도를 돕는 법을 마련하게 하는 까닭이다. 선지식에게 자기의 업과 과보를 깨끗이 하는 마음을 내니 가까이 모시고 공양하여 선근을 내는 까닭이다. 선지식에게 보살의 행을 장엄하는 마음을 내니 모든 보살의 행을 빨리 장엄하게 하는 까닭이다.

선지식에게 모든 부처님 법을 성취하는 마음을 내니 나를 인도하여 도를 닦게 하는 까닭이다. 선지식에게 내게 한다는 마음을 내니 나에게 위없는 법을 내게 하는 까닭이다. 선지식에게 벗어난다는 마음을 내니 보현보살의 행과 원을 수행하여 벗어나게 하는 까닭이다. 선지식에게 모든 복덕 바다를 갖추었다는 마음을 내니 모든 착한 법을 모으게 하는 까닭이다.

선지식에게 더욱 자라게 하는 마음을 내니 나의 온갖 지혜를 더욱 자라게 하는 까닭이다. 선지식에게 모든 선근(善根)을 갖추는 마음을 내니 나의 소원을 원만하게 하는 까닭이다. 선지식에게 큰 이익을 마련하는 마음을 내니 모든 보살의 법에 자유롭게 머물게 하는 까닭이며, 온갖 지혜의 길을 이루게 하는 까닭이며, 모든 부처님 법을 얻게 하는 까닭이다.”

(39-38-1-3) 열 가지 마음으로 대원정진력주야신과 같은 행을 얻다

"주야신은 이런 마음을 내고 여러 보살 세계의 수많은 행을 얻었다.

주야신과 생각함이 같아 마음으로 항상 시방의 삼세 부처님을 생각한다. 지혜가 같아 법바다의 차별한 문을 분별하여 결정한다. 나아감이 같아 부처님 여래의 묘한 법륜을 굴린다. 깨달음이 같아 허공과 같은 지혜로 세 가지 세간에 널리 들어간다. 근기가 같아 보살의 청정한 광명의 지혜 뿌리를 성취한다. 마음이 같아 걸림없는 공덕을 잘 닦아서 보살의 도를 장엄한다. 경계가 같아 부처님들의 행하시는 경계를 널리 비춘다.

주야신과 증득함이 같아 온갖 지혜로 실상의 바다를 비추는 깨끗한 광명을 얻는다. 이치가 같아 지혜로써 모든 법의 진실한 성품을 안다. 용맹이 같아 장애의 산을 깨뜨린다. 육신이 같아 중생의 마음을 따라 몸을 나타낸다. 힘이 같아 온갖 지혜를 구하여 물러나지 않는다. 두려움이 같아 마음이 청정하기가 허공과 같다. 정진이 같아 한량없는 겁에 보살의 행을 행하여 게으르지 않다.

변재가 같아 법에 걸림 없는 지혜의 광명을 얻는다. 평등하지 않고 몸매가 청정하여 세간에 뛰어난다. 사랑스러운 말이 같아 중생이 다 기뻐한다. 묘한 음성이 같아 법문바다를 두루 연설한다. 원만한 음성이 같아 중생을 제 나름으로 안다. 깨끗한 덕이 같아 여래의 깨끗한 공덕을 닦아 익힌다. 지혜의 지위가 같아 부처님 계신 곳에서 법륜을 받는다.

청정한 행은 부처님의 경계에 편안히 머물게 한다. 생각마다 모든 국토의 중생바다를 널리 덮는다. 대비(大悲)의 마음은 법비를 널리 내려서 중생을 윤택하게 한다. 몸으로 짓는 업은 방편의 행으로 중생을 교화한다. 말로 짓는 업은 종류를 따르는 음성으로 법문을 연설한다. 뜻으로 짓는 업은 중생들을 두루 포섭하여 온갖 지혜의 경계 속에 둔다. 장엄함은 부처님의 세계를 깨끗이 장엄한다.

부처님이 세상에 나시면 가까이에서 모신다. 부처님께 청하여 법륜을 굴리게 한다. 부처님께 공양하기를 좋아한다. 모든 중생을 조복한다. 모든 법문을 밝게 비춘다. 모든 중생의 마음을 널리 안다. 자재한 힘으로 부처님의 세계 바다에 충만하여 행을 닦는다.

부처님 경계와 머무는 곳이 같아 보살의 신통에 머문다. 권속이 같아 모든 보살과 함께 있다. 들어가는 곳이 같아 세계의 미세한 곳에 두루 들어간다. 마음으로 생각함이 같아 부처님의 세계를 널리 안다. 나아감이 같아 부처님 세계 바다에 두루 들어간다. 방편이 같아 부처님의 세계를 다 나타낸다. 훌륭하게 뛰어남이 같아 여러 부처님 세계에서 견줄 데가 없다.

물러나지 않음이 같아 시방에 두루 들어가되 걸림이 없다. 어둠을 깨뜨림이 같아 부처님의 보리의 지혜를 이루시는 큰 광명을 얻는다. 무생인(無生忍)이 같아 부처님의 대중이 모인 바다에 들어간다. 두루함이 같아 부처님의 세계 그물에서 말할 수 없는 세계의 여러 여래에게 공경하고 공양을 올린다. 지혜로 증득함이 같아 저들의 법문 바다를 분명히 안다. 수행함이 같아 부처님의 법문을 따라 행한다. 바라고 구함이 같아 청정한 법을 매우 좋아한다.

청정함이 같아 부처님의 공덕을 모아 몸과 입과 뜻을 장엄한다. 묘한 뜻이 같아 온갖 법을 지혜로 분명히 안다. 정진이 같아, 선근에 두루 들어간다. 깨끗한 행이 같아 보살의 행을 만족하게 이룬다. 걸림이 없어 법의 모양이 없음을 안다. 교묘함이 같아 법에 지혜가 자재하다. 그래서 좋아함이 같아 중생의 마음을 따라 경계를 나타 낸다.

방편이 같아 모든 것을 잘 익힌다. 보호하여 염려함이 같아 부처 님이 보호하여 염려하실 것을 얻는다. 지위에 들어감이 같아 보살 의 지위에 들어가게 된다. 머무를 바가 같아 보살의 자리에 편안히 머문다. 수기(授記)함이 같아 부처님이 수기를 주신다. 삼매가 같아 한 찰나 동안에 삼매문에 두루 들어간다. 세우는 것이 같아 갖가지 부처님 일을 나타낸다.

바르게 생각하여 모든 경계의 문을 바르게 생각한다. 수행함이 같 아 오는 세월이 끝나도록 보살의 행을 수행한다. 깨끗한 믿음이 같 아 여래의 한량없는 지혜를 매우 좋아한다. 버리는 것이 같아 장애 를 멸하여 없앤다. 물러가지 않는 지혜가 같아 여래의 지혜와 평등 하다. 태어남이 같아 세상에 응하여 나타나서 중생을 성숙하게 한 다. 머무는 것이 같아 온갖 지혜의 방편문에 머문다.

경계가 같아 법계의 경계에 자재함을 얻는다. 의지할 데 없음이 같아 의지하려는 마음을 영원히 끊는다. 법을 말함이 같아 법의 평 등한 지혜에 들어간다. 부지런히 닦음이 같아 항상 부처님들이 보 호하여 염려함을 입는다. 신통이 같아 중생을 깨우쳐서 보살의 행 을 닦게 한다. 신통한 힘이 같아 시방의 세계바다에 들어간다. 다라 니가 같아 다라니바다를 두루 비춘다.

비밀한 법이 같아 수다라의 묘한 법문을 안다. 매우 깊은 법이 같 아 법이 허공과 같음을 이해한다. 광명이 같아 세계를 두루 비춘다. 기뻐서 좋아함이 같아 중생의 마음에 따라 열어 보여 기쁘게 한다. 진동함이 같아 중생에게 신통한 힘을 나타내어 시방의 모든 세계를 진동한다. 헛되지 않음이 같아 보고 듣고 기억함이 그들의 마음을 조복하게 한다. 벗어남이 같아 서원바다를 만족하여 여래의 십력의 지혜를 성취한다.”

(39-38-1-4) 선재동자의 찬탄

이때 선재동자는 중생을 구호하는 대원정진력주야신을 살펴보고 열 가지 청정한 마음을 일으키며, 세계의 수많은 보살과 같은 행을 얻었다. 이런 것을 얻고는 마음이 더욱 청정하여 오른 어깨를 드러내며 그의 발에 절하고 일심으로 합장하고 게송을 말했다.

나는 굳건한 뜻을 내어 / 위없는 깨달음을 구하려고
지금 선지식에게 / 나와 같은 마음을 냈습니다.

선지식을 보기만 하면 / 그지없이 깨끗한 법을 모으며
여러 가지 죄를 없애고 / 보리의 열매를 이룹니다.

나는 선지식 뵙고 / 공덕으로 마음을 장엄하고
오는 세계의 겁이 다하도록 / 행할 도를 부지런히 닦습니다.

내가 생각하니 선지식께서 / 나를 거두어 이익되게 하며
또 바른 교의 진실한 법을 / 나에게 보여 주십니다.

나쁜 길은 닫아 버리고 / 인간과 천상의 길을 보여 주시며
여러 부처님이 이루신 / 온갖 지혜의 길도 보여 주십니다.

생각하건대 선지식은 / 부처님의 공덕의 창고이며
잠깐마다 허공과 같은 / 공덕바다를 내십니다.

나에게 바라밀을 주시고 / 헤아릴 수 없는 복을 많게 하며
깨끗한 공덕을 자라게 하여 / 부처님의 비단관을 나에게 씌워 주십니다.

또 생각하니 선지식은 / 부처님의 지혜를 만족하고
원만하고 깨끗한 법을 / 항상 의지하려 하십니다.

나는 이런 것으로 말미암아 / 모든 공덕을 구족하고
널리 중생을 위해 / 온갖 지혜의 도를 연설합니다.

거룩하신 나의 스승님 / 나에게 위없는 법을 주시니
한량없고 수많은 겁에도 / 그 은혜를 다 갚지 못할 것입니다.

(39-38-2) 대원정진력주야신의 설법
(39-38-2-1) 중생을 교화하여 선근을 내게 하는 해탈문을 얻다

그때 선재동자는 게송을 말하고 다시 여쭈었다.

"거룩하신 이여, 이 해탈문의 이름은 무엇이며, 발심하신 지는 얼마나 되었으며. 어느 때에 위없는 바른 보리를 얻었습니까?"

"소년이여, 이 해탈문의 이름은 '중생을 교화하여 선근을 내게 함'[敎化衆生令生善根]이다. 나는 이 해탈을 성취했으므로 모든 법의 성품이 평등함을 깨달았고, 법의 진실한 성품에 들어가 의지함

이 없는 법을 증득했으며, 세간을 여의었음에도 모든 법의 모양이 차별됨을 알고, 또 푸르고 누르고 붉고 흰 것의 성품이 실답지 않으며 차별이 없는 것도 분명히 통달했다."

(39-38-2-2) 한량없는 육신의 모양

"한량없는 모양의 육신을 나타냈다. 갖가지 육신, 하나 아닌 육신, 그지없는 육신, 청정한 육신, 여러 가지를 장엄한 육신, 여럿이 보는 육신, 모든 중생과 같은 육신, 여러 중생의 앞에 나타나는 육신, 광명이 널리 비추는 육신, 보기 싫지 않은 육신, 잘 생긴 모습이 청정한 육신, 모든 악을 여의고 빛나는 육신, 큰 용맹을 나타내는 육신, 얻기 어려운 육신, 모든 세간에서 가릴 이 없는 육신을 나타냈다.

번뇌를 없앤 육신, 중생의 복밭인 육신, 중생의 몸이 헛되지 않는 육신, 지혜의 용맹한 힘을 가진 육신, 거리낌 없이 두루 가득한 육신, 묘한 몸구름이 널리 나타나 세간이 모두 이익을 받는 육신, 자비바다를 구족한 육신, 복덕보배산왕육신, 광명을 놓아 세간의 온갖 길을 비추는 육신, 지혜 청정한 육신, 중생의 바른 생각을 내는 육신, 보배광명육신을 나타냈다.

갖가지 빛깔바다를 구족한 육신, 착한 행에서 흘러나오는 육신, 교화할 이를 따라 나타내는 육신, 세간에서 보아도 싫은 줄 모르는 육신, 갖가지 깨끗한 광명육신, 세상바다를 나타내는 육신, 광명바다를 놓는 육신, 한량없이 차별한 광명바다를 나타내는 육신, 세간의 향기광명을 일으키는 육신, 말할 수 없는 해바퀴구름을 나타내는 육신을 나타냈다.

잠시동안 이러한 모습의 육신을 나타내어 시방에 가득하여 중생들이 보거나 생각하거나 법문을 듣거나 가까이 모셔 깨달음을 얻게도 하고 신통을 보게도 하고 변화를 보게도 했다. 또한 마음에 좋아함을 따라 조복하여 착하지 못한 업을 버리고 착한 행에 머물게 했다.

소년이여, 이것은 큰 원력을 말미암은 까닭이다. 온갖 지혜의 힘인 까닭이며, 보살의 해탈한 힘인 까닭이며, 크게 가엾이 여기는 힘인 까닭이며, 크게 인자한 힘인 까닭으로 이런 일을 짓는 것이다."

(39-38-2-3) 온갖 일을 다 나타내다

"소년이여, 나는 이 해탈에 들어서 법의 성품이 차별이 없음을 알면서도 한량없는 육신을 나타내며, 낱낱의 몸마다 한량없는 모습바다를 나타내고, 낱낱의 모습에서 한량없는 광명구름을 놓고, 낱낱의 광명에서 한량없는 부처님이 출현하심을 나타내며, 낱낱의 부처님이 한량없는 신통한 힘을 나타내어 중생들의 지난 세상에 지은 선근을 내어, 심지 못한 이는 심게 하고, 이미 심은 이는 자라게 하고, 이미 자란 이는 성숙하게 하며, 잠깐 동안에 한량없는 중생으로 위없는 바른 보리에서 물러가지 않게 한다."

(39-38-2-4) 발심한 시기에 대하여 말하다
(39-38-2-4-1) 깊고 깊은 법

"소년이여, 그대는 '언제부터 보리심을 냈으며 보살의 행을 닦았습니까?' 하고 물었다. 이런 이치를 부처님의 신통한 힘을 받아 그대에게 말해 주겠다.

소년이여, 보살의 지혜바퀴는 모든 분별하는 경계를 멀리 여의었으므로 생사 중에 있는 길고 짧고 물들고 깨끗하고 넓고 좁고 많고 적은 겁으로는 분별하여 보일 수 없다. 왜냐 하면 보살의 지혜바퀴는 본래부터 성품이 깨끗하여 모든 분별의 그물을 여의고 모든 장애의 산을 초월했지만 교화할 만한 이를 따라서 널리 비추는 까닭이다."

(39-38-2-4-2) 비유로써 밝히다

"소년이여, 비유하면 낮과 밤이 없지마는 해가 떠 있을 때는 낮이라 하고 지면 밤이라 하는 것처럼 보살의 지혜바퀴도 그와 같아 분별도 없고 세 개의 세상도 없지만 교화 받을 중생의 마음에 나타남에 의해 머물러 있는 것을 말하여 앞의 겁이나 뒤의 겁이라 한다.

소년이여, 해가 염부제의 허공에 떴을 때 그림자가 보물이나 강과 바다의 맑은 물에 나타나는 것을 중생이 눈으로 보지만 해는 여기 오지 않는다. 보살의 지혜바퀴도 그와 같아 생사과보바다[諸有海]에서 뛰어나 부처님의 참된 법의 고요한 허공에 머물러서 의지하는 곳이 없다. 중생들을 교화하기 위해 여러 길에서 여러 종류로 태어나지만, 실제로는 생사(生死)하지도 않고 물들지도 않으며, 긴 세월이나 짧은 세월이라는 분별이 없다.

왜냐 하면 보살은 뒤바뀐 생각과 소견을 끝까지 여의고, 진실한 견해를 얻어 법의 참 성품을 보았으므로 세간이 꿈과 같고 환술과 같아 없는 줄 알지만, 큰 자비와 원력으로 중생의 앞에 나타나서 교화하고 조복시킨다.

소년이여, 뱃사공이 큰 배를 타고 강 가운데 있어 이 언덕을 의지하지도 않고 저 언덕에 닿지도 않고 가운데 머물지도 않으면서 중생을 건네주기를 쉬지 않는다. 보살도 그와 같아 바라밀배를 가지고 생사의 흐름에 있어서 이 언덕을 의지하지도 않고 저 언덕에 닿지도 않고 가운데 머물지도 않으면서 중생을 제도하기를 쉬지 않는다. 또한 한량없는 겁 동안에 보살행을 닦으면서 일찍이 겁의 길고 짧음을 분별하지 않는다.

소년이여, 큰 허공은 모든 세계가 그 속에서 이루어지고 무너지며 본 성품이 청정하여 물들지도 어지럽지도 않고 걸림도 없고 만족함도 없으며, 길지도 않고 짧지도 않아 오는 세월이 끝나도록 모든 세계를 가지고 있다. 보살도 그와 같아 허공과 같이 넓고 크고 깊은 마음으로 큰 서원인 바람둘레[風輪]를 일으켜 중생을 거두어 주어 나쁜 길[惡道]을 여의고 착한 길[善趣]에 나게 하며, 온갖 지혜지위[智地]에 머물게 하여 번뇌와 생사의 속박을 없애 근심하거나 기뻐하거나 고달파하는 마음이 없다.

소년이여, 마치 요술로 만든 사람[幻人]은 몸과 사지를 갖추었지만 숨을 들이쉬고 내쉬고 차고 덥고 굶주리고 목마르고 근심하고 기뻐하고 나고 죽는 일이 없다. 보살도 그와 같아 환술 같은 지혜와 평등한 법의 몸으로써 여러 가지 모습을 나타내어 업보의 길에서 한량없는 겁을 지나면서 중생을 교화하지만 죽고 사는 모든 경계에 대하여 기쁨도 싫음도 없고, 사랑함도 성냄도 없으며, 괴로움도 즐거움도 없고, 가짐도 버림도 없으며, 편안함도 공포도 없다.

소년이여, 보살의 지혜가 이렇게 깊고 깊어 헤아릴 수 없으며 내가 부처님의 위신력을 받들어 그대에게 말하여 오는 세상의 모든 보살로 하여금 큰 서원을 만족하여 모든 힘을 성취하게 할 것이다."

(39-38-2-5) 선광겁 때의 일

(39-38-2-5-1) 부처님의 출현

"소년이여, 지나간 옛적 세계해의 수많은 겁 전에 선광(善光)겁이 있었다. 세계의 이름은 보배광명[寶光]이었으며, 그 겁 동안에 1만 부처님이 세상에 출현하셨으니 첫 부처님의 이름은 법륜음허공등왕(法輪音虛空燈王) 여래·응공·정변지여서 명호가 원만했다.

그 염부제에 보배장엄[寶莊嚴]이라는 도시가 있었다. 그 동쪽으로 멀지 않은 곳에 묘한 빛[妙光] 큰 숲이 있었다. 그 숲 속에 보배 꽃[寶華] 도량이 있고, 그 도량에 보광명마니연화장사자좌(普光明摩尼蓮華藏師子座)가 있었는데, 부처님이 사자좌에서 위없는 바른 보리를 이루시고, 백 년 동안 이 도량에 앉아서 모든 보살과 천상과 인간과 염부제에서 선근을 심어 성숙한 이들을 위해 바른 법을 연설하셨다."

(39-38-2-5-2) 선왕이 나라를 다스림

"그때 임금은 승광(勝光)이며, 사람들의 수명은 만 년인데 그 가운데는 살생하고 도둑질하고 음란하고 방탕하고 거짓말, 꾸밈 말, 이간하는 말, 욕설하며, 탐욕 많고 성 내고 나쁜 소견을 가지고, 부모에게 불효하고, 사문·바라문을 공경하지 않는 이가 많아 임금은 그들을 조복시키기 위해 옥을 만들고 칼[枷]과 고랑과 수갑들을 마련하여 한량없는 중생이 그 속에서 고생하고 있었다."

(39-38-2-5-3) 대원정진력주야신의 재가시의 일

"그 임금의 태자는 선복(善伏)인데, 단정하고 특수하여 사람들이

보기를 좋아하며 스물여덟 가지 거룩한 모습을 구족했다. 태자는 궁중에 있으면서 옥에 갇힌 죄수들이 고생하는 소리를 듣고 가엾은 마음을 이기지 못하여 옥으로 달려갔다. 모든 죄수를 고랑에 채우고 칼에 씌워져 쇠사슬에 서로 묶여 캄캄한 감옥 속에 갇혔는데, 불에 볶이고 연기에 쏘이고 곤장을 맞고 코를 베이기도 하고 발가벗기고 머리카락이 헝클어지고 기갈이 극심하고 몸이 수척하고 근육이 터지고 뼈가 드러나 지독한 고통을 부르짖고 있었다.

태자가 보고는 착한 마음을 내어 두려움이 없는 음성으로 위로했다.

"너희들은 걱정하지 말고 두려워하지 말라. 내가 너희들을 이 고통에서 벗어나게 해줄 것이다."

태자는 임금에게 가서 여쭈었다.

"옥에 갇힌 죄인들의 고통이 막심하니 관대하게 용서하시고 두려움 없음(無畏)를 베풀어 주십시오."

왕이 5백 명의 대신들을 모아 이 일을 물으니, 대신들은 이렇게 대답했다.

"저 죄인들은 관청의 물품을 훔치고 왕의 자리를 뺏으려 하고, 궁중에 침입한 죄는 열 번 죽어 마땅하며, 만일 구하려는 이가 있으면 그도 사형을 받아야 합니다."

그때 태자는 슬픈 마음이 더욱 간절하여 대신들에게 말했다.

"당신들의 말과 같이 저 사람들은 놓아 주고 그들이 받을 형벌로 나를 벌하여라. 나는 그들을 위해 모든 형벌을 받을 것이며, 몸이 가루가 되고 목숨이 끊어져도 아낄 것이 없다. 다만 저 죄인들의 고통을 면하게 할 것이다. 내가 이 중생을 구원하지 못한다면 어떻게 삼계(三界)의 옥중에서 고통 받는 중생을 구원할 것인가. 모든 중생이 삼계 가운데서 탐욕과 애정에 얽매이고 어리석음에 가려 가난하여 공덕이 없고, 여러 가지 나쁜 길에 떨어져서 형상이 더럽고 모든 기관이 방일하며, 마음이 아득하여 나갈 길을 구하지 못하고, 지혜의 빛을 잃어 삼계를 좋아하며 모든 복덕을 끊고, 지혜를 멸했으며, 갖가지 번뇌가 마음을 어지럽게 하며 고통의 옥에 갇히고 마(魔)의 그물에 들어가 나고 늙고 병들고 죽음과 근심하고 슬퍼하고 시끄럽고 해쳐서 이런 고통이 항상 괴롭히니, 내가 어찌하면 저들을 해탈하게 할 것인가. 마땅히 몸과 목숨으로 구제할 것이다."

이때 대신들이 왕에게 나아가서 손을 들고 외쳤다.

"대왕이시여, 저 태자의 생각은 국법을 깨뜨리고 만민에게 화난을 미치게 합니다. 대왕께서 태자를 사랑하여 책벌하지 않으시면 대왕의 지위도 오래도록 보존하지 못할 것입니다."

왕은 이 말을 듣고 대노하여 태자와 모든 죄인을 사형시키려 했다.

왕후가 이 일을 알고는 근심하고 부르짖으며, 초라한 모습과 허름한 의복으로 일 천 시녀와 함께 임금 계신 곳에 나아가 몸을 땅에 던지며 왕의 발에 엎드려 절하며 말했다.

"바라옵건대 대왕이시여, 태자의 목숨을 용서하소서."

임금은 태자를 돌아보면서 말했다.

"죄인들을 구원하지 말라. 만일 죄인을 구원한다면 너를 죽일 것이다."

그때 태자는 오로지 온갖 지혜를 구하기 위해, 여러 중생들을 이익되게 하기 위해, 크게 가엾이 여김으로써 널리 구원해 주기 위해 마음이 굳건하고 물러가거나 겁나는 일이 없어져서 왕에게 여쭈었다.

"바라옵건대 저들의 죄를 용서하시면 제가 사형을 받겠습니다."

"네 뜻대로 하여라."

이때 왕후가 다시 왕에게 여쭈었다.

"대왕이시여, 태자로 하여금 보름 동안만 보시를 행하여 마음대로 복을 지은 뒤에 죄를 받도록 허락하소서."

왕은 그 일을 허락했다.

그때 수도의 북쪽에 일광(日光)이라는 큰 동산이 있었다. 그 곳은 옛적에 보시하던 곳인데, 태자는 그곳에 가서 크게 보시하는 모임을 열고, 음식·의복·화만·영락·바르는 향·가루향·당기·번기·보배 일산과 모든 장엄거리를 사람들이 원하는 대로 모두 주었다. 이렇게 보름이 지나서 마지막 날이 되자, 임금과 대신과 장자와 거사와 성 안에 있는 백성들과 여러 외도가 모두 모여 왔다.

이때 법륜음허공등왕여래께서 중생들을 조복시킬 때가 된 줄 아시고 대중들과 함께 이 동산으로 오시는데, 천왕들은 둘러싸고 용왕은 공양하고 야차왕은 수호하고 건달바왕은 찬탄하고 아수라왕은 허리 굽혀 절하고 가루라 왕은 깨끗한 마음으로 보배꽃을 흩고 긴나라왕은 환희하여 권하고 마후라가왕은 일심으로 우러러보면서 모임 가운데로 들어왔다.

이때 태자와 대중들은 부처님 오시는 것을 멀리서 보았다. 단정하고 존엄이 있고 특별하시며 여러 기관이 고요하심은 길이 잘 든 코끼리 같고, 마음에 때가 없기는 깨끗한 몸과 같으며, 큰 신통을 나투시고 크게 자재하심을 보이시고 큰 위덕을 나타내시며 여러 가지 거룩한 모습으로 몸을 장엄했고, 큰 광명을 놓아 널리 세계를 비추며 모든 털구멍으로는 향기불꽃구름을 내어 시방의 한량없는 세계를 진동하며, 이르는 곳마다 여러 가지 장엄거리를 비 내리시니, 부처님의 위의와 부처님의 공덕으로 보는 중생들의 마음이 깨끗하고 환희하여 번뇌가 소멸되었다.

이때 태자와 대중들은 땅에 엎드려 부처님 발에 절하고 평상을 차려 놓고 합장하고 여쭈었다.

"잘 오셨습니다. 부처님이시여, 잘 오셨습니다. 부처님이시여, 바라옵건대 저희들을 가엾게 여기시며 저희들을 거두어 주어 이 자리에 앉으소서."

부처님의 신통한 힘으로 정거천 사람들이 있는 그 자리를 변화시켜 향마니연화좌를 만드니, 부처님은 그 위에 앉으시고 보살 대중도 자리에 나아가 둘러앉았다.

그때 모임 가운데 있던 모든 중생은 여래를 뵙고 괴로움이 멸하고 장애가 없어져서 거룩한 법을 들었다. 여래께서는 교화할 때인 줄을 아시고 원만한 음성으로 법문을 하셨다. 법문 이름은 보조인륜(普照因輪)이며, 여러 중생이 나름대로 이해했다.

그 회중에 있던 팔십 나유타 중생들은 번뇌의 티끌과 때를 멀리 여의고 깨끗한 법눈을 얻었으며, 한량없는 나유타 중생들은 배울 것 없는 지위를 얻었고, 일만의 중생은 대승의 도에 머물러서 보현의 행에 들어가 큰 서원을 성취했다.

이때 시방으로 각각 백 세계의 수많은 중생들은 대승법 가운데서 마음이 조복되고 한량없는 세계의 모든 중생은 나쁜 길을 여의고 천상에 태어났고, 잘 조복하는 태자는 바로 보살이 중생을 교화하여 선근(善根)을 내게 하는 해탈문을 얻었다."

(39-38-2-5-4) 옛일과 지금의 일

"소년이여, 그때의 태자가 곧 나였고, 나는 옛적에 크게 가엾이 여기는 마음을 내어 몸과 목숨과 재물을 버리고 고통 받는 중생들을 구제했고, 크게 보시하는 문을 열고 부처님께 공양했으므로 이 해탈을 얻었다.

소년이여, 나는 그때에 다만 모든 중생을 이익되게 했을 뿐이고 삼계에 애착하지도 않고 과보를 구하지도 않고 명예를 탐하지도 않고, 자신은 칭찬하고 남을 훼방하지도 않았으며, 모든 경계에 대하여 탐내어 물들지도 않고 두려워함도 없었으며, 오직 대승으로 벗어날 길을 장엄하고 온갖 지혜의 문을 관찰하기를 좋아하면서 고행을 닦아 이 해탈문을 얻었다.

소년이여, 그대는 어떻게 생각하는가. 그때 나를 해하려던 오백 대신이 다른 사람이 아니라 지금의 제바달다(提婆達多)의 오백 명의 무리들이다. 이 사람들도 부처님의 교화를 받고 위없는 바른 보리를 얻을 것이다. 오는 세상에 나유타 겁을 지나서 선광(善光)겁이 있으니, 세계의 이름은 보광(寶光)이며, 그 가운데서 성불하여 오백 부처님이 차례로 세상에 나신다.

첫째 부처님 이름은 대비(大悲)이고, 둘째 부처님은 요익세간(饒益世間)이고, 셋째 부처님은 대비사자(大悲師子)이고, 넷째 부처님은 구호중생(救護衆生)이며, 마지막 부처님은 의왕(醫王)이다. 비록 여러 부처님의 가엾이 여기심이 평등하지만, 그 국토와 문벌과 부모와 태어나서 출가하여 도를 닦고 도량에 나아가 바른 법륜을 굴려 경전을 말씀하시는 음성과 광명과 모인 대중과 수명과 법이 세상에 머무는 일과 그 명호는 각각 다르다.

소년이여, 내가 구원한 그 죄인들은 구류손(拘留孫) 등 현겁의 일천 부처님과 백 만 아승기 큰 보살들로서 무량정진력명칭공덕혜(無量精進力名稱功德慧)여래께서 위없는 바른 보리심을 냈고, 지금 시방의 국토에서 보살의 도를 행하며 이 보살이 중생을 교화하여 선근을 내게 하는 해탈을 닦아 늘게 하는 이들이다.

그때의 선광임금은 지금의 살차니건자(薩遮尼乾子) 대논사(大論師)며, 그 왕궁에 있던 이와 권속들은 니건자의 육만 제자로서 스승과 함께 와서 큰 논(論)의 당기를 세우고 부처님과 논의하다가 항복하여 위없는 바른 보리의 수기를 받은 이들이니 이 사람들도 미래에 부처를 이룰 것이며, 그 국토의 장엄과 겁의 수와 명호는 각각 다르다."

(39-38-2-5-5) 출가하여 법을 얻다

"소년이여, 나는 그때에 죄인을 구원하고는 부모의 허락을 얻어 국토와 처자와 재물을 버리고 법륜음허공등왕부처님께 출가하여 도를 배우며, 오백 년 동안 범행을 닦아서 백만 다라니와 백만 신통과 백만 법장(法藏)을 성취하고, 백만의 온갖 지혜를 구하려고 용맹하게 정진하며, 백만 감인문(堪忍門)을 깨끗하게 다스리고 백만의 생각하는 마음을 늘게 하고 백만의 보살의 힘을 성취하고, 백만의 보살 지혜의 문에 들어가 백만의 반야바라밀 문을 얻었다."

(39-38-2-5-6) 부처님을 뵙고 수행하다

"시방의 백만 부처님을 뵙고 백만 보살의 큰 원을 냈다. 시방으로 각각 백만의 부처님 세계를 비추어 보고, 시방세계의 지난 겁과 오

는 겁에 나시는 백만 부처님을 기억하고 시방세계의 백만 부처님의
변화바다를 알고, 시방의 백만 세계에 중생들이 여러 가지 길에서
업을 따라 태어나는 때와 죽는 때와 착한 길과 나쁜 길과 좋은 모습
과 나쁜 모습을 보며, 그 중생들의 갖가지 마음과 갖가지 욕망과 갖
가지 근성과 갖가지 익힌 업과 갖가지 성취함을 다 분명하게 안다.

소년이여, 나는 그때 목숨을 마친 뒤에 다시 그 왕가에 태어나 전
륜왕이 되었고, 법륜음허공등왕여래가 열반한 뒤에 또 여기서 법공
왕여래를 만나 받들어 섬기고 공양했다. 다음에는 제석천왕이 되어
이 도량에서 천왕장여래를 만나 친근하고 공양했으며, 다음에는 수
야마천왕이 되어 이 세계에서 대지위력산 여래를 만나 친근하고 공
양했으며, 다음에는 도솔타천왕이 되어 이 세계에서 법륜광음성왕
여래를 만나 친근하고 공양했으며, 다음에는 화락천왕이 되어 이
세계에서 허공지왕여래를 만나 친근하고 공양했으며, 다음에는 타
화자재천왕이 되어 이 세계에서 무능괴당여래를 만나 친근하고 공
양했다. 다음에는 아수라왕이 되어 이 세계에서 일체법뢰음왕여래
를 만나 친근하고 공양했으며, 다음에는 범천왕이 되어 이 세계에
서 보현화연법음여래를 만나 친근하고 공양했다.

소년이여, 이 보배광명세계의 선광겁 가운데 일만 부처님이 세상
에 나셨고 내가 모두 친근하게 섬기고 공양했다.”

(39-38-2-6) 일광겁 때의 일

“다음에 또 일광겁이 있었다. 육십억 부처님이 세상에 나셨는데
맨 처음이 묘장산부처님이셨다. 나는 그 나라의 대지왕으로 부처님
을 받들어 섬기며 공양했고, 다음은 원만견부처님이시며 나는 거사

로서 친근하며 공양했다. 그 다음은 이구동자부처님이시며 나는 대
신이 되어 친근하며 공양했다. 그 다음은 용맹지부처님이시며 나는
아수라왕이 되어 친근하며 공양했다. 그 다음은 수미상부처님이시
며 나는 주목신이 되어 친근하며 공양했다. 그 다음은 이구비부처
님이시며 나는 장사물주가 되어 친근하며 공양했다. 그 다음은 사
자유보부처님이시며 나는 주성신이 되어 친근하며 공양했다. 그 다
음은 보계부처님이시며 나는 비사문천왕이 되어 친근하며 공양했
다. 그 다음은 최상법칭부처님이시며 나는 건달바왕이 되어 친근하
며 공양했다. 그 다음은 광명관부처님이시며 나는 구반다왕이 되어
친근하며 공양했다. 그 겁 가운데 차례로 육십억 여래가 출현하셨
고, 나는 항상 여러 가지 몸을 받아 부처님 계신 곳 마다 친근하며
공양했고, 한량없는 중생들을 교화했다. 낱낱의 부처님 계신 곳에
갖가지 삼매문과 다라니문과 신통문과 변재문과 지혜문과 법을 밝
히는 문을 얻어 시방바다를 다 비추며, 부처님 세계바다에 들어가
며 부처님바다를 보고 청정하게 성취하며 증장하고 광대하게 했다.

  이 겁에서 부처님을 친근하며 공양한 것처럼 모든 곳에서 온갖 세
계해의 티끌 수 겁에 모든 부처님이 세상에 나실 때마다 친근하며
공양했다. 또한 법문을 듣고 믿어 받고 보호해 가지는 것도 그렇게
했으며, 이러한 모든 부처님 처소에서 이 해탈문을 닦아 익혔으며,
다시 한량없는 해탈의 방편을 얻었다.”

(39-38-3) 수승한 보살의 공덕을 찬탄하다

  “소년이여, 나는 다만 이 중생을 교화하여 선근을 내게 하는 해탈
문을 알 뿐이며, 보살들이 모든 세간을 초월하여 여러 길의 몸을 나

타내며, 머무름 없이 반연(攀緣)하여 장애가 없고 모든 법의 성품을 분명히 알며, 온갖 법을 잘 관찰하여 내가 없는 지혜를 얻고 내가 없는 법을 증득하며, 중생을 교화하고 조복시키며 쉬지 않고, 마음이 항상 둘이 아닌 법문에 머무르고 말씀바다에 두루 들어가는 일이야 내가 어떻게 알며, 공덕바다와 용맹한 지혜와 마음으로 행하는 것과 삼매의 경계와 해탈의 힘을 어떻게 말하겠는가."

(39-38-4) 다음 선지식 찾기를 권하다

"소년이여, 이 염부제에 룸비니(람비니, 嵐毘尼)숲 동산이 있고, 그 숲에 묘한 덕이 원만한 신[룸비니림신]이 있으니, 그대는 그에게 가서 '보살이 어떻게 보살의 행을 닦아 여래의 가문에 태어나며, 세상의 빛이 되어 오는 세월이 다하도록 고달픔이 없느냐' 고 물어라."

이때 선재동자는 그의 발에 엎드려 절하고 한량없이 돌고 합장하고 우러러 보면서 하직하고 물러갔다.

(39-39) 룸비니림신(람비니림신, 嵐毘尼林神)
　　제9 선혜지(善慧地) 선지식

(39-39-1) 룸비니림신을 뵙고 법을 묻다

이때 선재동자는 모든 중생 구호하는 대원정진력주야신에게서 해탈문을 얻어 생각하고 닦으며 분명히 알고 정진하면서, 점점 나아가다가 룸비니숲(룸비니, Lumbini 영어표기)에 이르러 묘한 덕이 원만한 신을 두루 찾았다.

그는 온갖 보배나무로 장엄한 누각 가운데 보배연꽃 사자좌에 앉았는데, 이십억 나유타 하늘이 둘러 모시고 공경하며 그들에게 '보살의 태어나는 바다의 경전'[菩薩受生海經]을 말씀하여 여래의 가문에 나서 보살의 큰 공덕을 증장하는 것을 보았다.

선재동자가 보고는 그의 발에 절하고 합장하고 말했다.

"거룩하신 이여, 저는 이미 위없는 바른 보리심을 냈으나, 보살이 어떻게 보살의 행을 닦으며 여래의 가문에 나서 세상의 큰 광명이 되는지를 알지 못합니다."

(39-39-2) 룸비니림신이 법을 설하다
(39-39-2-1) 보살이 태어나는 열 가지 장

그 신이 대답했다.

"소년이여, 보살의 열 가지 태어나는 장[受生藏]이 있다. 보살이 이 법을 성취하면 여래의 가문에 태어나서 잠깐 동안에 보살의 선근을 증장하여 고달프지도 않고 게으르지도 않으며, 싫지도 않고 물러가지도 않으며, 끊김도 없고 잃음도 없으며, 의혹을 여의어 겁약하거나 후회하는 마음을 내지 않고, 지혜에 나아가 법계의 문에 들어가며, 광대한 마음을 내고 바라밀을 증장하여 부처님의 위없는 보리를 성취하며, 세상 길을 버리고 여래의 지위에 들어가 훌륭한 신통을 얻으며 부처님의 법이 항상 앞에 나타나서 온갖 지혜의 진실한 이치를 따르게 된다.

첫째는 부처님께 항상 공양하기를 원하여 태어나는 장이며, 둘째는 보리심을 내어 태어나는 장이며, 셋째는 여러 법문을 관찰하고 부지런히 행을 닦아 태어나는 장이며, 넷째는 깊고 청정한 마음으로 삼세를 두루 비추어 태어나는 장이며, 다섯째는 평등한 광명으로 태어나는 장이며, 여섯째는 여래의 가문에 나서 태어나는 장이며, 일곱째는 부처님 힘의 광명으로 태어나는 장이며, 여덟째는 넓은 지혜의 문을 관찰하여 태어나는 장이며, 아홉째는 장엄을 널리 나투어 태어나는 장이며, 열째는 여래의 지위에 들어가 태어나는 장이다.

(39-39-2-2) 열 가지 장을 해석하다

(39-39-2-2-1) 항상 공양하기를 원하여 태어나는 장

"소년이여, 보살이 처음 마음을 낼 적에 원하기를 '나는 부처님을 존중하고 공경하고 공양하며, 부처님을 봬도 싫어함이 없으며, 여러 부처님을 항상 사모하고 좋아하며 깊은 믿음을 내고 공덕을 닦아 항상 쉬지 않을 것이다' 하니, 이것이 보살이 온갖 지혜를 위해 첫째로 선근을 모아 태어나는 장이다."

(39-39-2-2-2) 보리심을 내어 태어나는 장

"소년이여, 이 보살이 위없는 바른 보리심을 내는 것은 크게 가엾이 여기는 마음을 내는 것이며 모든 중생을 구호하는 까닭이다. 부처님께 공양하는 마음을 내는 것이며 끝까지 받들어 섬기려는 까닭이다. 바른 법을 널리 구하는 마음을 내는 것이며 모든 것을 아끼지 않는 까닭이다. 광대하게 향하여 나아가려는 마음을 내는 것이며 온갖 지혜를 구하는 까닭이다. 한량없이 인자한 마음을 내는 것이며 중생을 널리 거두어 주는 까닭이다.

모든 중생을 버리지 않으려는 마음을 내는 것이며 온갖 지혜를 구

하는 서원의 갑옷을 입는 까닭이다. 아첨이 없는 마음을 내는 것이 며 실제와 같은 지혜를 얻는 까닭이다. 말씀과 같이 실행하려는 마음을 내는 것이며 보살의 도를 닦는 까닭이다. 부처님을 속이지 않으려는 마음을 내는 것이며 보살의 도를 닦는 까닭이다. 부처님을 속이지 않으려는 마음을 내는 것이며 부처님의 큰 서원을 수호하는 까닭이다. 온갖 지혜로 원하는 마음을 내는 것이며 오는 세월이 끝나도록 중생 교화하기를 쉬지 않는 까닭이다. 보살이 이러한 세계의 티끌 수 보리심의 공덕으로 여래의 가문에 태어나며 이것이 보살의 둘째 태어나는 장이다."

(39-39-2-2-3) 법문을 관찰하여 행을 닦아 태어나는 장

"소년이여, 이 보살이 법문바다를 관찰하는 마음을 일으키고, 온갖 지혜의 원만한 길에 회향하는 마음을 일으키고, 바른 생각으로 잘못된 업이 없는 마음을 일으키고, 보살의 삼매바다의 청정한 마음을 일으키고, 보살의 공덕을 닦아 이루는 마음을 일으키고, 보살의 도를 장엄하는 마음을 일으키고, 온갖 지혜를 구하여 크게 정진하는 행으로 모든 공덕을 닦을 때에 말겁에 불이 치성하듯이 쉬는 일이 없는 마음을 일으키고, 보현의 행을 닦아 중생을 교화하는 마음을 일으키고, 위의를 잘 배우고 보살의 공덕을 닦아 모든 것을 버리고 아무 것도 없는 데 머물려는 진실한 마음을 일으킨다. 이것이 보살의 셋째 태어나는 장이다."

(39-39-2-2-4) 청정한 마음으로 삼세를 두루 비추어 태어나는 장

"소년이여, 보살이 청정하여 더 나아가는 마음을 갖추고 여래의

보리의 광명을 얻으며, 보살의 방편바다에 들어가 마음이 견고하기가 금강과 같으며, 생사의 길에 나는 것을 등지고 모든 부처님의 자재한 힘을 성취하며, 수승한 행을 닦아 보살의 근기를 갖추며, 마음이 밝고 깨끗하고 서원하는 힘이 흔들리지 않아 부처님들의 보호하고 생각하심이 되며, 장애의 산을 깨뜨리고 중생들의 의지할 곳이 되려 한다. 이것이 보살의 넷째 태어나는 장이다."

(39-39-2-2-5) 평등한 광명으로 태어나는 장

"소년이여, 보살이 여러 가지 행을 구족하고 중생을 널리 교화하되 가진 것을 버리고 부처님의 청정한 계율의 경계에 머물며, 참는 법을 구족하여 부처님들의 법지혜[法忍]의 광명을 얻으며, 큰 정진으로 온갖 지혜에 나아가 저 언덕에 이르며, 선정을 닦아 넓은 문의 삼매를 얻으며, 깨끗한 지혜가 원만하여 지혜의 해[慧日]로 법을 밝게 비추며, 장애 없는 눈을 얻어 부처님 바다를 보고 진실한 법의 성품에 깨달아 들어가며, 세간의 보는 이들이 환희하여 실제와 같은 법문을 닦는다. 이것이 보살의 다섯째 태어나는 장이다."

(39-39-2-2-6) 여래의 가문에 태어나는 장

"소년이여, 보살이 여래의 가문에 나서 부처님들을 따라 머물며, 모든 깊고 깊은 법문을 성취하고 삼세 부처님들의 청정한 큰 서원을 갖추며, 부처님과 같은 선근을 얻어 여래와 자체의 성품이 같으며, 세상에서 벗어나는 행과 희고 깨끗한 법을 갖추어 광대한 공덕의 법문에 편안히 머물며, 삼매에 들어가 부처님의 신통한 힘을 보며, 교화할 이를 따라 중생들을 청정하게 하며, 묻는 대로 대답하여 변재가 다함이 없다. 이것이 보살의 여섯째 태어나는 장이다."

(39-39-2-2-7) 부처님 힘의 광명으로 태어나는 장

"소년이여, 보살이 부처님 힘에 깊이 들어가 여러 부처님의 세계에 노닐어도 물러가는 생각이 없으며, 보살대중을 공양하며 받들어 섬겨도 고달프지 않으며, 모든 법이 환술처럼 일어난 줄을 알며, 세간이 꿈과 같음을 알며, 눈에 보이는 모든 형상[色]이 빛과 같으며, 신통으로 짓는 일이 변화함과 같으며, 태어나는 것이 그림자와 같으며, 부처님의 법이 메아리와 같은 줄을 알고 법계를 열어 보여 마침내 이르게 한다. 이것이 보살의 일곱 번째 태어나는 장이다."

(39-39-2-2-8) 넓은 지혜의 문을 관찰하여 태어나는 장

"소년이여, 보살이 깨끗한 몸의 지위에 머물러 있으면서 온갖 지혜를 관찰하고 낱낱의 지혜의 문에서 한량없는 겁이 다하도록 보살의 행을 연설하며, 보살의 깊은 삼매에 마음이 자재해지고 잠깐마다 시방세계의 여래가 계신 곳에 태어나며, 차별이 있는 경계에서 차별이 없는 선정에 들어가고 차별이 없는 법에 차별이 있는 지혜를 나타내며, 한량없는 경계에서 경계가 없음을 알고 적은 경계에서 한량없는 경계에 들어가며, 법의 성품이 광대하여 시간이 없음을 통달하고 세간이 가짜 시설이어서 모든 것이 인식하는 마음으로 생긴 줄 안다. 이것이 보살의 여덟 번째 태어나는 장이다."

(39-39-2-2-9) 장엄을 나투어 태어나는 장

"소년이여, 보살이 한량없는 부처님 세계를 여러 가지로 장엄하

며, 중생과 부처님들의 몸을 널리 변화하여 나타내어도 두려움이 없으며, 청정한 법을 연설하여 법계에 두루 다녀도 걸림이 없으며, 그들의 마음에 좋아하는 대로 모두 알고 보게 하고, 갖가지로 보리의 행을 이루는 것을 나타내어 보리에 걸림이 없는 온갖 지혜의 길을 내게 하며, 이렇게 하는 일이 때를 놓치지 않으면서 항상 삼매와 비로자나 지혜의 장에 있다. 이것이 보살의 아홉 번째 태어나는 장이다."

(39-39-2-2-10) 여래의 지위에 들어가 태어나는 장

"소년이여, 보살이 삼세 여래의 처소에서 정수리에 물 붓는 법[灌頂法]을 받고 모든 경계의 차례를 두루 안다. 중생이 앞 세상과 뒷 세상에서 죽고 나는 차례와 보살의 수행하는 차례와 중생의 마음으로 생각하는 차례와 삼세 여래의 성불하는 차례와 교묘한 방편으로 법문을 말씀하는 차례를 알며, 앞 세상과 뒷 세상의 모든 겁이 이루어지고 없어지는 이름의 차례도 안다. 교화를 받을 만한 중생을 따라서 도를 이루는 공덕과 장엄을 나타내며, 신통으로 법을 말하고 방편으로 조복시킨다. 이것이 보살의 열 번째 태어나는 장이다.

소년이여, 만일 보살이 이 열 가지 법을 닦아 익히고 증장하며 원만하게 성취하면 한 가지 장엄 속에 갖가지 장엄을 나타내며, 이렇게 국토를 장엄하며, 중생을 인도하고 깨우쳐서 오는 세상이 끝나도록 쉬지 않으며, 부처님 법바다를 연설하며, 여러 가지 경계를 여러 가지로 성숙하여 한량없는 법을 차츰차츰 전하여, 헤아릴 수 없는 부처님의 자재한 힘을 나타내어 모든 허공과 법계에 가득하며, 중생의 마음으로 행하는 바다에서 법륜을 굴리며, 모든 세계에서

성불함을 나타내되 항상 사이가 끊이지 않으며, 말할 수 없이 청정한 음성으로 법을 말하여 한량없는 곳에 머물되 통달하여 걸림이 없으며, 온갖 법으로 도량을 장엄하고 중생의 욕망과 이해하는 차별을 따라 성불함을 나타내고 한량없는 깊은 법장을 열어 모든 세간을 교화하고 성취한다."

(39-39-2-3) 룸비니림신의 게송

이때 룸비니림신이 이 뜻을 거듭 펴려고 부처님의 신통으로 시방을 관찰하고 게송을 말했다.

가장 높고 때 없이 청정한 마음 / 부처님들 뵙기 싫은 줄 몰라
오는 세상 끝나도록 공양하고자 / 지혜 밝은 이 태어나는 장이네.

삼세의 수없는 국토 가운데 / 살고 있는 중생들과 여러 부처님
제도하고 받들기 항상 원하니 / 부사의한 이들의 태어나는 장이네.

법 듣기 싫지 않고 관찰을 좋아해 / 삼세에 두루하여 걸림 없으며
몸과 마음 깨끗하기가 허공 같아 / 소문난 이들의 태어나는 장이네.

마음은 자비바다에 항상 머물고 / 굳기로는 금강과 보배산 같아
온갖 지혜문을 통달했으니 / 가장 높은 이의 태어나는 장이네.

인자함이 모든 것에 두루 덮이고 / 묘한 행은 바라밀을 항상 더하여
법의 광명 삼라만상 두루 비추니 / 용맹한 이의 태어나는 장이네.

법의 성품 통달하여 걸림이 없고 / 삼세 부처님들 가문에 나서
시방의 법계바다 널리 들어가니 / 지혜 있는 이의 태어나는 장이네.

법의 몸 깨끗하고 마음 트여 / 시방의 모든 국토 두루 나아가
부처님의 모든 힘 다 이루니 / 헤아릴 수 없는 이 태어나는 장이네.

깊은 지혜 들어가 자재했고 / 여러 가지 삼매도 다 끝났으며
온갖 지혜 진실한 문 다 보았으니 / 참 몸 가진 생각이 태어나는 장
이네.

부처님의 모든 국토 잘 다스리고 / 중생 교화하는 법 닦아 이루어
여래의 자재한 힘 나타내니 / 큰 이름 떨친 이가 태어나는 장이네.

오래 전부터 보리를 닦아 행하고 / 여래의 높은 지위 빨리 들어가
법계를 밝게 알아 걸림 없으니 / 여러 불자들이 태어나는 장이네.

“소년이여, 보살이 이 열 가지 법을 갖추고 여래의 가문에 태어나
면 모든 세간의 청정한 광명이 된다. 소년이여, 나는 한량없이 오랜
겁으로부터 이 자재하게 태어나는 해탈문을 얻었다.”

(39-39-2-4) 해탈문의 경계를 말하다
(39-39-2-4-1) 룸비니동산의 열 가지 상서
  선재동자는 말했다.
“거룩하신 이여, 이 해탈문의 경계는 어떠합니까?”

룸비니림신이 대답했다.

"소년이여, 나는 발원하기를 '모든 보살이 태어날 때마다 다 친근하게 하여지다. 비로자나 여래의 한량없이 태어나는 바다에 들어가지이다' 했고, 이런 서원의 힘으로 이 세계의 염부제에 있는 룸비니 숲 동산에 나서 '보살이 언제나 내려오시는가' 하고 생각했다.

백년이 지난 뒤에 부처님이 도솔천(兜率天)으로부터 내려오시는데, 그때 이 숲속에는 열 가지 상서가 나타났다. 첫째는 이 동산의 땅이 홀연히 평탄해지고 구덩이[坑坎]가 생겨 등성이가 나타나지 않았다. 둘째는 금강으로 땅이 되어 모든 보배로 장엄하고 자갈과 가시덤불과 나무 그루터기가 없어졌다. 셋째는 보배로 된 다라(多羅)나무가 줄을 지어 둘러서고 그 뿌리가 깊이 들어가 물 있는 곳[水際]까지 이르렀다. 넷째는 모든 향의 움이 돋고 향의 광[香藏]이 나타났으며, 보배향으로 된 나무가 무성하여 모든 향기가 천상의 향기보다도 더 아름다웠다.

다섯째는 여러 묘한 화만과 보배장엄거리가 줄지어 퍼져 곳곳마다 가득했다. 여섯째는 동산 안에 있는 나무에는 모두 마니보배꽃이 저절로 피었다. 일곱째는 연못 속에는 자연히 꽃이 나는데 땅 속에서 솟아올라서 물 위에 두루 덮였다. 여덟째는 이 숲속에는 사바 세계의 욕심세계와 형상세계에 있는 하늘·용·야차·건달바·아수라·가루라·긴나라·마후라가의 왕들이 모두 모여 합장하고 있었다.

아홉째는 이 세계에 있는 하늘여자와 마후라가의 여자들이 모두 환희하여 여러 가지 공양거리를 받들고 필락차(畢洛叉)나무를 향해 공경하고 서 있었다. 열 번째는 시방의 모든 부처님 배꼽에서 보살수생자재등(菩薩受生自在燈)이라는 광명을 놓아 이 숲에 비추고, 낱낱 광명에서는 부처님이 태어나고 탄생하는 신통 변화와 보살들이 태어나는 공덕을 나타냈고, 또 여러 부처님의 가지가지 음성을 냈다.

이 상서가 나타날 때에 모든 천왕은 보살이 내려오실 줄을 알았고, 나는 이 상서를 보고 한량없이 기뻐했다.”

(39-39-2-4-2) 마야부인이 룸비니동산에 오실 때의 열 가지 광명

“소년이여, 마야부인이 카필라성에서 나와 이 숲에 들어왔을 때도, 열 가지 광명의 상서가 있어 중생들에게 법의 광명을 얻게 했다.

모든 보배꽃광광명, 보배향광광명, 보배연꽃이 피어 진실하고 묘한 음성을 연설하는 광명, 시방 보살이 처음으로 마음을 내는 광명, 모든 보살이 여러 지위에 들어가서 신통 변화를 나타내는 광명, 보살이 바라밀을 닦아서 원만한 지혜광명, 보살이 중생을 교화하는 방편지혜의 광명, 보살이 법계를 증득하는 진실한 지혜의 광명, 보살이 부처님의 자재하심을 얻어 태어나고 출가하여 정각을 이루는 광명이다.”

(39-39-2-4-3) 마야부인에게 나타난 신통 변화

“소년이여, 마야부인이 필락차나무 아래 앉을 때에 보살이 탄생하려는 열 가지 신통변화를 나타냈다.

소년이여, 보살이 탄생하시려는 때에 욕계[欲界]의 하늘 · 천자 · 천녀와 형상세계[色界]의 모든 하늘 · 용 · 야차 · 건달바 · 아수라 ·

가루라 · 긴나라 · 마후라가와 그 권속들이 공양하기 위해 구름같이 모여 왔고, 마야부인은 위엄과 덕이 훌륭하여 여러 털구멍에서 광명을 놓아 삼천대천세계를 두루 비추어 막히는 곳이 없었으며, 다른 광명들은 모두 나타나지 못했고, 중생의 번뇌와 나쁜 길의 고통을 소멸했다. 이것이 보살이 탄생하시려는 첫째의 신통변화이다.

소년이여, 그때에 마야부인의 복중에서 삼천대천세계의 모든 형상을 나타냈는데 백억 염부제 안에 각각 나라가 있고 각각 숲 동산이 있어 이름이 같지 않았으며, 마야부인이 그 가운데 계셨다. 하늘 대중이 둘러 모셨으니 보살이 장차 태어나실 때의 부사의한 신통변화를 나타내려는 것이다. 이것이 보살이 탄생하려는 둘째 신통변화다.

소년이여, 마야부인의 털구멍마다 여래께서 옛날 보살의 도를 수행할 때에 모든 부처님께 공경하고 공양하던 일과 부처님들의 법문하는 음성을 듣던 일을 나타냈다. 마치 밝은 거울과 물속에 허공과 해와 달과 별과 구름과 우레의 모양을 나타내듯이 마야부인의 털구멍도 그와 같아, 여래의 지난 세상 인연을 나타냈다. 이것이 보살의 탄생하시려는 셋째 신통변화이다.

소년이여, 마야부인의 털구멍에는 여래께서 지난 세상 보살의 행을 닦을 적에 계시던 세계와 도시와 마을과 산과 숲과 강과 바다와 중생과 겁의 수를 나타냈으며, 부처님이 세상에 나신 일과 깨끗한 국토에 들어가서 태어나는 일과 수명이 길고 짧음과 선지식을 의지하여 착한 법을 닦던 일과 모든 세계에서 태어날 적마다 마야부인이 어머니가 되시던 온갖 일이 모두 털구멍에 나타났다. 이것이 보살이 탄생하려는 넷째 신통변화다.

소년이여, 마야부인의 낱낱의 털구멍마다 여래께서 지난 세상에
보살이 행을 닦으실 때에 나셨던 곳과 모습[色相]과 형상[形貌]이
나타났으며, 의복과 음식과 괴롭고 즐거운 일이 낱낱이 나타나서
분명하게 볼 수 있었다. 이것이 보살의 탄생하려는 다섯째 신통변
화다.

소년이여, 마야부인의 털구멍마다 부처님께서 지난 세상 보시 행
을 닦을 때에 버리기 어려운 머리·눈·귀·코·입술·혀·치아·
몸·손·발·피·근육·힘줄·뼈와 아들·딸·아내·첩·도시·
궁전·의복·영락·금·은·보화의 안팎으로 모든 것을 버리던 일
을 나타냈으며, 또 받는 이의 형상과 음성과 처소까지 보였다. 이것
이 보살이 탄생하려는 여섯째 신통변화다.

소년이여, 마야부인이 이 동산에 들어올 때에 숲에는 지난 세상
의 부처님들이 모태에 드실 때의 국토·동산·의복·화만·바르는
향·가루향·번기·당기·깃발·일산과 모든 보배로 장엄한 것이
모두 나타났고, 풍류와 노래와 아름다운 음성을 모든 중생이 다 듣
고 보게 되었다. 이것이 보살이 탄생하려는 때의 일곱째 신통변화
다.

소년이여, 마야부인이 이 동산에 들어올 때에 그 몸으로부터 보살
이 거주하는 마니보배로 된 궁전과 누각을 냈는데 모든 하늘·용·
야차·건달바·아수라·가루라·긴나라·마후라가나 사람의 왕의
거처하는 곳보다 뛰어났으며, 보배그물을 위에 덮고 묘한 향기가
두루 풍기며, 여러 보배로 장엄하여 안팎이 청정하고 제각기 달라
서 서로 섞이지 않고 람비니동산에 가득했다. 이것이 보살이 탄생
하려는 때의 여덟째 신통변화다.

소년이여, 마야부인이 이 동산에 들어올 때에 그 몸에서 말할 수 없는 백천억 나유타 세계의 티끌 수 보살을 냈는데 그 보살들의 형상과 용모와 잘 생긴 모습과 광명과 앉고 서는 위의와 신통과 권속들이 모두 비로자나보살과 다르지 않았으며, 한꺼번에 여래를 찬탄했다. 이것이 보살이 탄생하려는 때의 아홉째 신통변화다.

소년이여, 마야부인이 보살을 탄생시키려 할 때에 문득 그 앞에 금강이 있는[際] 곳으로부터 온갖 보배로 장엄한 광[一切寶莊嚴藏]의 큰 연꽃이 솟아났다. 금강으로 줄기가 되고 여러 보배로 꽃술이 되고 여의보배로 꽃판이 되었다. 열 세계의 티끌 수 잎은 모두 마니로 되었고 보배그물, 보배일산이 위에 덮였는데 천왕이 함께 받들었고, 용왕은 향비[香雨]를 내리고, 야차왕은 공경하며 둘러싸고 하늘꽃을 흩고, 건달바왕은 아름다운 음성으로 지난 세상에 보살이 부처님께 공양하던 공덕을 찬탄하고, 아수라왕은 교만한 마음을 버리고 머리를 조아려 경례하고, 가루라왕은 보배번기를 드리워 허공에 가득하고, 긴나라왕은 환희하여 우러러보면서 보살의 공덕을 노래하며 찬탄하고, 마후라가왕은 환희하여 노래하고 찬탄하며 보배장엄구름을 비내렸다. 이것이 보살이 탄생하려는 때의 열 번째 신통변화다."

(39-39-2-4-4) 보살의 탄생

"소년이여, 룸비니동산에서 열 가지 모양이 나타난 뒤에 보살이 탄생했다. 마치 공중에 찬란한 해가 뜨듯이 높은 산 위에서 좋은 구름이 일어나는 듯, 여러 겹 쌓인 구름 속에 번개가 비치는 듯, 어두운 밤에 횃불을 밝히는 듯이, 보살이 어머니의 옆구리로 나오는 모습과 광명도 그와 같았다.

소년이여, 보살이 그때에 비록 처음으로 태어났지만 모든 법이 꿈과 같고 환술 같고 그림자 같고 영상과 같아 오는 것도 없고 가는 것도 없고 나지도 않고 멸하지도 않는 것임을 이미 통달했다.

소년이여, 부처님이 사천하의 염부제에 있는 룸비니동산에 처음으로 탄생하면서 갖가지 신통변화가 나타나는 것을 보는 동시에 여래께서 삼천대천세계의 백억 사천하의 염부제에 있는 룸비니동산에서 처음으로 탄생하시면서 갖가지 신통변화를 나타내는 것도 보았고, 또 삼천대천세계의 낱낱의 티끌 속에 있는 한량없는 세계에서도 그러함을 보았고, 또 백, 천, 내지 시방 모든 세계의 낱낱의 티끌 속에 있는 한량없는 세계에서와 같이, 모든 부처님 세계에도 여래께서 탄생하시면서 갖가지 신통변화를 나타내는 것을 보았다. 이와 같이 신통변화는 잠깐도 끊어지지 않았다."

(39-39-2-4-5) 해탈의 근원

이때 선재동자는 신에게 말했다.

"큰 천신께서 이 해탈을 얻은 지는 얼마나 오래되었습니까?"

"소년이여, 지나간 옛적 일억 세계의 티끌 수 겁을 지내고, 또 그만한 겁 전에 두루한 보배(普寶)세계가 있었다. 겁의 이름은 열락(悅樂)이었는데, 팔십 나유타 부처님이 그 속에 출현하셨다. 첫 부처님의 이름은 자재공덕당(自在功德幢)으로서 열 가지 명호를 구족했고, 그 세계에 묘광장엄(妙光莊嚴)이라는 사천하가 있었다.

그 사천하의 염부제에 수미장엄당(須彌莊嚴幢)나라가 있었고, 보안(寶眼)왕이 다스리고 있었고, 왕비는 이름이 희광(喜光)이었다.

소년이여, 이 세계에서는 마야부인이 비로자나여래의 어머니가 되는 것처럼 그 세계에서는 희광부인이 첫 부처님의 어머니가 되었다.

소년이여, 희광부인은 보살이 탄생하려는 때에 이십억 나유타 채녀(采女)들과 함께 금꽃동산에 있는 묘배봉(妙寶峰)누각에 나아갔다. 그 곁에 일체시(一切施)나무가 있었다. 희광부인이 그 나뭇가지를 붙잡고 보살을 낳으니 여러 천왕들이 향수로써 목욕시켰다.

그때 정광(淨光)유모가 그 곁에 있었는데 천왕들이 보살을 목욕시킨 후 유모에게 주었고, 유모는 보살을 받들고 매우 기뻐하면서 보살보안삼매(菩薩普眼三昧)를 얻었다. 이 삼매를 얻고는 시방의 한량없는 여러 부처님을 뵙고 다시 보살이 여러 곳에서 태어나는 자재한 해탈을 얻었는데, 처음 태(胎)에 드는 의식[識]이 걸림없이 빠르게 했고, 이 해탈을 얻은 까닭으로 모든 부처님이 본래 서원한 힘으로 자재하게 태어나는 것을 보기도 했다.

소년이여, 그 유모가 바로 나의 전신이었다. 나는 그때부터 잠깐 동안마다 비로자나불이 보살로 태어나 바다와 중생을 조복시키는 자재한 신통을 보았으며, 비로자나불이 본래의 서원한 힘으로 잠깐마다 이 삼천대천세계와 시방 세계의 티끌 속에서 보살로 태어나 신통변화를 나타내는 것을 보는 것처럼 부처님도 그와 같음을 보고, 공경하고 받들어 섬기면서 공양하고, 말씀하시는 법을 듣고 말씀하신 대로 수행했다."

(39-39-2-4-6) 룸비니숲의 신이 게송으로 거듭 뜻을 펴다

이때 룸비니숲의 신이 이 해탈의 뜻을 거듭 펴려고 부처님의 신통

한 힘을 받들어 시방을 관찰하고 게송을 말했다.

소년이여, 그대가 물은 / 부처님의 깊은 경지를
내가 이제 그 인연을 말하니 / 자세히 잘 들어라.

일억 세계 티끌 수 겁 전에 / 열락이라는 겁이 있었는데
팔십 나유타 여래께서 / 그 세상에 출현하셨다.

첫 부처님의 이름이 / 자재공덕당이신데
나는 금꽃동산에서 / 그분이 탄생하심을 보았다.

나는 그때 유모로서 / 지혜 있고 총명했는데
천왕들이 금빛보살을 받아 / 나에게 주었다.

나는 빨리 받아서 / 살폈으나 정수리는 볼 수 없고
잘 생긴 모습 모두 원만하여 / 낱낱이 끝닿은 데 없었다.

때 없이 깨끗한 몸 / 거룩한 모습으로 장엄했으니
마치 보배로 된 형상처럼 / 보고는 스스로 기뻐했다.

그 공덕을 생각하니 / 모든 복바다가 빨리 넘쳐서
이 신통한 일을 보고 / 큰 보리심을 냈다.

부처님의 공덕을 구하고 / 큰 서원 더욱 넓혔으며

모든 세계 깨끗이 장엄하여 / 삼악취의 나쁜 길을 없애 버렸다.

시방의 모든 국토에서 / 수없는 부처님께 공양하며
본래의 서원 닦아 행하여 / 중생들을 고통에서 건져 주셨다.

나는 그 부처님에게 / 법문을 듣고 해탈을 얻어
일억 세계의 티끌 수처럼 / 한량없는 겁에 행을 닦았다.

그런 겁 동안 많은 부처님께 / 나는 모두 공양하고
그의 바른 법 보호하여 / 이 해탈의 바다 깨끗이 했다.

억만 세계 미진수 겁에 / 과거에 부처님이 계시는 곳에서
그 법의 바퀴 모두 가져 / 이 해탈을 더욱 밝게 했다.

나는 잠깐 동안에 / 세계의 티끌 속에 계시는
낱낱의 여래께서 깨끗하게 한 / 세계바다를 보았다.

그 세계마다 부처님이 계셔 / 동산에서 탄생하시며
부사의하고 광대한 / 신통을 제각기 나타냈다.

어떤 때는 헤아릴 수 없는 / 억만 세계의 여러 보살들
천궁에서 계시면서 / 부처님의 보리 증득했다.

한량없는 세계바다에서 / 부처님들 탄생하시고

대중에 둘러싸여 설법하심을 / 여기서 모두 보았다.

나는 잠깐 동안에 / 억만 세계의 티끌 수 보살이
출가하여 도량에 나아가 / 부처님의 경계 나타냄을 보았다.

나는 또 세계의 티끌 속에서 / 한량없는 부처님이 성도하시고
여러 가지 방편으로 / 괴로운 중생들을 건지셨다.

모든 티끌 속에서 / 부처님들 법륜 굴리며
그지없는 음성으로 / 감로법을 비 내리셨다.

티끌 수 같은 억천 겁의 / 낱낱의 세계의 티끌 속에서
부처님이 열반에 드심을 / 나는 또 모두 보았다.

이렇게 한량없는 세계에 / 여래께서 탄생하는 대로
나는 몸을 나누어 / 그 앞에 공양했다.

부사의한 세계바다 / 한량없는 길 각각 다른데
나는 그 앞에 나타나 / 큰 법비를 내렸다.

소년이여, 나는 / 이 부사의한 해탈문을
한량없는 겁 동안에 말하여도 / 다하지 못할 것을 알고 있다.

(39-39-3) 수승한 보살의 공덕을 찬탄하다

"소년이여, 나는 다만 이 보살의 한량없는 겁, 모든 곳에서 태어나는 자재한 해탈을 알 뿐이다. 보살들이 잠깐 동안에 여러 겁을 삼으며 온갖 법을 관찰하고, 좋은 방편으로 일부러 태어나서 부처님께 공양하며, 불법을 끝까지 통달하고 모든 길에 태어나서 여러 부처님 앞에서 연꽃 자리에 앉으며, 중생을 제도할 시기를 알고는 일부러 태어나서 방편으로 조복시키며, 여러 세계에서 신통 변화를 나타내되 그림자와 같이 그 앞에 나타나는 일이야 내가 어떻게 알며 그 공덕의 행을 말하겠는가."

(39-39-4) 다음 선지식 찾기를 권하다

"소년이여, 이 카필라성에 구파(瞿波)라는 석씨 아가씨가 있다. 그녀에게 가서 보살이 어떻게 나고 죽는 과정에서 중생을 교화하느냐고 물어라."

선재동자는 그의 발에 엎드려 절하고 여러번 돌고 은근하게 우러러보면서 하직하고 떠났다.

(39-40) 석가녀구파(釋迦女瞿波)
　　제10 법운지(法雲地) 선지식

(39-40-1) 석녀구파를 뵈고 법을 묻다
(39-40-1-1) 무우덕신의 찬탄

이때 선재동자는 카필라성[迦毗羅城]을 향해 태어나는 해탈을 생각하고 닦아 더 늘어나게 하며 광대하며 기억하고 버리지 않으며, 점점 행하여 보살들이 모여 있는 법계를 널리 나타내는 넓은 강당에 이르렀다.

그 가운데 무우덕신이 있어 궁전을 맡은 일만 신들과 함께 와서 선재동자를 맞으면서 말했다.

"잘 오셨습니다. 소년이여, 큰 지혜가 있고 큰 용맹이 있어 보살의 부사의하고 자재한 해탈을 닦으며, 마음에는 광대한 서원을 항상 버리지 않고, 법의 경계를 잘 관찰하며, 법의 성에 편안히 있으면서 한량없는 방편문에 들어가 여래의 큰 공덕바다를 성취했고 묘한 변재를 얻어 중생들을 잘 조복시키며, 거룩한 지혜의 몸을 얻어 항상 따라 수행하고, 중생의 마음과 행이 차별함을 알아 그들이 기뻐하여 부처님 도에 나아가게 합니다.

내가 보건대 당신은 묘한 행을 닦는 마음이 잠깐도 게으르지 않으며, 움직이는 위의가 청정하니 당신은 오래지 않아서 여래의 청정하게 장엄한 위없는 삼업(三業)을 얻을 것이며, 여러 가지 잘 생긴 모습으로 몸을 장엄하고, 십력(十力)의 지혜로 마음을 훌륭하게 장식하여 모든 세간에 다닐 것입니다.

또한 당신은 용맹하게 정진함이 비길 데 없으니 오래지 않아서 삼세의 부처님들을 보고 그의 법을 들을 것이며, 보살의 선정과 해탈과 삼매의 낙을 얻을 것이며, 부처님 여래의 깊은 해탈에 들어갈 것입니다. 왜냐하면 선지식을 보면 친근하게 공양하며 그의 가르침을 받고는 기억하고 닦아 행하며, 게으르지 않고 물러가지 않고 근심이 없고 뉘우침이 없고 장애가 없으며, 마(魔)와 마의 백성들이 저해하지 못하며, 오래지 않아 위없는 과를 이루기 때문입니다."

(39-40-1-2) 선재동자가 하는 일

선재동자가 말했다.

"거룩하신 이여, 지금 말씀하신 것을 모두 얻으려합니다.

거룩하신 이여, 모든 중생이 번뇌를 쉬며 나쁜 업을 여의고 안락한 곳에 나서 깨끗한 행을 닦기를 원합니다. 보살은 모든 중생이 번뇌를 일으키고 나쁜 업을 지어 악취(惡趣)에 떨어져서 몸과 마음으로 고통을 받는 것을 보면 걱정하고 괴로운 마음을 내는 것입니다.

거룩하신 이여, 어떤 사람이 지극히 사랑하는 외아들이 있는데, 다른 사람이 아들의 몸을 할퀴고 찢는 것을 보면 아픈 가슴을 참을 수 없습니다. 보살도 그와 같아 중생들이 번뇌로 업을 짓고 삼악취(三惡趣)에 떨어져 고통을 받는 것을 보면 근심하고 걱정할 것이며, 중생들이 몸과 말과 뜻으로 세 가지 착한 업을 짓고 천상이나 인간에 나서 쾌락을 받는 것을 보면 보살이 매우 즐거워 할 것입니다.

그 까닭을 말하면, 보살은 자기를 위해 온갖 지혜를 구하는 것이 아닙니다. 나고 죽는 일과 모든 욕락을 탐하지 않습니다. 뒤바뀐 생각과 소견과 마음과 얽매임을 떠납니다. 따라다니며 잠자게 하는[隨眠] 것과 애착하고[愛] 억측하는[見] 힘을 따라 옮겨지지 않습니다. 중생들의 여러 가지 즐기는 생각을 일으키지 않으며, 여러 선정의 즐거움에 맛들이지도 않고, 장애가 되거나 고달프거나 물러가서 생사에 머물지도 않습니다.

다만 중생들이 존재[有]에서 한량없는 괴로움을 받는 것을 보고는 크게 가엾이 여기는 마음을 내어 큰 서원의 힘으로 거두어 줍니다. 자비와 서원의 힘으로 보살의 행을 닦으니 모든 중생의 번뇌를 끊기 위해, 여래의 더 깊은 지혜를 구하기 위해, 부처님 여래에게 공양하기 위해, 넓고 큰 국토를 깨끗이 장엄하기 위해, 중생의 욕락과 그의 몸과 마음으로 행하는 일을 깨끗이 다스리기 위해, 나고 죽는 속에서 고달픈 줄을 모릅니다.

거룩하신 이여, 보살은 모든 중생에게 인간과 천상에서 부귀의 낙(樂)을 내게 하는 까닭으로 장엄이 됩니다. 그를 위해 보리심을 잘 정돈하는 까닭으로 부모가 됩니다. 그의 보살도를 성취하게 하는 까닭으로 양육함이 됩니다. 삼악도(三惡道)를 여의게 하는 까닭으로 호위함이 됩니다. 생사의 바다를 건너게 하는 까닭으로 뱃사공이 됩니다. 마와 번뇌의 공포를 버리게 하는 까닭으로 의지할 데가 됩니다. 서늘한 낙(樂)을 영원히 얻게 하는 까닭으로 끝난 곳이 됩니다. 모든 부처님 바다에 들어가게 하는 까닭으로 나루터가 됩니다.

온갖 법보배가 있는 섬에 이르게 하는 까닭으로 길잡이가 됩니다. 부처들의 공덕의 마음을 피게 하는 까닭으로 묘한 꽃이 됩니다. 복덕과 지혜의 빛을 놓는 까닭으로 장엄거리가 됩니다. 무릇 하는 일이 모두 단정한 까닭으로 좋아하는 것이 됩니다. 나쁜 업을 멀리 여의는 까닭으로 존경할 만합니다. 단정하고 엄숙한 몸을 갖춘 까닭으로 보현보살이 됩니다. 항상 지혜의 깨끗한 광명을 놓는 까닭으로 크게 밝음이 됩니다. 감로의 법을 비 내리는 까닭으로 큰 구름이 됩니다.

거룩한 이여, 보살이 이렇게 수행할 때에 모든 중생이 사랑하고 좋아하여 법의 즐거움을 구족하게 합니다."

(39-40-1-3) 선재동자를 찬탄하는 무우덕신

이때 선재동자가 법당에 오르려 했다. 무우덕신과 여러 신이 천상의 것보다 더 좋은 화만과 바르는 향과 가루향과 여러 가지 장엄거리로 선재에게 흩으며 게송을 말했다.

당신은 지금 세간을 뛰어나 / 세상의 큰 등불되고
모든 중생을 위해 / 위없는 깨달음 부지런히 구하네.

한량없는 억천 겁에 / 당신을 뵐 수 없어
공덕의 햇빛 하늘에 떠서 / 세간의 어둠 없애네.

당신은 모든 중생이 / 번뇌에 덮여 있음을 보고
가엾이 여기는 마음으로 / 스승 없는 도를 증득하려 하네.

당신은 청정한 마음으로 / 부처님의 보리 구하여
선지식 받들어 섬기며 / 몸과 목숨 아끼지 않네.

당신은 모든 세간에 / 의지도 없고 애착도 없고
넓은 마음 걸림없이 / 깨끗하기가 허공 같네.

당신은 보리의 행을 닦아 / 공덕이 모두 원만하고
큰 지혜의 광명 놓아 / 모든 세간 널리 비추네.

당신은 세간을 떠나지 않고 / 세간에 집착하지도 않아

걸림없이 세간에 다니기가 / 바람이 허공에 다니는 듯하네.

마치 화재가 일어날 때에 / 무엇으로도 끌 수 없듯이
당신이 보리를 닦는 / 정진의 불 그와 같네.

용맹하고 크게 정진함이 / 견고하여 움직일 수 없으며
금강 같은 지혜의 사자 / 어디를 가도 두려움 없네.

모든 법계에 있는 / 여러 세계바다에
당신이 모두 나아가 / 선지식을 친근히 모시네.

그때 무우덕신이 이 게송을 말하고 법을 좋아하는 까닭으로 선재
동자를 따라다니며 항상 떠나지 않았다.

(39-40-1-4) 석가녀 구파의 의보(依報)와 정보(正報)
이때 선재동자는 법계를 널리 나타내는 광명한 강당에 들어가 석
씨 여인을 두루 찾다가 강당 안에서 보배연꽃 사자좌에 있는 것을
보았다.
팔만 사천의 시녀[采女]들이 모시고 있는데 그 시녀들도 왕의 가
문에서 났으며, 지난 세상에 보살의 행을 닦으며 선근을 함께 심고
보시와 좋은 말로 중생들을 거두어 주었다. 이미 온갖 지혜의 경계
를 분명히 보았고 부처님의 보리의 행을 함께 닦았다. 바른 선정에
항상 머물고 크게 가엾이 여겼으며, 중생들을 널리 거두어 주기를
외아들 같이 했다. 인자한 마음을 갖추고 권속이 청정했다. 지난 세

상에 보살의 헤아릴 수 없는 교묘한 방편을 성취하여 위없는 바른 보리에서 물러나지 않았다. 보살의 바라밀을 구족하고 모든 집착을 여의어 생사를 좋아하지 않았다. 비록 번뇌와 업이 있는 곳에 다녀도 마음은 항상 청정하며, 온갖 지혜의 도를 항상 관찰하여 장애의 그물을 떠나 집착하는 데서 뛰어났다. 법의 몸으로부터 나툰 몸[化形]을 보이며, 보현의 행을 내고 보살의 힘을 자라게 하며, 지혜의 해와 지혜의 등불이 이미 원만했다.

(39-40-1-5) 생사 중에서 법을 깨닫는 일을 묻다

그때 선재동자는 석가녀 구파에게 나아가 발에 엎드려 절하고 합장하고 서서 말했다.

"거룩하신 이여, 저는 이미 위없는 바른 보리심을 냈으나 보살이 어떻게 하면 생사 중에서 생사의 걱정에 물들지 않으며, 법의 성품을 깨달아 성문이나 벽지불의 지위에 머물지 않으며, 부처의 법을 구족하고도 보살의 행을 닦으며, 보살의 지위에 있으면서 부처님 경계에 들어가며, 세간에서 초월하고도 세간에 태어나며, 법의 몸을 성취하고도 그지없는 여러 가지 육신을 나타내며, 형상 없는 법을 증득하고도 중생을 위해 모든 형상을 나타내며, 법은 말할 것도 없음을 알고 중생을 위해 법을 연설하며, 중생이 공한 줄 알면서도 중생을 교화하는 일을 버리지 않으며, 부처님은 나지도 않고 멸하지도 않음을 알면서도 부지런히 공양하고 물러가지 않으며, 모든 법이 업도 없고 과보도 없음을 알면서도 여러 가지 착한 행을 닦아 항상 쉬지 않는지를 알지 못합니다."

(39-40-2) 석가녀 구파의 설법

(39-40-2-1) 열 가지 법을 성취하면 보살의 행을 원만하게 얻는다

그때 석가녀 구파는 선재동자에게 말했다.

"훌륭하고, 훌륭하다. 소년이여, 그대가 이제 보살의 이와 같이 행하는 법을 묻는구나. 보현의 모든 행과 원을 닦는 사람은 이렇게 묻는다. 자세히 듣고 잘 생각하라. 내가 부처님의 신통한 힘을 받들어 그대에게 말한다.

소년이여, 보살들이 열 가지 법을 성취하면 인다라그물 같은 넓은 지혜 광명인 보살의 행을 원만하게 한다.

보살의 행을 원만하게 하는 것은 선지식을 의지하는 까닭이다. 광대하고 훌륭한 이해를 얻는 까닭이다. 청정한 욕망을 얻는 까닭이다. 온갖 복과 지혜를 모으는 까닭이다. 부처님에게서 법을 듣는 까닭이다. 마음에 항상 삼세 부처님을 버리지 않는 까닭이다. 보살의 행과 같은 까닭이다. 여래가 보호하고 염려하는 까닭이다. 큰 자비와 묘한 서원이 다 청정한 까닭이다. 지혜의 힘으로 생사를 끊는 까닭이다. 만일 보살들이 이 법을 성취하면 인다라그물 같은 넓은 지혜의 광명인 보살의 행을 원만하게 된다."

(39-40-2-2) 열 가지 법으로 선지식을 친근하다

"소년이여, 보살이 선지식을 친근하면 정진하고 물러나지 않으며 다함이 없는 부처의 법을 닦아서 나타낸다. 소년이여, 보살은 열 가지 법으로 선지식을 친근한다. 자기의 몸과 목숨을 아끼지 않으며, 세상의 즐거운 도구를 탐내어 구하지 않으며, 법의 성품이 평등함을 알며, 지혜와 서원을 버리지 않으며, 법계의 진실한 모양을 관찰

하며, 마음에는 모든 존재의 바다를 항상 떠나며, 법이 공함을 알고 마음에 의지함이 없으며, 보살의 큰 원을 성취하며, 세계 바다를 항상 나타내며, 보살의 걸림없는 지혜 바퀴를 깨끗이 닦는 것이다.

소년이여, 마땅히 이 법으로 모든 선지식을 섬기고 어기지 말라."

(39-40-2-3) 석가녀 구파의 게송

그때 석가녀 구파는 이 뜻을 거듭 펴려고 부처님의 신통한 힘을 받들어 시방을 관찰하고 게송을 말했다.

보살이 모든 중생을 이익되게 / 바른 생각으로 선지식을 친히 섬기며
부처같이 공경하고 게으름 없어 / 이 행은 이 세상의 인다라그물.

이해[勝解]는 넓고 크기가 허공 같아 / 이 가운데 삼세가 모두 들었고
국토·중생·부처님도 그러하니 / 이것은 넓은 지혜 광명행이네.

즐거운 맘 허공 같이 끝난 데 없고 / 번뇌는 아주 끊고 때를 여의고
모든 부처 계신 곳에서 공덕 닦으니 / 이 행은 이 세상의 몸 구름의 행이네.

보살이 온갖 지혜 닦아 익히고 / 헤아릴 수가 없는 공덕 바다에
모든 복덕 지혜의 몸 깨끗이 하니 / 이 세상에 물들지 않는 행이네.

모든 세계 부처님 여래에게 / 그 법문 듣고 싫은 줄 모르며
실상의 지혜 등불 내니 / 이 행은 이 세상의 두루 비춘 행이네.

시방의 부처님들 한량 없어 / 한 생각에 모든 것이 다 들어가며
마음에는 여래를 버리지 않으니 / 보리를 향해 가는 큰 서원의 행이네.

부처님의 여러 대중 모인 회상과 / 수없는 보살들의 삼매 바다와
서원바다, 방편바다 다 들어가니 / 이 행은 이 세상의 인다라그물.

모든 부처님의 가피를 입어 / 그지없이 오는 세월 끝날 때까지
간 곳마다 보현의 도 닦아 행하니 / 이것은 보살들의 몸 나투는 행이네.

중생들의 많은 고통 받음을 보고 / 대자대비한 마음으로 세간에 나서
법의 광명 연설하여 어둠 없애니 / 이런 것은 보살의 지혜바다의
행이네.

중생들 여러 길에 있음을 보고 / 그지없는 묘한 법륜 위해 모아서
그들의 생사 흐름 끊게 하니 / 이것은 보현행을 수행하는 것이네.

보살이 이 방편을 닦아 행하고 / 중생의 마음 따라 몸을 나투어
모든 세계 좋고 나쁜 여러 길에서 / 한량없는 중생들을 제도하네.

대자대비 여러 가지 방편으로써 / 세간에 두루하게 몸을 나투고
중생들의 욕망 따라 법을 말하여 / 모두 보리도로 향하게 하네.

(39-40-2-4) 보살의 삼매바다를 관찰하는 해탈문을 성취하다
　이때 석가녀 구파는 이 게송을 말하고 선재동자에게 말했다.

"소년이여, 나는 이미 모든 보살의 삼매바다를 관찰하는 해탈문을 성취했다."

"거룩하신 이여, 해탈문의 경계가 어떠합니까?"

"소년이여, 내가 해탈문에 들고는 사바세계에서 부처 세계의 티끌 수 겁 동안에 있는 중생이 여러 길[趣]에서 헤매면서 여기서 죽어 저기 나는 일과 선을 짓고 악을 지어 모든 과보를 받는 일과 벗어나기를 구하는 이와 구하지 않는 이와 결정된 것과 잘못 결정된 것과 결정되지 못한 것과 번뇌가 있는 선근과 번뇌가 없는 선근과 구족한 선근과 구족하지 못한 선근과 착하지 못한 뿌리에 잡히는 선근과 선근에 잡히는 착하지 못한 뿌리와 이렇게 모은 선한 법과 선하지 못한 법을 내가 다 알고 본다.

또 저 겁 동안에 계시던 부처님의 이름과 차례와 그 부처님 세존께서 처음 발심하던 것과 방편으로 온갖 지혜를 구하던 것과 여러 가지 큰 서원바다를 내고 부처님들께 공양하여 보살의 행을 닦으며, 등정각을 이루고 묘한 법륜을 굴리며, 큰 신통을 나투어 중생들을 제도하던 것을 내가 다 안다.

또 저 부처님들의 대중이 제각기 다른 것을 알며, 그 모인 가운데 중생들이 성문승을 의지하여 뛰어나던 일과 그 성문대중이 과거에 선근을 닦던 일과 그들이 얻은 여러 가지 지혜를 내가 다 안다. 어떤 중생은 독각승을 의지하여 뛰어나던 일과 그 독각들의 가진 선근과 얻은 보리와 고요하게 해탈하고 신통 변화로 중생을 성숙시키며 열반에 드는 것을 내가 다 안다.

또 저 부처님의 보살대중과 그 보살들이 처음 발심하여 선근을 닦아 익히고, 한량없는 원과 행을 내고 바라밀을 성취하고, 갖가지로 보살의 도를 장엄하는 것을 안다.

자유자재한 힘으로 보살의 지위에 들어가서 보살의 지위에 머물고, 보살의 지위를 관찰하고 보살의 지위를 깨끗이 함과 보살 지위의 모양·보살 지위의 지혜·보살에 소속한 지혜·보살이 중생을 교화하는 지혜·보살이 세워 놓는 지혜·보살의 광대한 행의 경계·보살의 신통·보살의 삼매바다·보살의 방편과 보살이 잠깐 동안에 들어가는 삼매바다·얻은 온갖 지혜의 광명·얻은 온갖 지혜의 번개빛 구름·얻은 실상의 법 지혜·통달한 온갖 지혜·머무는 세계바다·들어간 법바다·아는 중생바다·머무는 방편·내는 서원·나투는 신통을 내가 다 안다.

소년이여, 이 사바세계에서 오는 세월이 끝날 때까지의 겁 바다가 서로 계속하여 끊어지지 않음을 내가 다 안다.

이 사바세계를 아는 것처럼 사바세계 안에 있는 티끌 수 세계도 알고, 사바세계 안에 있는 온갖 세계도 알고, 사바세계의 티끌 속에 있는 세계도 알고, 사바세계의 밖으로 시방에 간격없이[無間] 있는 세계도 알고, 사바세계의 세계종(世界種)에 소속한 세계도 알고, 비로자나불의 화장세계해 가운데 있는 시방의 한량없는 세계종에 소속한 세계들도 안다.

세계의 넓기·정돈됨·바퀴·도량·차별·옮김·연화·수미산·이름과 이 세계해의 끝까지 모든 세계가 비로자나불의 본래의 원력으로 인한 것임을 다 알고 기억한다.

여래께서 옛날에 있었던 여러 가지 인연의 바다도 기억했다. 승(乘)의 방편을 닦아 모으며, 한량없는 겁 동안에 보살의 행에 머물렀으며, 부처님의 국토를 깨끗이 하고 중생을 교화했으며, 부처님을 받들어 섬기고 있을 곳을 마련했으며, 법문을 듣고 삼매를 얻어 자재했으며, 보시바라밀을 닦아 부처님의 공덕 바다에 들어갔으며, 계율을 지니고 고행했으며, 여러 가지 참음을 갖추고 용맹하게 정진했으며, 선정을 성취하고 지혜가 원만했다. 여러 곳에 일부러 태어났으며, 보현의 행과 원을 모두 청정히했으며, 여러 세계에 두루 들어가서 부처님의 국토를 깨끗이 했으며, 여래의 지혜바다에 널리 들어갔으며, 부처님의 보리를 거두어 가졌다.

또 여래의 큰 지혜의 광명을 얻고 부처님의 지혜의 성품을 증득하며, 등정각을 이루고 묘한 법륜을 굴리며, 부처님의 도량에 모인 대중과 그 대중 가운데 중생들이 옛적부터 심은 선근과 처음 발심할 때부터 중생을 성숙시키며, 수행하는 방편이 잠깐 동안 증장하여 여러 삼매와 신통과 해탈을 얻은 일을 분명히 안다.

왜냐 하면 나의 이 해탈은 모든 중생의 마음과 행동과 닦아 행한 선근과 물들고 청정함과 갖가지 차별을 알기 때문이다. 성문의 여러 삼매문과 연각의 고요한 삼매·신통·해탈과 모든 보살·여래의 해탈과 광명을 분명히 알기 때문이다."

(39-40-2-5) 법의 근원을 밝히다

(39-40-2-5-1) 승행겁 때의 위덕주 태자

선재동자는 석가녀 구파에게 말했다.

"거룩하신 이여, 이 해탈을 얻은 지는 얼마나 오래 되었습니까?"

"소년이여, 지난 옛적 부처 세계의 수많은 겁 전에 승행(勝行) 겁이 있었으며 무외(無畏)라는 세계가 있었고, 그 세계에 안은(安隱)이라는 사천하가 있었고, 그 사천하의 염부제에 고승수(高勝樹) 수도가 있었고, 팔십 개의 수도 중에 첫째이며, 그 나라의 임금은 재주(財主)였다. 그 왕에게 육만 시녀와 오백 대신과 오백 왕자가 있었는데, 그 왕자들이 용맹하고 건장하여 적들의 항복을 받았다.

위덕주(威德主) 태자는 단정하고 특출하여 사람들이 보기를 좋아하며, 발바닥은 편편하며 수레바퀴 모양을 갖추고, 발등은 불룩하고, 손과 발가락 사이에는 그물 같은 막이 있고, 발꿈치는 가지런하고 손발이 부드럽고 이니야(伊尼耶)사슴의 장딴지 같이 일곱 군데가 원만하고, 남근(男根)은 으슥하게 숨어 있고, 몸의 윗부분은 사자왕 같고, 두 어깨는 평평하고 두 팔은 통통하며 길고, 몸이 곧고 목에 세 줄 무늬가 있고, 두 뺨은 사자와 같고 치아는 40개인데 가지런하며 빽빽하고 어금니 4개가 유난히 희고, 혀가 길고 넓고 범천의 음성을 내고, 눈이 검푸르고 속눈썹이 소와 같고, 미간에는 흰털이 있고 정수리에는 육계가 있고, 살결은 부드럽고 연하여 진금빛이며, 몸에 솜털이 위로 쓸리고, 머리카락이 제청(帝靑) 구슬빛 같고, 몸의 원만함은 니구타(尼拘陀) 나무와 같았다.

그때 태자는 부왕의 명령을 받고 일천 시녀와 함께 향아원(香芽園)에 가서 구경하며 즐겼다. 태자는 이때 여러 가지 장엄을 갖춘 보배수레를 탔고 마니사자좌에 앉았으며, 오백 시녀는 보배줄을 잡고 수레를 끌고 가는데 나아가고 멈춤이 법도가 있어 빠르지도 더디지도 않았다. 십만 사람은 보배일산을 받고 보배당기를 들고 보배번기를 들고, 풍악을 잡히고 유명한 향을 사르고, 아름다운 꽃을 흩으며 앞뒤로 호위하고 따라갔다.

길은 평탄하여 높고 낮은 곳이 없고 여러 가지 보배꽃을 위에 깔았으며, 보배나무는 줄을 짓고 보배그물이 가득히 덮였으며, 여러 가지 누각이 그 사이에 뻗었는데 그 누각에는 갖가지 보물을 쌓아 두기도 하고 장엄거리를 벌여 놓기도 하고 갖가지 음식을 베풀기도 하고 갖가지 의복을 걸어 놓기도 했다. 살림살이에 필요한 물품을 쌓아 두고, 단정한 여인들과 많은 하인을 두고 요구하는 대로 보시했다."

(39-40-2-5-2) 구족묘덕 아가씨

"그때 선현여인에게 묘한 덕을 갖춘 묘덕이라는 딸이 있었다. 얼굴이 단정하고 모습이 점잖으며, 몸과 키가 알맞고 눈과 머리카락이 검푸르며, 소리는 범천의 음성 같고 모든 기술을 통달하고 변론에 능하며, 공손하고 부지런하여 게으르지 않고 인자하고 사랑하여 남을 해롭게 하지 않으며, 예모를 잘 알고 온화하고 진실하며, 어리석지 않고 탐욕이 없으며, 아첨하거나 속이는 일이 없는데 보배수레를 타고 시녀들께 호위되어 어머니와 더불어 수도에 나와 태자보다 앞서서 가다가 태자의 음성과 노래를 듣고 사랑하는 마음이 일어나 어머니에게 말했다. "나는 저 사람을 섬기고자 합니다."

어머니가 말했다. "저 태자는 전륜왕의 거룩한 모습을 구족했으니 후일에 왕의 대를 이어 전륜왕이 되면 보녀(寶女)가 생겨서 허공으로 자재하게 다닌다. 우리는 미천하여 그의 배필이 될 수 없다.""

(39-40-2-5-3) 아가씨가 꿈에 부처님을 뵙다

"그때 향아원 옆에 법구름광명이란 도량이 있었고, 그 도량에 승일신(勝日身)부처님이 계셨다. 십호(十號)가 구족했으며, 세상에 출현한지 칠일 되었다. 그때 아가씨가 잠깐 졸다가 꿈에 그 부처님을 뵙고 깨어났는데 공중에서 천인이 말했다.

"승일신부처님께서 법구름광명도량에서 등정각을 이루신 지 칠일이 되었는데 보살 대중이 앞뒤에 둘러 모셨고 하늘·용·야차·건달바·아수라·가루라·긴나라·마후라가와 범천과 색구경천과 지신·풍신·불 맡은 신·물 맡은 신·강 맡은 신·바다 맡은 신·산 맡은 신·나무 맡은 신·동산 맡은 신·약 맡은 신·땅 맡은 신들이 부처님을 뵈려고 모여들었다."

(39-40-2-5-4) 아가씨가 태자 앞에서 게송을 말하다

이때 묘한 덕을 갖춘 묘덕아가씨는 꿈에 부처님을 뵙기도 하고 공덕을 들었던 까닭으로 마음이 편안하고 두려움이 없어서 태자의 앞에서 게송을 말했다.

내 몸은 매우 단정해 / 소문이 시방에 퍼지고
지혜는 짝할 이 없으며 / 모든 기술을 잘 압니다.

한량없는 무리들 / 나를 보고 욕심내지만
나는 그들에게 / 조금도 애욕이 없습니다.

성 내지도 원망하지도 않으며 / 싫어하지도 기뻐하지도 않고
광대한 마음을 내어 / 중생을 이익되게 합니다.

내가 지금 태자를 보니 / 모든 공덕의 모습 갖추고
마음은 기쁘고 즐거워하며 / 여러 감관이 모두 화평합니다.

살갗은 빛난 보배 같고 / 고운 머리카락 오른쪽으로 돌고
넓은 이마에 눈썹 가늘어 / 나는 당신을 섬기려 합니다.

태자의 몸을 보니 / 순금으로 부은 동상 같고
큰 보배 산과도 같고 / 거룩한 모습 맑고 빛이 납니다.

눈은 길고 검푸른 빛 / 얼굴은 보름달, 사자의 뺨
화평한 면모, 고운 음성 / 나의 소원 받아 주소서.

넓고 길고 아름다운 혀 / 붉은 구릿빛 같고
범천의 음성, 긴나라 목소리 / 듣는 이 모두 즐거워합니다.

입은 방정해 뒤집히거나 오므라들지 않고 / 이는 희고 가지런하고
말하거나 웃을 때에는 / 보는 이가 즐거워합니다.

때 없고 깨끗한 몸 / 삼십이 상의 거룩한 모습
당신은 반드시 이 세계에서 / 전륜왕이 될 것입니다.

(39-40-2-5-5) 태자가 아가씨에게 게송으로 묻다
　태자는 그 아가씨에게 말했다.
　"너는 누구의 딸이며, 누구의 보호를 받는가? 만일 허락한 데가
있다면 나는 사랑하는 마음을 낼 수가 없소."
　그때 태자는 게송으로 물었다.

그대의 몸 매우 청정하고 / 공덕의 모습 갖추었네.
내 지금 묻노니 / 그대는 어디 있으며

부모는 누구이며 / 누구에게 매여 있는가.
이미 매인 데 있으면 / 그 사람이 너와 함께 할 것이다.

그대는 남의 것을 훔치지 않는가. / 남을 해치려는 마음 없는가.
삿된 음행을 하지 않는가. / 어떤 말을 의지해 머무는가.

남의 나쁜 일을 말하지 않는가. / 남의 친한 이를 헐뜯지 않는가.
다른 이의 경계를 범하지 않는가. / 남에게 성 내지 않는가.

잘못된 소견을 내지 않는가. / 나쁜 업을 짓지 않는가.
아첨하거나 잘못된 힘과 / 방편으로 세상을 속이지 않는가.

부모를 존중하는가. / 선지식을 공경하는가.
가난하고 곤궁한 이에게 / 거두어 줄 생각을 내는가.

만일 선지식이 / 법을 말해 주면
견고한 마음을 내어 / 끝까지 존중하겠는가.

부처님을 사랑하는가. / 보살을 잘 아는가.
스님들의 공덕 바다를 / 공경하겠는가.

법을 아는가. / 중생을 청정하게 할 수 있는가.
법에서 살겠는가. / 법 아닌 데서 살겠는가.

외로운 이들을 보면 / 인자한 마음을 내겠는가.
나쁜 길에 있는 중생에게 / 가엾은 마음을 낼 수 있는가.

다른 이의 잘 되는 것을 보고 / 환희한 마음을 내겠는가.
누가 당신을 핍박해도 / 성을 내지 않겠는가.

그대는 보리심을 내어 / 중생을 깨우쳐 주겠는가.
끝없는 세월에 수행해도 / 게으른 생각이 없겠는가.

(39-40-2-5-6) 아가씨의 어머니가 게송으로 답하다
 그때 아가씨의 어머니가 태자에게 게송을 말했다.

태자여, 들으소서. / 내 딸이 태어 나던 일과
자라던 모든 인연을 / 지금 말하겠습니다.

태자께서 태어 나던 날 / 이 애가 연꽃에서 났는데
눈은 깨끗하고 길고 / 사지가 모두 구족했습니다.

나는 어느 봄날에 / 사라나무 동산에 구경 갔더니
여러 가지 약풀은 / 갖가지로 무성했습니다.

이상한 나무에 핀 꽃 / 바라보며 좋은 구름과 같고
아름다운 새가 즐겁게 지저귀면서 / 숲 속에서 즐거워 합니다.

함께 나갔던 팔백 아가씨들 / 단정하여 사람 마음 빼앗으며
의복 화려하고 / 노래도 아름다웠습니다.

그 동산에 연못이 있어 / 이름을 연꽃 당기[蓮華幢]이며
나는 시녀에게 둘러싸여 / 연못가에 앉았습니다.

그 연못 속에는 / 천 잎 연화가 났는데
보배잎, 유리로 된 줄기에 / 염부단금 꽃받침으로 되었습니다.

그날 밤 지새고 / 햇볕이 처음 올라와
연꽃이 활짝 피어 / 청정한 광명 놓습니다.

그 광명 매우 찬란해 / 해가 처음 떠오르는 듯
염부제에 두루 비추니 / 모두 희한하다고 했습니다.

이때 옥 같은 딸이 / 그 연꽃 속에 태어나는데
몸은 한없이 청정하고 / 팔다리 모두 원만합니다.

이것은 인간의 보배이며 / 깨끗한 업으로 태어나서
전세의 인연으로 고스란히 / 이 과보를 받았습니다.

검은 머리카락, 청련화 같은 눈 / 범천의 음성, 금빛 광명
화만과 보배의 상투는 / 깨끗하여 때가 없습니다.

팔다리 모두 완전하고 / 몸은 아무 흠도 없이
마치 순금으로 된 불상 같으며 / 보배꽃 속에 의젓이 앉아 있었습니다.

털구멍에서 나오는 전단향기 / 시방에 풍기고
입에서 연꽃향기 나며 / 범천의 음성을 냈습니다.

이 아가씨 있는 곳에는 / 항상 하늘음악을 연주하니
용렬한 인간은 / 짝할 수 없습니다.

이 세상에 어느 사람도 / 아가씨의 남편될 이 없고
오직 당신만이 훌륭하오니 / 바라건대 마음을 열어 주소서.

키가 크지도 작지도 않고 / 뚱뚱하지도 홀쭉하지도 않고
모든 것이 단정하니 / 바라건대 마음을 열어 주소서.

글이나 글씨나 셈하는 법이나 / 여러 가지 기술과 학문
통달하지 못한 것이 없으니 / 바라건대 마음을 열어 주소서.

여러 가지 무예도 잘 알고 / 어려운 소송의 판결도 잘 하고
힘든 일도 잘 화해하니 / 바라건대 마음을 열어 주소서.

몸이 매우 청결하여 / 보는 이 만족한 줄 모르며
공덕으로 꾸몄으니 / 당신이여, 받아 주소서.

중생들에게 있는 병환 / 그 원인 잘 알고
병에 맞게 약을 주어 / 모든 병 없앱니다.

염부제의 여러 가지 말 / 차별도 한량없으며
음악의 소리까지 / 통달하지 못한 것 없습니다.

여자들이 하는 일 / 모두 다 알지만
여자로서 허물이 없으니 / 당신은 받아 주소서.

질투도 모르고 간탐도 없고 / 욕심도 없고 성 내지도 않아
성품이 곧고 부드러워 / 거칠고 나쁜 짓 모두 여의었습니다.

어른을 공경할 줄 알아 / 받들어 섬기고 거역하지 않으며
착한 행실 잘 닦으니 / 당신의 뜻을 순종할 것입니다.

늙고 병든 이와 가난한 이와 / 곤란에 빠져서 구원할 이 없고
의지할 데 없는 이 보면 / 항상 가엾은 마음을 냅니다.

제일가는 이치[第一義] 늘 관찰하고 / 자기의 이익은 구하지 않으며
중생만 이익되게 하려고 / 마음을 장엄했습니다.

가고 서고 앉고 눕고 / 모든 일에 방일하지 않아
말하거나 잠잠하거나 / 보는 이들 기뻐합니다.

어떠한 곳에나 / 물들고 집착하지 않지만
공덕 있는 사람을 보면 / 반가워서 싫은 줄 모릅니다.

선지식을 존경하고 / 악을 여읜 이 좋아하며
마음이 조급하지 않아 / 생각한 뒤에 일을 처리합니다.

복과 지혜로 장엄했고 / 모든 것에 원한이 없어
여인 중에는 최상이오니 / 태자님과 함께하기 적합합니다.

(39-40-2-5-7) 태자가 밝힌 자신의 수행

"이때 태자는 향아원에 들어가서 묘한 덕을 갖춘 묘덕아가씨와 선현여인에게 말했다.

"착한 여인들이여, 나는 위없는 바른 보리를 구하고 있다. 오는 세월이 끝나도록 한량없는 겁 동안에 온갖 지혜를 돕는 법을 모으며, 끝이 없는 보살의 행을 닦으며, 바라밀을 깨끗이 하며, 여래에게 공양하며, 부처님의 가르침을 받으며, 부처님의 국토를 깨끗이 장엄하며, 여래의 성품을 끊어지지 않게 하며, 중생의 성품을 따라 성숙케 하며, 중생의 나고 죽는 고통을 없애 안락한 곳에 두며, 중생의 지혜의 눈을 깨끗이 다스리며, 보살의 닦는 행을 익히며, 보살의 평등한 마음에 머무르며, 보살의 행할 지위를 성취하며, 중생을 기쁘게 하며, 모든 것을 버려서 오는 세월이 끝나도록 보시바라밀

을 행하여 모든 중생을 만족케 하며, 의복·음식·처·첩·아들·
딸·머리·눈·손·발 따위의 안과 밖에 있는 것을 모두 보시하고
아끼는 것이 없습니다.

　그래서 그대가 나의 일에 장애가 되고 재물을 보시할 때 아까워하
고, 아들·딸을 보시할 때에 가슴이 아프고, 온몸을 찢을 때에 마음
으로 걱정하고, 그대를 버리고 출가할 때에 그대들은 후회할 것입
니다.”

(39-40-2-5-8) 태자의 게송
　이때 태자는 묘한 덕 갖춘 아가씨에게 게송으로 말했다.

중생을 가엾이 여김으로써 / 나는 보리심을 냈으니
마땅히 한량없는 겁 동안에 / 온갖 지혜 닦아 익힌 것이다.

한량없는 겁 동안 / 모든 원력바다 깨끗이 닦고
한량없는 겁 지내고 / 지상(地上)에 들고 업장 다스렸다.

삼세 부처님들에게 / 육바라밀을 배우고
방편의 행 구족하여 / 보리의 도를 성취했다.

시방의 더러운 세계 / 내가 다 깨끗이 장엄하며
모든 나쁜 길의 환난에서 / 영원히 벗어나게 했다.

나는 장차 방편으로 / 많은 중생 다 제도하여

어리석은 어둠 없애고 / 부처님의 지혜에 머물게 했다.

모든 부처님께 공양올리고 / 여러 지위를 깨끗이 하며
큰 자비심 일으켜 / 안팎의 물건 모두 보시할 것이다.

와서 달라는 이 그대 보거든 / 인색한 마음 내지 말도록
나는 항상 보시하기 좋아하니 / 그대 내 뜻을 어기지 말라.

내 머리를 보시하는 것 보고 / 걱정하지 말 것이며
내 지금 그대에게 말하여 / 그대의 마음 견고하게 한다.

내가 손과 발을 끊더라도 / 그대는 구걸하는 이 미워하지 말라.
그대여, 내 말 듣고 / 마땅히 잘 생각하라.

아들과 딸, 사랑하는 물건 / 모든 것 다 버릴 것이니
그대 내 마음 따른다면 / 나도 그대의 뜻 이루어 줄 것이다.

(39-40-2-5-9) 묘덕이 태자를 따를 것을 말하다
 그때 아가씨는 태자에게 "말씀한 대로 받들겠습니다."라고 말하고
게송을 말했다.

한량없는 겁 바다에서 / 지옥 불이 몸을 태우더라도
나를 사랑하여 받아 주시면 / 그런 고통 달게 받겠습니다.

한량없이 태어나는 곳 / 티끌 같이 몸을 부숴도
나를 사랑하여 받아 주시면 / 그런 고통 달게 받겠습니다.

한량없는 겁 동안에 / 매우 큰 금강산을 다녀도
나를 사랑하여 받아 주시면 / 그런 고통 달게 받겠습니다.

한량없는 생사 바다에서 / 나의 몸과 살을 보시해도
당신이 법의 왕 되시는 곳 / 나도 그렇게 하겠습니다.

만일 나를 받아들여 / 님 되어 주신다면
세세생생 보시하실 때 / 언제나 이 몸을 보시할 것입니다.

중생의 괴로움 딱하게 여겨 / 보리심 냈을 때
이미 중생들 거두어 주시니 / 이 몸도 응당 거두어 주십시오.

나는 부귀도 바라지 않고 / 다섯 가지 욕락도 탐내지 않고
바른 법 함께 행하며 / 당신을 님으로 삼겠습니다.

검푸르고 길고 넓은 눈 / 인자하게 세간 살피고
물드는 마음 내지 않으니 / 반드시 보리를 이루겠습니다.

태자의 가시는 곳엔 / 땅에서 연꽃이 솟아
반드시 전륜왕 되시니 / 나를 사랑하여 받아 주십시오.

내가 어느날 꿈을 꾸는데 / 이 묘한 법 보리도량에서
나무 아래 앉으신 부처님 주위에 / 많은 대중이 모였습니다.

나는 또 금산과 같으신 / 부처님께서 나의 머리를
만져 주시는 꿈을 꾸다가 / 깨어나니 마음이 기뻤습니다.

옛날에 하늘 권속인 / 기쁜 광명이란 신이 있는데
그 하늘이 내게 말하되 / '도량에 부처님 출현하셨다'라고 했습니다.

나는 일찍이 이런 생각하여 / 태자의 몸 보기를 원했는데
그 하늘이 내게 말하기를 / '너는 지금 가서 보라'했습니다.

옛적에 바라던 소원 / 지금 모두 이루었으니
바라건대 함께 가서 / 부처님께 공양올립시다.

(39-40-2-5-10) 태자가 받아들이다

　"그때 태자는 승일신(勝日身)여래의 이름을 듣고 매우 기뻐서 부처님 뵈려고, 그 아가씨에게 오백 마니보배를 뿌리고, 묘하게 생긴 [妙藏] 광명관을 씌우고, 불꽃마니 옷을 입혔다. 그 아가씨는 그때에 마음이 흔들리지도 않고 기쁜 내색도 없이, 합장하고 공경하여 태자를 우러러 보았다."

(39-40-2-5-11) 선현여인이 게송으로 찬탄하다

　선현여인은 태자의 앞에서 게송을 말했다.

이 딸은 매우 단정해 / 공덕으로 몸을 장엄하고
예전부터 태자를 섬기려 하더니 / 이제 소원을 이루었습니다.

계행을 지니고 지혜 있어 / 모든 공덕 갖추었으며
넓고 넓은 이 세상에 / 가장 훌륭해 짝할 이 없습니다.

아기 연꽃에서 태어나 / 가문이 나무랄 것 없고
태자의 행과 업 같아 / 모든 허물 멀리 여의었습니다.

아기 살갗 부드럽기가 / 하늘의 비단솜 같아
손으로 한 번 만지면 / 모든 병이 소멸됩니다.

털구멍에서 나오는 향기 / 향기롭기 비길 데 없어
중생이 맡기만 하면 / 청정한 계율에 머물게 됩니다.

몸은 금빛과 같아 / 연꽃좌대에 앉은 모양
중생이 보기만 하면 / 약한 마음 없어지고 인자해집니다.

음성이 하도 부드러워 / 듣는 이 모두 기뻐하니
중생이 듣기만 하면 / 여러 가지 나쁜 법 여의게 됩니다.

마음은 깨끗하여 티가 없으며 / 아첨과 굽은 일 여의었으니
마음에 맞추어 내는 말이라 / 듣는 이 모두 즐거워합니다.

화평하고 부드럽고 체면을 차려 / 높은 어른 공경하고
탐욕도 없고 속이지 않으며 / 모든 중생을 가엾이 여깁니다.

이 아기는 얼굴이나 / 권속을 의뢰하지 않고
다만 청정한 마음으로 / 모든 부처님을 공경합니다.

(39-40-5-11) 태자와 아가씨와 대왕이 부처님을 뵙고 수행하다

이때 태자는 묘한 덕 갖춘 아가씨와 일만 시녀와 그 권속들과 함께 향아원에서 나와 법구름광명도량으로 향했다. 도량에 이르러 부처님을 뵈니 몸매가 단정하고 고요하며 여러 기관이 화순하고 안과 밖이 청정하며, 큰 용의 못과 같아 더러운 때가 없으셨다. 깨끗한 신심을 내어 기뻐하면서 부처님 발에 엎드려 절하고 여러 바퀴를 돌았다.

그때 태자와 묘덕 아가씨는 각각 오백의 보배연꽃을 부처님께 흩어 공양했고, 태자는 부처님을 위해 오백 개의 절을 지었다. 모두 향나무로 지었고 보배로 장엄했으며, 오백의 마니보배로 꾸몄다.

이때 부처님은 그들을 위해 보안등문(普眼燈門)경을 말씀하셨다. 이 법문을 듣고는 법 가운데서 삼매바다를 얻었다. 이른바 부처님의 서원 바다를 두루 비추는 삼매와 삼세 갈무리를 두루 비추는 삼매와 부처님 도량을 보는 삼매와 중생을 두루 비추는 삼매와 세간과 중생의 근성을 두루 비추는 지혜등불삼매와 중생을 구호하는 광명구름삼매와 중생을 두루 비추는 크게 밝은 등 삼매와 부처님의 법륜을 연설하는 삼매와 보현의 청정한 행을 구족한 삼매였다.

이때 묘덕 아가씨도 이기기 어려운 바다광삼매를 얻고, 위없는 바

른 보리에서 영원히 물러나지 않았다.

이때 태자는 묘덕아가씨와 권속들과 함께 부처님 발에 엎드려 절하고 수없이 돌고 하직하고 궁중으로 돌아가서 부왕께 나아가 절하고 여쭈었다.

"대왕이시여, 승일신(勝日身)여래께서 세상에 나셨는데, 이 나라 법구름광명보리도량에서 등정각을 이루신 지 얼마 되지 않았습니다."

"그런 일은 누가 너에게 말하더냐? 하늘이냐, 사람이냐?"

"묘덕 아가씨가 말했습니다."

왕은 이 말을 듣고 가난한 사람이 보배를 얻은 듯 기뻐하면서 생각했다.

'부처님은 위없는 보배여서 만나기 어려우니 부처님을 뵈면 모든 나쁜 길의 공포를 끊을 것이다. 부처님은 의사와 같아 번뇌의 병을 다스리고 생사의 고통을 구원할 것이다. 부처님은 길잡이와 같아 중생들을 끝까지 편안한 곳에 이르게 할 것이다.'

이렇게 생각하고 왕과 대신들과 권속들과 찰제리와 바라문들과 대중을 모아 놓고, 왕의 지위를 태자에게 선위해 정수리에 물 붓는 의식을 행했다. 그리고 일만 사람과 함께 부처님 계신 데 가서 발에 엎드려 절하고 여러번 돌고, 권속들과 함께 물러가서 앉았다.

그때 부처님은 왕과 대중을 살펴보고, 미간의 흰 털로 '모든 세간의 마음 등불'의 큰 광명을 놓았다. 시방의 한량없는 세계에 두루 비추며 모든 세간 주인의 앞에 머물러 여래의 부사의한 큰 신통을 나타내어 교화를 받을 여러 중생의 마음을 청정하게 했다.

이때 부처님께서 부사의하고 자재한 신통의 힘으로 몸을 나타내어 세간에서 뛰어나고 원만한 음성으로 대중을 위해 어둠을 여읜 등불다라니를 말하며, 부처 세계의 티끌 수 다라니로 권속을 삼았다. 그 왕은 이것을 듣고 큰 지혜 광명을 얻었고, 거기 있던 염부제의 수많은 보살은 이 다라니를 함께 증득하고, 육십만 나유타 사람은 모든 번뇌가 다하여 마음에 해탈을 얻었고, 일만 중생을 티끌과 때를 여의고 법눈이 깨끗하게 되었으며, 한량없는 중생은 보리심을 냈다.

부처님이 부사의한 힘으로 신통 변화를 널리 나투고 시방의 한량없는 세계에서 삼승의 법을 말해 중생을 제도했다.

이때 왕은 이렇게 생각했다.

'내가 집에 있었으면 이렇게 묘한 법을 증득하지 못하지만 부처님께 출가하여 도를 배우면 성취하게 될 것이다.'

그리고 부처님께 "부처님을 따라 출가하여 도를 배우겠습니다." 하고 말씀드렸다. 부처님은 "마음대로 하되 시기를 알아야 한다." 라고 하셨다.

이때 재주왕은 일만 사람과 함께 부처님에게 한꺼번에 출가했다. 오래지 않아서 어둠을 여읜 등불다라니를 성취했으며, 또 위에 말한 삼매문들을 얻고 보살의 열 가지 신통문(神通門)을 얻고 보살의 끝이 없는 변재를 얻고 보살의 걸림없이 깨끗한 몸을 얻었다. 시방의 부처님 계신 곳에 가서 법문을 듣고 큰 법사가 되어 묘한 법을 연설하며, 신통한 힘으로 시방세계에 두루하여 중생의 마음을 따라 몸을 나타내고 부처님의 출현하심을 찬탄하여 부처님의 본래 행하시던 일을 말했다. 부처님의 본래 인연을 보이며, 여래의 자재하신 신통의 힘을 칭찬하며, 부처님의 말씀하신 교법을 보호하여 유지했다.

그때 태자는 보름 동안 궁전에 있는데 시녀들이 호위하고 일곱 가지 보배가 저절로 이루어졌다. 하나 '걸림없는 행' 바퀴보배이며, 둘 '금강몸' 코끼리보배이며, 셋 '빠른 바람' 말보배이며, 넷 '햇빛 광' 구슬보배이며, 다섯 '묘덕' 여자보배이며, 여섯 '큰 재물' 재정 맡은 대신보배이며, 일곱 '때 여읜 눈' 군대 맡은 대신보배였다. 일곱 보배가 구족하고 전륜왕이 되어 염부제의 왕으로서 바른 법으로 세상을 다스리니 백성들이 편안했다.

왕은 천명의 아들이 있어 단정하고 용맹하여 다른 나라를 항복 받았으며, 염부제에 팔십 도시가 있고, 도시마다 오백 절이 있으며, 절마다 탑을 세웠는데, 높고 크고 여러 가지 보배로 장식했고, 도시마다 여래를 청해 부사의한 여러 가지 공양거리로 공양했으며, 부처님이 수도에 들어갈 적에 신통한 힘을 나투어 한량없는 중생으로 선근을 심게 했다.

한량없는 중생들이 마음이 청정해서 부처님을 보고 환희하며 보리심을 내고, 가엾이 여기는 마음으로 중생을 이익되게 하며, 부처님 법을 부지런히 닦아 진실한 이치에 들어갔으며, 법의 성품에 머물러 법의 평등함을 알고 삼세 지혜를 얻어 삼세를 평등하게 관찰하며, 부처님의 탄생 차례를 알고, 여러 가지 법을 말해 중생을 거두어 주며, 보살의 서원을 내어 보살의 도에 들어가며, 여래의 법을 알아 법바다를 성취하며, 몸을 널리 나타내어 모든 세계에 두루하며, 중생들의 근성과 욕망을 알고, 그들로 하여금 온갖 지혜의 원을 내게 했다."

(39-40-2-5-12) 옛 일과 지금의 일을 모두 밝히다

"소년이여, 그때 왕자로서 전륜왕이 되어 부처님께 공양한 이는 지금의 석가모니부처님이며, 재주왕은 보화불(寶華佛)이다.

보화불은 동방으로 세계해의 수많은 세계를 지나 한 세계해가 있으니 이름이 '법계 허공의 그림자를 나타내는 구름'이며, 그 가운데 '삼세 그림자를 나타내는 마니왕세계' 종이 있고, 그 세계종 가운데 '원만광명'이라는 한 세계가 있고, 그 가운데 '모든 세간의 임금의 몸을 나타냄'의 도량이 있고, 보화여래가 지금 거기서 위없는 바른 보리를 이루었으며, 말할 수 없는 부처세계의 수많은 보살들이 앞뒤에 둘러 있으며 법을 말씀하셨다.

보화여래가 옛적에 보살의 도를 닦을 때에 이 세계해를 깨끗이 했으며, 이 세계해에서 과거 · 현재 · 미래의 부처님으로 탄생하시는 이는 다 보화여래께서 보살로 있을 때 교화하여 위없는 바른 보리심을 내게 한 이들이다.

그때 아가씨의 어머니인 선현여인은 지금 나의 어머니 '좋은 눈'이고, 그 왕의 권속들은 지금 여래에게 모인 대중이며, 모두 보현의 행을 닦아 큰 원을 성취했으며, 비록 이 대중이 모인 도량에 있으나 세간에 두루 나타나서 항상 보살의 평등한 삼매에 머물러 있어 모든 부처님을 항상 뵙는다.

여래께서 허공과 평등한 음성 구름으로 법을 말씀하는 것을 다 들어 받들며, 법에 자재함을 얻어 소문이 여러 부처님 국토에 퍼졌으며, 도량에 나아가고 여러 중생의 앞에 나타나서 있는 그대로 교화하고 조복시키며, 오는 세월이 끝나도록 보살의 도를 닦아 보살의 광대한 서원을 성취했다."

(39-40-2-6) 또 다시 법의 근원을 밝히다

(39-40-2-6-1) 육십억 나유타 부처님을 섬기다

"소년이여, 묘덕 아가씨와 위덕주(威德主) 전륜왕이 네 가지로 승일신여래께 공양한 이는 나의 전신이었다.

소년이여, 그 겁 동안에 육십억 나유타 부처님이 세상에 나셨고 내가 다 친근하여 섬기고 공양했다.

첫 부처님은 이름이 청정신(靑淨身)이며, 다음 부처님은 일체지월광명신(一切智月光明身)이며, 다음 나열순서로 부처님이 출현하셨다. 염부단금광명왕(閻浮檀金光明王), 제상장엄신(諸相莊嚴身), 묘월광(妙月光), 금강나라연정진(金剛那羅延精進), 지력무능승(智力無能勝), 보안상지(普安詳智), 이구승지운(離垢勝智雲), 사자지광명(獅子智光明), 광명계(光明髻), 공덕광명당(功德光明幢), 지일당(智日幢), 보련화개부신(寶蓮華開敷身), 복덕엄정광(福德嚴淨光), 지염운(智焰雲), 보조월(普照月), 장엄개묘음성(莊嚴蓋妙音聲), 사자용맹지광명(獅子勇猛智光明), 법계월(法界月), 현허공영상개오중생심(現虛空影像開悟衆生心), 항후적멸향(恒齅寂滅香), 보진적정음(普震寂靜音), 감로산(甘露山), 법해음(法海音), 견고망(堅固網), 불영계(佛影髻), 월광호(月光毫), 변재구(辯才口), 각화지(覺華智), 보염산(寶焰山), 공덕성(功德星), 보월당(寶月幢), 삼매신(三昧身), 보광왕(寶光王), 보지행(普智行), 염해등(焰海燈), 이구법음왕(離垢法音王), 무비덕명칭당(無比德名稱幢), 수비(修臂), 본원청정월(本願淸淨月), 조의등(照義燈), 심원음(深遠音), 비로자나승장왕(毘盧遮那勝藏王), 제승당(諸乘幢), 법해묘련화(法海妙蓮華)이다.

마지막이 광대해(廣大解)부처님이며, 그 부처님에게 깨끗한 지혜

의 눈을 얻었고, 그때 그 부처님이 교화하시는데 나는 왕비가 되어 왕과 더불어 절하여 뵙고 여러 가지 묘한 물건으로 공양했으며, 그 부처님이 모든 여래의 등불을 내는 법문을 말씀하심을 듣고 모든 보살의 삼매바다의 경계를 관찰하는 해탈을 얻었다.

소년이여, 나는 이 해탈을 얻고 보살과 더불어 부처 세계의 수많은 겁 동안에 부지런히 수행하며, 한량없는 부처님을 섬기고 공양하는데 한 겁에 한 부처님을 섬기기도 하고 두 부처님, 세 부처님, 혹은 수많은 부처님을 만나서 친근하여 섬기고 공양했으나 보살의 몸과 형상의 크기와 모양과 그의 몸으로 짓는 업과 마음으로 행함과 지혜와 삼매의 경계를 알지 못했다.

소년이여, 만일 중생이 보살을 뵙고 보리의 행을 닦되 의심하거나 믿거나 보살의 세간과 출세간의 갖가지 방편으로 거두어 주고 권속을 삼아 위없는 바른 보리심에서 물러나지 않게 했다. 소년이여, 내가 부처님을 뵙고 이 해탈을 얻고는 보살과 더불어 백 부처 세계의 수많은 겁 동안 함께 닦아 익히면서 그 겁 동안 세상에 나타나는 부처님을 다 친근하여 섬기며 공양하고 말씀하는 법을 듣고 읽고 외우고 받아 지녔다. 그 모든 여래에게서 이 해탈과 갖가지 법문을 얻고 갖가지 삼세를 알고 갖가지 세계해에 들어가서 갖가지로 정각을 이룸을 보고 갖가지 부처님의 대중이 모인 곳에 들어가서 보살의 여러 가지 서원을 내고 보살의 여러 가지 묘한 행을 닦아서 보살의 여러 가지 해탈을 얻었으나 보살이 얻는 보현의 해탈문을 알지 못했다.

왜냐 하면 보살의 보현 해탈문은 허공과 같고 중생의 이름과 같고 삼세 바다와 같고 시방바다와 같고 법계바다와 같아 한량없고 끝이 없기 때문이다. 소년이여, 보살의 보현 해탈문은 여래의 경계와 같다.

소년이여, 나는 부처 세계의 수많은 겁 동안에 보살의 몸을 보아도 만족함이 없었다. 마치 탐욕이 많은 남녀가 한 데 모이면 서로 사랑하느라고 한량없는 허망한 생각과 감각을 일으키듯이, 나도 그와 같아 보살의 몸을 살펴보니 낱낱 털구멍에서 잠깐동안 한량없고 그지없는 광대한 세계가 갖가지로 머물고 장엄한 갖가지 현상을 보며, 산과 땅과 구름과 이름과 부처님이 나심과 도량과 대중의 모임과 여러 가지 경전을 연설함과 정수리에 물 붓는 일을 말함과 승(乘)과 방편과 청정함을 보았다.

보살의 낱낱의 털구멍에서 잠깐 마다 그지없는 부처님들이 여러 가지 도량에 앉아서 신통변화를 나투고 법륜을 굴리고 경전을 말하여 항상 끊이지 않음을 보았다.

보살의 낱낱의 털구멍에서 그지없는 중생들의 여러 가지 머무는 곳과 형상과 짓는 업과 근성을 항상 보았다.

보살의 낱낱의 털구멍에서 삼세 보살들의 그지없이 수행하는 문을 보았다. 끝이없이 광대한 서원과 차별한 지위와 바라밀과 옛날 일과 인자한 문과 가엾이 여기는 구름과 기뻐하는 마음과 중생을 거두어 주는 방편이다.

소년이여, 나는 부처 세계의 수많은 겁에서 잠깐동안 이렇게 보살의 낱낱의 털구멍을 보는 데, 한 번 간 곳은 다시 가지 않고 한 번 본 데는 다시 보지 않지만 그 끝을 알 수 없다. 해탈의 힘으로 싯닷타 태자가 궁중에 계실 적에 시녀들이 호위함을 보았으며, 보살의 낱낱의 털구멍을 관찰하여 삼세 법계의 일을 모두 보았다.

(39-40-3) 수승한 보살의 도를 찬탄하다

소년이여, 나는 다만 이 보살의 삼매바다를 관찰하는 해탈만을 얻었을 뿐, 보살들이 마침내 한량없는 방편바다로 모든 중생을 위해 종류에 따라 몸을 나타내며, 좋아함을 따르는 행을 말하며, 낱낱의 털구멍에 그지없는 형상바다를 나타내며, 모든 법의 성품이 없는 성품으로 성품을 삼을 줄을 알며, 중생의 성품이 허공과 같아 분별이 없음을 알며, 부처님의 신통한 힘이 진여와 같음을 알며, 모든 곳에 두루하여 그지없는 해탈의 경계를 나타내며, 잠깐 동안에 광대한 법계에 들어가서 여러 지위의 법문에 즐거워하는 일이야 내가 어떻게 알며 그 공덕의 행을 말하겠는가.

(39-40-4) 다음 선지식 찾기를 권하다

소년이여, 이 세계에 부처님의 어머니 마야(摩耶)부인이 있으니, 그대는 그에게 가서 보살이 어떻게 보살의 행을 닦으며, 모든 세간에 물들지 않으며, 부처님들께 공양하기를 쉬지 않으며, 보살의 업을 짓고 영원히 물러나지 않으며, 온갖 장애를 떠나서 보살의 해탈에 들어가되 다른 이를 탓하지 않으며, 모든 보살의 도에 머무르고 모든 여래의 계신 데 나아가서 모든 중생을 거두어 주며, 오는 세월이 끝나도록 보살의 행을 닦으며, 대승의 원을 내어 모든 중생의 선근을 증장 하기를 쉬지 않느냐고 물어라."

그때 선재동자는 그의 발에 엎드려 절하고 여러번 돌고 하직하고 떠났다.

VI. 십해탈위 선지식

(39-41) 마야부인(摩耶佛母)

　보살대원지환해탈(普薩大願知幻解脫) 선지식

(39-41-1) 마야부인을 뵙고 법을 묻다

(39-41-1-1) 선재동자가 선지식의 법력을 생각하다

　그때 선재동자는 한결같은 마음으로 마야부인 계신 곳에 나아가 부처님의 경계를 관찰하는 지혜를 얻으려고 이렇게 생각했다.

　'이 선지식은 세간을 멀리 여의고 머물 곳 없는 곳에 머물며, 여섯 군데[處]를 초월하여 모든 애착을 떠났으며, 걸림없는 도를 알고 깨끗한 법의 몸을 갖추어 환술과 같은 업으로 나툰 몸을 나타내며, 지혜로 세간을 관찰하며, 소원으로 부처님 몸을 지녔다. 뜻대로 나는 몸 · 나고 없어짐이 없는 몸 · 오고 감이 없는 몸 · 헛되고 진실함이 없는 몸 · 변하여 무너지지 않는 몸 · 일어나고 다함이 없는 몸 · 모든 모습이 다한 모습인 몸 · 양 끝을 떠난 몸 · 의지할 데 없는 몸 · 끝나지 않는 몸 · 분별을 떠나서 그림자처럼 나타나는 몸 · 꿈 같은 줄 아는 몸 · 영상 같음을 아는 몸 · 맑은 해와 같은 몸 · 시방에 널리 나타내는 몸 · 삼세에 변함이 없는 몸 · 몸도 마음도 아닌 몸이다. 마치 허공과 같아 가는 곳마다 걸림이 없고 세간의 눈을 뛰어넘었으며, 보현의 깨끗한 눈이라야 볼 것이다.

　이런 이를 내가 어떻게 친근하게 섬기고 공양하며, 그와 함께 있

으면서 그 형상을 보고 그 음성을 듣고 그 말을 생각하고 그 가르침
을 받을 것인가.'

(39-41-1-2) 선재동자가 보안주성신을 만나다

이렇게 생각했을 때 보안주성신이 권속에게 둘러싸여 허공에 몸
을 나타내고 갖가지 묘한 물건으로 단장했으며, 한량없는 여러 가
지 빛깔 꽃을 들어 선재동자에게 흩으며 말했다.

"소년이여, 나고 죽는 경계를 탐하지 않아 마음 성[心城]을 수호
할 것이며, 여래의 십력(十力)을 오로지 구하여 마음 성을 장엄할
것이며, 간탐하고 질투하고 아첨하고 속이는 일을 끊어 마음 성을
깨끗이 다스릴 것이며, 법의 참된 성품을 생각하여 마음 성을 서늘
하게 할 것이며, 도를 돕는 법을 마련하여 마음 성을 증장 할 것이
며, 선정과 해탈의 궁전을 지어 마음 성을 단장할 것이며, 부처님의
도량에 두루 들어가서 지혜바라밀법을 들어 마음 성을 밝게 비출
것이다.

마음 성을 더 쌓으려면 부처님의 방편인 도를 널리 거두어 가져야
한다. 마음 성이 견고하려면 보현의 행과 원을 부지런히 닦아야 한
다. 마음 성을 방비하여 보호하려면 나쁜 친구와 마군을 멀리 해야
한다. 마음 성을 훤하게 통달하려면 부처님의 지혜 문을 열어야 한
다. 마음 성을 잘 보충하려면 부처님이 말씀하신 법을 들어야 한다.

마음 성을 붙들어 도우려면 부처님의 공덕 바다를 깊이 믿어야 한
다. 마음 성을 넓고 크게 하려면 크게 인자함이 세간에 널리 미쳐야
한다. 마음 성을 잘 덮어 보호하려면 여러 가지 착한 법을 모아 그
위에 덮어야 한다. 마음 성을 넓히려면 가엾게 여기는 마음으로 중

생을 불쌍히 여겨야 한다. 마음 성의 문을 열어 놓으려면 가진 것을 버려서 알맞게 보시해야 한다. 마음 성을 세밀하게 보호하려면 나쁜 욕망을 막아서 들어오지 못하게 해야 한다.

마음 성이 엄숙하려면 나쁜 법을 쫓아버려 머무르지 못하게 해야 한다. 마음 성을 결정하려면 도를 돕는 여러 가지 법을 모으고 항상 물러나지 않아야 한다. 마음 성을 편안하게 세우려면 삼세 여러 부처님의 가지신 경계를 바르게 생각해야 한다. 마음 성을 사무쳐 맑게 하려면 부처님의 바른 법륜인 수다라에 있는 법문과 갖가지 인연을 밝게 통달해야 한다. 마음 성을 여러 부분으로 분별하려면 중생에게 널리 알려 지혜의 길을 얻게 해야 한다.

마음 성에 머물러 유지하려면 삼세 여래의 바다와 같은 큰 서원을 내야 한다. 마음 성을 풍부하게 하려면 법계에 가득한 큰 복덕 더미를 모아야 한다. 마음 성을 밝게 하려면 중생의 근성과 욕망 등 법을 널리 알아야 한다. 마음 성을 자유자재하게 하려면 시방의 법계를 두루 거두어야 한다. 마음 성을 청정하게 하려면 부처님 여래를 바르게 생각해야 한다. 마음 성의 성품을 알려면 법이 다 제 성품이 없는 줄을 알아야 한다. 마음 성이 환술과 같음을 알려면 온갖 지혜로 법의 성품을 알아야 한다.

소년이여, 보살이 이렇게 마음 성을 깨끗이 닦으면 착한 법을 모을 것이다. 왜냐 하면 여러 가지 장애가 되는 일을 없애기 때문이다. 부처님 보는 데 장애가 되고 법을 듣는 데 장애가 되고 여래께 공양하는 데 장애가 되고 중생들을 거두어 주는 데 장애가 되고 국토를 깨끗이 하는 데 장애가 되는 것을 없애는 것이다.

소년이여, 보살이 이런 장애를 여읜 까닭으로 선지식을 구하려는 마음을 내면 공력(功力)을 쓰지 않더라도 만나게 되며, 마침내 부처를 이루게 된다."

(39-41-1-3) 선재동자가 신중신을 만나다

그때 연꽃 법의 공덕과 묘한 꽃 광명이라는 신중신이 있었다. 한량없는 신들이 앞뒤로 둘러 싸고 도량에서 나와 공중에 머물러 있으면서 선재동자 앞에서 묘한 음성으로 마야부인을 칭찬했다. 귀고리에서 한량없는 가지각색 광명그물을 놓아 부처님의 세계에 널리 비추어 시방의 국토와 부처님을 보게 했다. 광명 그물이 한 겁이 지나도록 세간을 오른쪽으로 돌고 선재의 정수리와 몸에 있는 모든 털구멍에 두루 들어갔다.

선재동자는 어리석은 어둠을 영원히 여의고 깨끗하고 밝은 눈을 얻었다. 중생의 성품을 알아 모든 것을 볼 수 있는 눈을 얻었다. 법의 성품 문을 관찰하여 때를 여읜 눈을 얻었다. 부처님 국토의 성품을 관찰하여 깨끗한 지혜의 눈을 얻었다. 부처님의 법몸을 보아 비로자나 눈을 얻었다. 부처님의 평등하고 부사의한 몸을 보아 넓고 광명한 눈을 얻었다. 세계해의 이루어지고 무너짐을 관찰하여 걸림 없고 빛난 눈을 얻었다. 시방 부처님이 큰 방편을 일으켜 바른 법륜을 굴려 널리 비추는 눈을 얻었다. 한량없는 부처님이 자유자재한 힘으로 중생을 조복시킴을 보아 넓은 경계의 눈을 얻었다. 세계에 부처님들의 출현을 보아 두루 보는 눈을 얻었다.

(39-41-1-4) 선재동자가 나찰귀왕을 만나다

이때 보살의 법당을 수호하는 좋은 눈 나찰귀왕(羅刹鬼王)이 있었다. 일만 나찰 권속들과 함께 허공에서 여러 가지 묘한 꽃을 선재 위에 뿌리며 말했다.

"소년이여, 보살이 십력을 성취하면 선지식을 친근하게 된다. 십력의 성취는 마음이 청정하여 아첨하고 속임을 여의며, 가엾이 여김이 평등하여 중생을 널리 포섭하며, 모든 중생은 진실함이 없음을 알며, 온갖 지혜에 나아가는 마음이 물러나지 않으며, 믿고 이해하는 힘으로 부처님의 도량에 들어가며, 깨끗한 지혜의 눈을 얻어 법의 성품을 알며, 크게 인자함이 평등하여 중생을 두루 덮어주며, 지혜의 광명으로 허망한 경계를 환하게 하며, 단 이슬비로 생사의 뜨거움을 씻으며, 광대한 눈으로 법을 철저하게 살피며 마음이 항상 선지식을 따르게 된다.

소년이여, 보살이 열 가지 삼매의 문을 성취하면 항상 선지식을 보게 된다. 법이 공한 청정한 바른 삼매이며, 시방 바다를 관찰하는 삼매이며, 경계에 버리지도 않고 모자라지도 않은 삼매이며, 부처님의 탄생을 두루 보는 삼매이며, 공덕장을 모으는 삼매이며, 마음으로 항상 선지식을 버리지 않는 삼매이며, 선지식이 부처님의 공덕을 항상 보는 삼매이며, 선지식을 항상 여의지 않는 삼매이며, 선지식을 항상 공양하는 삼매이며, 선지식 계신 곳에서 항상 과실이 없는 삼매이다.

소년이여, 보살이 열 가지 삼매의 문을 성취하면 선지식을 항상 친근하게 되고, 선지식이 여러 부처님의 법륜 굴리는 삼매를 얻는다. 이 삼매를 얻어 부처님의 성품이 평등함을 알고, 가는 곳마다 선지식을 만나게 된다."

(39-41-1-5) 나찰귀왕이 선재동자에게 일러주다

이런 말을 듣고 선재동자는 공중을 우러러보면서 대답했다.

"훌륭하고, 훌륭합니다. 그대는 나를 가엾게 여기고 거두어 주기 위해 방편으로 나에게 선지식을 보도록 가르치니, 선지식 계신 곳에 어떻게 가며, 어떤 성이나 마을에서 선지식을 만날 수 있습니까?"

나찰귀왕이 말했다.

"소년이여, 그대는 마땅히 시방에 두루 예배하여 선지식을 구하며, 모든 경계를 정당하게 생각하여 선지식을 구하며, 용맹하고 자재하게 시방에 두루 다니면서 선지식을 구하며, 몸과 마음이 꿈 같고 그림자 같은 줄을 관찰하여 선지식을 구하라."

(39-41-1-6) 선재동자가 마야부인의 연꽃과 누각과 보좌를 보다

그때 선재동자는 그의 가르침을 받아 행하면서 큰 보배 연꽃이 땅에서 솟아나는 것을 보았다. 금강으로 줄기가 되고 묘한 보배로 연밥 송이가 되고, 마니로 잎이 되고 빛나는 보배왕으로 꽃판이 되고, 여러 가지 보배빛 향으로 꽃술이 되었으며, 무수한 보배그물이 위에 덮혔다.

꽃판 위에는 시방 법계를 널리 용납하는 광이라는 누각이 있었다. 금강으로 이루어진 땅에 1천 기둥이 나란히 서 있었다. 모든 것이 마니보배로 이루어졌고 벽은 염부단금으로 되었고 보배 영락이 사방에 드리웠으며, 층대와 섬돌과 난간이 두루 장엄했다.

(39-41-1-7) 마야부인의 모습을 보다

이때 선재동자는 다시 한량없는 자리가 둘러쌌으며, 마야부인은 그 자리에 앉아 여러 중생의 앞에서 청정한 육신을 나타내는 것을 보았다. 삼계를 초월한 육신이며, 존재의 길에서 뛰어난 까닭이다. 좋아함을 따르는 육신이며, 세간에 집착이 없는 까닭이다. 널리 두루하는 육신이며, 중생의 수효와 같은 까닭이다. 견줄 데 없는 육신이며, 중생의 뒤바뀐 소견을 없애는 까닭이다. 여러 가지 모양의 육신이며, 중생의 마음따라 갖가지로 나타내는 까닭이다. 그지없는 모습의 육신이며, 갖가지 형상을 두루 나타내는 까닭이다. 널리 상대하여 나타내는 육신이며, 크게 자재하게 나타내는 까닭이다. 온갖 것을 교화하는 색신이며, 마땅함을 따라 앞에 나타나는 까닭이다.

항상 나타내는 육신이며, 중생계를 다해도 다함이 없는 까닭이다. 감이 없는 육신이며, 모든 길[趣]에서 멸함이 없는 까닭이다. 옴이 없는 육신이며, 세간에서 나는 일이 없는 까닭이다. 나지 않는 육신이며, 생기는 일이 없는 까닭이다. 멸하지 않는 육신이며, 말을 여읜 까닭이다. 참된 육신이며, 실제와 같음을 얻은 까닭이다. 헛되지 않은 육신이며, 세상을 따라 나타나는 까닭이다. 흔들림이 없는 육신이며, 나고 없어짐을 길이 여읜 까닭이다. 파괴되지 않는 육신이며, 법의 성품은 망그러지지 않는 까닭이다. 형상이 없는 육신이며, 말할 길이 끊어진 까닭이다. 한 모양인 육신이며, 모양 없음으로 모양을 삼는 까닭이다.

영상과 같은 육신이며, 마음을 따라 나타내는 까닭이다. 환술과 같은 육신이며, 환술인 지혜에서 나는 까닭이다. 아지랑이 같은 육신이며, 생각만으로 유지되는 까닭이다. 그림자 같은 육신이며, 소원을 따라 생기는 까닭이다. 꿈과 같은 육신이며, 마음을 따라서 나타나는 까닭이다. 법계인 육신이며, 성품이 깨끗하기가 허공과 같은 까닭이다. 크게 가엾이 여기는 육신이며, 중생을 항상 구호하는 까닭이다. 걸림이 없는 육신이며, 잠깐 동안에 법계에 두루하는 까닭이다. 그지없는 육신이며, 중생을 깨끗이 하는 까닭이다. 한량없는 육신이며, 말이 초출(超出)한 까닭이다. 머무름이 없는 육신이며, 세간을 제도하는 까닭이다. 처소가 없는 육신이며, 중생을 항상 교화하여 끊이지 않는 까닭이다.

태어남이 없는 육신이며, 환술과 같은 원으로 이루는 까닭이다. 이김이 없는 육신이며, 세간을 초월한 까닭이다. 실제와 같은 육신이며, 선정의 마음으로 나타난 까닭이다. 나지 않는 육신이며, 중생의 업을 따라 나타나는 까닭이다. 여의주 같은 육신이며, 중생의 소원을 만족케 하는 까닭이다. 분별이 없는 육신이며, 중생들의 분별을 따라 일어나는 까닭이다. 분별을 여읜 육신이며, 중생들이 알지 못하는 까닭이다. 다함이 없는 육신이며, 중생의 생사의 짬을 다하는 까닭이다. 청정한 육신이며, 여래와 같아 분별이 없는 까닭이다.

이러한 몸은 색(色)이 아니므로 있는 빛깔이 영상과 같은 까닭이며, 수(受)가 아니므로 세간의 괴로운 느낌이 마침내 없어지는 까닭이며, 상(想)이 아니므로 중생의 생각을 따라 나타난 까닭이며, 행(行)이 아니므로 환술과 같은 업으로 성취한 까닭이며, 식(識)을 여의었으니 보살의 원과 지혜가 공(空)하여 성품이 없는 까닭이며, 모든 중생의 말이 끊어진 까닭이며, 적멸한 몸을 이미 성취한 까닭이다.

또 선재동자는 마야부인이 중생들의 마음에 즐김을 따라 세간에서 뛰어난 육신을 나타내는 것을 보았다. 타화자재천보다 뛰어난 하늘 아가씨의 몸을 나타내기도 하고, 사천왕천보다 뛰어난 하늘 아가씨의 몸을 나타내기도 하며, 용녀(龍女)보다 뛰어난 여자의 몸과 사람의 여자보다 뛰어난 여자의 몸을 나타내기도 했다.

(39-41-1-8) 마야부인의 신상의 업용을 보다

이렇게 한량없는 육신을 나타내어 중생들을 이익되게 하고 온갖 지혜와 도를 돕는 법을 모았으며, 평등한 보시바라밀을 행하여 크게 가엾이 여기는 마음으로 모든 세간을 두루 덮어주고, 여래의 한량없는 공덕을 내며, 온갖 지혜의 마음을 닦아 증장하게 하고, 법의 참된 성품을 살펴보고 생각하여 깊이 참는 바다를 얻으며, 여러 선정의 문을 갖추고 평등한 삼매의 경계에 머물러 여래의 선정을 얻고, 원만한 광명으로 중생들의 번뇌 바다를 녹여 말리고 마음이 항상 바르게 정하여 어지럽게 흔들리지 않으며, 깨끗하고 물러가지 않는 법륜을 굴려 모든 부처님의 법을 잘 알고 항상 지혜로 법의 진실한 모양을 관찰했다.

여래를 뵈어도 만족한 마음이 없다. 삼세 부처님의 출현하는 차례를 알며, 부처님의 삼매가 항상 앞에 나타남을 보고, 여래께서 세상에 나타나는데 한량없는 청정한 길을 통달하며, 부처님들의 허공 같은 경계를 행하여 중생들을 거두어 주되 그 마음을 따라서 교화하고 성취하여 부처님의 한량없는 청정한 법 몸에 들어가게 하며, 큰 서원을 성취하고 부처님의 세계를 깨끗이 하여 끝까지 모든 중생을 조복시킨다.

마음은 부처님의 경계에 항상 들어가 보살의 자유자재한 신통의 힘을 내며, 깨끗하고 물들지 않는 법의 몸을 얻었으면서도 한량없는 육신을 항상 나타내며, 마(魔)를 굴복하는 힘과 크게 선근을 이루는 힘과 바른 법을 내는 힘과 부처님의 힘을 갖추고 보살의 자재한 힘을 얻어서 온갖 지혜의 힘을 빨리 증장하게 했다.

부처님의 지혜 광명을 얻어 모든 것을 널리 비추어 한량없는 중생의 마음 바다와 근성과 욕망과 지혜가 가지가지 차별함을 알며, 몸은 시방세계에 두루 널리어 여러 세계가 이루어지고 파괴되는 모양을 알며, 광대한 눈으로 시방 바다를 보고 두루한 지혜로 삼세 바다를 알며, 몸은 모든 부처님 바다를 섬기고 마음은 항상 모든 법 바다를 받아들인다.

여래의 공덕을 닦아 익히고 보살의 지혜를 내며, 보살이 처음 마음을 낼 때부터 행하는 도를 이루는 것을 관찰하며, 중생을 부지런히 수호하고 부처님의 공덕을 칭찬하기를 좋아하며, 보살의 어머니 되기를 원했다.

(39-41-1-9) 선재동자가 보살행을 성취하는 법을 묻다

이때 선재동자는 마야부인이 이렇게 염부제에서 한량없는 방편의 문을 나타내는 것을 보았다. 마야부인이 나타내는 몸의 수와 같이 선재동자도 그러한 몸을 나타내어 마야부인의 앞에서 공경하며 예배하고, 한량없는 삼매의 문을 증득하여 분별하며 관찰하고 행을 닦아 증득하여 들어갔다. 삼매에서 깨어나 마야부인과 그의 권속을 오른쪽으로 돌고 합장하며 말했다.

"큰 성인이시여, 문수보살께서 위없는 바른 깨달음의 마음을 내게 하고, 선지식을 찾아가서 친근하고 공양하라 했습니다. 그래서 저는 낱낱 선지식 계신 곳에 가서 뵙고 섬기며 이곳까지 왔습니다. 바라건대 저를 위해 보살이 어떻게 보살의 행을 배워서 성취하는 것인지 말씀해 주시기 바랍니다."

(39-41-2) 마야부인의 설법

(39-41-2-1) 나는 현재 비로자나불의 어머니

마야부인이 말했다.

"선재여, 나는 이미 보살의 큰 원과 지혜가 환술과 같은 해탈문을 성취했으므로 항상 보살의 어머니가 된다.

선재여, 내가 이 염부제 카필라성의 정반왕궁에서 오른 옆구리로 싯닷타 태자를 낳아 부사의하고 자재한 신통변화를 나타내듯이, 이 세계해에 있는 비로자나불이 나의 몸에 들어왔다가 탄생하면서 자재한 신통변화를 나타냈다.

선재여, 내가 정반왕궁에서 보살이 탄생할 때 보살의 몸을 보니 낱낱 털구멍에서 광명을 놓았는데, 이름이 모든 여래의 태어나는 공덕 바퀴였다. 낱낱 털구멍에서 한량없는 부처 세계의 수많은 보살이 태어나는 장엄을 나타냈고, 그 광명이 모든 세계에 두루 비추었으며, 돌아와서 나의 정수리와 모든 털구멍에 들어갔다.

그 광명 속에서 보살의 이름과 태어나는 신통변화와 궁전과 권속과 오욕(五欲)으로 즐기는 일을 나타냈으며, 집을 떠나서 도량에 나아가 등정각을 이루고 사자좌에 앉았는데, 보살들이 둘러 모시고 임금들이 공양올리며, 대중을 위해 바른 법륜을 굴리는 것을 보았다.

여래께서 지난 옛적 보살의 도를 수행할 때에 여러 부처님 계신 곳에서 공경하고 공양하며, 보리심을 내어 부처님 국토를 깨끗이 하고, 잠깐 동안 한량없는 나툰 몸을 보여 시방의 모든 세계에 가득함을 보았으며, 최후에 반열반에 드시는 일들을 보았다.

또 소년이여, 저 묘한 광명이 내 몸에 들어올 때 내 몸의 형상과 크기는 본래보다 다르지 않았지만, 실제로는 세간을 초월했다. 왜냐 하면 내 몸이 그때에 허공과 같아 시방 보살의 태어나는 장엄과 궁전을 내 몸의 형상 속에 있었던 까닭이다.

그때 보살이 도솔천(兜率天)에서 내려올 때에 열 부처 세계 수많은 보살이 있었다. 모두 이 보살과 원과 행과 선근과 장엄과 해탈과 지혜가 같았다. 지위와 힘과 법의 몸과 육신과 보현의 신통과 행과 원이 같았다. 이런 보살들이 앞뒤에 둘러 모셨으며, 또 8만의 용왕 등 세간 맡은 이들이 그 궁전을 타고 와서 공양했다.

보살이 그때 신통한 힘으로 여러 보살과 함께 모든 도솔천궁에 나타났으며, 낱낱 천궁마다 시방 모든 세계의 염부제 안에서 태어나는 모습을 나타내며 한량없는 중생을 방편으로 교화하며, 여러 보살이 게으름을 여의고 집착함이 없게 했다.

또 신통한 힘으로 큰 광명을 놓아 세간을 두루 비추어 캄캄함을 깨뜨리고 고통과 번뇌를 없애, 중생들이 과거 세상에서 행한 업을 알고 나쁜 길[惡道]에서 영원히 벗어나게 했고, 또 중생을 구호하기 위해 그의 앞에 나타나서 신통변화를 부렸다. 이러한 여러 가지 기특한 일을 나타내며, 권속들과 함께 와서 내 몸에 들었다.

그 보살들은 나의 뱃속에서 자재하게 돌아다니는데, 삼천대천세계로 한 걸음을 삼기도 하고, 한이 많은 세계의 수많은 부처세계로

한 걸음을 삼기도 했다.

잠깐 동안에 시방으로 한량없는 세계에 계시는 여래의 도량에 모인 보살 대중과 사천왕천과 삼십삼천과 형상세계의 범천왕들로서, 보살의 태에 드는 신통변화를 보았다. 공경하고 공양하며, 바른 법을 듣고자 하는 이들이 모두 내 몸에 들어왔으며 나의 뱃속에 이렇게 많은 대중을 받아들이지만, 몸이 더 커지지도 않고 비좁지도 않았으며, 그 보살들은 제각각 대중이 모인 도량에 있어서 청정하게 장엄함을 보았다.

소년이여, 이 사천하의 염부제에서 보살이 태어날 때 내가 어머니가 되듯이, 삼천대천세계 백억 사천하의 염부제에서도 모두 그러하지만 나의 몸은 본래부터 둘이 아니며, 한 곳에 있는 것도 아니며 여러 곳에 있는 것도 아니다. 왜냐 하면 보살의 큰 원과 지혜가 환술과 같이 장엄한 해탈문을 닦은 까닭이다."

(39-41-2-2) 과거 모든 부처님의 어머니

"소년이여, 내가 지금 석가부처님의 어머니가 되듯이, 지난 옛적에 계시던 한량없는 부처님에게도 그와 같이 어머니가 되었다. 소년이여, 나는 옛적에 연화지신(蓮華池神)이 되었을 때 보살이 연꽃 송이에서 화하여 나오는 것을 내가 받들고 보호하여 양육했는데 세간 사람이 나를 보살의 어머니라 했다. 또 옛적에 내가 보리도량 신이 되었을 때 보살이 나의 품에서 홀연히 화하여 나왔는데 세상에서는 나를 보살의 어머니라고 했다.

소년이여, 마지막 몸을 받은 한량없는 보살들이 이 세계에서 가지가지 방편으로 태어남을 보일 때 나는 그들의 어머니가 되었다."

(39-41-2-3) 현겁 중의 모든 부처님의 어머니

"소년이여, 이 세계의 현겁(賢劫)에서와 같이 지나간 세상의 구류손불(拘留孫佛), 구나함모니불(拘那含牟尼佛), 가섭불(迦葉佛)과 지금 세상의 석가모니부처님이 태어나실 때에도 내가 그들의 어머니가 되었고, 오는 세상에 미륵보살이 도솔천에서 내려오실 때에 큰 광명을 놓아 법계에 두루 비추며, 보살이 태어나는 신통변화를 나타내어 인간에서 훌륭한 가문에 탄생하여 중생을 조복하는 때에도 나는 그의 어머니가 된다.

삼천대천세계에서와 같이 이 세계해에 있는 시방의 한량없는 세계와 모든 겁에서 보현의 행과 원을 닦아서 중생들을 교화하려는 이에게도 나의 몸이 그들의 어머니가 되는 것을 보았다."

(39-41-2-4) 해탈을 얻은 근원

그때 선재동자는 마야부인에게 여쭈었다.

"거룩하신 이께서 이 해탈을 얻은 지는 얼마나 오래되었습니까?"

마야부인이 대답했다.

"소년이여, 지나간 옛적에 맨 나중 몸을 받은 보살의 신통한 도의 눈으로도 헤아릴 수 없는 겁 전에 정광(淨光)이라는 겁이 있었고, 세계의 이름은 수미덕(須彌德)이었다. 비록 여러 산이 있어 오취(五趣) 중생들이 섞여 살지만, 그 국토가 여러 가지 보배로 되었고 청정하게 장엄하여 더럽고 나쁜 것이 없었다.

천억 사천하가 있었는데 한 사천하의 이름이 사자당기며, 그 가운데 80억 성이 있었는데, 한 성의 이름은 자재한 당기라 하고, 그 성에 전륜왕이 있으니, 이름이 대위덕이었다.

성 북쪽에 보름달 광명이라는 보리도량이 있었고, 인자한 덕이라는 신이 살고 있었다. 그때 이구당(離垢幢) 보살이 도량에 앉아서 장차 정각을 이루려고 할 때 금빛 광명이라는 한 악마가 있었다. 한량없는 권속들을 데리고 보살이 있는 데에 왔으나 대위덕 전륜왕은 이미 보살의 신통과 자재함을 얻었으므로 갑절이나 더 많은 군명을 변화하여 도량을 에워싸 악마들이 물러가고, 그 보살은 위없는 바른 깨달음을 이루었다.

이때 도량을 맡은 신이 이런 일을 보고 한량없이 기뻐하면서 전륜왕에게 아들이란 생각을 내고, 부처님 발에 엎드려 절하고 이렇게 발원했다.

'이 전륜왕이 여러 곳에 태어날 적마다, 또는 반드시 부처를 이룰 때에 내가 항상 그의 어머니가 되어지이다.'

이렇게 원을 세우고, 이 도량에서 다시 10나유타 부처님께 공양했다.

소년이여, 어떻게 생각하느냐? 그때의 도량을 맡은 신은 다른 사람이 아니라 이 내몸이며 전륜왕은 지금의 부처이신 비로자나부처님이다.

그때 원을 세운 이후로 이 부처님이 시방세계의 여러 가지 길[趣]에서 곳곳마다 태어나시며 선근을 심고 보살의 행을 닦아 모든 중생을 교화하여 성취하게 하며, 맨 나중 몸에 있으면서 잠깐 동안에 모든 세계에서 보살로 태어나는 신통변화를 나타낼 적마다 항상 나의 아들이 되었고, 나는 항상 어머니가 되었다.

소년이여, 지난 세상이나 지금 세상에서 한량없는 부처님이 부처를 이루려 할 때, 배꼽으로 큰 광명을 놓아 내 몸과 내가 있는 궁전에 비추었으며, 마지막으로 태어날 때까지 나는 그의 어머니가 되었다."

(39-41-3) 수승한 보살의 공덕을 찬탄하다

"소년이여, 나는 이 보살의 큰 원과 지혜가 환술과 같은 해탈문을 알며 저 보살들이 크게 가엾이 여기는 밝음을 갖추고 중생을 교화하기에 만족한 줄을 모르는 일과 자재한 힘으로 털구멍마다 한량없는 부처님의 신통변화를 나타내는 일이야 내가 어떻게 알며, 그의 공덕의 행을 말하겠는가."

(39-41-4) 다음 선지식 찾기를 권하다

"소년이여, 이 세계의 삼십삼천에 정념(正念)이란 왕이 있고, 그 왕에게 딸이 있으니 이름이 천주광(天主光)이다. 그대는 그녀에게 가서 보살이 어떻게 보살의 행을 배우며, 보살의 도를 닦느냐고 물어라."

그때 선재동자는 가르침을 공경하여 엎드려 절하고 수없이 돌면서 우러러 사모하고 물러갔다.

(39-42) 천주광녀(天主光女)
무애념청정장엄해탈(無碍念淸淨莊嚴解脫) 선지식

(39-42-1) 천주광녀를 뵙고 법을 묻다

선재동자가 천궁에 가서 천주광녀를 보고 발에 절하며 돌고 합장하고 말했다.

"거룩하신 이여, 저는 위없는 바른 깨달음의 마음을 냈으나, 보살이 어떻게 보살의 행을 배우며 어떻게 보살의 도를 닦는지 알지 못합니다. 소문에 거룩하신 이께서 잘 가르치신다 하니 바라건대 저에게 말씀해 주시기 바랍니다."

(39-42-2) 천주광녀의 설법

천녀가 대답했다.

"소년이여, 나는 '걸림없는 생각의 깨끗한 장엄'이라는 보살의 해탈을 얻었다. 소년이여, 나는 이 해탈의 힘으로 지나간 세상을 기억할 수 있었다. 과거에 '청연화(靑蓮華)'라는 훌륭한 겁이 있었는데 그 겁에서 항하사 부처님께 공양했다. 그 부처들이 처음 출가할 때부터 받들어 수호하고 공양하며 절을 짓고 모든 도구를 마련했다.

부처님들이 보살로서 어머니의 태에 계실 때와 탄생할 때와 일곱 걸음을 걸을 때와 사자후할 때와 왕자의 지위에 있으면서 궁중에 계실 때와 보리수를 아래서 정각을 이룰 때와 바른 법륜을 굴리며 부처님의 신통변화를 나타내어 중생들을 교화하고 조복할 때에 여러 가지 하시던 일을, 처음 발심한 때부터 법이 다할 때까지 모두 밝게 기억하여 잊은 것이 없으며, 항상 앞에 나타나서 생각하고 잊지 않았다.

과거에 선지(善地) 겁이 있었는데, 나는 그 겁에서 10 항하사 부처님께 공양했다. 또 과거에 묘덕(妙德) 겁이 있었는데, 나는 그 때에도 한 부처 세계의 수많은 부처님께 공양했다. 또 무소득(無所得) 겁이 있었는데 그때에 팔십 사억 백천 나유타 부처님께 공양했다.

'좋은 빛' 겁이 있었는데 그때에 염부제의 수많은 부처님께 공양했다.

'한량없는 광명' 겁이 있었는데 그 때에 20 항하사 부처님께 공양했다. '가장 훌륭한 덕' 겁이 있었는데 그 때에 한 항하사 부처님께 공양했다. '가엾이 여기는' 겁이 있었는데 그때에 80 항하사 부처님께 공양했다. '잘 유희하는' 겁이 있었는데 그때에 60 항하사 부처님께 공양했다. '묘한 달' 겁이 있었는데 그때에 70 항하사 부처님께 공양했다.

소년이여, 이렇게 항하사 겁에 부처님 여래 · 응공 · 정등각을 항상 버리지 않았음을 기억하며, 모든 부처님께 걸림 없는 생각의 깨끗한 장엄인 보살의 해탈을 듣고 받아 지니고 닦아 행하여 항상 잊지 않았다. 이렇게 지나간 겁에 계시던 여러 부처님께서 처음 보살로부터 법이 다할 때까지 하시던 모든 일을 깨끗한 장엄 해탈의 힘으로 모두 기억하며, 지니고 따라 행하여 잠시라도 게으르거나 폐하지 않았다."

(39-42-3) 수승한 보살의 공덕을 찬탄하다

"소년이여, 나는 다만 걸림 없는 생각의 깨끗한 해탈을 알 뿐이다. 보살들이 생사의 밤중에 나서도 분명하게 통달하며, 어리석음을 아주 여의고 잠시도 혼미하지 않으며 마음에는 여러 가지 덮임이 없고 몸은 개운하며, 법의 성품을 깨끗히 깨닫고, 십력(十力)을 성취하여 중생들을 깨우치는 일이야, 내가 어떻게 알며, 그 공덕의 행을 어떻게 말하겠는가."

(39-42-4) 다음 선지식 찾기를 권하다

"소년이여, 카필라성에 '변우'이라는 한 동자스승[童子師]이 있다. 그대는 그에게 가서 보살이 어떻게 보살의 행을 배우며, 보살의 도를 닦느냐고 물어라."

이때 선재동자는 법을 듣고 기뻐하며 부사의한 선근이 저절로 증장하여 그의 발에 엎드려 절하고 여러번 돌고 하직하고 물러갔다.

(39-43) 변우동자사(遍友童子師)
선지중예동자(善知衆藝童子)를 소개 하다

(39-43-1) 변우동자를 뵙고 법을 묻다

천궁에서 내려와 카필라성을 찾아갔다. 변우동자가 있는 곳에 나아가 발에 절하고 두루 돌고 합장하고 공경하며 한 곁에 서서 말했다.

"거룩하신 이여, 저는 이미 위없는 바른 깨달음의 마음을 냈으나, 보살이 어떻게 보살의 행을 배우며, 어떻게 보살의 도를 닦는지를 알지 못합니다. 소문에 거룩한 이께서 잘 가르치신다 하니 바라건대 말씀해 주시기 바랍니다."

(39-43-2) 다음 선지식 찾기를 권하다

변우가 대답했다.

"소년이여, 여기 선지중예라는 동자가 있다. 그는 보살의 지혜를 배웠으니 그에게 가서 물어라."

(39-44) 선지중예동자(善知衆藝童子)

　　선지중예보살해탈(善知衆藝普薩解脫) 선지식

(39-44-1) 선지중예동자를 뵙고 법을 묻다

　이때 선재동자는 곧 선지중예동자에게 가서 엎드려 절하고 한 곁에 서서 말했다.

　"거룩한 이여, 저는 이미 위없는 바른 깨달음의 마음을 냈으나, 보살이 어떻게 보살의 행을 배우며, 어떻게 보살의 도를 닦는지를 알지 못합니다. 소문에 거룩한 이께서 잘 가르친다 하니 바라옵대 저에게 말씀해 주시기 바랍니다."

(39-44-2) 선지중예동자의 설법

　선지중예동자는 선재동자에게 말했다.

　"소년이여, 나는 '모든 예술 잘 앎'이라는 보살의 해탈을 얻었다. 나는 항상 이 자모(字母)를 부른다.

　아(阿, a)자를 부를 때는 반야바라밀 문에 들어가며, 이름이 보살의 위력(威力)으로 차별이 없는 경계에 들어간다.

　타(多, ta)자를 부를 때는 반야바라밀 문에 들어가며, 이름이 '그지없는 차별한 문'이기 때문이다.

　파(波, pa)자를 부를 때는 반야바라밀 문에 들어가며, 이름이 '법계에 두루 비침'이다.

　차(者, ca)자를 부를 때는 반야바라밀 문에 들어가며, 이름이 '넓은 바퀴로 차별을 끊음'이다.

　나(那, na)자를 부를 때는 반야바라밀 문에 들어가며, 이름이 '의

지할 데 없고 위가 없음을 얻음'이다.

라(邏, la)자를 부를 때는 반야바라밀 문에 들어가며, 이름이 '의지함을 여의고 때가 없음'이다.

다(輕呼, da)자를 부를 때는 반야바라밀 문에 들어가며, 이름이 '물러가지 않는 방편'이기 때문이다.

바(婆蒲我切, va)자를 부를 때는 반야바라밀 문에 들어가며, 이름이 '금강 마당'이기 때문이다.

다(茶捷解切, dha)자를 부를 때는 반야바라밀 문에 들어가며, 이름이 '넓은 바퀴'이기 때문이다.

사(沙史我切, sa)자를 부를 때는 반야바라밀 문에 들어가며, 이름이 '바다 광'이기 때문이다.

바(縛房可切, ba)자를 부를 때는 반야바라밀 문에 들어가며, 이름이 '두루 내어 편안히 머무름'이다.

타(哆都我切, ta)자를 부를 때는 반야바라밀 문에 들어가며, 이름이 '원만한 빛'이기 때문이다.

야(也以可切, ya)자를 부를 때는 반야바라밀 문에 들어가며, 이름이 '차별을 쌓음'이기 때문이다.

슈타(瑟, sha) 자를 부를 때는 반야바라밀 문에 들어가며, 이름이 '넓은 광명'으로 번뇌를 쉬게 하기 때문이다.

카(迦, ka)자를 부를 때는 반야바라밀 문에 들어가며, 이름이 '차별 없는 구름'이기 때문이다.

사(娑蘇我切, sa)자를 부를 때는 반야바라밀 문에 들어가며, 이름이 '큰 비를 퍼부음'이기 때문이다.

마(麼, ma)자를 부를 때는 반야바라밀 문에 들어가며, 이름이 '큰 물이 부딪쳐 흐르고 여러 봉우리가 가지런히 솟음'이기 때문이다.

가(伽上聲輕呼, ga)자를 부를 때는 반야바라밀 문에 들어가며, 이름이 '나란히 정돈함'이기 때문이다.

타(他他可切, tha)자를 부를 때는 반야바라밀 문에 들어가며, 이름이 '진여의 평등한 광'이기 때문이다.

자(社, ja)자를 부를 때는 반야바라밀 문에 들어가며, 이름이 '세상 바다에 들어가 깨끗함'이기 때문이다.

스바(鎖, sva)자를 부를 때는 반야바라밀 문에 들어가며, 이름이 '모든 부처님의 장엄을 생각함'이기 때문이다.

다(柂, dha)자를 부를 때는 반야바라밀 문에 들어가며, 이름이 '모든 법더미를 관찰하여 가려냄'이기 때문이다.

샤(奢尸苛切, sa)자를 부를 때는 반야바라밀 문에 들어가며, 이름이 '모든 부처님의 교법 바퀴[敎輪]의 광명을 따름'이기 때문이다.

카(佉, kha)자를 부를 때는 반야바라밀 문에 들어가며, 이름이 '인행(因行)을 닦는 지혜 광'이기 때문이다.

크샤(又楚我切, ka)자를 부를 때는 반야바라밀 문에 들어가며, 이름이 '모든 업 바다를 쉬는 광'이기 때문이다.

스타(娑蘇紇多上聲呼, sta)자를 부를 때는 반야바라밀 문에 들어가며, 이름이 '번뇌의 막힘을 없애고 깨끗한 광명을 열음'이기 때문이다.

즈냐(壤, ja)자를 부를 때는 반야바라밀 문에 들어가며, 이름이 '세간의 지혜 문을 지음'이기 때문이다.

흐르다(曷多上聲, rtha)자를 부를 때는 반야바라밀 문에 들어가며, 이름이 '생사 경계의 지혜 바퀴'이기 때문이다.

바(婆蒲我切, bha)자를 부를 때는 반야바라밀 문에 들어가며, 이름이 '온갖 지혜 궁전의 원만한 장엄'이기 때문이다.

차(車上聲呼, cha)자를 부를 때는 반야바라밀 문에 들어가며, 이름이 '수행하는 방편 광이 제각기 원만함'이기 때문이다.

스마(娑嚩蘇紇切, sma)자를 부를 때는 반야바라밀 문에 들어가며, 이름이 '시방을 따라 부처님들을 현재에 봄'이기 때문이다.

흐바(訶婆二字皆上聲呼, hva)자를 부를 때는 반야바라밀 문에 들어가며, 이름이 '모든 인연 없는 중생을 관찰하고 방편으로 거두어 걸림없는 힘을 내게 함'이기 때문이다.

트사(七可切, tsa)자를 부를 때는 반야바라밀 문에 들어가며, 이름이 '행을 닦아 모든 공덕 바다에 들어감'이기 때문이다.

가(伽上聲呼, gha)자를 부를 때는 반야바라밀 문에 들어가며, 이름이 '모든 법 구름을 가진 견고한 바다 광'이기 때문이다.

타(咤, ta)자를 부를 때는 반야바라밀 문에 들어가며, 이름이 '원하는 대로 시방의 부처님들을 두루 봄'이기 때문이다.

나(拏, na)자를 부를 때는 반야바라밀 문에 들어가며, 이름이 '글자 바퀴에 다함이 없는 억 글자가 있음을 관찰함'이기 때문이다.

스파(娑蘇紇切頗, spha)자를 부를 때는 반야바라밀 문에 들어가며, 이름이 '중생을 교화하여 끝 가는 곳'이기 때문이다.

스카(娑同前音迦, ska)자를 부를 때는 반야바라밀 문에 들어가며, 이름이 '광대하여 걸림 없는 변재의 광명 바퀴가 두루 비침'이기 때문이다.

야사(也娑, ysa)자를 부를 때는 반야바라밀 문에 들어가며, 이름이 '모든 부처님 법의 경계를 선전하여 말함'이기 때문이다.

스차(室者, sca)자를 부를 때는 반야바라밀 문에 들어가며, 이름
이 '중생 세계에 법 우레가 진동함'이기 때문이다.

타(佗恥加切, tha)자를 부를 때는 반야바라밀 문에 들어가며, 이
름이 '나[我]가 없는 법으로 중생을 깨우침'이기 때문이다.

라(陀, ra)자를 부를 때는 반야바라밀 문에 들어가며, 이름이 '모
든 법륜의 차별한 광'이기 때문이다.

소년이여, 내가 이런 자모를 부를 때에 42 반야바라밀 문을 으뜸
으로 삼아 한량없고 수없는 반야바라밀 문에 들어간다."

(39-44-3) 수승한 보살의 공덕을 찬탄하다

"소년이여, 나는 다만 모든 예술을 잘 아는 보살의 해탈을 알 뿐
이다. 보살들이 모든 세간과 출세간의 교묘한 법을 지혜로 통달하
여 저 언덕에 이르는 일이며, 다른 지방의 이상한 예술을 모두 종합
하여 이해하고 버릴 것이 없는 일이며, 문자와 수를 속속들이 이해
하고 의학과 술법으로 여러 가지 병을 잘 치료하는 일이며, 어떤 중
생들이 귀신에게 들렸거나 원수에게 저주 받았거나 나쁜 별의 변괴
를 입었거나 송장에게 쫓기거나, 간질 · 조갈 따위의 병에 걸린 것
을 모두 구원하여 쾌차하게 하는 일과, 또 금 · 옥 · 진주 · 보패 ·
산호 · 유리 · 마니 · 자거 · 계살라 등의 보배가 나는 장소와 종류가
같지 않음과 값이 얼마나 되는지를 잘 분별하여 아는 일이며, 마을
이나 영문이나 시골이나 성시나 크고 작은 도시들과 궁전 · 공원 ·
바위 · 샘물 · 숲 · 진펄 등의 사람들이 살 수 있는 곳을 보살이 모두
지방을 따라 거두어 보호하는 일과, 또 천문 · 지리와, 사람의 상의
길흉과 새 · 짐승의 음성을 잘 관찰하는 일이며, 구름 · 안개의 기후

로 시절의 흉풍과 국토의 태평하고 나쁜 것을 짐작하는 일과, 이러한 세간의 모든 기술을 잘 알아 근원까지 통달하는 일과, 또 세간에서 뛰어나는 법을 분별하는 일이며, 이름을 바로 알고, 이치를 해석하며 본체와 모양을 관찰하고 수행하는 일이며, 지혜로 속속들이 들어가 의심도 없고 걸림도 없고 어리석지도 않고 완악하지도 않고 근심과 침울함도 없이 현재에 증득하지 못함이 없는 일들이야 내가 어떻게 알며 그 공덕의 행을 어떻게 말하겠는가.”

(39-44-4) 다음의 선지식 찾기를 권하다

“소년이여, 이 마갈타국에 바다나(婆多那)성이 있으며, 그 성에 현승(賢勝) 우바이가 있다. 그에게 가서 보살이 어떻게 보살의 행을 배우며, 보살의 도를 닦느냐고 물어라.”

이때 선재동자는 선지중예동자의 발에 엎드려 절하고 여러번 돌고 우러러 사모하면서 하직하고 물러갔다.

(39-45) 현승우바이(賢勝優婆夷)

　　무의처도량보살해탈(無依處道場普薩解脫) 선지식

(39-45-1) 현승(賢勝)우바이를 뵙고 법을 묻다

선재동자는 바다나성으로 가서 현승우바이에게 이르러 발에 절하고 두루 돌고 합장하고 공경하며 한 곁에 서서 여쭈었다.

“거룩하신 이여, 저는 이미 위없는 바른 깨달음의 마음을 냈으나, 보살이 어떻게 보살의 행을 배우며, 어떻게 보살의 도를 닦는지를 알지 못합니다. 소문에 거룩하신 이께서 잘 가르친다 하니 바라건대 말씀해 주시기 바랍니다."

(39-45-2) 현승(賢勝)우바이의 설법

현승우바이가 대답했다.

"소년이여, 나는 '의지할 곳 없는 도량이라는 보살의 해탈'을 얻었다. 이미 스스로 깨우쳐 알고 다른 이에게 설법한다.

다함 없는 삼매를 얻었다. 이 삼매의 법이 다함이 있고 다함이 없는 것이 아니라 온갖 지혜의 성품인 눈을 드러냄이 다함 없는 까닭이며, 온갖 지혜의 성품인 귀를 드러냄이 다함 없는 까닭이며, 온갖 지혜의 성품인 코를 드러냄이 다함 없는 까닭이며, 온갖 지혜의 성품인 혀를 드러냄이 다함 없는 까닭이며, 온갖 지혜의 성품인 몸을 드러냄이 다함 없는 까닭이다. 온갖 지혜의 성품인 뜻을 드러냄이 다함 없는 까닭이며, 온갖 지혜의 성품인 공덕파도(功德波濤)를 드러냄이 다함 없는 까닭이며, 온갖 지혜의 성품인 지혜 광명을 드러냄이 다함 없는 까닭이며, 온갖 지혜의 성품인 빠른 신통을 드러냄이 다함 없는 까닭이다."

(39-45-3) 수승한 보살의 공덕을 찬탄하다

"소년이여, 나는 다만 의지할 곳 없는 도량보살의 해탈을 알 뿐이다. 보살들의 모든 것에 집착이 없는 공덕의 행이야, 내가 어떻게 다 알고 말하겠는가."

(39-45-4) 다음 선지식 찾기를 권하다

"소년이여, 남쪽에 옥전(沃田)이라는 성이 있다. 그곳에 견고해탈장자가 있으니 그에게 가서 보살이 어떻게 보살의 행을 배우며, 보살의 도를 닦느냐고 물어라."

이때 선재동자는 현승우바이의 발에 절하고 수없이 돌고 우러러 사모하면서 하직하고 남쪽으로 떠났다.

(39-46) 견고해탈장자(堅固解脫長者)
무착념청정장엄보살해탈(無着念淸淨莊嚴普薩解脫) 선지식

(39-46-1) 견고해탈장자를 뵙고 법을 묻다

그 성에 이르러 장자에게 나아가 발에 절하고 여러 번 돌고 합장하고 공경하여 한 곁에 서서 여쭈었다.

"거룩하신 이여, 저는 이미 위없는 바른 깨달음의 마음을 냈으나, 보살이 어떻게 보살의 행을 배우며, 보살의 도를 닦는지를 알지 못합니다. 소문에 거룩하신 이께서 잘 가르치신다 하니 바라옵건대 말씀해 주시기 바랍니다."

(39-46-2) 견고해탈장자의 설법

장자가 대답했다.

"소년이여, 나는 '집착이 없는 청정한 장엄'이라는 보살의 해탈을 얻었다. 이 해탈을 얻고 부터는 시방의 부처님 계신 곳에 와서 바른 법을 부지런히 구하여 쉬지 않았다."

(39-46-3) 수승한 보살의 공덕을 찬탄하다

"소년이여, 나는 다만 집착이 없는 청정한 장엄 해탈을 알 뿐이다. 보살들이 두려울 것 없음을 얻어 크게 사자후하며, 넓고 큰 복과 지혜의 무더기에 편안히 머무는 일이야 내가 어떻게 알며, 그 공덕의 행을 말하겠는가.”

(39-46-4) 다음 선지식 찾기를 권하다

“소년이여, 이 성에 묘월(妙月) 장자가 있다. 그 장자의 집에는 항상 광명이 있으니 그에게 가서 보살이 어떻게 보살의 행을 배우며, 보살의 도를 닦느냐고 물어라.”

이때 선재동자는 견고한 장자의 발에 절하고 여러번 돌고 하직하고 물러갔다

(39-47) 묘월장자(妙月長者)

정지광명보살해탈(淨智光明普薩解脫) 선지식

(39-47-1) 묘월장자를 뵙고 법을 묻다

묘월장자가 있는 곳에 가서 발에 절하고 두루 돌고 합장하고 공경하면서 한 곁에 서서 여쭈었다.

“거룩하신 이여, 저는 이미 위없는 바른 깨달음의 마음을 냈으나, 보살이 어떻게 보살의 행을 배우며, 어떻게 보살의 도를 닦는지를 알지 못합니다. 소문에 거룩하신 이께서 잘 가르치신다 하니 바라건대 말씀해 주시기 바랍니다.”

(39-47-2) 묘월장자의 설법

묘월장자가 대답했다.

"소년이여, 나는 '깨끗한 지혜 광명'이라는 보살의 해탈을 얻었다."

(39-47-3) 수승한 보살의 공덕을 찬탄하다

"소년이여, 나는 다만 이 지혜 광명 해탈을 알 뿐이다. 보살들이 한량없는 해탈의 법문을 증득한 것이야 내가 어떻게 알며, 그 공덕의 행을 말하겠는가."

(39-47-4) 다음 선지식 찾기를 권하다

"소년이여, 남쪽에 출생(出生) 성이 있고 그곳에 무승군(無勝軍) 장자가 있다. 그에게 가서 보살이 어떻게 보살의 행을 배우며, 보살의 도를 닦느냐고 물어라."

이때 선재동자는 묘월 장자의 발에 절하고 수없이 돌고 우러러 사모하면서 하직하고 떠났다.

(39-48) 무승군장자(無勝軍長者)

무진상보살해탈(無盡相普薩解脫) 선지식

(39-48-1) 무승군 장자를 뵙고 법을 묻다

점점 그 성에 다가가서 장자가 있는 곳에 이르러 발에 절하고 두루 돌고 합장하고 공경하면서 한 곁에 서서 여쭈었다.

"거룩하신 이여, 저는 이미 위없는 바른 깨달음의 마음을 냈으나, 보살이 어떻게 보살의 행을 배우며, 어떻게 보살의 도를 닦는지를 알지 못합니다. 소문에 거룩하신 이께서 잘 가르치신다 하니 바라건대 말씀해주시기 바랍니다."

(39-48-2) 무승군장자의 설법

장자가 대답했다.

"소년이여, 나는 다함 없는 형상[無盡相]이라는 보살의 해탈을 얻었다. 이 보살의 해탈을 증득했으므로 한량없는 부처님을 뵙고 무진장(無盡藏)을 얻었다.

(39-48-3) 수승한 보살의 공덕을 찬탄하다

"소년이여, 나는 다함 없는 형상 해탈을 알 뿐이다. 보살들이 한량없는 지혜와 걸림 없는 변재를 얻는 것이야 내가 어떻게 알며, 그 공덕의 행을 말하겠는가."

(39-47-4) 다음 선지식 찾기를 권하다

"소년이여, 성 남쪽에 법(法) 마을이 있다. 그곳에 최적정(最寂靜) 바라문이 있으니, 그에게 가서 보살이 어떻게 보살의 행을 배우며, 보살의 도를 닦느냐고 물어라."

이때 선재동자는 무승군 장자의 발에 절하고 여러번 돌고 우러러 사모하면서 하직하고 떠났다.

(39-49) 최적정바라문(最寂靜婆羅門)
     성원어보살해탈(誠願語普薩解脫) 선지식

(39-49-1) 최적정바라문을 뵙고 법을 묻다

점점 남쪽으로 가서 그 마을에 이르러 최적정바라문을 뵙고 발에 절하고 두루 돌고 합장하고 공경하여 한 곁에 서서 여쭈었다.

"거룩하신 이여, 저는 이미 위없는 바른 깨달음의 마음을 냈으나, 보살이 어떻게 보살의 행을 배우며 어떻게 보살의 도를 닦는지를 알지 못합니다. 소문에 거룩한 이께서 잘 가르치신다 하니 바라건 대 말씀해 주시기 바랍니다."

(39-49-2) 최적정바라문의 설법

바라문이 대답했다.

"소년이여, 나는 '진실하게 원하는 말'이라는 보살의 해탈을 얻었 다. 과거 · 현재 · 미래에 보살들이 이 해탈에 의하여 위없는 바른 깨달음에 물러나지 않았다. 이미 물러난 이도 없고 지금 물러나는 이도 없고 장차 물러날 이도 없다.

소년이여, 나는 진실하게 원하는 말에 머물렀으므로 뜻대로 짓는 일이 만족하지 않는 것이 없다."

(39-49-3) 수승한 보살의 공덕을 찬탄하다

"소년이여, 나는 다만 진실하게 원하는 말의 해탈을 알 뿐이다. 보살들이 진실하게 원하는 말과 더불어 행함이 어기지 않으며, 말 은 반드시 진실하여 허망하지 않아서, 한량없는 공덕이 이로부터 나는 일이야 내가 어떻게 알며 말하겠는가."

(39-49-4) 다음 선지식 찾기를 권하다

"소년이여, 남쪽에 묘의화문(妙意華門)성이 있고 그곳에 덕생(德

生)동자와 유덕(有德)동녀가 있다. 그들에게 가서 보살이 어떻게 보살의 행을 배우며, 보살의 도를 닦느냐고 물어라."

이때 선재동자는 법을 존중하므로 바라문의 발에 절하고 여러번 돌고, 우러러 사모하면서 떠났다.

(39-50) 덕생동자(德生童子)와 유덕동녀(有德童女)
환주보살해탈(幻住普薩解脫) 선지식

(39-50-1) 덕생동자와 유덕동녀를 뵙고 법을 묻다

그때 선재동자는 남으로 가서 묘의화문성에 이르러 덕생동자와 유덕동녀를 보고 엎드려 절하고 오른쪽으로 돌고 앞에 서서 합장하고 말했다.

"거룩하신 이여, 저는 이미 위없는 바른 깨달음의 마음을 냈으나, 보살이 어떻게 보살의 행을 배우며, 어떻게 보살의 도를 닦는지를 알지 못합니다. 바라건대 저를 가엾게 여겨 말씀해 주시기 바랍니다."

(39-50-2) 덕생동자와 유덕동녀의 설법

그때 동자와 동녀는 선재에게 말했다.

"소년이여, 우리는 환주라는 보살의 해탈을 증득했다. 이 해탈을 얻었으므로 모든 세계가 인연으로 생겨 환술처럼 머무는 것인 줄 안다. 모든 중생이 업과 번뇌로 일어나 환술처럼 머무는 것인 줄 안다. 모든 세간이 무명(無明)과 유(有)와 애(愛) 따위가 서로 인연이 되어 생겨 환술처럼 머무는 것인 줄 안다. 모든 법이 나란 소견 따위의 갖가지 환술 같은 인연으로 생겨 환술처럼 머무는 것인 줄 안다. 모든 삼세가 나란 소견 따위의 뒤바뀐 지혜로 생겨 환술처럼 머무는 것인 줄 안다. 모든 중생의 생기고 없어지고 나고 늙고 병들고 죽고 근심하고 슬퍼하고 괴로운 것이 허망한 분별로 생겨 환술처럼 머무는 것인 줄 안다.

모든 국토가 생각이 뒤바뀌고 마음이 뒤바뀌고 소견이 뒤바뀌어 무명으로 나타나 환술처럼 머무는 것인 줄 안다. 모든 성문과 벽지불이 지혜로 끊는 분별로 이루어져 환술처럼 머무는 것인 줄 안다. 모든 보살이 스스로 조복하고 중생을 교화하려는 여러 가지 행과 원으로 이루어져 환술처럼 머무는 것인 줄 안다. 모든 보살 대중의 변화하고 조복하는 여러 가지 일이 서원과 지혜의 환술로 이루어져 환술처럼 머무는 것인 줄 안다.

소년이여, 환술같은 경계의 성품은 헤아릴 수 없다."

(39-50-3) 수승한 보살의 공덕을 찬탄하다

"소년이여, 우리 두 사람은 다만 환술처럼 머무는 해탈을 알 뿐이다. 보살의 끝이 없는 일의 환술 그물에 들어가는 그 공덕의 행이야 우리가 어떻게 알며 어떻게 말하겠는가."

(39-50-4) 다음 선지식 찾기를 권하다

(39-50-4-1) 누각의 장엄

동자와 아가씨는 자기의 해탈을 말하고 부사의한 선근의 힘에 의해서 선재동자의 몸은 부드럽고 빛나며 윤택했다.

"소년이여, 남쪽에 해안(海岸)국이 있고 거기에 대장엄(大莊嚴)

동산이 있으며, 그 안에 광대한 비로자나장엄장 누각이 있다. 보살의 선근의 과보를 좇아 생겼으며, 보살의 생각하는 힘과 서원하는 힘과 자재한 힘과 신통한 힘으로 생겼으며, 보살의 교묘한 방편으로 생겼으며, 보살의 복덕과 지혜로 생겼다.

소년이여, 부사의한 해탈에 머무른 보살은 크게 가엾게 여기는 마음으로 중생을 위해 이러한 경계를 나타내며, 장엄을 모으는 것이다.”

(39-50-4-2) 미륵보살이 거기에 계시다

미륵보살이 그곳에 있으면서 본래 태어났던 부모와 권속과 백성들을 거두어 성숙케 하며, 함께 태어나고 함께 수행하던 중생들을 대승으로 견고하게 하며, 모든 중생이 있는 곳을 따르고 선근을 따라서 성취하게 한다.

또 그대에게 보살의 해탈문을 보이며, 보살이 모든 곳에서 자재하게 태어남을 보이며, 보살이 갖가지 몸으로 여러 중생들 앞에 나타나서 항상 교화함을 보이며, 보살이 크게 가엾이 여기는 힘으로 모든 세간의 재물을 거두어 주며 싫어하지 않음을 보이며, 보살이 모든 행을 갖춰 닦으면서도 모양 여읜 것을 보이며, 보살이 여러 곳에서 태어나되 모양이 없는 줄 아는 것을 보인다.”

(39-50-4-3) 미륵보살에게 묻기를 권하다

“그대는 그에게 가서, 보살이 어떻게 보살의 행을 행하며, 보살의 도를 닦으며, 보살의 계율을 배우며, 보살의 마음을 깨끗이 하며, 보살의 서원을 내며, 보살의 도를 돕는 것[助道具]을 모으며, 보살

의 머무는 지위에 들어가며, 보살의 바라밀을 만족하며, 보살의 생
사 없는 법의 지혜[無生忍]를 얻으며, 보살의 공덕의 법을 갖추며,
보살이 선지식을 섬기는 가를 물어라.

왜냐 하면 소년이여, 보살은 보살의 행을 통달했으며, 중생의 마
음을 알고 그 앞에 나타나서 교화하고 조복시킨다. 보살은 모든 바
라밀을 이미 만족했고, 보살의 지위에 이미 머물렀고, 지혜[忍]를
이미 증득했고, 지위에 이미 들어갔다. 구족한 수기 주심을 이미 받
았고, 보살의 경계에 이미 이르렀고, 부처님의 신통한 힘을 이미 얻
었고, 여래가 온갖 지혜인 감로의 물로 정수리에 부음을 받았다.

소년이여, 저 선지식은 그대의 선근을 더욱 빛나게 하고, 보리심
을 증장시키고, 뜻을 견고하게 하고, 착한 일을 더하게 하고, 보살
의 뿌리를 자라게 한다. 그대에게 걸림없는 법을 보이고, 보현의 지
위에 들어가게 하고, 보살의 원을 말하고, 보현의 행을 말하고, 보
살의 행과 원으로 이룩한 공덕을 말한다.”

(39-50-4-4) 보살의 열 가지 행

“소년이여, 그대는 한 가지 착한 일을 닦고, 법을 비추어 알고, 행
을 행하고, 원을 세우고, 수기를 얻고, 지혜에 머무름으로써 끝까
지 이르렀다는 생각을 하지 마라. 한정된 마음으로 육바라밀을 행
하여 십지에 머물러서 부처님의 국토를 깨끗이 하거나 선지식을 섬
기지 말아야 한다.

왜냐하면 첫째, 보살은 한량없는 선근으로 심어야 하며, 보리의
기구를 모아야 하며, 보리의 일을 닦아야 하며, 교묘한 회향을 배워
야 하기 때문이다.

둘째, 보살은 한량없는 중생 세계를 교화해야 하며, 중생의 마음을 알아야 하며, 중생의 근성을 알아야 하며, 중생의 지해[解]를 알아야 하며, 중생의 행을 보아야 하며, 중생을 조복시켜야 하기 때문이다.

셋째, 보살은 한량없는 번뇌를 끊어야 하며, 업의 버릇[業習]을 깨끗이 해야 하며, 나쁜 소견을 없애야 하며, 물든 마음[雜染心]을 제거해야 하며, 깨끗한 마음을 내야하며, 괴로움의 독화살을 뽑아야 하며, 애욕 바다를 말려야 하며, 무명의 어둠을 깨뜨려야 하며, 교만한 산을 부숴야 하며, 생사 결박을 끊어야 하며, 존재[有]의 강을 건너야 하며, 태어나는 바다를 말려야 하기 때문이다.

넷째, 보살은 한량없는 중생들을 다섯 가지 욕망의 구덩이에서 벗어나게해야 하며, 중생들을 세가지 세계의 옥에서 벗어나게 하며, 중생들을 성인의 길을 걷게 해야 하기 때문이다.

다섯째, 보살은 한량없는 탐욕의 행을 소멸해야 하며, 성내는 행을 깨끗이 다스려야 하며, 어리석은 행을 깨뜨려야 하며, 마의 그물을 초월해야 하며, 마의 업을 여의어야 하며, 욕망을 다스려야 하며, 방편을 증장해야 하며, 최상 선근을 내야하며, 결정한 지해를 밝혀야 하며, 평등에 들어가야 하며, 공덕을 깨끗이 해야 하며, 행을 닦아야 하며, 세간을 따르는 행을 나타내어야 하기 때문이다.

여섯째, 보살은 한량없는 믿는 힘을 내야 하며, 정진하는 힘에 머물러야 하며, 바르게 생각하는 힘[正念力]을 깨끗이 해야 하며, 삼매의 힘을 채워야 하며, 깨끗한 지혜의 힘[淨慧力]을 일으켜야 하며, 수승하게 이해하는 힘을 굳게 해야 하며, 복덕의 힘을 모아야 하며, 지혜의 힘[智慧力]을 길러야 하며, 보살의 힘을 일으켜야 하며, 여래의 힘을 원만히 해야 하기 때문이다.

일곱째, 보살은 한량없는 법문을 분별해야 하며, 법문을 분명히 알아야 하며, 법문을 청정하게 해야 하며, 법의 광명을 내야하며, 법의 비춤을 지어야 하며, 종류의 뿌리[品類根]를 비춰야 하며, 번뇌의 병을 알아야 하며, 묘한 법약을 모아야 하며, 중생의 병을 고쳐야 하기 때문이다.

여덟째, 보살은 한량없는 보시 공양을 잘 장만해야 하며, 부처님 국토에 가야 하며, 여래에게 공양해야 하며, 보살의 모임에 들어가야 하며, 부처님의 교화를 받아야 하며, 중생의 죄를 참고 받아야 하며, 나쁜 길의 고난을 없애야 하며, 중생을 선한 길에 나게 해야 하며, 사섭법으로 중생을 거두어야 하기 때문이다.

아홉째, 보살은 한량없는 다라니문을 닦아야 하며, 큰 서원의 문을 내야하며, 인자하고 크게 서원하는 힘을 닦아야 하며, 법을 부지런히 구하여 항상 쉬지 않아야 하며, 생각하는 힘을 일으켜야 하며, 신통한 일을 일으켜야 하며, 지혜의 광명을 깨끗이 해야하며, 중생의 길[衆生趣]에 나아가야 하며, 존재[諸有]에 태어나게 하며, 차별한 몸을 나타내야 하며, 말을 알아야 하며, 차별한 마음에 들어가야 하며, 보살의 큰 궁전에 머물러야 하며, 보살의 깊고 미묘한 법을 보아야 하며, 보살의 알기 어려운 경계를 알아야 하며, 보살의 행하기 어려운 경계를 알아야 하며, 보살의 존중한 위의를 갖추어야 하며, 보살의 들어가기 어려운 바른 지위[正位]에 나아가야 하기 때문이다.

열째, 보살은 보살의 가지가지 행을 알아야 하며, 보살의 두루한 신통의 힘을 나투어야 하며, 보살의 평등한 법구름을 받아야 하며,

보살의 그지없는 행의 그물을 넓혀야 하며, 보살의 그지없는 바라밀을 만족해야 하며, 보살의 한량없는 수기를 받아야 하며, 보살의 한량없는 지혜의 문에 들어가야 하며, 보살의 지위를 다스려야 하며, 보살의 법문을 깨끗이 해야 하며, 보살들이 그지없는 겁에 있으면서 한량없는 부처님께 공양하고, 한량없이 많은 부처님 국토를 깨끗이 장엄하며, 한량없이 많은 보살의 서원을 내는 것을 같이해야 하기 때문이다.

소년이여, 결국 보살의 행을 닦아야 하고, 중생 세계를 교화해야 하고, 모든 겁에 들어가야 하고, 모든 곳에 태어나야 하고, 모든 세상을 알아야 하고, 모든 법을 행해야 하고, 모든 세계를 깨끗하게 하고, 모든 소원을 채워야 하고, 모든 부처님께 공양해야 하고, 모든 보살의 원과 같아야 하고, 모든 선지식을 섬겨야 한다."

(39-50-4-5) 선지식 구하기에 정성을 다하다

"소년이여, 그대는 선지식 만나기를 게을리하지 말아야 한다. 선지식을 보고 싫어함을 내지 말며, 선지식에게 묻기를 수고로워하지 말며, 선지식과 친근하되 물러날 생각을 하지 말며, 선지식에 공양하기를 쉬지 말아야 하며, 선지식의 가르침을 받고 잘 알아차려야 하며, 선지식의 행을 배우되 의심하지 말며, 선지식이 뛰어나는 문을 말함을 듣고 망설이지 말며, 선지식의 번뇌를 따르는 행을 보고 의심하지 말며, 선지식을 믿고 존경하는 마음이 변하지 말아야 한다.

소년이여, 보살이 선지식으로 인하여 모든 보살의 행을 들으며, 공덕을 성취하며, 큰 원을 내며, 선근을 이끌어 내며, 도를 돕는 일을 모으며, 법의 광명을 열어 밝히며, 나가는 문[出離門]을 드러내 보이며, 청정한 계율을 닦으며, 공덕법에 머물며, 광대한 뜻을 깨끗하게 하며, 견고한 마음을 증장하며, 다라니와 변재의 문을 구족하며, 청정한 갈무리[淸淨藏]를 얻으며, 선정의 광명을 내며, 훌륭한 서원을 얻으며, 동일한 원을 받으며, 훌륭한 법을 들으며, 비밀한 곳을 얻으며, 법보(法寶)의 섬에 이르며, 선근의 싹을 자라게 하며, 지혜의 몸을 자라게 하며, 보살의 깊고 비밀한 갈무리[深密藏]를 보호하며, 복덕을 가진다.

보살의 태어나는 길[受生道]을 깨끗이 하며, 바른 법의 구름을 받으며, 서원의 길에 들어가며, 여래의 보리의 결과에 나아간다. 보살의 묘한 행을 거두어 가지며, 공덕을 열어 보이며, 여러 지방에 가서 묘한 법을 들으며, 광대한 위엄과 공덕을 찬탄하며, 자비한 힘을 내며, 훌륭하고 자재한 힘을 거두어 가지며, 보리의 부분[菩提分]을 내며, 보살을 이익되게 하는 일을 짓는다."

(39-50-4-6) 선지식으로 인하여 얻는 이익

"소년이여, 보살이 선지식의 유지함을 인하여 나쁜 길에 떨어지지 않으며, 선지식의 거두어 줌으로 인하여 대승에서 물러가지 않으며, 선지식의 염려함으로 인하여 보살의 계율을 범하지 않으며, 선지식의 수호함으로 인하여 나쁜 벗을 따르지 않으며, 선지식의 길러 줌으로 인하여 보살의 법에 이지러짐이 없으며, 선지식의 붙들어 줌으로 인하여 범부의 자리를 초월하며, 선지식의 가르침으로 인하여 이승(二乘)의 지위를 초월하며, 선지식의 지도로 인하여 세간에 뛰어나며, 선지식의 길러 줌으로 인하여 세상법에 물들지 않으며, 선지식을 섬김으로 인하여 보살의 행을 닦으며, 선지식께 공양함으로 인하여 도를 돕는 법을 갖추며, 선지식을 친근하므로 업과 번뇌에 좌절되지 않으며, 선지식을 믿음으로 세력이 견고하여 마를 무서워하지 않으며, 선지식을 의지하므로 보리의 부분법을 증장한다.”

(39-50-4-7) 선지식이 하는 일

“선지식은 장애를 깨끗이 하며, 죄를 소멸하며, 어려움을 제하며, 악한 짓을 그치게 하며, 무명의 캄캄한 밤을 깨뜨리며, 소견의 옥을 부수며, 생사의 성에서 나오게 하며, 세속의 집을 버리게 하며, 마의 그물을 찢으며, 괴로운 화살을 뽑으며, 무지하고 험난한 곳을 여의게 하며, 삿된 소견의 벌판에서 헤어나게 하며, 존재의 강을 건너게 하며, 삿된 길을 여의게 한다.

또 보리의 길을 보여 주며, 보살의 법을 가르치며, 보살의 행에 편안히 머물게 하며, 온갖 지혜로 나아가게 하며, 지혜의 눈을 깨끗하게 하며, 보리심을 자라게 하며, 크게 가엾게 여기며, 묘한 행을 연설하며, 바라밀을 말하며, 나쁜 지식(惡知識)을 배척하며, 모든 지위에 머물게 하며, 참음을 얻게 하며, 선근을 닦아 익히게 하며, 도 닦는 기구를 장만하며, 공덕을 베풀어 준다.

온갖 지혜의 지위[一切種智位]에 이르게 하며, 기뻐서 공덕을 모으게 하며, 뛰놀면서 행을 닦게 하며, 깊은 이치에 들어가게 하며, 뛰어나는 문을 열어 보이게 하며, 나쁜 길을 막아 버리게 하며, 법의 광명으로 비추게 하며, 법비로 윤택하게 하며, 의혹을 소멸되게 하며, 소견을 버리게 하며, 부처님의 지혜를 자라게 하며, 부처님의 법문에 편안히 머물게 한다."

(39-50-4-8) 선지식은 이와 같다

"소년이여, 선지식은 부처의 종자를 내는 까닭에 어머니와 같다. 광대하게 이익되게 하는 까닭에 아버지와 같다. 보호하여 나쁜 짓을 못하게 하는 까닭에 유모(乳母)와 같다. 보살의 배울 것을 보여 주는 까닭에 스승과 같다. 바라밀의 길을 보여 주는 까닭에 좋은 길잡이와 같다. 번뇌의 병을 치료하는 까닭에 좋은 의사와 같다. 온갖 지혜의 약을 자라게 하는 까닭에 설산과 같다. 두려움을 제거하는 까닭에 용맹한 장수와 같다. 생사의 빠른 물에서 나오게 하는 까닭에 강을 건네주는 사람과 같다. 지혜의 보배 섬에 이르게 하는 까닭에 뱃사공과 같다.

소년이여, 항상 이렇게 바른 생각으로 선지식을 생각해야 한다."

(39-50-4-9) 선지식을 섬기는 마음

소년이여, 그대가 선지식을 받들어 섬기는 것은 무거운 짐을 지고도 고달프지 않은 까닭에 땅과 같은 마음을 낸다. 뜻과 서원이 견고하여 깨뜨릴 수 없는 까닭에 금강과 같은 마음을 낸다. 괴로움으로 요동할 수 없는 까닭에 철위산과 같은 마음을 낸다. 시키는 일을 모두 순종하는 까닭에 시중하는 사람과 같은 마음을 낸다. 가르치는 일을 어기지 않는 까닭에 제자와 같은 마음을 낸다.

여러 가지 일하는 것을 싫어하지 않는 까닭에 하인들과 같은 마음을 낸다. 여러 가지 괴로움을 받아도 고달프지 않는 까닭에 자식을 기르는 어머니와 같은 마음을 낸다. 시키는 일을 어기지 않는 까닭에 하인 같은 마음을 낸다. 고개를 숙이는 까닭에 거름 치는 사람과 같은 마음을 낸다. 나쁜 성질을 여읜 까닭에 양순한 말과 같은 마음을 낸다. 무거운 짐을 운반하는 까닭에 큰 수레와 같은 마음을 낸다.

항상 복종하는 까닭에 길들인 코끼리 같은 마음을 낸다. 마음이 움직이거나 기울지 않는 까닭에 수미산 같은 마음을 낸다. 주인을 해하지 않는 까닭에 순한 개와 같은 마음을 낸다. 교만함을 떠난 까닭에 전다라(旃茶羅, 천민계급) 같은 마음을 낸다. 성내는 일이 없는 까닭에 소와 같은 마음을 낸다. 가고 오는 데 게으르지 않는 까닭에 배와 같은 마음을 낸다. 건네주면서도 고달픈 줄 모르는 까닭에 교량과 같은 마음을 낸다. 기색을 받들어 순종하는 까닭에 효자와 같은 마음을 낸다. 내리는 조칙을 따라 행하는 까닭에 왕자와 같은 마음을 낸다."

(39-50-4-10) 자신과 선지식을 이와 같이 생각해야 한다

"소년이여, 자신의 몸은 병난 것 같이 생각하고, 선지식은 의사와 같이 생각하고, 말씀하는 법은 약과 같이 생각하고, 닦는 행은 병을 낫게 한다고 생각하라.

자신의 몸은 먼 길 떠난 것 같이 생각하고, 선지식은 길잡이 같이 생각하고, 말씀하는 법은 곧은 길 같이 생각하고, 닦는 행은 갈 곳에 간 것 같이 생각하라.

자신의 몸은 강을 건너려는 것 같이 생각하고, 선지식은 뱃사공 같이 생각하고, 말씀하는 법은 노[楫]와 같이 생각하고, 닦는 행은 언덕에 닿은 것 같이 생각하라.

자신의 몸은 곡식의 새싹과 같이 생각하고, 선지식은 용왕과 같이 생각하고, 말씀하는 법은 비와 같이 생각하고, 닦는 행은 곡식이 익는 것과 같이 생각하라.

자신의 몸은 빈궁한 이 같이 생각하고, 선지식은 비사문천왕 같이 생각하고, 말씀하는 법은 재물 같이 생각하고, 닦는 행은 부자가 된 것 같이 생각하라.

자신의 몸은 제자 같이 생각하고, 선지식은 훌륭한 장인[良工]같이 생각하고, 말씀하는 법은 기술같이 생각하고, 닦는 행은 다 안 것 같이 생각하라.

자신의 몸은 무서운 것 같이 생각하고, 선지식은 용맹한 사람 같이 생각하고, 말씀하는 법은 무기 같이 생각하고, 닦는 행은 원수를 깨뜨리는 것같이 생각하라.

자신의 몸은 장사꾼 같이 생각하고, 선지식은 길잡이 같이 생각하고, 말씀하는 법은 보배와 같이 생각하고, 닦는 행은 주워 모으는 것 같이 생각하라.

자신의 몸은 아들 같이 생각하고, 선지식은 부모 같이 생각하고, 말씀하는 법은 살림살이 같이 생각하고, 닦는 행은 살림을 맡는 것 같이 생각하라.

자신의 몸은 왕자와 같이 생각하고, 선지식은 대신과 같이 생각하고, 말씀하는 법은 왕의 명령같이 생각하고, 닦는 행은 왕관을 쓰는 것 같이 생각하고 왕의 옷을 입는 것 같이 생각하고 왕의 비단띠[繒]를 매는 것 같이 생각하고 왕의 궁전에 앉은 것 같이 생각하라.

소년이여, 그대는 마땅히 이러한 마음과 이러한 뜻으로 선지식을 친근해야 한다. 왜냐 하면 이러한 마음으로 선지식을 친근하면 뜻과 원이 영원히 청정하기 때문이다."

(39-50-4-11) 선지식을 비유하면 이와 같다

"소년이여, 선지식은 선근을 설산에서 약초가 자라듯이 자라게
한다. 선지식은 부처님 법의 바다가 여러 강물을 받아들이는 듯이
그릇이다. 선지식은 공덕이 바다에서 여러 가지 보배가 나듯이 나
는 곳이다.

선지식은 보리심을 맹렬한 불이 진금을 분리하는듯이 깨끗하게
한다. 선지식은 세간법에서 수미산이 큰 바다에서 솟아나듯이 뛰어
난다.

선지식은 세상법에 연꽃에 물이 묻지 않듯이 물들지 않는다. 선지
식은 나쁜 것을 큰 바다가 송장을 머물게 하지 않듯이 받지 않는다.

선지식은 백법[白法]을 보름달의 광명이 원만하듯이 증장하게 한
다.

선지식은 법계를 밝은 해가 사천하에 비추는듯이 밝게 비춘다.

선지식은 보살의 몸을 부모가 아이들을 기르듯이 자라게 한다."

(39-50-4-12) 선지식의 가르침을 따르는 이익

"소년이여, 보살이 선지식의 가르침을 따르면 백천억 나유타나
되는 공덕을 얻으며, 깊은 마음을 깨끗이 하며, 보살의 선근[根]을
자라게 하며, 보살의 힘을 깨끗이 한다. 백천억 아승기나 되는 장애
(障礙)를 끊으며, 마의 경계를 초월하며, 법문에 들어가며, 도를 돕
는 일을 만족하며, 묘한 행을 닦으며, 큰 원을 내게 된다.

소년이여, 모든 보살행과 모든 보살의 바라밀과 지위와 법 지혜

[忍]와 다라니문과 삼매문과 신통한 지혜와 회향과 서원과 불법을 성취하는 것이 다 선지식의 힘에 의지하며, 선지식으로 근본을 삼는다. 선지식을 의지하여 생기며, 뛰어나며, 자라며, 머문다. 선지식이 인연이 되고 선지식이 능히 이러한 모든 것을 일으키게 한다."

(39-50-5) 선재동자가 예배하고 물러나다

이때 선재동자는 선지식의 이러한 공덕이 한량없는 보살의 묘한 행을 열어 보이고 한량없이 광대한 부처님 법을 성취함을 듣고, 기뻐 어쩔줄 모르면서 덕생동자와 유덕동녀의 발에 엎드려 절하고 여러번 돌고 은근하게 그리워하며 하직하고 물러갔다.

VII. 화엄경 입법계품을 마무리하다

(39-51) 미륵보살(彌勒菩薩) Maitreya.

　입삼세일체경계불망념지장엄장(入三世一切境界不忘念智莊嚴藏) 해탈

(39-51-1) 미륵보살을 뵙고 법을 묻다

(39-51-1-1) 보살의 행을 생각하며 해안국으로 향하다

　이때 선재동자는 선지식의 가르침으로 마음이 편안하고 바른 생각으로 보살의 행을 생각하면서 해안국(海岸國)으로 향했다.

　지난 세상에 예경(禮敬)을 닦지 않은 것을 생각하고 뜻을 내어 부지런히 행했다. 지난 세상에 몸과 마음이 깨끗하지 못한 것을 생각하고 뜻을 내어 스스로 조촐하게 했다. 지난 세상에 나쁜 업을 지은 것을 생각하고 뜻을 내어 스스로 끊었다. 지난 세상에 허망한 생각 일으킨 것을 생각하고 뜻을 내어 항상 바르게 생각했다.

　지난 세상에 닦은 행이 자기의 몸만 위한 것을 생각하고 뜻을 내어 마음을 넓게 가지고 중생들에게까지 미치게 했다. 지난 세상에 욕심의 대상[欲境]을 따라다니면서 소모하던 것이 좋은 맛이 없음을 생각하고 뜻을 내어 불법을 닦아 모든 근기를 길러 마음이 편안했다.

　지난 세상에 삿된 생각으로 뒤바뀌게 응하던 일을 생각하고 뜻을 내어 바른 소견으로 보살의 원을 일으켰다. 지난 세상에 밤낮으로

애쓰며 나쁜 일을 했던 것을 생각하고 뜻을 내어 정진을 하여 불법을 성취하려 했다. 지난 세상에 오취(五趣)에 태어난 것이 나와 남의 몸에 이익이 없음을 생각하고 뜻을 내어 이 몸으로 중생을 이익되게 하고 불법을 성취하며 선지식을 섬기기를 원했다. 이렇게 생각하고 매우 환희한 마음을 냈다.

또 이 몸이 나고 늙고 병들고 죽는 여러 가지 괴로움의 원인임을 보고 오는 세월이 다하도록 보살의 도를 닦고 중생을 교화하며, 여러 여래를 뵙고 불법을 성취하며, 부처님 세계로 다니면서 여러 법사(法師)를 섬기고, 부처님의 교법에 머물러 있으면서 여러 불법의 벗을 구하고, 선지식을 보고 부처님의 법을 모아서, 보살의 원과 지혜의 몸을 위해 인연을 지으려 했다.

이렇게 생각할 때 부사의하고 한량없는 선근이 자라서 보살을 믿고 존중하며 희유한 생각을 내고 스승이란 생각을 냈다. 모든 감관이 청정해지고 선법이 늘었다. 보살의 공경하고 공양하던 일을 일으키고, 허리 굽히며 합장함을 짓고, 세간을 두루 보는 눈[普見世間眼]을 내고, 중생을 염려하던 생각을 일으키고, 한량없는 서원으로 나투는 몸을 나타내고, 청정하게 찬탄하던 음성을 냈다.

과거와 현재의 여러 부처님과 보살들이 여러 곳에서 성도하심과 신통과 변화를 나타내시며 한 티끌만한 곳에도 두루하지 않은 데가 없음을 상상해 보았다. 또 청정한 지혜와 광명한 눈을 얻어 모든 보살의 행하던 경계를 보고 마음은 시방의 세계 그물에 들어가고, 소원은 허공과 법계에 가득하여, 삼세가 평등하여 쉬지 않았다. 이러한 모든 것이 다 선지식의 가르침을 믿은 까닭이었다.

(39-51-1-2) 미륵보살의 덕을 찬탄하다

(39-51-1-2-1) 큰 누각 앞에 절하고 자세히 관찰하다

선재동자는 이렇게 존중함과 공양함과 칭찬함과 관찰함과 서원의 힘과 생각과 한량없는 지혜의 경계로써 비로자나장엄장의 누각 앞에서 엎드려[五體投地] 절하고, 잠깐 동안 마음을 거두고 생각하고 관찰했으며, 깊이 믿고 사랑으로 이해했으며 큰 서원의 힘으로 온갖 곳에 두루한 지혜의 몸으로 평등한 문에 들어갔다. 그 몸을 두루 나타내어 모든 여래의 앞과 보살의 앞과 선지식의 앞과 여래의 탑 앞과 여래의 형상 앞과 부처님과 보살이 계시는 처소 앞과 법보 앞과 성문과 벽지불과 그들의 탑 앞과 거룩한 대중인 복밭 앞과 부모와 존장 앞과 시방의 중생 앞에 있으면서 위에 말한 것처럼 존중하고 예경하며 찬탄하기를 오는 세상이 끝나도록 쉬지 않았다.

허공과 같아 끝과 크기[邊量]가 없으며, 법계와 같아 막힘과 걸림이 없으며, 실제와 같아 온갖 것에 두루하며, 여래와 같아 분별이 없으며, 그림자와 같아 지혜를 따라 나타나며, 꿈과 같아 생각으로 좇아 일어나며, 영상과 같아 것에 보이며, 메아리와 같아 인연으로 생기며, 나는 일이 없으니 번갈아 일어나고 없어지며, 성품이 없으니 인연을 따라 변한다.

또 모든 과보는 업에서 일어나고, 결과는 인에서 일어나고, 업은 습기(習氣)에서 일어나고, 부처님 출현은 믿음에서 일어나고, 공양 거리를 변화하여 나타냄은 결정한 알음알이에서 일어나고, 나툰 몸 부처님[化佛]은 공경하는 마음에서 일어나고, 부처님 법은 선근에서 일어나고, 나툰 몸은 방편에서 일어나고, 불사는 큰 원에서 일어나고, 보살의 닦는 행은 회향에서 일어나고, 법계의 광대한 장엄은

온갖 지혜의 경계에서 일어나는 줄을 알았다.

아주 없다는 소견을 여의는 것은 회향을 아는 까닭이며, 항상하다는 소견을 여의는 것은 나는 일이 없음을 아는 까닭이며, 원인이 없다는 소견을 여의는 것은 바른 인을 아는 까닭이며, 뒤바뀐 소견을 여의는 것은 실제와 같은 이치를 아는 까닭이며, 자재천이란 소견을 여의는 것은 남을 말미암지 않음을 아는 까닭이며, 나와 남이라 하는 소견을 여의는 것은 인연으로 생기는 줄을 아는 까닭이며, 끝이 있다고 고집하는 소견[邊執見]을 여의는 것은 법계가 끝이 없음을 아는 까닭이며, 가고 온다는 소견을 여의는 것은 영상과 같음을 아는 까닭이며, 있다 없다는 소견을 여의는 것은 나지도 멸하지도 않음을 아는 까닭이다. 법이란 소견을 여의는 것은 공하여 남이 없음[無生]을 아는 까닭이며, 자재하지 못함을 아는 까닭이며, 소원의 힘으로 나는 줄을 아는 까닭이다. 모양이란 소견을 여의는 것은 모양이 없는 경계[無相際]에 들어가는 까닭이다.

법이 종자에서 싹이 나는 것과 같음을 아는 까닭이며, 인(印)에서 글자가 나는 것임을 아는 까닭이며, 바탕이 영상과 같음을 아는 까닭이며, 소리가 메아리와 같음을 아는 까닭이며, 대경[境]이 꿈과 같음을 아는 까닭이며, 업이 환술 같음을 아는 까닭이며, 세상이 마음으로 나타남을 아는 까닭이며, 결과가 원인에서 일어남을 아는 까닭이며, 과보가 업의 모임인 줄을 아는 까닭이며, 공덕의 법이 다 보살의 교묘한 방편으로 흘러 나온 것임을 아는 까닭이다.

선재동자가 이러한 지혜에 들어가서 단정한 마음과 깨끗한 생각으로 누각 앞에서 엎드려서 은근하게 절하니 부사의한 선근이 몸과 마음에 흘러들어서 상쾌하고 기뻤다.

(39-51-1-2-2) 이 누각에 머무는 사람

땅에서 일어나 한결같은 마음으로 우러러보면서 잠시도 한눈 팔지 않고 합장하고 한량없이 돌고 말했다.

"이 큰 누각은 공하고 모양 없고 원 없음을 아는 이가 머무는 곳이다. 법에 분별이 없는 이가 머무는 곳이다. 법계가 차별이 없음을 아는 이가 머무는 곳이다. 중생을 얻을 수 없음을 아는 이가 머무는 곳이다. 법이 태어남이 없음을 아는 이가 머무는 곳이다. 세간에 집착하지 않는 이가 머무는 곳이다. 원인에 집착하지 않는 이가 머무는 곳이다. 마을을 좋아하지 않는 이가 머무는 곳이다. 대경을 의지하지 않는 이가 머무는 곳이다. 생각을 여읜 이가 머무는 곳이다.

이 누각은 모든 법이 제 성품이 없음을 아는 이가 머무는 곳이다. 차별한 업을 끊은 이가 머무는 곳이다. 생각과 마음과 의식을 여읜 이가 머무는 곳이다. 도에 들지도 않고 나지도 않는 이가 머무는 곳이다.

이 누각은 깊고 깊은 반야바라밀에 들어간 이가 머무는 곳이다. 방편으로 넓은 문[普門] 법계에 머무른 이가 머무는 곳이다. 번뇌의 불을 멸한 이가 머무는 곳이다. 최상의 지혜[增上慧]로 소견·사랑·교만을 끊은 이가 머무는 곳이다. 선정·해탈·삼매와 신통과 밝음[明]을 내어 유희하는 이가 머무는 곳이다. 보살의 삼매의 경계를 관찰한 이가 머무는 곳이다. 여래의 처소에 편안히 머무른 이가 머무는 곳이다.

이 누각은 한 겁을 모든 겁에 넣고 모든 겁을 한 겁에 넣어도 그 형상을 망그러뜨리지 않는 이가 머무는 곳이다. 한 세계를 모든 세계에 넣고 모든 세계를 한 세계에 넣어도 그 형상을 망그러뜨리지 않는 이가 머무는 곳이다. 한 법을 모든 법에 넣고 모든 법을 한 법에 넣어도 그 형상을 망그러뜨리지 않는 이가 머무는 곳이다.

이 누각은 한 중생을 모든 중생에 넣고 모든 중생을 한 중생에 넣어도 그 형상을 망그러뜨리지 않는 이가 머무는 곳이다. 한 부처님을 모든 부처님에 넣고 모든 부처님을 한 부처님에 넣어도 그 형상을 망그러뜨리지 않는 이가 머무는 곳이다. 잠깐 동안에 모든 삼세를 아는 이가 머무는 곳이다. 잠깐 동안에 모든 국토에 이르는 이가 머무는 곳이다. 모든 중생의 앞에 그 몸을 나타내는 이가 머무는 곳이다.

이 누각은 마음으로 세간을 항상 이익되게 하는 이가 머무는 곳이다. 온갖 곳에 두루 이르는 이가 머무는 곳이다. 세간에서 이미 벗어났으나, 중생을 교화하려고 그 가운데 항상 몸을 나타내는 이가 머무는 곳이다. 세계에 애착하지 않으나, 부처님들께 공양하려고 모든 세계에 다니는 이가 머무는 곳이다.

이 누각은 본 고장[本處]에서 움직이지 않고 부처님 세계에 두루 나아가 장엄하는 이가 머무는 곳이다. 부처님을 친근하면서도 부처란 생각을 일으키지 않는 이가 머무는 곳이다. 선지식을 의지하면서도 선지식이란 생각을 내지 않는 이가 머무는 곳이다. 마의 궁전에 있으면서도 욕심 경계에 탐착하지 않는 이가 머무는 곳이다. 모든 마음과 생각을 여읜 이가 머무는 곳이다.

이 누각은 중생 속에 몸을 나타내지만 자기와 다른 이가 둘이란 생각을 내지 않는 이가 머무는 곳이다. 세계에 두루 들어가지만 법계에 대하여 차별한 생각이 없는 이가 머무는 곳이다. 오는 세상의 모든 겁에 머물기를 원하면서도 여러 겁에 길다 짧다는 생각이 없는 이가 머무는 곳이다. 한 터럭 끝만한 곳도 여의지 않으면서 모든 세계에 몸을 나타내는 이가 머무는 곳이다. 만나기 어려운 법을 연설하는 이가 머무는 곳이다.

이 누각은 알기 어려운 법과 매우 깊은 법과 둘이 없는 법과 모양이 없는 법과 상대하여 다스릴 수 없는 법과 얻을 것이 없는 법과 희롱거리 의논이 없는 법에 머무른 이가 머무는 곳이다.

이 누각은 대자대비에 머무른 이가 머무는 곳이다. 이승(二乘)의 지혜를 지났고, 마의 경계를 초월했고, 세상법에 물들지 않고, 보살들의 언덕에 이르렀고, 여래의 머무는 곳에 머무는 이가 머무는 곳이다. 형상을 여의었으면서도 성문의 바른 지위에 들어가지 않고, 법이 나지 않는 줄을 알면서도 나지 않는 법의 성품에 어울리지 않는 이가 머무는 곳이다. 부정함을 관찰하면서도 탐욕을 여의는 법을 증득하지도 않고, 탐욕과 함께 있지도 않으며, 인자함을 닦으면서도 성냄을 여의는 법을 증득하지도 않고, 성내는 일과 함께 하지도 않으며, 인연으로 생기는[緣起] 것을 관찰하면서도 어리석음을 여의는 법을 증득하지도 않고, 어리석음과 함께 하지도 않는 이가 머무는 곳이다.

이 누각은 사선정에 머무르면서도 선정을 따라 태어나지도 않고, 네 가지 한량없는 마음을 행하면서도 중생을 교화하기 위해 형상 세계에 태어나지 않고, 사무색정(四無色定)을 닦으면서도 중생을 가엾게 여겨 무형 세계에 머무르지 않는 이가 머무는 곳이다. 선정[止]과 지혜[觀]를 닦으면서도 중생을 교화하기 위해 밝음[明]과 해탈을 증득하지 않고, 버리는 일을 행하면서도 중생 교화하는 일을 버리지 않는 이가 머무는 곳이다. 공함을 관하면서도 공한 소견을 내지 않고, 모양 없음을 행하면서도 모양에 집착하는 중생을 교화하고, 소원 없음을 행하면서도 보리행의 원을 버리지 않는 이가 머무는 곳이다.

이 누각은 중생을 교화하기 위해 모든 업과 번뇌에서 자유자재하면서도 업과 번뇌를 따르며, 생사가 없으면서도 생사를 받으며, 모든 길을 여의었으면서도 여러 길에 들어가는 이가 머무는 곳이다. 인자함을 행하면서도 여러 중생에게 미련이 없으며, 가엾이 여김을 행하면서도 여러 중생에게 집착이 없으며, 기쁨을 행하면서도 괴로운 중생을 보고 항상 불쌍히 여기며, 버림을 행하면서도 다른 이를 이익되게 하는 일을 버리지 않는 이가 머무는 곳이다.

이 누각은 아홉 가지 차례로 닦는 선정을 행하면서도 욕심 세계에 태어남을 싫어하지 않고, 법이 나지도 않고 멸하지도 않음을 알면서도 실제(實際)를 증득하지 않으며, 삼해탈문(三解脫門)에 들었어도 성문의 해탈을 취하지 않으며, 사성제(四聖諦)를 관찰하면서도 소승의 과위에 머무르지 않고, 깊은 인연으로 생김을 관찰하면서도 끝까지 고요한 데 머물지 않고, 팔성도(八聖道)를 닦으면서도 세간에서 아주 뛰어나기를 구하지 않고, 범부의 지위를 초월하고도 성문이나 벽지불의 지위에 떨어지지 않고, 오취온(五取蘊)을 관찰하면서도 여러 가지 쌓임을 아주 멸하지 않고, 사마(四魔)를 초월하고도 마를 분별하지 않고, 육처(六處)에 집착하지 않으면서도 육처를 아주 멸하지 않고, 진여에 편안히 머무면서도 실제에 떨어지지 않고, 승을 말하면서도 대승을 버리지 않으니 이러한 모든 공덕에 머무는 이가 머무는 곳이다."

(39-51-1-3) 선재동자의 찬탄
(39-51-1-3-1) 다 함께 찬탄하다

 이때 선재동자가 게송으로 말했다.

이 누각은 자비하고 청정한 지혜로 / 세간을 이익되게 하는 미륵보살님
정수리에 물을 부은 부처님 장자(長子) / 여러 경계에 드신 이가 머무시는 곳입니다.

온 세계에 소문난 부처님 아들 / 대승의 해탈문에 들어가셨고
법계에 다녀도 집착이 없어 / 견줄 데 없는 이가 머무시는 곳입니다.

(39-51-1-3-2) 자리행의 수승함

보시·지계·인욕·정진·선정과 지혜 / 방편과 원과 역과 지까지
대승의 여러 가지 바라밀법을 / 모두 다 갖춘 이가 머무시는 곳입니다.

지혜가 광대하기 허공과 같고 / 삼세 모든 법을 두루 다 알아
걸림없고 의지 없고 집착 없으니 / 이것을 아는 이가 머무시는 곳입니다.

모든 법이 성품 없고 나지도 않고 / 의지할 데 없음을 분명히 알며
허공에 새가 날 듯 자유자재해 / 큰 지혜 있는 이가 머무시는 곳입니다.

세 가지 독[三毒]의 성품 분명히 알고 / 인연법이 허망함을 분별하
여도
싫다고 벗어남을 구하지 않는 / 이렇게 고요한 이가 머무시는 곳입
니다.

세 가지 해탈문과 여덟 가지 길[八道] / 온[蘊]과 처(處)와 계(界)와
연기(緣起)를
살피고도 고요한 데 나가지 않는 / 훌륭하고 교묘한 이가 머무시는
곳입니다.

시방의 국토들과 모든 중생을 / 걸림없는 지혜로 살펴
공한 줄을 알아서 분별하지 않는 / 고요한 데 드신 이가 머무시는
곳입니다.

온 법계에 다니면서 걸림없으나 / 가는 성품 구하여도 얻을 수 없어
공중에 바람불듯 종적 없으니 / 의지할 곳 없는 이가 머무시는 곳
입니다.

(39-51-1-3-3) 이타행의 수승함
나쁜 길 모든 중생 고통 받으며 / 돌아갈 곳 없음을 두루 살피고
인자한 광명 놓아 다 없애니 / 불쌍하게 여기는 이가 머무시는 곳
입니다.

중생들이 바른 길을 잃어버린 것 / 소경이 위험한 길 걷는 듯한데

그를 인도하여 해탈성에 들게 하니 / 이같은 길잡이가 머무시는 곳
입니다.

중생들이 악마의 그물에 들어 / 나고 늙고 병과 죽음 시달리는데
그들을 해탈시켜 편안하게 하니 / 이렇게 용맹한 이가 머무시는 곳
입니다.

중생들이 번뇌 병에 얽힘을 보고 / 가엾게 생각하는 마음을 내어
지혜의 약으로써 치료하니 / 이렇게 큰 의사가 머무시는 곳입니다.

중생들이 나고 죽는 바다에 빠져 / 헤매고 근심하며 괴로움을 보고
그들을 법배로써 건지시니 / 잘 건네는 어른이 머무시는 곳입니다.

중생이 번뇌 바다 헤맴을 보고 / 보리의 묘한 보배 마음을 내어
그 가운데 들어가 건지시니 / 사람을 잘 낚는 이가 머무시는 곳입니다.

언제나 큰 서원과 자비하신 눈으로 / 모든 중생 받는 괴로움 두루
살피고
생사 바다에서 건져 내니 / 이러한 금시조왕이 머무시는 곳입니다.

해와 달이 허공에 떠 있으면서 / 모든 세간 비추지 않는 곳 없듯
지혜의 광명함도 그와 같아 / 세상을 비추는 이가 머무시는 곳입니다.

보살이 한 중생을 교화하려고 / 미래의 한량없는 겁을 지나듯

이와 같이 모든 중생 다 그러하여 / 세상을 건지는 이가 머무시는 곳입니다.

한 국토의 중생을 교화하는데 / 오는 세월 끝나도록 쉬지 않는 듯 하나하나 국토에도 다 그러하니 / 이런 뜻 굳은 이가 머무시는 곳입니다.

(39-51-1-3-4) 공덕의 수승함
시방의 부처님들 말씀하는 법을 / 한 자리에 모두 받아 다하며 미래겁이 끝나도록 항상 그러하여 / 지혜 바다 가진 이가 머무시는 곳입니다.

모든 세계 바다에 두루 노닐며 / 모든 도량 바다에 두루 들어가 모든 여래 바다에 공양하니 / 이런 행을 닦는 이가 머무시는 곳입니다.

모든 수행 바다를 닦아 행하고 / 그지없는 서원 바다 일으켜 이와 같이 겁 바다를 지내시니 / 이런 공덕 있는 이가 머무시는 곳입니다.

한 털 끝에 한량없는 세계가 있고 / 부처님과 겁과 중생 말할 수 없어 이런 것을 분명하게 두루 보는데 / 걸림없는 눈 가진 이가 머무시는 곳입니다.

한 생각에 그지없는 겁을 거두어 / 국토와 부처님과 모든 중생을
걸림없는 지혜로 바로 아니 / 이런 공덕 갖춘 이가 머무시는 곳입
니다.

시방세계 부수어 티끌 만들고 / 큰 바닷물 털 끝으로 찍어낸 수효
보살의 세운 원이 이와 같아 / 걸림없는 이가 머무시는 곳입니다.

다라니와 삼매와 큰 서원들과 / 선정과 모든 해탈 성취하여서
낱낱이 그지없는 겁을 지내니 / 이러한 참 불자가 머무시는 곳입니다.

한량없고 그지없는 여러 불자들 / 가지가지 법을 말해 중생 건지며
세간의 모든 기술 말씀하나니 / 이런 행을 닦는 이가 머무시는 곳
입니다.

(39-51-1-3-5) 방편의 수승함
신통과 방편 지혜 성취했고 / 환술의 묘한 법문 닦아 행하며
시방의 다섯 길에 나타나니 / 걸림없는 이가 머무시는 곳입니다.

보살이 처음으로 마음을 내고 / 모든 행을 구족하게 닦아 행하며
나툰 몸 한량없이 법계에 가득 / 이런 신통 있는 이가 머무시는 곳
입니다.

한 생각에 보리도를 성취했고 / 그지없는 지혜의 업 두루 짓고도
세상 인정 모든 생각 발광하니 / 헤아릴 수 없는 이가 머무시는 곳

입니다.

신통을 성취하여 걸림이 없고 / 법계에 모두 돌아다니지만
마음에는 조금도 얻은 것 없어 / 이런 지혜 가진 이가 머무시는 곳
입니다.

보살이 걸림없는 지혜를 닦고 / 여러 국토 들어가도 집착이 없어
둘이 없는 지혜로 널리 비추니 / 나가 없는 이가 머무시는 곳입니다.

모든 법이 의지함이 없는 본래 성품도 / 허공같이 고요함을 분명히
알아
이러한 경계에서 항상 행하니 / 이러한 때 여읜 이가 머무시는 곳
입니다.

중생들이 모든 고통 받음을 보고 / 인자하고 슬기로운 마음을 내어
모든 세간 이익되기 항상 원하니 / 가엾게 여기는 이가 머무시는
곳입니다.

(39-51-1-3-6) 이 누각에서 중생을 교화하다
불자가 여기 있으면서 / 중생 앞에 나타나
마치 해와 달처럼 / 생사의 어둠을 없애버립니다.

불자가 여기 있으면서 / 중생의 마음 널리 순종해
한량없는 몸을 나투어 / 시방세계에 가득합니다.

(39-51-1-3-7) 이 누각에서 불법을 배우다

불자가 여기 있으면서 / 모든 세계의 여래 계신 곳
두루 다닌 오랜 세월 / 한량없고 끝이 없습니다.

불자가 여기 있으면서 / 부처님의 법 생각하는데
한량없고 끝없는 겁에 / 그 마음 싫어하는 줄 모릅니다.

(39-51-1-3-8) 이 누각에서 삼매가 자재하다

불자가 여기 있으면서 / 잠시동안 삼매에 들고
낱낱 삼매문에서 / 부처님 경계 열어 밝힙니다.

불자가 여기 있으면서 / 모든 세계의 한량없는 겁
중생과 부처님의 일들 / 모두 다 알고 있습니다.

불자가 여기 있으면서 / 한 생각에 모든 겁 거둬들이되
다만 중생의 마음 따를 뿐 / 분별하는 생각 조금도 없습니다.

불자가 여기 있으면서 / 모든 삼매를 닦아 익히고
하나하나 마음 속마다 / 삼세(三世) 법 분명히 압니다.

불자가 여기 있으면서 / 가부좌하고 동하지 않고
모든 세계와 모든 길에 / 몸을 두루 나타냅니다.

(39-51-1-3-9) 이 누각에서 지혜가 넓고 깊다

불자가 여기 있으면서 / 부처님의 법 바다 모두 마시고
지혜 바다에 깊이 들어가 / 공덕 바다를 구족했습니다.

불자가 여기 있으면서 / 한량없는 모든 세계 모두 알고
세상의 수효와 중생의 수효 / 부처님 이름과 수효도 모두 압니다.

불자가 여기 있으면서 / 삼세 가운데 있는
국토가 이루어지고 허물어짐을 / 한 생각에 모두 압니다.

불자가 여기 있으면서 / 부처님의 행과 서원과
보살들의 닦는 행과 / 중생의 근성과 욕망 다 압니다.

불자가 여기 있으면서 / 한 티끌 속에 있는
한량없는 세계와 도량 / 중생과 겁을 모두 봅니다.

한 티끌 속과 같이 / 모든 티끌 그러해
가지가지 다 구족하여 / 간 곳마다 걸림이 없습니다.

불자가 여기 있으면서 / 모든 법과 중생과
세계와 시간이 일어나지도 않고 / 있는 것도 아님을 모두 봅니다.

(39-51-1-3-10) 예경하고 가피를 청하다
중생을 보는 것처럼 / 법도 그렇고 여래도 그러하여
세계도 그렇고 소원도 그러하여 / 삼세가 다 평등합니다.

불자가 여기 있으면서 / 모든 중생을 교화하고
여래께 공양하고 / 법의 성품을 생각합니다.

한량없는 천만 겁에 / 닦은 바 원과 지혜와 행
광대하기 한량이 없어 / 끝끝내 다 칭찬할 수 없네.

매우 용맹하신 이 / 수행이 걸림없는 이
이 가운데 계시는데 / 내 이제 합장하고 경례합니다.

부처님의 장자이시며 / 거룩하신 미륵보살님
내 이제 공경하여 경례하오니 / 나와 중생들 돌보아 주십시오.

(39-51-1-4) 미륵보살이 누각으로 향하다

이때 선재동자는 이렇게 보살들의 한량없이 칭찬하고 찬탄하는 법으로, 비로자나장엄장 누각 안에 계시는 보살들을 찬탄하고는 허리 굽혀 합장 공경하여 예배하고 일심으로 미륵보살을 뵙고 친근하고 공양하기를 원했다. 문득 미륵보살이 다른 곳으로부터 오는데 한량없는 하늘, 용, 야차, 건달바, 아수라, 가루라, 긴나라, 마후라가왕과 제석천왕, 범천왕, 사천왕과 본래 태어난 곳[本生處]의 한량없는 권속과 바라문들과 수없는 백천 중생들이 앞뒤로 호위하고 와서 장엄장 누각으로 향했다.

선재동자가 보고 기뻐 어쩔 줄 몰라 땅에 엎드려 절했다.

(39-51-1-5) 미륵보살이 선재동자의 덕을 게송으로 찬탄하다

(39-51-1-5-1) 덕을 찬탄하다

　미륵보살은 선재동자를 살펴보고 대중에게 그의 공덕을 찬탄하여
게송을 말했다.

너희들 선재동자를 보라 / 지혜 있고 마음이 청정하여
보리행을 구하려고 / 나에게 이른 것이다.

잘 왔도다 원만하고 인자한 이여. / 청정하고 자비로운
고요한 눈으로 / 수행하기에 게으름이 없네.

잘 왔도다 청정한 뜻을 가진 이여. / 광대한 마음과
물러가지 않은 근성으로 / 수행하기에 게으름이 없네.

잘 왔도다 동요하지 않은 행을 하는 이여. / 항상 선지식을 찾아
모든 법 통달하고 / 중생들을 조복하네.

잘 왔도다 묘한 도 행하는 이여. / 공덕에 머물고
부처 과위 나아가 / 조금도 게으름이 없네.

잘 왔도다 덕으로 몸이 되는 이여. / 법에 훈습(薰習)되고
끝없는 수행으로 / 세간에서 만나보기 어려워라.

잘 왔도다 미혹을 여읜 이여. / 세상법에 물들지 않고
이롭고 쇠하고 헐뜯고 칭찬함에 / 모든 것 분별이 없네.

잘 왔도다 안락을 주는 이여. / 부드럽고 교화를 받아
아첨 · 속임 · 성 내고 교만함 / 모든 것 소멸해 버렸네.

잘 왔도다 진실한 이여. / 시방에 두루 다니며
모든 공덕 늘었고 / 부더러워 게으름 없네.

잘 왔도다 삼세의 지혜를 가진 이여. / 모든 법 두루 다 알며
공덕 갈무리 두루 내어 / 수행에 고달픔 모르네.

(39-51-1-5-2) 온 인연을 밝히다
문수보살과 덕운 비구와 / 여러 불자가
너를 내게 보내며 / 너에게 걸림없는 곳을 보이네.

보살의 행 갖추어 닦고 / 모든 중생을 거두어 주어
이렇게 훌륭한 사람이 / 지금 나에게 왔네.

(39-51-1-5-3) 와서 할 일을 밝히다
모든 여래의 / 청정한 경계 구하려고
광대한 서원 물으면서 / 나를 찾아왔네.

과거, 현재, 미래의 / 부처님들이 이루신 행과 업
그대 닦아 배우려고 / 나를 찾아왔네.

그대는 선지식에게 / 미묘한 법 구하고

보살의 행 배우려고 / 나를 찾아왔네.

그대는 선지식에게 / 부처님 칭찬하는 법과
보리행을 이루려고 / 나를 찾아왔네.

그대는 선지식이 부모처럼 / 나를 낳으시고
유모처럼 나를 기르고 / 보리분법을 늘게 하고

의사처럼 병을 고쳐 주고 / 하늘처럼 단 이슬 뿌리고
해처럼 바른 길 보여 주고 / 달처럼 깨끗한 바퀴 굴리고

산처럼 동요하지 않고 / 바다처럼 늘고 줄지 않고
뱃사공처럼 건네줌을 생각하고 / 이것들을 이루려고 나를 찾아왔네.

선지식을 그대는 보라. / 용맹한 대장과 같고
큰 장사 물주와 같고 / 큰 길잡이 같아

바른 법 당기를 세우고 / 부처님 공덕 보여 주고
나쁜 길 없애 버리고 / 착한 길 가는 문 열어 주고

부처님의 몸 드러내고 / 부처님의 광 잘 지키고
부처님 법을 잘 가지므로 / 그를 우러러 받들면서

청정한 지혜 만족하려고 / 단정한 몸 갖추려고

귀한 가문에 태어나려고 / 나를 찾아왔네.

(39-51-1-5-4) 함께 다 찬탄하다
너희들 이 사람 보라. / 선지식 친근하면서
그를 따라 배운 대로 / 모든 것을 순종했고

옛날 복의 인연으로 / 문수보살이 발심하게 하여
따라 행하고 어기지 않으며 / 수행하되 게으르지 않았다.

부모와 친속들과 / 궁전과 재산을
모두 다 버리고 / 겸손하게 선지식 구하며

이런 뜻을 깨끗이 하니 / 세간 몸을 아주 여의고
부처님 국토에 태어나 / 훌륭한 과보 받았네.

(39-51-1-5-5) 지혜와 자비를 찬탄하다
선재동자는 중생들의 / 나고 늙고 병들고 죽는
고통을 보고 대비심 내어 / 위없는 도 부지런히 닦네.

선재동자는 중생들의 / 오취(五趣) 헤맴을 보고
금강 같은 지혜 구하여 / 그 괴로운 바퀴 깨뜨리네.

선재동자는 중생들의 / 마음 밭 묶음을 보고
세 가지 독한 가시 제하려고 / 날카로운 지혜의 모습 구하네.

중생들 캄캄함 속에서 / 소경처럼 바른 길 잃거늘
선재동자 길잡이 되어 / 편안한 곳 보여 주네

참는 갑옷과 해탈의 수레 / 지혜의 잘 드는 검으로
세 가지 존재한 세계에서 / 번뇌의 도적 깨뜨리네.

선재동자는 법 배의 사공 / 모든 중생 널리 건져
알아야 할 바다[爾海] 지나서 / 보배 섬에 빨리 이르네.

선재동자는 바로 깨달은 해 / 지혜의 광명과 서원 바퀴로
법계의 허공에 두루 다니며 / 중생이 사는 곳을 두루 비추네.

선재동자는 바로 깨달은 달 / 백법(白法)이 다 원만하여
인자한 선정 청량한 빛으로 / 중생의 마음 평등히 하네.

선재동자는 훌륭한 지혜의 바다 / 정직한 마음 의지하며
보리의 행 점점 깊어서 / 모든 법의 보배를 내놓네.

선재라는 큰 마음 용이 / 법계의 허공에 올라가서
구름 덮이고 비를 내려 / 모든 열매를 성숙하게 하네.

선재동자가 법 등불 켜니 / 믿음은 심지, 자비는 기름
생각은 그릇, 공덕 빛으로 / 세 가지 독한 어둠 없애버리네.

(39-51-1-5-6) 여러 가지 덕을 모아서 찬탄하다
깨닫는 마음은 가라라(迦羅邏, 태에서 생긴지 이레까지의 상태)
/ 가엾음은 태, 인자는 살
보리의 부분은 팔다리 / 여래장(如來藏)에서 자라네.

복덕을 갈무리하여 증장하고 / 지혜를 갈무리하여 청정하며
방편을 갈무리하여 열어 헤치고 / 큰 서원을 갈무리 하네.

이러한 큰 장엄 / 중생들을 구호하니
모든 천상과 인간에게 / 듣기 어렵고 보기 어렵네.

이러한 지혜의 나무 / 뿌리 깊어 동하지 않고
모든 행이 점점 증장해 / 여러 중생 가려 주네.

모든 공덕 내려고 / 모든 법 물으려고
모든 의심 끊으려고 / 선지식을 온 힘을 다해 찾네.

의혹의 마군 깨뜨리려고 / 여러 소견의 때 없애려고
중생의 속박 풀어 주려고 / 온 힘을 다해 선지식을 구하네.

(39-51-1-5-7) 불과를 이룰 것에 대하여 찬탄하다
나쁜 길 소멸하려면 / 인간과 천상의 길 보려면
공덕의 행을 닦아 / 열반성에 빨리 들어가라.

여러 소견의 어려움 건너려면 / 여러 소견의 그물 찢으려면
애욕의 강을 말리려면 / 세 가지 존재의 길 보이려면

세간의 의지가 되려면 / 세간의 광명이 되려면
삼계의 스승이 되어 / 해탈할 곳을 보이라.

세간의 중생들로 하여금 / 여러 시방의 집착 여의고
번뇌의 졸음 깨닫고 / 애욕의 수렁에서 벗어나게 하려면

갖가지 법을 알고 / 갖가지 세계를 깨끗이 하여
모든 것 끝까지 이르면 / 그 마음 매우 즐거우리라.

(39-51-1-5-8) 불과의 덕을 찬탄하다
너의 수행 매우 조화롭고 / 너의 마음 매우 청정하니
닦으려는 공덕이 / 모든 것 원만하여라.

오래잖아 부처님 뵙고 / 모든 법 통달해 알고
모든 세계 바다 깨끗이 하여 / 큰 보리를 이룰 것이다.

모든 수행 바다 채우려고 / 모든 법 바다 알려고
중생 바다를 제도하려고 / 이렇게 행을 닦네.

공덕 언덕에 이르려고 / 모든 착한 일 하려고
여러 불자와 함께 / 이런 마음을 결정하네.

모든 번뇌 끊어야 하고 / 모든 업 깨끗해야 하고
모든 마 굴복해야 하니 / 이런 소원 만족해야 하네.

묘한 지혜의 길 내고 / 바른 법의 길 열고
오래잖아 번뇌와 업과 / 괴로운 길 버려야 하네.

모든 중생의 바퀴 / 모든 존재의 바퀴에서 헤매니
네가 법의 바퀴 굴려서 / 그들의 고통 끊게 하네.

네 부처님 종자 가지고 / 너의 법 종자 깨끗이 하고
너의 승가 종자 모아서 / 삼세에 두루하네.

모든 애욕의 그물 끊고 / 모든 소견의 그물 찢고
모든 고통의 그물 구호하여 / 이 서원의 그물 이루네.

중생 세계를 제도하고 / 국토 세계를 깨끗이 하고
지혜 세계를 모아서 / 이 마음 세계 이루네.

중생들을 기쁘게 하고 / 보살들을 기쁘게 하고
부처님들 기쁘게 하여 / 이 기쁨을 이루네.

모든 길을 보고 / 모든 세계를 보고
모든 법을 보아서 / 이 부처님 견해 이루네.

어둠을 깨는 광명 놓고 / 뜨거움 쉬는 광명 놓고
나쁜 일 없애는 광명 놓아 / 삼계[三有]의 괴로움 씻네.

하늘 길의 문 열고 / 부처님 도의 문 열고
해탈의 문을 보여서 / 중생들 모두 들어가게 하네.

바른 길 보여 주고 / 삿된 길 끊게 하여
이렇게 부지런히 닦으면 / 보리의 길 성취하네.

공덕 바다를 닦고 / 삼유(三有)의 바다 건너서
중생 바다로 하여금 / 고통 바다에서 뛰어나게 하네.

중생 바다에서 / 번뇌 바다 소멸하고
수행 바다 닦아서 / 큰 지혜 바다에 들게 하네.

지혜 바다 늘리고 / 수행 바다 닦아서
부처님의 큰 서원 바다를 / 다 만족하게 하네.

세계 바다에 들어가 / 중생 바다 관찰하고
지혜의 힘으로 / 모든 법 바다를 마시네.

모든 부처님구름 뵈옵고 / 공양구름 일으키고
묘한 법구름 듣고 / 이 서원 구름 일으키네.

삼유(三有)의 집에 놀고 / 모든 번뇌의 집 부수고
여래의 집에 들어가 / 이러한 도를 행하네.

삼매문에 두루 들어가고 / 해탈문에 두루 노닐고
신통문에 두루 머물러 / 법계에 두루 다니네.

중생들 앞에 널리 나타나고 / 부처님 앞에 널리 대하되
마치 해와 달의 광명처럼 / 이런 힘을 이루네.

행하는 일 흔들리지 않고 / 행하는 일 물들지 않아
새가 허공에 날 듯이 / 이 묘한 작용 이루네.

인다라의 그물처럼 / 세계 그물 그와 같나니
너는 다 나아가 보라. / 바람처럼 걸리지 않네.

너는 법계에 들어가 / 모든 세계에 두루 이르러
삼세의 모든 부처님 뵈옵고 / 공경하고 즐거운 마음을 내라.

(39-51-1-5-9) 덕을 나타냄을 찬탄하다
너는 여러 가지 법문을 / 얻었거나 얻을 것이며,
마땅히 기뻐 좋아하되 / 탐하지 말고 싫어하지 말라.

너는 공덕의 그릇 / 부처님 교법 따르고
보살의 행을 닦으면 / 이렇게 기특한 일 볼 수가 있다.

이러한 불자들 / 억 겁에도 만나기 어렵거든
하물며 그러한 공덕과 / 닦은 도를 어찌 볼 수 있으랴.

너는 사람으로 태어나 / 좋은 이익 얻었으며
문수보살 같은 이의 / 한량없는 공덕을 보네.

모든 나쁜 길 여의었고 / 여러 가지 어려운 곳 벗어났으며
근심 걱정 뛰어났으니 / 착하도다 게으르지 말아야 하네.

범부의 지위를 여의었고 / 보살 지위에 머물렀으니
지혜의 깊음을 더하여 / 여래의 지위에 들어가라.

보살의 행 바다와 같고 / 부처님의 지혜 허공 같은데
너의 소원도 그러하니 / 마땅히 경사롭게 생각하라.

(39-51-1-5-10) 선지식을 만난 덕을 찬탄하다
여러 감관 게으르지 말고 / 바라는 소원 결정해서
선지식을 가까이 하면 / 머지않아 부처를 이룰것이다.

보살의 갖가지 행은 / 모두 중생을 조복하는 것이며,
여러 가지 법문 널리 행하니 / 최상의 공덕 의심하지 말라.

그대는 부사의한 복과 / 진실한 믿음 갖추었으니
그리하여 오늘날 / 여러 선지식 만났느니라.

여러 불자를 그대가 보라 / 광대한 이익 얻었으니
하나하나의 큰 서원 / 모두 믿고 받들어라.

그대 삼유(三有) 가운데 / 보살의 행 닦았으므로
여러 불자가 / 그대에게 해탈문 보였느니라.

법 그릇 이룰 사람 아니면 / 불자들과 함께 있어서
한량없는 겁 지나도 / 그 경계 알지 못하네.

네가 여러 보살 보고 / 이런 법 듣는 것은
세간에서 어려운 일이며, / 다행한 것이라 생각하라.

법이 너를 보호하며 생각하고 / 보살이 너를 거두어 주어
네가 그 가르침 순종하니 / 참으로 좋은 일이다.

(39-51-1-5-11) 수행의 지위를 빨리 이룸을 찬탄하다
보살의 집에 태어났고 / 보살의 덕을 갖추었으며
여래 종자 자랐으니 / 정수리에 물 붓는 지위에 오를 것이다.

오래지 않아 그대는 / 여러 보살과 같이 되어서
고통 받는 중생들 보고 / 편안한 곳으로 인도할것이다.

이러한 씨를 심으면 / 이러한 열매 거둔다.
내 이제 너를 위로하니 / 너는 마땅히 기뻐하라.

한량없는 보살들 / 한량없는 겁에 도를 행했으나
이런 행을 이루지 못하지만 / 너는 이제 모두 얻었네.

믿고 좋아하고 굳은 정진으로 / 선재는 이런 행 이루었으니
공경하고 사모하는 마음 있으면 / 마땅히 이렇게 배워라.

(39-51-1-5-12) 덕을 모두 모아 맺으며 찬탄하다
모든 공덕의 행은 / 다 소원에서 생기는 것
선재동자는 분명히 알고 / 항상 부지런히 닦네.

용왕이 구름 일으키면 / 반드시 비를 내리니
보살이 소원과 지혜 일으키면 / 결정코 여러 가지 부처행을 닦네.

어떤 선지식이 / 너에게 보현의 행 가르치면
기쁘게 받들어 섬기고 / 의혹을 내지 말라.

네가 한량없는 겁에 / 욕심을 위해 몸을 버렸는데
이제 보리를 구하는 데 / 몸을 버리는 것은 좋은 일이다.

네가 한량없는 겁에 / 나고 죽는 고통 받느라고
부처님 섬기지도 못하고 / 이런 행을 듣지도 못했거늘

이제 사람의 몸을 받아 / 부처님과 선지식 만나
보리의 행 들었으니 / 어찌 기쁘지 않겠는가.

비록 부처님을 만나고 / 선지식을 만났더라도
마음이 청정하지 못하면 / 이런 법 듣지 못하네.

만일 선지식에게 / 믿고 존중하고
의심 없고 고달프지 않아야 / 이런 법 듣게 된다.

이러한 법을 듣고 / 서원하는 마음 내면
이런 사람은 / 큰 이익을 얻는다.

이렇게 마음이 청정하고 / 항상 부처님 가까이 모시고
모든 보살 친근하면 / 결정코 보리 이룬다.

만일 이 법문에 들어가면 / 모든 공덕 갖추고
나쁜 길 영원히 여의어 / 모든 고통 받지 않는다.

오래잖아 이 몸 버리고 / 부처님의 국토에 나서
시방의 부처님들과 / 여러 보살 항상 본다.

지나간 원인 분명히 알고 / 선지식을 섬긴 힘으로
모든 공덕 증장하는 일 / 물에서 연꽃 나듯이 하네.

선지식 섬기기 좋아하고 / 부처님을 부지런히 공양하며
전일한 마음으로 법을 들어 / 항상 행하고 게으르지 말라.

그대는 참된 법 그릇 / 모든 법 갖추고

온갖 도 닦으며 / 모든 소원 만족하네.

그대 믿는 마음으로 / 내게 와서 예경하고

모든 부처님 회중에 / 머지않아 들어가리라.

착하다, 참 불자여 / 모든 부처님 공경하니

오래잖아 모든 행 갖추고 / 부처님 공덕 언덕에 이를것이다.

(39-51-1-5-13) 다음의 선지식을 간단히 보이다

그대는 큰 지혜 있는 / 문수사리에게 가라.

그이는 너로 하여금 / 보현의 묘한 행 얻게 할 것이다.

　그때 미륵보살이 여러 대중 앞에서 선재동자의 큰 공덕장을 칭찬했다.

(39-51-1-6) 선재동자가 감동하여 눈물 흘리다

　선재동자는 이 게송을 듣고 기뻐서 털이 곤두서고 눈물이 나 흐느끼며 일어서서 합장하고, 공경하고 우러러보며 한량없이 돌았다. 문수사리의 염력으로 여러 가지 꽃과 영락과 갖가지 보배가 알지 못하는 사이에 손에 가득했다. 선재동자는 기뻐하며 이것을 미륵보살에게 뿌렸다.

(39-51-1-7) 미륵보살이 선재동자의 정수리를 만지며 인가하다

　미륵보살은 선재동자의 정수리를 만지면서 게송을 말했다.

착하도다, 착하도다. 참된 불자여! / 감관을 살피는데 게으르지 않
으니
오래잖아 모든 공덕 구족해서 / 내 몸이나 문수보살 같이 될 것이다.

(39-51-1-8) 선재동자가 답하다
　선재동자가 게송으로 대답했다.

저의 생각에는 억 겁이 지나도 / 선지식을 못 만나는데
이제 친근하여서 / 가까이 뵙게 되었습니다.

이제 문수보살의 인연으로 / 뵙기 어려운 이를 뵈었으니
큰 공덕 가진 이여 / 또 빨리 뵙고 싶습니다.

(39-51-2) 미륵보살에게 보살의 행을 묻다
(39-51-2-1) 미륵보살의 일생에 보리 얻음을 찬탄하다
　그때 선재동자는 합장하고 공경하며 미륵보살께 다시 여쭈었다.
“미륵보살님이여, 저는 이미 위없는 바른 깨달음의 마음을 냈으나
보살이 어떻게 보살의 행을 배우며 어떻게 보살의 도를 닦는지를
알지 못합니다.
　미륵보살님이여, 여래께서 거룩하신 이에게 수기하시기를
‘한 생에 위없는 바른 깨달음을 얻으리라’ 했습니다. 만일 한 생에
위없는 보리를 얻는다 하면 이미 보살의 머무는 곳을 초월한 것이
며, 보살의 생사를 여읜 지위를 이미 지났으며, 바라밀을 이미 성취
했으며, 참는 문에 깊이 들어갔으며, 보살의 지위를 이미 구족했으

며, 해탈문에 이미 들어 즐기는 것이며, 삼매의 법을 성취했으며 보살의 행을 이미 통달했습니다.

다라니와 변재를 이미 증득했으며, 보살의 자재한 가운데서 이미 자재함을 얻었으며, 보살의 도를 돕는 법을 이미 쌓아 모았으며, 지혜와 방편에서 이미 유희했으며, 큰 신통한 지혜를 이미 냈으며, 배움을 이미 성취했으며, 묘한 행을 이미 원만하게 했으며, 큰 원을 이미 만족하게 했으며, 부처님의 수기를 이미 받았으며, 승의 문을 이미 알았으며, 여래로부터 보호하여 생각하심을 이미 받았습니다.

부처님의 보리를 이미 거두었으며, 법장을 이미 가졌습니다. 부처님과 보살의 비밀한 뜻을 이미 알았으며, 보살 대중 가운데서 이미 우두머리가 되었습니다. 번뇌의 마를 부수는 용맹한 장수가 되었으며, 생사를 다투는 벌판의 길잡이가 되었습니다. 번뇌의 중병을 다스리는 의사가 되었으며, 중생에서 가장 훌륭하며, 세간의 임금 가운데서 자재함을 얻었습니다.

성인 가운데 제일이 되었으며, 성문과 독각 중에 가장 높았으며, 생사의 바다에서 뱃사공이 되었으며, 중생을 조복시키는 그물을 쳤으며, 중생의 근성을 이미 관찰했으며, 중생 세계를 이미 거두어 주었습니다. 보살 대중을 이미 수호했으며, 보살의 일을 이미 의논했으며, 여래가 계신 곳에 이미 나아갔으며, 여래의 모임에 이미 머물렀습니다.

중생 앞에 이미 몸을 나타냈으며, 세상 법에 물들 것이 없었으며, 마의 경계를 이미 초월했으며, 부처님의 경계에 이미 머물렀으며, 보살의 걸림없는 경지에 이미 이르렀으며, 부처님께 이미 부지런히 공양했으며, 부처님의 법과 성품이 이미 같았으며, 묘한 법 비단을 이미 매었으며, 부처님께서 정수리에 물 부어 주심을 이미 받았으며, 온갖 지혜에 이미 머물렀으며, 부처님 법을 이미 널리 냈으며, 온갖 지혜의 지위에 빨리 나아갔습니다."

(39-51-2-2) 보살의 도를 다시 묻다

"미륵보살이여, 보살이 어떻게 보살의 행을 배우며 어떻게 보살의 도를 닦으며, 닦고 배움을 따라서 모든 부처님 법을 빨리 구족합니까? 염려하는 중생들을 제도하며 세운 원을 성취하며 일으킨 행을 끝내며, 모든 하늘과 사람을 널리 위로하며 제 몸을 저버리지 않고 삼보를 끊어지지 않게 하며, 모든 부처님과 보살의 종자를 헛되지 않게 하며 모든 부처님의 법눈을 가질 수 있습니까?"

(39-51-2-3) 미륵보살이 선재동자를 찬탄하다
(39-51-2-3-1) 부지런히 선지식 찾음을 찬탄하다

이때 미륵보살이 도량에 모인 대중을 살펴보고 선재동자에게 말했다.
"불자들이여, 그대들은 이 소년이 나에게 보살의 행과 공덕을 묻는 것을 보는가?

불자들이여, 이 소년은 용맹하게 정진하고 소원은 확고하며 깊은 마음이 견고하여 항상 물러나지 않는다. 훌륭한 희망을 갖추어 머리의 불타는 것을 끄듯이 만족할 줄 모른다. 선지식을 좋아하여 친근하고 공양하며 가는 곳마다 찾아다니면서 받들어 섬기고 법을 구했다.

불자들이여, 이 소년은 복성(福城)에서 문수보살의 가르침을 받고

남쪽으로 오면서 선지식을 찾았고 오십 한 명의 선지식을 만난 뒤에 나에게 왔는데 조금도 게으른 생각을 내지 않았다."

(39-51-2-3-2) 대승법에 나아감을 찬탄하다

"불자들이여, 이 소년은 매우 희유하다. 대승을 향하여 큰 지혜를 의지하고 큰 용맹을 내고 가엾게 여기는 갑옷을 입고 인자한 마음으로 중생을 구호한다. 정진으로 바라밀을 행하며, 장사 주인이 되어 중생들을 보호하며, 법배가 되어 존재의 바다를 건너며, 도에 있으면서 법의 보배를 모으며, 넓고 크게 도를 돕는 법을 닦는다.

이런 사람은 듣기도 어렵고 보기도 어렵고 친근하고 함께 있고 함께 행하기 어렵다.

왜냐하면 이 소년은 모든 중생을 구호하려는 마음을 내 중생들로 하여금 괴로움을 벗어나고 나쁜 길을 뛰어넘게 하며, 험난함을 여의고 무명을 깨뜨리며, 생사의 벌판에서 벗어나 여러 길에서 헤맴을 쉬고 마의 경계를 건너가며, 세상 법에 집착하지 않고 욕심의 수렁에서 헤어나게 한다. 탐욕의 굴레를 끊고 소견의 속박을 풀고 생각의 굴택을 헐고 아득한 길을 끊고, 교만의 당기를 꺾고 의혹의 살을 뽑고 졸음의 뚜껑을 벗기고 애욕의 그물을 찢고 무명을 없애고, 생사의 강을 건너고 아첨하는 환술을 여의고 마음의 때를 깨끗이 하고 어리석은 의욕을 끊고 생사에서 벗어나게 한다.

불자들이여, 이 소년은 네 강에 표류하는 이를 위해 큰 법배를 만들고, 소견의 수렁에 빠진 이를 위해 법다리를 놓고, 어리석음의 밤에 헤매는 이를 위해 지혜 등불을 켜고, 생사의 벌판에 다니는 이를 위해 바른 길[聖道]을 가리켜 보이고, 번뇌의 병을 앓는 이를 위해

법의 약을 만들고, 나고 늙고 죽음의 고통을 받는 이에게는 감로수
를 먹여 편안하게 하고, 탐욕과 성냄과 어리석은 불길에 들어 있는
이에게는 선정의 물을 부어 서늘하게 하고, 근심 걱정이 많은 이는
위로하여 편안하게 하고, 존재의 옥에 갇힌 이는 회유하여 나오게
하며, 소견의 그물에 걸린 이는 지혜의 검으로 벗겨 주고, 계의 성
[界城]에 있는 이에게는 해탈할 문을 보여 주고, 험난한 데 있는 이
는 편안한 곳으로 인도하고, 결박의 도둑을 무서워하는 이는 두려
움 없는 법을 주고, 나쁜 길에 떨어진 이는 자비한 손을 주고, 쌓임
[蘊]에 구속된 이는 열반의 성을 보여 주고, 네 가지 요소의 뱀[界
蛇]에 감긴 이는 성인의 길로 풀어 주고, 여섯 군데 빈 마을에 집착
한 이는 지혜의 빛으로 이끌어 내고, 삿된 제도[邪濟]에 머문 이는
바른 제도에 들어가게 하고, 나쁜 동무를 가까이 하는 이는 선한 동
무를 소개하고, 범부의 법을 좋아하는 이는 성인의 법을 가르치고,
생사에 애착하는 이는 온갖 지혜의 성에 나아가게 한다.

불자들이여, 이 소년은 항상 이런 행으로 중생을 구호하며, 보리
심을 내는데 쉬지 않으며, 대승의 길을 구하여 게으르지 않으며, 법
의 물을 마시기를 싫어하지 않으며, 도를 돕는 행을 부지런히 쌓으
며, 모든 법문을 깨끗하게 하기를 좋아하며, 보살의 행을 닦기에 정
진을 버리지 않으며, 여러 가지 원에 만족하고 방편을 잘 행하며,
선지식을 뵙는 데 만족한 줄 모르며, 선지식 섬기기에 고달픈 줄 모
르며, 선지식의 가르침을 듣고 순종하여 행하되 조금도 어기지 않
는다."

(39-51-2-3-3) 온갖 덕 갖춤을 찬탄하다

"불자들이여, 중생이 위없는 바른 깨달음의 마음을 낸다는 것은 희유한 일이다. 마음을 내고 정진하는 방편으로 부처님의 법문을 모은다면 두 배나 희유한 일이다.

또 이렇게 보살의 도를 구하고, 보살의 행을 깨끗이 하고, 선지식을 섬기고, 머리가 불타는 것을 끄듯이 하고, 선지식의 가르침을 순종하고, 견고하게 행을 닦고, 보리분법을 모으고, 모든 명예와 이익을 구하지 않고, 보살의 순일한 마음을 버리지 않고, 집을 좋아하지 않고, 욕락에 집착하지 않고, 부모와 친척과 친구를 생각하지 않고, 다만 보살만을 구하며, 몸과 목숨을 돌보지 않고, 온갖 지혜의 길을 부지런히 닦기만 원한다면 두 배나 더 행하기 어려운 일인 줄 알아야 한다."

(39-51-2-3-4) 방편을 뛰어넘어 보리를 빨리 증득함을 찬탄하다

"불자들이여, 다른 보살들은 한량없는 백천만억 나유타 겁을 지내고 비로소 보살의 원과 행을 만족하며 부처님의 보리에 친근하는 것인데, 이 소년은 평생 동안에 부처님 세계를 깨끗이 하고 중생을 교화하고 지혜로써 법계에 깊이 들어가고 모든 바라밀을 성취하고 행을 넓히고 큰 서원을 원만하고 마의 업에서 뛰어나고 선지식을 섬기고 보살의 도를 청정히 하고 보현의 모든 행을 구족했다."

(39-51-2-4) 미륵보살이 선재동자의 법을 찬탄하다
(39-51-2-4-1) 이익 얻음을 찬탄하다

이때 미륵보살은 선재동자의 여러 가지 공덕을 칭찬하여 한량없이 많은 중생에게 보리심을 내게 하고 선재동자에게 말했다.

"착하고, 착하다. 소년이여, 그대는 세간을 이익되게 하려고 중생을 구호하려고 부처님 법을 부지런히 구하려고 위없는 바른 깨달음의 마음을 냈다.

소년이여, 그대는 좋은 이익을 얻었고, 사람의 몸을 얻었고, 수명이 길고, 여래가 태어남을 만났고, 문수보살을 보았고, 몸은 좋은 그릇이 되어 선근으로 윤택했고, 백법[白法]으로 유지되어 이해와 욕망이 다 청정했으며, 여러 부처님이 함께 염려했으며, 선지식들이 함께 거두어 주었다."

(39-51-2-4-2) 보리심은 한량없는 공덕을 성취한다

"소년이여, 보리심은 종자와 같아 불법을 내며, 좋은 밭과 같아 중생들의 백법[白淨法]을 자라게 하며, 땅과 같아 세간을 유지하며, 깨끗한 물과 같아 번뇌의 때를 씻으며, 큰 바람과 같아 세간에 두루 걸림이 없으며, 치성한 불과 같아 소견인 섶을 태우며, 밝은 해와 같아 세간을 두루 비추며, 보름달과 같아 여러 가지 깨끗한 법이 다 원만하며, 밝은 등불과 같아 갖가지 법의 광명을 낸다.

보리심은 깨끗한 눈과 같아 여러 가지 편안하고 위태한 곳을 널리 보며, 큰 길과 같아 여러 사람을 큰 지혜의 성에 들게 하며, 바르게 건네는 것과 같아 삿된 법을 여의게 하며, 큰 수레와 같아 보살의 두루 실어 옮기며, 문과 같아 보살의 행을 열어 보이며, 궁전과 같아 삼매법에 편안히 있어 닦게 하며, 공원과 같아 그 안에서 유희하면서 법의 즐거움을 받으며, 집과 같아 중생을 편안하게 한다.

보리심은 돌아가는 곳이니 모든 세간을 이익되게 하며, 의지하는 곳이니 모든 보살의 행을 의지하며, 아버지와 같아 보살을 훈계하

여 지도하며, 어머니와 같아 보살을 낳아 기르며, 유모와 같아 보살을 양육하며, 착한 벗과 같아 보살을 성취하여 이익되게 하며, 국왕과 같아 이승(二乘)의 사람들보다 뛰어나며, 황제와 같아 원(願)에서 자재하다.

보리심은 큰 바다와 같아 공덕이 그 가운데 들어가며, 수미산과 같아 중생들에게 마음이 평등하며, 철위산(鐵圍山)과 같아 세간을 거두어 가지며, 설산과 같아 지혜의 약초를 자라게 하며, 향산(香山)과 같아 공덕의 향을 내며, 허공과 같아 묘한 공덕이 끝이없으며, 연꽃과 같아 세간에 물들지 않는다.

보리심은 잘 길든 코끼리 같아 마음이 유순하여 영악하지 않으며, 양순한 말과 같아 사나운 성질을 여의며, 말을 모는 이와 같아 대승의 모든 법을 수호하며, 좋은 약과 같아 번뇌의 병을 치료하며, 함정과 같아 나쁜 법을 빠뜨리며, 금강과 같아 법을 잘 뚫으며, 향합과 같아 공덕의 향을 담으며, 고운 꽃과 같아 세간에서 보기를 좋아하며, 백전단과 같아 욕심의 열을 헤쳐 청량하게 하며, 검은 침향과 같아 법계에 두루 풍긴다.

보리심은 선견약(善見藥)과 같아 번뇌병을 없애며, 비급마(毘芨摩)약과 같아 의혹의 살을 뽑으며, 제석과 같아 여러 임금 중에 가장 높으며, 비사문과 같아 가난한 고통을 끊으며, 공덕천과 같아 온갖 공덕으로 장엄한다.

보리심은 장엄거리와 같아 보살을 장엄하며, 겁말(劫末)에 타는 불과 같아 유위법[有爲]을 태우며, 남이 없는 뿌리약[無生根藥]과 같아 불법을 자라게 하며, 용의 턱에 있는 구슬과 같아 번뇌의 독을 소멸하며, 물 맑히는 구슬과 같아 번뇌의 탁함을 맑힌다.

보리심은 여의주와 같아 여러 가난한 이를 구해 주며, 공덕병과 같아 중생의 마음을 만족하게 하며, 여의수(如意樹)와 같아 장엄거리를 비 내리며, 거위깃 옷[鵝羽衣]과 같아 생사의 때가 묻지 않으며, 흰 털실과 같아 본래부터 성품이 깨끗하다.

보리심은 날카로운 보습과 같아 중생의 밭을 가며, 나라연(那羅延)과 같아 나라는 소견을 가진 적을 부수며, 뾰족한 살과 같아 괴로움의 과녁을 꿰뚫으며, 잘 드는 창과 같아 번뇌 갑옷을 뚫으며, 굳은 갑옷과 같아 진리의 마음[如理心]을 보호한다.

보리심은 잘 드는 칼과 같아 번뇌의 머리를 베며, 날카로운 검과 같아 교만의 투구를 깨며, 장수를 상징하는 깃발과 같아 마를 굴복하며, 잘 드는 톱과 같아 무명의 나무를 끊으며, 날 선 도끼와 같아 고통의 나무를 찍는다.

보리심은 병장기와 같아 괴로움의 난을 막으며, 좋은 손[善手]과 같아 바라밀의 몸[度身]을 방비하며, 튼튼한 발과 같아 공덕을 세우며, 안약(眼藥)과 같아 무명의 가리움을 없애며, 족집게와 같아 몸이란 소견[身見]의 가시를 뽑는다.

보리심은 방석[臥具]과 같아 생사의 피로함을 덜어주며, 선지식과 같아 생사의 속박을 줄어주며, 보물과 같아 빈궁함을 없애며, 좋은 길잡이와 같아 보살의 벗어날 길[出要道]을 잘 알며, 묻힌 갈무리[伏藏]와 같아 공덕 재물을 아무리 내어도 다하지 않는다.

보리심은 솟는 샘과 같아 지혜의 물이 끊이지 않으며, 거울과 같아 법문의 영상을 나타내며, 연꽃과 같아 죄의 때에 물들지 않으며, 큰 강과 같아 건네주는 모든 법을 이끌어 흐르며, 큰 용왕과 같아 묘한 법비를 내린다.

보리심은 목숨과 같아 보살의 매우 가엾게 여김의 몸[大悲身]을 유지하며, 단 이슬과 같아 죽지 않는 세계에 편안히 머물게 하며, 큰 그물과 같아 중생을 두루 거두며, 오랏줄과 같아 교화 받을 중생을 끌어 당기며, 낚시 미끼와 같아 존재의 못[有淵] 속에 사는 이를 끌어낸다.

보리심은 아가다(阿伽陀)약과 같아 병이 없고 길이 편안하게 하며, 독을 제거하는(除毒)약과 같아 탐애의 독을 소멸하며, 주문을 잘 외는 것 같아 뒤바뀜의 독을 제거하며, 빠른 바람과 같아 장애의 안개를 걷어버리며, 보배 섬과 같아 깨달을 부분[覺分]의 보배를 낸다.

보리심은 좋은 종자 같아 희고 깨끗한 법[白淨法]을 나게 하며, 주택(住宅)과 같아 공덕이 의지한 곳이며, 시장과 같아 보살 장사꾼이 무역하는 곳이며, 금 재련하는 약[鍊金藥]과 같아 번뇌의 때를 없앤다.

보리심은 꿀과 같아 공덕의 성취를 원만하게 하며, 바른 길과 같아 보살들을 지혜의 성에 들어가게 하며, 좋은 그릇과 같아 희고 깨끗한 법을 담으며, 가뭄에 비와 같아 번뇌의 티끌을 없애며, 있을 곳이 되어 모든 보살을 머물게하며, 수행(壽行)이 되니 성문의 해탈과를 취하지 않는다.

보리심은 깨끗한 유리와 같아 성질이 맑고 깨끗하여 때가 없으며, 제석천왕의 푸른 보배[帝靑寶]와 같아 세간과 이승(二乘)의 지혜보다 뛰어나며, 시간 알리는 북과 같아 중생의 번뇌 졸음을 깨우며, 맑은 물과 같아 성질이 깨끗하여 흐린 때가 없으며, 염부금(閻浮金)과 같아 선한 유위법[有爲善]을 무색케 한다.

보리심은 큰 산과 같아 세간에서 우뚝 솟아나며, 돌아갈 곳이니 오는 이들을 거절하지 않으며, 큰 이익을 얻어 모든 쇠퇴하는 일을 제거하며, 기묘한 보배니 여럿의 마음을 기쁘게 하며, 크게 보시하는 모임과 같아 중생들의 마음을 만족케 한다.

보리심은 높고 훌륭한 것이어서 중생의 마음과는 같을 수 없다. 보리심은 묻힌 갈무리 같아 부처님 법을 거두어 모으며, 인다라 그물과 같아 번뇌의 아수라를 굴복하며, 바루나(婆樓那) 바람과 같아 교화 받을 이를 흔들며, 인다라불[因陀羅火]과 같아 번뇌의 버릇[惑習]을 태우며, 부처님의 탑과 같아 세간에서 공양할 바이다.

소년이여, 보리심은 이렇게 한량없는 공덕을 성취하니 모두 불법의 공덕과 평등함이다. 왜냐 하면 보리심은 보살의 행을 내니, 삼세 여래가 보리심으로부터 나는 까닭이다. 그러므로 위없는 바른 깨달음의 마음을 내는 이는 이미 한량없는 공덕을 냈으며 온갖 지혜의 길을 거두어 가진 것이다.”

(39-51-2-5) 보리심은 여러 가지 덕을 갖추고 있다
(39-51-2-5-1) 십주의 덕을 갖추고 있다
“소년이여, 마치 두려움 없는 약을 가지면 다섯 가지 공포를 여의는 것과 같다. 불에 타지 않고 독에 걸리지 않고 칼에 상하지 않고 물에 빠지지 않고 연기에 쏘이지 않음이다. 보살도 그와 같아 온갖 지혜의 보리심 약을 얻으면 탐욕의 불에 타지 않고, 성 내는 독에 걸리지 않고, 의혹의 칼에 상하지 않고, 존재의 흐름에 빠지지 않고, 깨닫고 살피는[覺視] 연기에 취하지 않는다.

소년이여, 사람이 해탈의 약을 얻으면 횡액이 없는 것처럼 보살도

보리심의 해탈하는 지혜의 약을 얻으면 모든 생사의 횡액을 여읜다.

소년이여, 마하응가(摩訶應伽)약을 가지면 독사가 냄새를 맡고 멀리 도망치는 것처럼 보살도 보리심의 큰 응가약을 가지면 번뇌의 악한 독사가 그 냄새를 맡고 다 흩어져 소멸된다.

소년이여, 이길 이 없는 약을 가지면 모든 원수가 이기지 못하는 것 같이 보살도 보리심의 이길 이 없는 약을 가지면 마군을 항복 받는다.

소년이여, 비급마약을 가지면 독화살이 저절로 떨어지는 것과 같이 보살도 보리심의 비급마약을 가지면 탐욕과 성냄과 어리석음과 삿된 소견의 살이 저절로 떨어진다.

소년이여, 선견(善見)약을 가지면 모든 병을 없애니, 보살도 보리심의 선견약을 가지면 번뇌의 병을 없앤다.

소년이여, 산다나(珊陀那)약 나무가 있다. 껍질을 벗겨서 부스럼에 붙이면 낫고 나무껍질은 벗기는 대로 아물어서 계속 사용할 수 있다. 보살의 보리심에서 생기는 온갖 지혜의 나무도 그와 같아 누구나 보고 신심을 내면 번뇌와 업의 부스럼이 곧 소멸되지만 온갖 지혜의 나무는 조금도 손상되지 않는다."

(39-51-2-5-2) 십행의 덕을 갖추고 있다

"소년이여, 무생근(無生根)약 나무가 있는데 그 힘으로 모든 염부제의 나무를 자라게 한다. 보살의 보리심 나무도 그와 같아 그 힘으로 모든 배우는 이[學]와 배울 것 없는 이[無學]와 보살들의 착한 법을 증장하게 한다.

소년이여, 아람바(阿藍婆)약은 몸에 바르면 몸과 마음에 힘이 생긴다. 보살의 보리심도 아람바약과 같아 몸과 마음에 착한 법을 증장하게 한다.

소년이여, 어떤 사람이 기억하는 데 좋은 약을 먹으면 한 번 들은 일을 기억하고 잊지 않으니, 보살의 보리심도 기억하는 데 좋은 약과 같아 모든 불법을 듣고 잊어버리지 않는다.

소년이여, 오래 살게 하는 대련화(大蓮華)약이 있는데 보살의 보리심도 대련화약과 같아 수명을 자유자재하게 한다.

소년이여, 물체를 투명하게 하는 약이 있어 그 약을 만지면 투명하게 되어 다른 사람이 보지 못한다. 보살도 보리심의 투명하게 하는 묘한 약을 잡으면 마군이가 보지 못한다.

소년이여, 바다에 뭇 보배 두루 모음[普集衆寶]이라는 진주가 있다. 이 진주가 있으면 말겁시대의 불이 세간을 태우더라도 바닷물을 한 방울도 줄어들게 할 수 없다. 보살의 보리심 진주도 그와 같아 보살의 서원 바다에 머물러 물러나지 않으면 보살의 선근을 무너뜨릴 수 없다. 그러나 그 마음이 물러가면 착한 법이 다 소멸된다.

소년이여, 대광명이란 마니 구슬이 있는데 이 구슬로 몸을 단장하면 모든 보배 장엄거리를 가려서 광명이 나타나지 못한다. 보살의 보리심 보배도 그와 같아 몸에 단장하면 이승(二乘)의 마음 보배의 장엄거리를 가려서 광채가 나타나지 않는다.

소년이여, 물 맑히는 구슬[水淸珠]이 흐린 물을 맑히듯이 보살의 보리심의 마음 구슬도 그와 같아 번뇌의 흐린 때를 맑힌다.

소년이여, 물에 머무는 보배를 얻어 몸에 붙이면 큰 바다에 들어

가도 물이 해치지 못하듯이, 보살도 그와 같아 보리심의 물에 머무
는 묘한 보배를 얻으면 생사의 바다에 들어가도 빠지지 않는다.

소년이여, 어떤 사람이 용의 보배 구슬을 얻어 용궁에 들어가면
용이나 구렁이가 해치지 못하듯이, 보살도 그와 같아 큰 용의 보배
구슬의 보리심을 얻으면 욕심 세계에 들어가더라도 번뇌의 용과 뱀
이 해치지 못한다."

(39-51-2-5-3) 십회향의 덕을 갖추고 있다

"소년이여, 제석천왕이 마니관을 쓰면 다른 하늘 무리들을 가리
듯이, 보살도 그와 같아 보리심의 큰 서원인 보배관을 쓰면 삼세 중
생을 초과한다.

소년이여, 여의주를 얻으면 모든 빈궁한 괴로움을 멸하듯이, 보살
도 그와 같아 보리심 여의주 보배를 얻으면 잘못 생활하는[邪命] 두
려움을 멀리 여읜다.

소년이여, 볼록거울[日精珠]을 햇빛에 향하면 불이 나듯이, 보살
도 그와 같아 보리심 지혜의 일정주를 지혜의 빛에 향하면 지혜의
불이 난다.

소년이여, 월정주(月精珠)를 달빛에 향하면 물을 내듯이, 보살도
그와 같아 보리심의 월정주를 그 구슬로 회향하는 빛에 비추면 모
든 선근의 서원 물을 낸다.

소년이여, 용왕이 머리에 여의주 보배관을 쓰면 원수의 두려움을
여의듯이, 보살도 그와 같아 보리심의 가엾게 여기는 보배관을 쓰
면 모든 나쁜 길[惡道]의 두려움을 멀리 여읜다.

소년이여, 일체세간장엄장[一切世間莊嚴藏] 보배 구슬이 있는데,

얻기만 하면 욕망이 만족하나 이 보배 구슬은 줄어듦이 없으니, 보리심의 보배 구슬도 그와 같아 소원이 이루어지지만 보리심은 줄어들지 않는다.

소년이여, 전륜왕이 마니보배를 궁중에 놓으면 큰 광명을 내어 어둠을 깨뜨리듯이, 보살도 그와 같아 보리심의 큰 마니보배를 욕심 세계에 두면 큰 지혜의 빛을 놓아 여러 길의 무명의 어두움을 깨뜨린다.

소년이여, 제석천왕의 푸른 마니보배[帝靑大摩尼寶]의 광명이 비치면 그 빛과 같아지는데, 보살의 보리심 보배도 그와 같아 법을 관찰하여 선근에 회향하면 보리심 빛과 같아진다.

소년이여, 유리(瑠璃) 보배는 십만 년 동안을 더러움 속에 있어도 물들지 않는 것은 성품이 원래 깨끗한 까닭이다. 보살의 보리심 보배도 그와 같아 십만 겁 동안을 욕심 세계에 있어도 물들지 않고 법계와 같으니 성품이 청정한 까닭이다."

(39-51-2-5-4) 십지의 덕을 갖추고 있다
(39-51-2-5-4-1) 제1지의 덕
"소년이여, 깨끗한 광명[淨光明] 보배가 보배의 빛을 가려 버리듯이, 보살의 보리심 보배도 그와 같아 범부와 이승의 공덕을 모두 가려 버린다.

소년이여, 불꽃[火] 보배가 모든 어둠을 없애듯이, 보살의 보리심 보배도 그와 같아 무지의 어둠을 소멸한다.

소년이여, 바다에 값을 매길 수 없는 보배가 있는데 장사꾼들이 바다에 나가 배에 싣고 시장에 들어가면 다른 보배들은 광택과 값이 비교가 되지 않듯이, 나고 죽는 바다 속에 있는 보리심 보배도 그와 같아 보살이 큰 서원의 배를 타고 해탈의 성으로 들어가면 이승의 공덕으로는 미칠 이가 없다.

소년이여, 자재왕(自在王)보배 구슬이 염부주에 있는데 해와 달과의 거리는 4만 유순이지만 일궁(日宮)과 월궁(月宮)에 있는 장엄이 그 구슬에 모두가 구족하게 나타나듯이 보살의 보리심을 낸 깨끗한 공덕 보배도 그와 같아 나고 죽는 가운데 있지만 법계인 허공을 비추는 부처님 지혜의 해와 달의 모든 공덕이 그 가운데 나타난다."

(39-51-2-5-4-2) 제2지의 덕

"소년이여, 자재왕 보배 구슬이 있는데 해와 달의 광명이 비추는 곳에 있는 모든 재물과 보배와 의복 등의 값으로는 미칠 수 없듯이, 보살의 보리심 보배도 그와 같아 온갖 지혜의 광명이 비추는 곳에 있는 삼세의 천상과 인간과 이승이 가진 누선(漏善)과 무루(無漏善)의 모든 공덕으로는 미칠 수 없다.

소년이여, 해장(海藏) 보배가 바다 속에 있으면서 바다 속에 있는 여러 가지 장엄한 일을 두루 나타내듯이, 보살의 보리심 보배도 그와 같아 온갖 지혜 바다의 여러 가지 장엄한 일을 두루 나타낸다.

소년이여, 천상에 있는 염부단금은 심왕(心王) 대마니 보배로써 견줄 수 있는 다른 보배가 없듯이, 보살의 보리심을 낸 염부단금도 그와 같아 온갖 지혜의 심왕대보(心王大寶)를 빼놓고는 다른 것으로는 미칠 수가 없다."

(39-51-2-5-4-3) 제3지의 덕

"소년이여, 용을 길들이는 법을 잘 알면 여러 용 가운데 자재하게 되듯이, 보살도 그와 같아 보리심의 용을 길들이는 법을 잘 알면 모든 번뇌의 용 가운데 자재하게 된다.

소년이여, 용사가 갑옷을 입고 무기를 들면 모든 적이 대항하지 못하듯이, 보살도 그와 같아 보리심의 갑옷을 입고 무기를 들면 모든 업과 번뇌의 나쁜 적이 대항하지 못한다.

소년이여, 천상에 있는 흑전단향은 한 돈[銖]만 피워도 그 향기가 소천세계에 풍기며 많은 보배로도 값에 미치지 못하듯이, 보살의 보리심 향도 그와 같아 잠깐 동안 공덕이 법계에 널리 퍼져 성문과 연각의 공덕으로는 미치지 못한다.

소년이여, 백전단향을 몸에 바르면 시끄러움을 없애고 몸과 마음을 청량하게 하듯이, 보살의 보리심 향도 그와 같아 허망하게 분별하는 탐욕과 성냄과 어리석은 번뇌의 시끄러움을 없애고 지혜의 청량함을 구족하게 한다."

(39-51-2-5-4-4) 제4지의 덕

"소년이여, 수미산에 가까이 있으면 그 빛깔과 같아지듯이 보살의 보리심 산도 그와 같아 가까이 하면 온갖 지혜의 빛깔과 같아진다.

소년이여, 파리질다라(波利質多羅)나무 껍질의 향기는 염부제에 있는 바사가(波師迦)꽃이나 담복가(簷蔔迦)꽃이나 소마나(蘇摩那)꽃의 향기로는 미칠 수 없듯이, 보살의 보리심 나무도 그와 같아 큰 서원을 세운 공덕의 향기는 이승의 무루의 계율이나 선정이나 지혜나 해탈이나 해탈지견의 공덕의 향으로는 미치지 못한다.

소년이여, 파리질다라나무가 꽃을 피우지 않더라도 한량없는 꽃들이 피는 것을 알 수 있듯이, 보살의 보리심 나무도 그와 같아 비록 온갖 지혜의 꽃이 피지 않더라도 수없는 하늘 사람들의 보리꽃이 피는 것을 알아야 한다.

소년이여, 파리질다라꽃으로 하루 동안 옷에 풍긴 향기는 담복가꽃이나 바사가꽃이나 소마나꽃 향기로 천 년 동안 풍기더라도 미칠 수 없듯이, 보살의 보리심 꽃도 그와 같아 한평생 동안 풍긴 공덕의 향은 시방의 부처님 계신 곳에 사무쳐서 이승의 무루 공덕으로는 백천 겁을 풍겨도 미칠 수 없다."

(39-51-2-5-4-5) 제5지의 덕

"소년이여, 섬에 야자나무가 있는데, 뿌리·줄기·가지·잎·꽃·과실을 중생들이 항상 가져다 쓰기를 끝임없이 하는 것처럼, 보살의 보리심 나무도 그와 같아 자비와 서원하는 마음을 부처님이 되어 바른 법이 세상에 머물러 있을 때까지 세간을 이익되게 하려고 멈추지 않는다.

소년이여, 하택가(訶宅迦) 약즙이 있어 한 냥(兩)을 구입하면 천 냥의 구리를 금으로 변하게 할 수 있다. 보살도 그와 같아 보리심을 회향하는 지혜의 약으로 업과 번뇌를 변하게 하여 온갖 지혜를 만들 수는 있으나 업과 번뇌로 그 마음을 변하게 할 수는 없다.

소년이여, 작은 불이라도 계속타면 불꽃이 점점 강해지듯이, 보살의 보리심도 그와 같아 반연하는 대로 지혜의 불꽃이 커지게 된다.

소년이여, 한 등불로 백천 등을 켜도 본래 등불은 줄지도 않고 다

하지도 않듯이, 보살의 보리심 등불도 그와 같아 삼세 부처님들의 지혜 등을 두루 켜도 줄지도 않고 다하지도 않는다."

(39-51-2-5-4-6) 제6지의 덕

"소년이여, 한 등불이 어두운 방에 들어가면 백천 년 묵은 어둠이 모두 없어지듯이, 보살의 보리심 등불도 그와 같아 중생의 마음 방에 들어가면 백천만억 한량없이 많은 겁 동안 묵은 업과 번뇌의 어둠이 모두 없어진다.

소년이여, 등잔 심지가 크고 작음을 따라 빛을 낼 때 기름을 부으면 밝은 빛이 끝까지 끊어지지 않듯이, 보살의 보리심 등불도 그와 같아 큰 서원이 심지가 되어 법계를 비추는데 가엾게 여기는 자비심을 더하면 중생을 교화하고 국토를 장엄하는 불사짓기가 끊어지지 않는다.

소년이여, 타화자재천왕이 염부단 진금으로 만든 천관을 쓰면 욕계 천자들의 장엄으로는 미치지 못하듯이, 보살도 그와 같아 보리심 큰 서원의 천관을 쓰면 범부와 이승의 공덕으로는 미치지 못한다.

소년이여, 사자왕의 부르짖는 소리를 어린 사자가 들으면 용맹이 증장하지만 다른 짐승이 듣고는 숨어 버리듯이, 부처님 사자왕의 보리심 설법도 그와 같아 보살들이 들으면 공덕이 증장하지만 알아듣지 못하는 중생이 들으면 물러간다.

소년이여, 사자의 힘줄로 거문고 줄을 만들어 타면 다른 악기의 줄들이 모두 끊어지듯이, 보살도 그와 같아 여래 사자인 바라밀 몸의 보리심 힘줄로 법을 설하면 오욕(五欲)과 이승의 공덕 줄이 모두 끊어진다.

소년이여, 어떤 사람이 소나 양의 젖을 모아서 바다를 만들었더라도 사자 젖 한 방울을 그 가운데 넣으면 모두 변해서 걸림없이 통과하듯이, 보살도 그와 같아 여래인 사자의 보리심 젖을 한량없는 겁부터 내려오는 업과 번뇌의 젖 바다에 두면 모두 변해서 걸림없이 통과하고 마침내 이승의 해탈에 머물지 않는다."

(39-51-2-5-4-7) 제7지의 덕

"소년이여, 가릉빈가(迦陵頻伽)새는 알[卵]로 있을 때에도 큰 세력이 있어서 다른 새들로는 미치지 못하듯이, 보살도 그와 같아 생사의 난각 속에서 보리심을 내면 가엾게 여기는 공덕의 세력을 성문이나 연각으로는 미치지 못한다.

소년이여, 금시조왕의 새끼는 처음 날 때부터 눈이 밝고 나는 것도 거칠어서 다른 새들은 아무리 오랫동안 자랐더라도 미치지 못하듯이, 보살도 그와 같아 보리심을 내어 부처님의 왕자가 되면 지혜가 청정하고 가엾게 여김이 용맹하여 모든 이승은 백천 겁 동안 도를 닦더라도 미칠 수 없다.

소년이여, 어떤 장사가 날카로운 창을 잡고 갑옷을 찌르면 걸림없이 관통되듯이, 보살도 그와 같아 보리심의 날카로운 창을 잡고 삿된 소견을 따르는 수면(隨眠) 갑옷을 찌르면 뚫고 지나가서 걸림이 없다.

소년이여, 마하나가(摩訶那迦)의 용맹한 장사가 성을 내면 이마에 부스럼이 생기며 부스럼이 아물기 전에는 염부제의 사람으로는 제어하지 못하듯이, 보살도 그와 같아 가엾게 여기는 마음으로 보리심을 내면 보리심을 버리기 전에는 모든 세간의 마와 마의 백성들이 해치지 못한다.

소년이여, 활 잘 쏘는 사람은 비록 스승만큼 기술을 익히지 못했더라도 지혜와 방편과 교묘함이 다른 사람들로는 미치지 못하듯이, 보살의 마음을 처음 얻는 것도 그와 같아 지혜와 행이 능숙하지는 못하여도 그의 서원과 지혜와 욕망을 모든 세간의 범부나 이승으로는 미치지 못한다."

(39-51-2-5-4-8) 제8지의 덕

"소년이여, 활을 배울 때 먼저 발을 잘 디디고 뒤에 쏘는 법을 익히듯이, 보살도 그와 같아 여래의 온갖 지혜의 도를 배우려면 먼저 보리심에 편안히 머무른 뒤에 모든 부처님 법을 닦아 행한다.

소년이여, 요술쟁이가 환술을 만들려면 먼저 마음을 내어 환술하는 법을 기억한 뒤에 환술을 만들어 성취하듯이, 보살도 그와 같아 모든 부처님과 보살의 신통인 환술을 일으키려면 먼저 뜻을 내어 보리심을 낸 뒤에야 모든 일이 성취된다.

소년이여, 환술이 물질이 없는 데서 물질을 나타내듯이, 보살의 보리심 모양도 그와 같아 비록 형상이 없어서 보지는 못하나 시방 법계에서 갖가지 공덕 장엄을 널리 보인다.

소년이여, 고양이가 잠깐 동안 쥐를 보아도 쥐는 구멍에 들어가 나오지 못하듯이, 보살의 보리심을 내는 것도 그와 같아 지혜의 눈으로 번뇌와 업을 잠깐 동안 보아도 모두 소멸되어 다시 나오지 못한다.

소년이여, 염부단금으로 만든 장엄거리로 단장하면 모든 것이 가려지듯이, 보살도 그와 같아 보리심 장엄거리로 단장하면 모든 범부와 이승의 공덕 장엄을 가려 빛이 없어진다.

소년이여, 센 자석은 조그마한 힘으로도 철로 된 사슬과 고리를 빨아들이듯이, 보살의 보리심을 내는 것도 그와 같아 한 생각을 일으키면 삿된 소견과 욕망과 무명의 사슬과 고리를 없애 버린다.

소년이여, 자석과 철이 마주치면 흩어지고 남는 것이 없듯이, 보살의 보리심을 내는 것도 그와 같아 업과 번뇌와 이승의 해탈이 마주치면 모두 흩어져 없어지고 남는 것이 없다.

소년이여, 바다에 능숙한 사람은 물에 사는 종족들이 해치지 못하며, 고래의 입에 들어가도 씹히거나 삼키지 못하듯이, 보살도 그와 같아 보리심을 내고 생사 바다에 들어가면 업과 번뇌가 해치지 못하며 성문이나 연각의 실제 법에 들어가도 방해되지 않는다.

소년이여, 감로수를 먹으면 모든 물건이 해하지 못하듯이, 보살도 그와 같아 보리심의 감로수를 먹으면 큰 자비와 서원이 있는 까닭에 성문이나 벽지불의 지위에 떨어지지 않는다.

소년이여, 안선나(安繕那) 약을 얻어 눈에 바르면 세상에 돌아다녀도 사람들이 보지 못하듯이, 보살도 그와 같아 보리심의 안선나 약을 얻으면 방편으로써 마의 경계에 들어가도 모든 마군이가 보지 못한다.

소년이여, 어떤 사람이 왕에게 의지하면 다른 사람을 두려워하지 않듯이, 보살도 그와 같아 보리심의 세력 있는 왕에게 의지하면 장애와 나쁜 길의 험난함을 두려워하지 않는다.

소년이여, 물속에 있으면 불에 타는 것을 두려워하지 않듯이, 보살도 그와 같아 보리심 선근의 물속에 머물면 이승의 해탈 지혜의 불을 두려워하지 않는다.

소년이여, 용맹한 대장에게 의지하면 적들을 두려워하지 않듯이, 보살도 그와 같아 보리심의 용맹한 대장에 의지하면 나쁜 행의 적을 두려워하지 않는다.

소년이여, 제석천왕이 금강저를 들면 아수라 무리가 굴복하듯이, 보살도 그와 같아 보리심의 금강저를 들면 마의 외도를 굴복시킨다.”

(39-51-2-5-4-9) 제9지의 덕

“소년이여, 장수하는 약을 먹으면 건강하여 늙지도 않고 여위지도 않듯이, 보살도 그와 같아 보리심의 장수하는 약을 먹으면 수많은 겁 동안 보살의 행을 닦아도 고달픈 마음도 없고 물들지도 않는다.

소년이여, 깨끗한 물에 약을 개듯이, 보살도 그와 같아 보살의 깨끗한 행과 원을 닦으려면 먼저 보리심을 일으켜야 한다.

소년이여, 몸을 보호하려면 먼저 생명을 보호하듯이, 보살도 그와 같아 부처님 법을 보호하여 유지하려면 먼저 보리심을 보호해야 한다.

소년이여, 목숨이 끊어지면 부모와 친척을 이익되게 하지 못하듯이, 보살도 그와 같아 보리심을 버리고는 중생을 이익되게 하지 못하며 부처님의 공덕을 성취하지 못한다.

소년이여, 큰 바다는 무너뜨릴 수 없듯이, 보리심 바다도 그와 같아 업과 번뇌와 이승의 마음으로는 무너뜨릴 수 없다.

소년이여, 햇빛은 별의 빛으로는 가릴 수 없듯이, 보리심의 해도 그와 같아 이승의 무루지[無漏智]의 빛으로는 가릴 수 없다.

소년이여, 왕자가 처음 나서도 대신들이 존중하는 것은 종족의 내림이 자재한 까닭이듯이 보살도 그와 같아 부처님 법에 보리심을 내면 고승과 범행을 오래 닦은 성문이나 연각들이 존중하는 것은 가엾게 여기는 마음이 자유자재한 까닭이다.

소년이여, 왕자는 나이가 어리더라도 대신이 다 경례하듯이, 보살도 그와 같아 처음으로 마음을 내어 보살의 행을 닦아도 이승의 고승들이 모두 공경한다.

소년이여, 왕자가 모든 신하 가운데서 자유자재하지는 못하나 이미 왕의 모양을 갖추었으므로 신하와 평등하지 않은 것은 태어난 곳이 높은 까닭이다. 보살도 그와 같아 모든 업과 번뇌 가운데서 자재하지는 못하나 이미 보리의 모양을 구족하여 이승과는 같지 않으니 종족이 제일인 까닭이다.

소년이여, 청정한 마니보배라도 눈에 병이 있으면 깨끗하게 보이지 않듯이, 보살의 보리심 보배도 그와 같아 지혜가 없어 믿지 않으면 깨끗하게 보지 못한다."

(39-51-2-5-4-10) 제10지의 덕

"소년이여, 어떤 약에 주문[呪]의 힘이 들어 있어 중생이 보고 듣고 함께 있으면 병이 소멸되듯이, 보살의 보리심 약도 그와 같아 선근과 지혜와 방편과 보살의 서원과 지혜가 들어 있어 어떤 중생이 보고 듣고 함께 있으면 번뇌의 병들이 모두 소멸된다.

소년이여, 감로를 가지면 그 몸이 끝까지 망가지지 않듯이, 보살도 그와 같아 보리심의 감로를 항상 생각해 가지면 서원과 지혜의 몸이 끝까지 변괴하지 않는다.

소년이여, 기계로 만든 사람이 고동이 없으면 몸이 흩어지고 운동하지 못하듯이, 보살도 그와 같아 보리심이 없으면 수행이 흩어져서 부처님 법을 성취하지 못한다.

소년이여, 전륜왕에게 코끼리 갈무리[象藏]라는 침향 보배가 있는데 이 향을 사르면 왕의 네 가지 군대가 허공으로 날아 가듯이, 보살의 보리심 향도 그와 같아 이 보리심을 내기만 하면 보살의 선근이 번뇌세계에서 벗어나 다함 없는 여래 지혜를 공중에 행한다.

소년이여, 금강은 다만 금강 나는 곳과 금이 나는 곳에서만 나듯이, 보살의 보리심 금강도 그와 같아 큰 자비로 중생을 구호하는 금강이 나는 곳이나 온갖 지혜인 훌륭한 경지의 금이 나는 곳에서만 난다.

소년이여, 무근(無根) 나무가 있는데 뿌리에서 나지 않고도 가지나 잎이나 꽃이나 열매가 무성하듯이, 보살의 보리심 나무도 그와 같아 뿌리를 찾아볼 수 없으나 온갖 지혜와 신통과 큰 원의 가지와 잎과 꽃과 열매를 기르며 무성한 그늘이 세계를 두루 덮는다.”

(39-51-2-5-5) 보리심은 등각의 덕을 갖추고 있다

“소년이여, 금강은 나쁜 그릇이나 깨진 그릇에는 담을 수 없고 완전하고 묘한 그릇에 담을 수 있듯이, 보리심 금강도 그와 같아 용렬한 중생의 간탐하고 질투하고 파괴하고 게으르고 허망한 생각과 지혜 없는 그릇에는 담을 수 없다. 산란하고 나쁜 소견 가진 중생의 그릇에는 담을 수 없으며, 보살의 깊은 마음인 보배 그릇에만 담을 수 있는 것이다.

소년이여, 금강이 보배를 능히 깨뜨리듯이, 보리심 금강도 그와 같아 다른 보리심을 일으킨 마음들을 모두 깨뜨린다.

소년이여, 금강이 산을 무너뜨리듯이, 보리심 금강도 그와 같아 삿된 소견의 산들을 모두 무너뜨린다.

소년이여, 금강이 깨져서 완전치 못하더라도 보배가 미치지 못하듯이, 보리심 금강도 그와 같아 비록 뜻이 용렬하여 조금 모자라더라도 이승의 공덕보다 수승하다.

소년이여, 금강은 손상되었어도 가난을 없애듯이, 보리심 금강도 그와 같아 비록 손상하여 모든 행이 나아가지 못하더라도 생사를 여읜다.

소년이여, 조그만 금강이라도 물건을 깨뜨릴 수 있듯이, 보리심 금강도 그와 같아 작은 경계에 들어가도 무지한 의혹을 깨뜨린다.

소년이여, 금강은 보통 사람으로는 얻을 수 없듯이, 보리심 금강도 그와 같아 뜻이 용렬한 중생은 얻을 수 없다.

소년이여, 금강을 보배로 알지 못하는 사람은 그 가치도 모르고 작용도 얻지 못하듯이, 보리심 금강도 그와 같아 법을 알지 못하는 사람은 그 가치도 알지 못하고 작용도 얻지 못한다.

소년이여, 금강은 소멸시킬 이가 없듯이, 보리심 금강도 그와 같아 모든 법이 소멸시키지 못한다.

소년이여, 기운 센 사람이라도 금강저를 들지 못하지만 큰 나라연의 힘을 가진 사람은 들 수 있다. 그와 같이 금강저도 이승의 능력으로는 유지하지 못하지만 보살의 광대한 인연과 견고하고 착한 힘으로는 유지할 수 있다.

소년이여, 금강은 어떤 물건으로도 깨뜨릴 수 없으나 금강은 물건을 깨뜨리지만 그 자체는 손상되지 않듯이, 보리심 금강도 그와 같아 삼세의 수없는 겁에 중생을 교화하고 고행을 닦으며 성문과 연각으로는 할 수 없는 것을 하지만 끝까지 고달픈 생각도 없고 손상되지 않는다.

소년이여, 금강은 다른 데서는 가지지 못하고 오직 금강 땅에서만 가지듯이, 보리심 금강도 그와 같아 성문이나 연각은 가지지 못하며 오직 보살로 나아가는 이만 가질 수 있다.

소년이여, 금강 그릇은 흠이 없어서 물을 담으면 영원히 그대로 있듯이, 보리심 금강 그릇도 그와 같아 선근의 물을 담으면 영원히 그대로 있다.

소년이여, 금강제(金剛際)는 땅을 유지하여 떨어지지 않게 하듯이, 보리심도 그와 같아 보살의 모든 행과 원을 유지하여 삼계에 들어가지 않는다.

소년이여, 금강은 물속에 오래 있어도 녹슬지도 않고 젖지도 않듯이, 보리심도 그와 같아 모든 겁 동안을 생사하는 법과 번뇌의 물속에 있어도 망가지지도 않고 변하지도 않는다.

소년이여, 금강은 불이 태우지 못하며 뜨겁게 못하듯이, 보리심도 그와 같아 생사 번뇌의 불들이 태우지도 못하며 뜨겁게도 못한다.

소년이여, 삼천대천세계에서 금강 자리만이 부처님의 도량에 앉아서 마군을 항복 받고 정등각을 이루는 일을 유지하듯이, 보리심 자리도 그와 같아 모든 보살의 원과 행과 바라밀과 참음[忍]과 여러 지위와 회향하고 수기를 주고 보리의 도를 돕는 법을 닦아 익히며, 부처님께 공양하고 법을 듣고 받들어 행하는 일을 유지한다."

(39-51-2-5-6) 보리심의 덕을 해석함을 맺다

 "소년이여, 보리심은 이렇게 한량없고 끝이 없고 한량없이 많은 공덕을 성취하게 한다. 어떤 중생이 위없는 바른 깨달음의 마음을 내면 이렇게 훌륭한 공덕의 법을 얻는다. 그러므로 소년이여, 그대는 좋은 이익을 얻었으니 위없는 바른 깨달음의 마음을 내어 보살의 행을 구하여 이러한 큰 공덕을 얻은 까닭이다."

(39-51-2-5-7) 누각에 들어가기를 지시하다

 "소년이여, '보살이 어떻게 보살의 행을 배우며 보살의 도를 닦느냐?'고 물었다. 소년이여, 그대는 비로자나 장엄장 누각에 들어가서 두루 관찰하라. 곧 보살의 행의 배움을 알 것이며, 배우면 한량없는 공덕을 성취할 것이다."

(39-51-3) 미륵보살이 법을 보이다

(39-51-3-1) 선재동자가 누각에 들어가다

 그때 선재동자는 공경하여 미륵보살을 오른쪽으로 여러번 돌고 여쭈었다.

 "미륵보살님이시여, 이 누각에 들어가기를 원합니다."

 이때 미륵보살이 누각에 나아가 손가락을 튕겨 소리를 내니 문이 열렸다. 선재에게 손짓하니 선재동자는 기뻐하며 들어갔다.

(39-51-3-2) 누각의 장엄을 보고 이익을 얻다

 누각은 크고 넓기가 한량이 없어 허공과 같고 땅은 아승기 보배로 되었다. 아승기의 궁전과 문과 창호와 섬돌과 난간과 길이 모두 칠보로 되었다. 아승기의 번기와 당기와 일산이 사이사이 서 있고, 아 승기의 영락과 진주 영락과 적진주 영락과 사자진주 영락들이 곳곳 에 드리워져 있다. 아승기의 반달과 비단띠를 수많은 보배그물로 장 엄했다. 아승기의 보배풍경이 바람에 흔들려 소리를 내며, 하늘 꽃 을 흩고, 하늘 보배로 된 화만띠를 달고, 보배향로를 괴고, 금가루를 비 내리고, 보배거울을 달았고, 보배등을 켜고, 보배옷을 폈다.

아승기의 보배휘장을 치고, 보배자리를 깔고, 비단을 자리 위에 펴고, 염부단금동녀형상과 보배형상과 묘한 보배로 된 보살 형상이 가는 곳마다 가득 찼다. 아승기와 보배 파두마꽃과 보배 구물두꽃 과 보배분타리꽃으로 장엄하고, 보배나무는 차례로 줄을 지었고 마 니보배가 큰 광명을 놓아, 아승기 장엄거리로 장엄되어 있었다.

그 가운데는 한량없는 누각이 있는데, 낱낱이 훌륭하게 꾸민 것이 앞에서 말한 바와 같고, 크고 넓고 화려하기 허공과 같아 서로 막히 지도 않고 잡란하지도 않았다. 선재동자가 한 곳에서 모든 곳을 보 듯이, 모든 곳에서도 다 이렇게 보았다.

이때 선재동자가 비로자나 장엄장 누각의 가지가지로 헤아릴 수 없이 자유자재한 경계를 보고, 매우 환희하여 한량없이 즐거워하며 몸과 마음이 편안하여 모든 의혹을 떠났다. 본 것은 잊지 않고 들은 것은 기억하고 생각이 어지럽지 않아 걸림없는 해탈문에 들어가서 마음을 두루 놀리며, 모든 것을 두루 보고 널리 예경했다.

(39-51-3-3) 미륵보살의 발심과 수행과 설법을 보다

그때 선재동자가 머리를 숙이자 미륵보살의 신통한 힘으로 말미 암아 자기의 몸이 모든 누각 속에 있음을 보았으며, 또 가지가지 부

사의한 자재로운 경계를 보았다.

미륵보살이 처음에 위없는 보리심을 낼 때 이런 이름과 족성과 선지식의 가르침으로 선근을 심던 일을 보았으며, 이렇게 오래 살고 이런 겁을 지내면서 부처님을 만났고, 이렇게 장엄한 세계에 있으면서 행을 닦고 원을 세웠으며, 저 여래의 이러한 대중의 모임에서 수명과 세월을 지내면서 친근하고 공양하던 일을 모두 분명하게 보았다.

미륵보살이 처음에 자심삼매(慈心三昧)를 증득하고 자씨(慈氏)라고 하던 일을 보기도 하고, 묘한 행을 닦으며 모든 바라밀을 만족하던 일을 보기도 하고, 법을 아는 지혜를 얻기도 하고, 지상에 머물기도 하고, 청정한 국토를 성취하는 것을 보기도 했다.

여래의 바른 교법을 보호하며 큰 법사가 되어 생사가 없는 법의 지혜[無生忍]를 얻고, 어느 때 어느 곳에서 어느 여래에게 위없는 바른 깨달음 수기를 받던 일을 보기도 했다.

미륵보살이 전륜왕이 되어서 중생들을 권하여 십선도(十善道)에 머물게 함을 보기도 하고, 사천왕이 되어 중생을 이익되게 하고, 제석천왕이 되어 오욕(五欲)을 꾸짖고, 염마천왕이 되어 방일하지 않는 일을 찬탄하고, 도솔천왕이 되어 일생보처(一生補處) 보살의 공덕을 칭찬하고, 화락천왕이 되어 하늘사람에게 보살들의 변화하는 장엄을 나타내고, 타화자재천왕이 되어 하늘사람에게 부처님 법을 연설하고, 마왕이 되어 법이 무상하다 말하고, 범천왕이 되어 선정의 한량없이 기쁘고 즐거움을 말하고, 아수라왕이 되어 큰 지혜 바다에 들어가서 법이 환술 같음을 알고, 모인 대중들에게 법을 연설하여 교만하고 취하고 거추장스러움을 끊게 하는 것을 보기도 했다.

염라(閻羅)세계에 있으면서 큰 광명을 놓아 지옥의 고통을 구원함을 보기도 하고, 아귀세계에서 음식을 보시하여 기갈을 구제함을 보기도 하고, 축생세계에서 여러 가지 방편으로 중생을 조복시킴을 보기도 했다.

사천왕, 도리천왕, 염마천왕, 도솔천왕, 화락천왕, 타화자재천왕, 대범천왕의 대중을 위해 법을 말함을 보기도 했다.

용왕, 야차와 나찰왕, 건달바와 긴나라왕, 아수라와 타나바(陀那婆)왕, 가루라와 마후라가왕, 반인반수 대중에게 법을 말함을 보기도 했다.

성문, 연각과 처음 마음 낸 이와 일생보처로 정수리에 물을 부은 보살들을 위해 법을 말함을 보기도 하고, 초지 내지 십지 보살의 공덕을 찬탄함을 보기도 했다.

바라밀을 만족한 이를 찬탄함을 보기도 하고, 지혜의 문에 들어간 것을 찬탄함을 보기도 하고, 삼매문을 찬탄함을 보기도 하고, 깊고 깊은 해탈문을 찬탄함을 보기도 하고, 선정 삼매 신통한 경계를 찬탄함을 보기도 하고, 보살의 행을 찬탄함을 보기도 하고, 여러 가지 큰 서원을 찬탄함을 보기도 했다.

함께 수행하는[同行] 보살과 세간에서 살아가는 기술과 여러 가지 방편으로 중생을 이익되게 하는 일을 찬탄함을 보기도 하고, 일생보처 보살과 모든 부처님의 정수리에 물 붓는 문을 찬탄함을 보기도 했다. 미륵보살이 십만 년 동안 경행하고 경전을 읽고 외우고 쓰고, 부지런히 관찰하고 대중에게 법을 말하며, 선정과 사무량심(四無量心)에 들기도 하고, 모든 곳에 두루함과 해탈에 들기도 하고,

삼매에 들어서 방편과 힘으로 신통변화를 나타냄을 보기도 했다.

(39-51-3-4) 미륵보살과 함께 한 여러 대중들

여러 보살이 변화삼매에 들어 각각 그 몸의 낱낱 털구멍으로 변화하는 몸 구름을 내는 것을 보고, 하늘 무리의 몸 구름을 내는 것도 보고, 용 무리의 몸 구름을 내는 것도 보고, 야차와 건달바와 긴나라와 아수라와 가루라와 마후라가와 제석과 범천왕과 사천왕과 전륜왕과 작은 왕과 왕자와 대신과 벼슬아치와 장자와 거사의 몸 구름을 내는 것도 보고, 성문과 연각과 보살과 여래의 몸 구름을 내는 것도 보고, 중생의 몸 구름을 내는 것도 보았다.

또한 음성을 내어 보살의 가지가지 법문을 찬탄함을 보았다. 보리심의 공덕문을 찬탄하며, 보시바라밀과 지혜바라밀의 공덕문을 찬탄하며, 여러 가지 거두어 주는 것과 선정과 한량없는 마음과 삼매와 등지와 트임[通]과 밝음과 다라니와 변재와 참된 진리[諦]와 지혜와 선정[止觀]과 슬기와 해탈과 인연과 의지의 법문 말함을 찬탄하며, 사념처(四念處)와 사정근(四正勤)과 사여의족(四如意足)과 칠보리분(七菩提分)과 팔성도(八聖道)와 성문승과 독각승과 보살승과 모든 지혜와 지위(地)와 행과 원의 공덕문을 찬탄함을 보았다.

(39-51-3-5) 여래를 보다

그 가운데서 여래가 대중들에게 둘러싸여 있음을 보았다. 그 부처님의 출현하신 곳과 가문과 몸과 오래된 삶을 보았으며, 세계와 겁과 이름과 설법의 이익과 교법의 머무름과 도량의 대중이 같지 않음을 분명하게 보았다.

(39-51-3-6) 누각 속의 누각을 보다

장엄장 안에 있는 여러 누각 중에서 한 누각을 보니, 높고 넓고 훌륭하게 꾸민 것이 견줄 데가 없었다. 그 누각에 삼천대천세계의 백억 사천하가 있으며, 백억 도솔천에 도솔천마다 미륵보살이 있다가 신으로 내려와서 탄생하는 것을 제석과 범천왕 받들어 머리에 올리며 일곱 걸음을 다니고 시방을 살펴보며 사자후하는 것을 보았다. 동자로서 궁전에 거처하고 정원에서 유희하며 온갖 지혜[一切智]를 얻기 위해 출가하여 고행하고 유미죽을 받고 도량에 나아가서 마군을 항복 받고 등정각을 이루는 것을 보았다. 보리수 아래서 관하시다가 범왕의 권청으로 법륜을 굴리고 천궁에 올라가서 법을 연설하며, 겁과 수명과 대중 모임을 장엄하며, 국토를 깨끗이 하고 행과 원을 닦으며, 중생을 교화하여 성숙시키는 방편과, 사리를 나누어 반포함과 법을 유지함이 모두 같지 않음을 보았다.

그때 선재동자는 자기의 몸이 모든 여래의 처소에 있음을 보았으며, 또 대중의 모임과 불자를 보고 기억하여 잊지 않았으며 통달하여 걸림이 없었다.

(39-51-3-7) 누각의 여러 장엄구들의 작용함을 보다

누각 안에 있는 보배그물과 풍경과 모든 악기에서 헤아릴 수 없는 미묘한 소리를 내어 여러 가지 법을 연설했다. 보살이 보리심 내는 것을 말하고, 바라밀행 닦음을 말하고, 원을 말하고, 지(地)를 말하고, 여래께 공경하고 공양함을 말하고, 부처님의 국토를 장엄함을 말하고, 부처님들의 법을 말씀하신 차별을 말하는데 이렇게 모든 부처님 법을 말하는 소리를 들으니 뜻이 분명했다.

어떤 보살은 법문을 듣고 선지식의 지도로 보리심을 냈다. 어떤 세계에서 한 대중은 부처님의 공덕을 듣고는 마음을 내고 원을 일으키고 광대한 선근을 심었으며, 몇 겁을 지내면서 보살의 행을 닦다가 오랜 뒤에 정각을 이루었다. 정각을 이루어 이름과 수명과 국토를 구족하게 장엄했고 서원[願]을 원만히 하여 대중과 성문과 보살을 교화했으며, 열반한 뒤에 바른 법이 세상에 머물러 있어 몇 겁을 지내면서 이러한 한량없는 중생을 이익되게 했다는 말을 들었다.

어떤 보살은 보시·지계·인욕·정진·선정·지혜의 바라밀을 닦았다는 말을 들었으며, 또 한 보살은 법을 구하기 위해 국왕의 지위와 모든 보배와 처자와 권속이며 손·발·머리·눈 등 일체의 몸[身分]을 아끼지 않았다는 말을 들었다.

어떤 보살은 여래께서 말씀한 바른 법을 수호하여 큰 법사가 되었으며, 법의 보시를 널리 행하며 법의 깃발을 세우고 법 소라를 불고 법 북을 치고 법 비를 내리며, 부처님 탑을 조성하고 부처님 동상을 조성하며, 중생에게 여러 가지 즐거운 도구를 보시했다는 말을 들었다.

어떤 보살은 등정각을 이루어 여래가 되었으며, 국토와 대중과 수명은 원만했으며, 법을 말하여 한량없는 중생을 교화했다는 말을 들었다.

선재동자는 부사의하고 미묘한 법의 음성을 듣고, 몸과 마음이 환희하고 부드럽고 기뻐서, 바로 한량없는 총지문(摠持門)과 변재문과, 선정바라밀, 지혜바라밀, 인욕바라밀, 원바라밀, 트임, 밝음, 해탈, 삼매문을 얻었다.

보배거울에서 여러가지 형상을 보았다. 부처님 대중이 모인 도량과 보살 대중이 모인 도량과 성문 대중이 모인 도량과 연각 대중이 모인 도량을 보았으며, 깨끗한 세계 · 부정한 세계 · 깨끗하면서 부정한 세계 · 부정하면서 깨끗한 세계, 부처님 있는 세계, 부처님 없는 세계, 소세계, 중세계, 대세계, 인다라그물 세계, 엎어진 세계, 젖혀진 세계, 평탄한 세계를 보기도 했고, 지옥, 아귀, 축생이 사는 세계를 보기도 하고, 하늘과 사람이 충만한 세계를 보기도 했다.

이러한 모든 세계에는 무수한 큰 보살들이 있었다. 다니기도 하고 앉기도 하며 여러 가지 불사(佛事)를 하며, 매우 가엾은 마음으로 중생을 딱하게 여기기도 하고, 논문을 지어 세간을 이익되게 하기도 하고, 배우고 지니고 쓰고 외우고 묻고 대답도 하면서, 하루에 세 번 참회하고 회향하여 원을 세우는 것을 보기도 했다.

여러 보배기둥에서 푸르고 누르고 붉고 희고, 파리빛, 수정빛, 제청(帝靑)빛, 무지개빛, 염부단금빛등 모든 마니왕 광명 빛이 나오고 있었다.

염부단금으로 만든 아가씨 형상과 여러 보배 형상이 있었다. 손에 꽃구름을 잡고, 옷구름을 잡고, 당기 · 번기도 잡고, 화만 · 일산도 잡고, 여러 가지 바르는 향 · 가루향도 잡고, 가장 훌륭한 마니보배 그물도 잡고, 금사슬을 드리우고 영락을 걸고, 팔을 들어 공양거리를 받들기도 하고, 머리를 숙여 마니관을 드리우기도 하며, 허리를 굽혀 우러러보며 잠깐도 한눈 팔지 않았다.

진주 영락에서 향수가 흐르는데 여덟 가지 공덕이 구족하고, 비유리와 영락에서는 백천 가지 광명이 한꺼번에 비추며, 당기 · 번기 · 그물 · 일산 따위를 모두 여러 보배로 장엄했다.

우발라꽃과 구물두꽃과 파두마꽃과 분타리꽃이 한량없이 피어 있
었다. 어떤 것은 손바닥만하고, 어떤 것은 팔뚝같이 길고, 가로 세
로가 차바퀴 같기도 하며, 낱낱 꽃마다 갖가지 빛깔과 형상을 나타
내어 장엄했다. 남자 모양 형상[男色像]과 여자 모양 형상[女色像]
과 동남의 형상과 동녀의 형상과 제석 · 범천 · 사천왕 · 하늘 · 용 ·
야차 · 건달바 · 아수라 · 가루라 · 긴나라 · 마후라가 · 성문 · 연각 ·
보살과 같은 모든 중생의 형상이 모두 합장하고 허리 굽혀 경례했
다. 또 여래께서 가부하고 앉았는데, 서른두 가지 거룩한 모습으로
장엄한 것을 보았다.

깨끗한 유리로 된 땅에서는 걸음걸음마다 부사의한 갖가지 형상
을 나타냈는데 세계 형상과 보살 형상과 여래 형상과 누각으로 장
엄한 형상이었다.

보배 나무에서는 가지 · 잎 · 꽃 · 열매마다 갖가지 반신상(半身)을
하고 있었다. 부처님 반신상, 보살 반신상, 하늘 · 용 · 야차와 내지
사천왕 · 전륜왕 · 작은 왕 · 왕자 · 대신 · 관장(官長)과 사부대중의
반신상이며, 그 반신상들은 화만과 영락을 들고, 모든 장엄거리를
들기도 했으며, 어떤 것은 허리 굽혀 합장하고 예경하며, 일심으로
우러러보면서 한눈을 팔지 않고, 또 찬탄하기도 하며 삼매에 들기
도 했다.

그 몸은 거룩한 모습으로 장엄했고, 여러 가지 빛 광명을 놓았다.
금빛 광명, 은빛 광명, 산호빛 광명, 도사라(兜沙羅)빛 광명, 제청
(帝青)빛 광명, 비로자나 보배빛 광명, 모든 보배빛 광명, 첨파가
(瞻波迦)꽃빛 광명이었다.

여러 누각의 반달[半月] 형상에서 아승기 일월성신(日月星辰) 광

명을 내어 시방에 두루 비추는 것을 보았다.

여러 누각의 사방을 둘러싼 벽에는 걸음걸음마다 보배로 장엄했다. 낱낱 보배에서는 미륵보살이 지난 옛적에 보살의 도를 수행하던 일을 나타냈는데, 머리도 보시하고, 손·발·입술·혀·어금니·치아·귀·코·피·살·피부·뼈·골수도 보시하며, 손톱·머리카락 따위를 버리기도 하고, 아내·첩·아들·딸·도성·마을·국토·임금의 지위를 달라는 대로 주기도 하며, 옥에 갇힌 이는 나오게 하고, 결박된 이는 풀리게 하고, 병난 이는 치료해 주고, 길을 잘못 든 이에게는 바른 길을 가리켜 주었다.

뱃사공이 되어 바다를 건네주고, 말이 되어 무거운 물건을 날라주며, 신선이 되어 경론을 말하고, 전륜왕이 되어 열 가지 착한 일을 말하고, 의사가 되어 병을 치료하며, 부모에게 효도하고 선지식을 친근하며, 성문도 되고 연각도 되고, 보살도 되고, 여래도 되어 모든 중생을 교화하고 조복하며, 법사가 되어 부처님 교법을 받들어 행하고, 배우고 읽고 외고 이치를 생각하며, 부처님 지제(支提)를 쌓고 부처님 형상을 조성하여 공양하고, 향을 바르고 꽃을 흩고 공경하고 예배했다.

사자좌에 앉아 법을 연설하며 중생들을 권하여 십선(十善)에 머물게 하고, 한결같은 마음으로 불·법·승보에 귀의하여 오계(五戒)와 팔재계(八齋戒)를 받아 지니게 하며, 출가하여 법을 듣고 배우고 읽고 외우며 이치대로 수행함을 보며, 미륵보살이 백천억 나유타 아승기겁 동안에 모든 바라밀을 수행하는 여러 가지 모양을 보기도 했다.

미륵보살의 예전에 섬기던 선지식들이 모든 공덕으로 장엄함을 보았다. 미륵보살이 여러 선지식들을 친근하여 공양하며, 그의 가르침을 받아 행했다. 정수리에 물 붓는 지위에 머물러 있을 때 선지식들이 선재에게 말하기를 '잘 왔다. 소년이여, 너는 이 보살의 부사의한 일을 보고 고달픈 마음을 내지 말라' 하는 것을 보았다.

(39-51-3-8) 누각의 모든 것을 보다

이 모든 것을 볼 수 있었던 것은 잊지 않는 기억력을 얻은 까닭이며, 시방을 보는 청청한 눈을 얻은 까닭이며, 잘 관찰하는 걸림없는 지혜를 얻은 까닭이며, 보살들의 자재한 지혜를 얻은 까닭이며, 보살들이 지혜의 지위에 들어간 광대한 앎을 얻은 까닭이다.

(39-51-3-9) 비유로써 나타내다

마치 꿈꾸면서 여러 가지 물건을 보는 것처럼, 도시나 마을이나 궁전·공원·산·숲·강·못·의복·음식과 온갖 살림하는 기구를 보기도 하고, 자신과 부모와 형제와 안팎 친척과 바다와 수미산과 하늘의 궁전들과 염부제 등 사천하의 일을 보기도 했다. 그 몸의 크기가 백천 유순이 되었으며 집과 의복이 모두 그러하고 낮에는 오랜 세월을 지내면서 눕지도 않고 자지도 않고 안락함을 느꼈다. 깨어나서는 꿈인 줄 알지만 보던 일을 분명하게 기억했다.

선재동자도 그와 같았는데 미륵보살의 힘으로 가피한 까닭이며, 삼계의 법이 모두 꿈과 같음을 아는 까닭이며, 중생들의 좁은 생각을 없앤 까닭이며, 장애 없이 광대한 지혜를 얻은 까닭이며, 보살들의 훌륭한 경지에 머무는 까닭이며, 부사의한 방편 지혜에 들어간 까닭으로 이렇게 자유자재한 경계를 보았다.

죽을 때 지은 업에 따라 과보를 받는 것을 보았다. 나쁜 업을 지은 이는 지옥·아귀·축생들이 받는 괴로운 경계를 보았다. 옥졸이 손에 병장기를 들고 성 내고 꾸짖고 가두고 잡아가는 것을 보기도 하고, 부르짖고 슬피 탄식하는 소리를 듣기도 하고, 잿물 강을 보기도 하고, 끓는 가마를 보기도 하고, 칼산을 보기도 하고, 검으로 된 나무를 보기도 하여, 여러 가지 핍박으로 갖은 고통을 받았다.

착한 업을 지은 이는 모든 하늘의 궁전과 한량없는 하늘 대중과 하늘의 채녀들이 갖가지 의복으로 장엄한 것과 궁전과 동산과 숲이 아름답고 묘한 것을 보았다. 아직 죽지는 않았으나 업의 힘으로 이런 것을 보았다.

선재동자도 그와 같아 보살의 업의 부사의한 힘으로 모든 장엄한 경계를 보게 되었다.

어떤 사람이 귀신에게 당하는 여러 가지 일을 보기도 하고 묻는대로 대답하듯이 보살의 지혜를 지닌 선재도 그와 같아 여러 가지 나타나는 일을 보기도 하고 물으면 대답했다.

용에게 잡히면 스스로 용이라 하며 용궁에 들어가서 잠깐 동안에 몇 해를 지낸 줄 알 듯이 보살의 지혜에 머물렀다는 생각과 미륵보살이 지닌 힘으로 선재도 그와 같아 잠깐 동안에 한량없는 겁을 지낸것을 알았다.

범천 궁전의 이름을 장엄장(莊嚴藏)이라 불렀다. 그 속에는 삼천 세계의 모든 물건이 서로 뒤섞여도 어수선하지 않듯이 선재동자도 그와 같아 이 누각에서 여러 가지 장엄한 경계가 갖가지로 차별함을 보지만 서로 뒤섞여도 어수선하지 않았다.

비구가 십변처정(十遍處定)에 들어가면 가거나 서거나 앉거나 눕

거나 들어가는 선정을 따라 경계가 앞에 나타나듯이, 선재동자도
그와 같아 누각에 들어가면서 모든 경계를 분명히 알았다.

사람이 공중에서 건달바성을 보면 갖가지 장엄을 모두 분별하여 알
고 걸림이 없었다. 야차의 궁전이 인간의 궁전과 한 곳에 함께 있어
도 서로 섞이지 않고 제각기 업을 따라 보는 것이 같지 않았다. 바다
속에서 삼천세계의 모든 빛깔과 형상을 보았다. 요술장이는 환술의
힘으로 여러 가지 환술을 짓는 것처럼 모든 법을 아는 까닭과 보살들
의 자재한 힘을 얻은 까닭으로 선재동자도 그와 같아, 미륵보살의 신
통한 힘과 부사의한 환술 같은 지혜의 힘과 환술 같은 지혜로 이 누
각 속에서 여러 가지 장엄과 자재한 경계를 보았다.

(39-51-3-10) 미륵보살이 선재동자를 삼매에서 일으키다

그때 미륵보살이 신통한 힘을 거두고 누각으로 들어가 손가락을
튀겨 소리를 내고 선재동자에게 말했다.

"소년이여, 일어나라. 법의 성품은 이러한 것이다. 이는 보살의
모든 법을 아는 지혜의 인연이 모여서 나타나는 현상이며, 이러한
성품이 환술 같고, 꿈 같고, 그림자 같고, 영상 같아, 모두 성취하
지 못한다."

이때 선재동자는 손가락 튕기는 소리를 듣고 삼매에서 깨어났다.

"소년이여, 그대는 보살의 부사의하게 자재한 해탈에 머물러 보
살들의 삼매의 기쁨을 받았다. 보살의 신통한 힘을 지니고 도를 돕
는 데서 흘러나오고 원과 지혜로 나타난 여러 가지 훌륭하게 장엄
한 궁전을 보았다. 보살의 행을 보고 보살의 법을 듣고 보살의 덕을
알고 이제 여래의 원을 마쳤다."

"그러합니다. 거룩하신 이여, 이는 선지식의 가피이며 생각해 주신 위덕과 신통의 힘입니다."

(39-51-3-11) 불망념지장엄장해탈문

"거룩하신 이여, 이 해탈문의 이름은 무엇입니까?"

"소년이여, 이 해탈문의 이름은 삼세의 모든 경계에 들어가서 잊지 않고 기억하는 지혜로 장엄한 것으로 불망념지장엄장이라 한다. 소년이여, 이 해탈문 가운데 한량없이 많은 해탈문이 있다. 일생보처 보살이라야 얻는 것이다."

(39-51-3-12) 장엄의 근원

"장엄했던 것이 어디 갔습니까?"

"왔던 곳으로 갔다."

"어디서 왔습니까?"

"보살의 지혜의 신통한 힘으로부터 와서 머무른 것이며, 간 곳도 없고 머무른 곳도 없고 모인 것도 아니고 항상한 것도 아니며 모든 것을 멀리 여의었다.

소년이여, 용왕이 비를 내리는 것은 몸에서 나오는 것도 아니고 마음에서 나오는 것도 아니고 모으는 일도 없지만, 보지 못하는 것도 아니다. 다만 용왕의 마음에서 생각하는 힘으로 비가 줄줄 내려서 천하에 두루하는 것이며 이런 경계는 헤아릴 수 없다.

소년이여, 장엄하는 일도 그와 같아 안에 머무는 것도 아니고 밖에 머무는 것도 아니며 보지 못하는 것이 아니다. 다만 보살의 위덕과 신통의 힘과 그대의 선근의 힘으로 그런 일을 보는 것이다.

　소년이여, 마치 요술쟁이가 환술을 만들 때 오는 데도 없고 가는 데도 없어 오고 가는 일이 없지만 요술의 힘으로 분명하게 보는 것과 같이, 장엄하는 일도 그와 같아 오는 곳도 없고 가는 곳도 없어 오고 가는 일이 없지만 습관으로 부사의한 환술 같은 지혜의 힘과 지난 옛적에 세운 큰 서원의 힘으로 이렇게 나타난다."

(39-51-3-13) 보살의 가고 오는 근원

　"보살님께서는 어디서 오셨습니까?"

　"소년이여, 보살은 오는 일도 없고 가는 일도 없이 그렇게 온다. 다니는 일도 없고 머무는 일도 없이 그렇게 온다. 처소도 없고 집착도 없고, 없어지지도 않고 나지도 않고, 머물지도 않고 옮기지도 않고, 동하지도 않고 일어나지도 않고, 연연함도 없고 애착함도 없고, 업도 없고 과보도 없고, 생기지도 않고 멸하지도 않고, 아주 없지도 않고 항상하지도 않으며 그러하게 온다.

　소년이여, 보살은 가엾게 여기는 곳에서 오며 중생들을 조복하려는 까닭이다. 인자한 곳에서 오며 중생들을 구호하려는 까닭이다. 깨끗한 곳에서 오며 좋아함을 따라서 태어나는 까닭이다. 크게 서원한 곳에서 오며 옛날의 서원한 힘으로 유지하는 까닭이다.

　신통한 곳에서 오며 모든 곳에 좋아하는 대로 나타나는 까닭이다. 동요함이 없는 데서 오며 부처님을 항상 떠나지 않는 까닭이다. 가지고 버림이 없는 데서 오며 몸과 마음을 시켜서 가고 오지 않는 까닭이다. 지혜와 방편인 데서 오며 중생을 따라 주는 까닭이다. 변화를 나타내는 데서 오며 영상처럼 화하여 나타나는 까닭이다. 그러나 소년이여, 나는 태어난 곳인 마라제국(摩羅提國)으로부터 여기

왔다.

소년이여, 그곳에 방사(房舍) 마을이 있고, 구파라(瞿波羅) 장자가 있다. 그 사람을 교화하여 불법에 들게 하려고 거기 있었으며, 또 태어난 곳[生處]에 있는 사람들로서 교화를 받을 이들에게 법을 말하고 또 부모와 권속들과 바라문들에게 대승을 연설하여 법에 들게 하려고 여기에 왔다."

(39-51-3-14) 보살이 태어난 곳

"거룩하신 이여, 어떤 것이 보살의 태어난 곳입니까?"

"소년이여, 보살은 열 가지 태어나는 곳이 있다. 보리심이 보살의 나는 곳이며, 보살의 집에 나는 까닭이다. 깊은 마음이 보살의 나는 곳이며, 선지식의 집에 나는 까닭이다. 모든 지위가 보살의 나는 곳이며, 바라밀의 집에 나는 까닭이다. 큰 원이 보살의 나는 곳이며, 묘한 행의 집에 나는 까닭이다. 가엾게 여김이 보살의 나는 곳이며, 네 가지 거두어 주는[四攝] 집에 나는 까닭이다. 이치대로 관찰함이 보살의 나는 곳이며, 반야바라밀의 집에 나는 까닭이다. 대승이 보살의 나는 곳이며, 방편인 교묘한 집에 나는 까닭이다. 중생을 교화함이 보살의 나는 곳이며, 부처님 가문에 나는 까닭이다. 지혜와 방편이 보살의 나는 곳이며, 생사가 없는 법 지혜[法忍]의 집에 나는 까닭이다. 모든 법을 수행함이 보살의 나는 곳이며, 과거 · 현재 · 미래의 모든 여래의 가문에 나는 까닭이다."

(39-51-3-15) 보살의 권속

"소년이여, 보살은 반야바라밀로 어머니를 삼고, 교묘한 방편으로 아버지를 삼고, 보시바라밀은 유모가 되고, 지계바라밀은 양모가 되고, 인욕바라밀은 장엄거리가 되고, 정진바라밀은 양육하는 이가 되고, 선정바라밀은 빨래하는 사람이 되고, 선지식은 가르치는 스승이 되고, 여러 보리의 부분은 친구가 되고, 모든 선법은 권속이 되고, 모든 보살은 형제가 된다. 보리심은 집이며, 이치대로 수행함은 가법[家法]이며, 모든 지위(地)는 집이 있는 곳이며, 모든 지혜는 가족이며, 큰 서원은 집안 교법이다. 모든 행을 만족함은 집안 규모를 순종함이며, 대승심을 내도록 권함은 가업(家業)을 이음이며, 법물을 정수리에 부어 일생보처가 되는 보살은 왕의 태자이며, 보리를 성취함은 가족을 깨끗이 함이다.”

(39-51-3-16) 보살의 수승함

“소년이여, 보살은 범부에서 뛰어나 보살의 지위에 들며, 여래의 가문에 나서 부처님의 종자에 머물며, 모든 행을 닦아서 삼보가 끊어지지 않게 하며, 보살의 종족을 잘 수호하여 보살의 종자를 깨끗이 하며, 태어난 곳이 높아서 허물이 없으므로 모든 세간의 하늘과 사람과 마와 범천과 사문과 바라문들이 공경하고 찬탄한다.

소년이여, 보살이 이렇게 훌륭한 집에 태어나서 법이 영상과 같음을 앎으로 세간에 싫어함이 없다. 법이 변화함과 같음을 앎으로 존재의 길[有趣]에 물들지 않는다. 법이 나[我]가 없음을 앎으로 중생을 교화하는 마음에 고달프지 않다. 대자비로 자체를 삼는 까닭으로 중생을 거두어 주는 데 괴로움을 느끼지 않으며, 나고 죽음이 꿈과 같음을 아는 까닭으로 수없는 겁을 지내도 두려움이 없다. 모든 쌓임이 환술 같음을 아는 까닭으로 태어나도 고달프지 않으며, 계

(界)와 처(處)가 법계와 같음을 아는 까닭으로 모든 경계에 물들 것이 없다. 생각이 아지랑이 같음을 아는 까닭으로 육취에 들어가도 의혹하지 않으며, 법이 환술 같음을 아는 까닭으로 마의 경계에 들어가도 물드는 생각을 내지 않는다. 법의 몸을 아는 까닭으로 모든 번뇌에 속지 않으며, 자유자재함을 얻은 까닭으로 모든 길에 통달하여 걸림이 없다.

소년이여, 나의 몸은 모든 법계에 두루 나므로 모든 중생의 차별한 형상과 같다. 중생의 갖가지 음성과 같고, 중생의 갖가지 이름과 같고, 중생의 좋아하는 거동과 같아 세간을 따라 교화하고 조복하며, 청정한 중생이 일부러 태어남과 같고, 범부 중생의 짓는 사업과 같고, 중생의 생각과 같고, 보살의 서원과 같아 몸을 나타내어 법계에 가득하다."

(39-51-3-17) 미륵보살의 현생의 일

"소년이여, 나는 옛적에 함께 수행하다가 보리심에서 물러선 이를 제도한다. 부모와 권속들을 교화하고, 여러 바라문을 교화하여 성문이란 교만을 여의고 여래의 종족으로 태어나려고 염부제의 마라제국(摩羅提國) 구타(拘吒)마을 바라문의 집에 태어났다.

소년이여, 큰 누각에 있으면서 중생들의 좋아함을 따라 여러 가지 방편으로 교화하고 조복했다."

(39-51-3-18) 미륵보살의 다음 생의 일

"소년이여, 중생들의 마음을 알아주기 위해, 도솔천에서 함께 수행하던 하늘을 성숙시키기 위해, 보살의 복과 지혜와 변화와 장엄이 모든 욕심 세계보다 뛰어남을 보이기 위해, 그들로 하여금 모든 욕락을 버리게 하려고, 유위법(有爲法) 법이 무상함을 알게 하려고, 모든 천인도 성하면 쇠함이 있음을 알게 하려고, 장차 내려올 적에 큰 지혜의 법문을 일생보처 보살과 함께 토론하려고, 같이 수행하는 이[同行]를 거두어 교화하려고, 석가여래께서 보내는 이를 교화하여 연꽃처럼 깨닫게 하려고 여기서 목숨을 마치고는 도솔천에 태어났다.

소년이여, 내 서원에 만족하고 온갖 지혜[一切智]를 이루어 보리를 얻을 때에는 문수보살과 함께 나를 볼 것이다."

(39-51-4) 문수보살의 덕을 찬탄하다

"소년이여, 문수보살에게 가서 묻기를 '보살이 어떻게 보살의 행을 배우며, 보현의 수행하는 문에 들어가며, 성취하며, 광대하게 하며, 따르며, 청정하게 하며, 원만하게 하는가'하고 물어라. 소년이여, 문수보살은 분별하여 연설할 것이다.

왜냐하면 문수보살이 가진 서원을 다른 한량없는 보살은 못가졌기 때문이다. 소년이여, 문수보살은 수행이 광대하고 서원이 끝이 없어 모든 보살의 공덕 내기를 쉬지 않는다.

소년이여, 문수보살은 항상 한량없는 부처님의 어머니가 되며, 한량없는 보살의 스승이 된다. 중생을 교화하고 성숙시켜 시방세계에 소문이 났다. 부처님의 대중 가운데서 법을 연설하는 법사가 되어 여래가 찬탄하며, 깊은 지혜에 머물러 있어 법을 사실대로 보고, 해탈의 경계를 통달하고, 보현의 행하는 행을 끝까지 마쳤다.

소년이여, 문수보살은 그대의 선지식이다. 그대를 여래의 가문에

나게 했고, 선근을 자라게 했고, 도를 돕는 법[助道法]을 일으키게
했고, 진실한 선지식을 만나게 했으며, 공덕을 닦게 했고, 서원의
그물에 들어가게 했고, 원에 머물게 했다. 그대를 위해 보살의 비밀
한 법을 말하고 보살의 부사의한 행을 나타냈다. 그대와 더불어 옛
적에 함께 나고 함께 행했다.

(39-51-5) 문수보살을 찾아가기를 권하다

　그러므로 소년이여, 그대는 마땅히 문수보살에게 가야 하니 고달
픈 생각을 내지 말라. 문수보살은 그대에게 모든 공덕을 말해 줄 것
이다. 왜냐 하면 그대가 먼저 선지식을 만나고, 보살의 행을 듣고
해탈문에 들어가고, 큰 원에 만족한 것은 모두 문수보살의 위덕과
신통의 힘이다. 문수보살은 모든 곳에서 구경의 깨달음까지 얻게
한다.”

　그때 선재동자는 그의 발에 엎드려 절하고 수없이 돌고 은근하게
우러러 그리워하면서 하직하고 물러갔다.

VIII. 문수보살이 선재동자를 칭찬하다

(39-52) 문수보살(文殊菩薩) Mañjuśrī
　　아승기 법문을 성취하게 하다

(39-52-1) 문수보살이 선재동자를 칭찬하고 법문을 보이다

　이때 선재동자는 미륵보살이 말한 대로 나아가 110개의 성을 지나서 보문(普門)국 소마나(蘇摩那)성에 이르러 문에 머물러 있으면서 문수보살을 생각하고 따라 관찰하고 두루 찾으며 뵙기를 희망했다.

　이때 문수보살은 멀리서 오른손을 펴서 110유순을 지나와서 선재동자의 정수리를 만지면서 말했다.

　"훌륭하고 훌륭하다. 소년이여, 만일 믿음의 뿌리[信根]를 여의었다면 용렬하고 후회하여 공덕 닦는 행을 갖추지 못하고 정근에서 물러나며, 한 선근에도 집착하고 조그만 공덕에도 만족하여 교묘하게 행과 원을 일으키지 못하며, 선지식의 거두어 주고 보호함도 받지 못하며, 여래의 생각하심도 되지 못했을 것이다. 이러한 법의 성품과 이치와 법문과 수행과 경계를 알지 못하고 두루 앎과 가지가지 앎과 근원까지 다함과 분명하게 이해함과 들어감[趣入]과 해탈함과 분별함과 증득함과 얻는 것을 모두 할 수 없다."

　이때 문수보살은 이 법을 말하여 가르쳐서 통달하고 기쁘게 했다. 선재동자로 하여금 아승기 법문을 성취하고 한량없는 지혜의 광명

을 구족하여, 보살의 끝이 없는[無邊際] 다라니와 원과 삼매와 신통과 지혜를 얻게 하고 보현의 도량에 들어가게 했다가 다시 자신이 머무른 곳에 두고 작용을 거두고 나타나지 않았다.

(39-52-2) 더욱 수승한 인연을 만나다

이에 선재동자는 생각하고 관찰하면서 일심으로 문수보살을 뵈려고 했다. 그때 삼천대천세계의 수많은 선지식을 보고, 모두 친근하며 공경하여 받들어 섬기고 그들의 가르침을 받고 거슬리지 않았다.

온갖 지혜를 구하고 증장하는데 가엾게 여기는 바다를 넓히고, 인자한 구름을 더하고, 중생을 두루 살피며 매우 환희하고, 보살의 고요한 법문에 편안히 머물렀으며, 광대한 경계를 반연하고 부처님의 광대한 공덕을 배우며, 부처님의 청정하게 알고 보는 데 들어가서 온갖 지혜와 도를 돕는 법을 늘리며, 보살의 깊은 마음을 닦아 삼세 부처님의 출현하시는 차례를 알며, 법바다에 들어가 법륜을 굴리고 모든 세간에 태어나며, 보살의 서원바다에 들어가 모든 겁 동안에 머물면서 보살의 행을 닦고, 여래의 경계를 밝게 비추고, 보살의 근기를 기르며, 온갖 지혜의 청정한 광명을 얻고 시방을 두루 비추어 어둠을 없애며, 지혜가 법계에 두루하여 부처님 세계의 존재에 몸을 널리 나타내어 두루하며, 장애를 부수고 걸림없는 법에 들어가 법계의 평등한 경지에 머물러서, 보현의 해탈 경계를 관찰했다.

(39-52-3) 보현보살 뵙기를 갈망하다

그때 선재동자는 보현보살의 이름과 행과 원과 도를 돕는 것과 바른 도와 모든 지위(地)와 지위의 방편과 지위의 들어감과 더 나아감 [勝進地]과 머무름과 닦아 익힘과 경계와 위력과 함께 머무름을 듣고 갈망하여 보현보살을 뵙기를 원했다.

곧 금강장 보리도량에서 비로자나여래의 사자좌 앞에 있는 보배 연화장 자리에 앉아서 허공계와 같은 광대한 마음·세계를 버리고 모든 애착을 여의려는 걸림없는 마음·걸림없는 법에 두루 행하려는 마음·시방 바다에 두루 들어가려는 걸림없는 마음·지혜의 경계에 들어가려는 청정한 마음·도량의 장엄을 보려는 분명한 마음·부처님 법 바다에 들어가려는 광대한 마음·중생 세계를 교화하려는 마음·국토를 깨끗이 하려는 한량없는 마음·겁에 머물려는 끝없는 마음·여래의 십력(十力)에 나아가려는 구경의 마음[究竟心]을 일으켰다.

(39-52-4) 열 가지 성서로운 모양을 보다

선재동자가 이런 마음을 일으켰을 때 선근의 힘과 여래의 가피하신 힘과 보현보살의 선근을 심는 힘으로 열 가지 상서로운 모양을 보았다.

부처님 세계가 청정하여 여래의 정등각 이룸을 보고, 나쁜 길이 없음을 보고, 여러 가지 묘한 연꽃으로 장엄함을 보고, 중생의 몸과 마음이 청정함을 보고, 여러 가지 보배로 장엄함을 보았다. 부처님 세계가 청정하여 중생이 여러 가지 모습으로 몸을 장엄함을 보고, 여러 장엄구름이 위에 덮인 것을 보고, 중생들이 인자한 마음을 내어 서로서로 이익되게 하며 해롭지 않음을 보고, 도량의 장엄함을 보고, 중생들이 부처님을 항상 생각함을 보았다.

(39-52-5) 열 가지 광명 모양을 보다

또 열 가지 광명 모양을 보았다.

모든 세계에 가는 티끌이 있는데, 낱낱 티끌 속에서 모든 세계의 티끌 수 같은 부처님의 광명그물 구름을 내 두루 비침을 보았다. 광명바퀴 구름을 내 갖가지 빛깔이 법계에 두루함을 보았다. 부처님의 형상보배구름을 내 법계에 두루함을 보았다. 부처님의 불꽃바퀴구름을 내 법계에 두루함을 보았다. 묘한 향구름을 내 시방에 두루하여 보현의 모든 행과 원과 큰 공덕바다를 칭찬함을 보았다. 일월성신 구름을 내 모두 보현보살의 광명을 놓아 법계에 두루 비침을 보았다. 중생들의 몸형상 구름을 내 부처님 광명을 놓아 법계에 두루 비침을 보았다. 여러 부처님 형상마니구름을 내 법계에 가득함을 보았다.

보살의 몸형상 구름을 내 법계에 가득하며, 중생들로 하여금 모두 뛰어나서 소원이 이루어짐을 보았다. 여래의 몸형상 구름을 내며 여러 부처님의 광대한 서원을 말하여 법계에 두루함을 보았다.

IX. 선재동자가 보현보살을 만나다

(39-53) 보현보살(普賢菩薩) śamantabhadra.
　　　보현원해를 성취하다

(39-53-1) 보현보살을 뵙다

(39-53-1-1) 보현행 닦기 위해 보현보살을 찾다

　이때 선재동자는 열 가지 광명한 모양을 보고 이렇게 생각했다.

　'나는 이제 반드시 보현보살을 보고 선근을 더할 것이며, 모든 부처님을 보고 여러 보살의 광대한 경지에 대하여 결정한 지혜를 내모든 것을 알[決定解] 것이다.'

　이때 선재동자는 여러 감관을 거두어 일심으로 보현보살을 보려고 정진하며 물러나지 않았다. 넓은 눈[普眼]으로 시방의 모든 부처님과 여러 보살을 관찰하면서 보이는 것마다 보현보살을 뵙는 생각을 했다. 지혜의 눈[慧眼]으로 보현의 도를 보니 마음이 광대하기가 허공과 같았다. 크게 가엾게 여김이 금강과 같았으며 오는 세월이 끝나도록 보현보살을 따라다니면서 찰나마다 보현의 행을 순종하여 닦으려 했다. 지혜를 성취하고 여래의 경지에 들어 보현의 지위에 머물려 했다.

(39-53-1-2) 보현보살의 경계

　이때 보현보살이 여래의 앞에 모인 대중들 가운데서 보배연꽃 사

자좌에 앉았는데, 보살들에게 둘러 쌓였다. 특이하여 세간에 짝할 이가 없으며, 지혜의 경계는 한량없고 끝이 없으며, 헤아리기 어렵고 생각하기 어려워 삼세 부처님과 평등하며 모든 보살이 살펴 볼 수 없었다.

보현보살의 몸에 있는 낱낱 털구멍에서 광명구름을 내 법계와 허공계의 경계에 두루하며, 중생이 괴로움과 근심을 멸하여 보살들을 매우 환희하게 했다.

갖가지 빛향불꽃구름을 내 법계와 허공계에 있는 부처님의 대중이 모인 도량에 두루하여 널리 풍김을 보았다.

여러 가지 꽃구름을 내 법계와 허공계에 있는 부처님의 대중이 모인 도량에 두루하여 묘한 꽃들의 비 내림을 보았다.

향나무구름을 내 법계와 허공계에 있는 부처님의 대중이 모인 도량에 두루하여 여러 가지 묘한 향의 비 내림을 보았다.

옷구름을 내 법계와 허공계에 있는 부처님의 대중이 모인 도량에 두루하여 여러 가지 묘한 옷의 비 내림을 보았다.

보배나무구름을 내 법계와 허공계에 있는 부처님의 대중이 모인 도량에 두루하여 마니보배의 비 내림을 보았다.

형상세계 하늘의 몸구름을 내 법계에 가득하여 보리심을 찬탄함을 보았다.

범천의 몸구름을 내 여러 여래에게 묘한 법륜을 굴리도록 권함을 보았다.

욕심 세계 천왕의 몸구름을 내 여래의 법륜을 보호하고 유지함을 보았다.

삼세 부처님 세계구름을 내 법계와 허공계에 두루하여 모든 중생 가운데 돌아갈 데 없는 이에게는 돌아갈 데를 지어 주고, 보호할 이 없는 이에게는 보호할 이를 지어 주고, 의지할 데 없는 이에게는 의지할 데를 지어 줌을 보았다.

청정한 부처님 세계구름을 내 법계와 허공계에 두루하여 부처님 께서 그 가운데 출현하시고 보살 대중이 가득함을 보았다.

깨끗하면서 부정한 부처님 세계구름을 내 법계와 허공계에 두루 하여 섞여 물든 중생들을 모두 청정하게 함을 보았다.

부정하면서 깨끗한 부처님 세계 구름을 내 법계와 허공계에 두루 섞여 물든 중생들을 청정하게 함을 보았다.

부정한 부처님 세계 구름을 내 법계와 허공계에 두루하여 순전히 물든 중생들을 모두 청정하게 함을 보았다.

중생의 몸구름을 내 법계와 허공계에 두루하여 교화 받을 중생들을 따라서 위 없는 바른 보리심을 내게 함을 보았다.

보살의 몸구름을 내 법계와 허공계에 두루하여 가지가지 부처님의 이름을 칭찬하여 중생들의 선근을 증장케 함을 보았다.

보살의 몸구름을 내 법계와 허공계에 두루하여 부처님 세계에서 여러 부처님과 보살들이 처음 마음을 낼 때부터 생긴 선근의 드날림을 보았다.

보살의 몸구름을 내 법계와 허공계에 두루하여 부처님 세계의 낱 낱 세계에서 여러 보살의 서원바다와 보현보살의 청정하고 묘한 행을 칭찬하여 드날림을 보았다.

중생의 마음을 만족하게 하고 온갖 지혜의 도를 갖추어 닦아 익힘을 보았다.

바로 깨달은 몸[正覺身] 구름을 내 온갖 부처님 세계에서 바른 깨달음을 이루어 보살들에게 큰 법을 증장케 하고 온갖 지혜를 이루게 함을 보았다.

이때 선재동자는 보현보살의 자유자재하고 신통한 경계를 보고는 몸과 마음이 기뻐서 한량없이 즐거워했다.

(39-53-1-3) 보현보살의 털구멍에서 삼천대천세계를 보다

보현보살의 몸의 낱낱 털구멍에서 삼천대천세계를 보았다. 바람 둘레[風輪], 물둘레, 땅둘레, 불둘레와 바다와 강과 수미산, 철위산과 마을, 영문, 도시와 궁전, 동산과 지옥, 아귀, 축생, 염라왕 세계와 천룡팔부와 사람과 사람 아닌 이와, 욕심 세계, 형상 세계, 무형 세계와 해, 달, 별, 바람, 구름, 우레, 번개들이 있음을 거듭 보았다. 낮과 밤과 달과 시간과 해와 겁에 부처님께서 세상에 출현하심과 보살의 모임과 도량의 장엄과 이런 일을 모두 분명하게 보았다.

이 세계를 보는 것처럼 시방에 있는 세계도 그렇게 보았고, 현재의 시방세계를 보는 것처럼 과거와 미래의 모든 세계도 그렇게 보았는데 제각기 다른 것이 서로 섞이거나 어지럽지 않았다.

비로자나여래의 처소에서 이렇게 신통한 힘을 나타내는 것 같이 동방 연화덕(蓮華德) 세계의 현수(賢首)부처님 처소에서도 신통한 힘을 나타냈다. 또한 동방의 모든 세계에서도 남방·서방·북방과 네 간방과 상방·하방의 세계에서도 신통한 힘을 나타냈다.

시방의 세계와 같이 시방의 모든 부처님 세계의 낱낱 티끌 속에서도 모두 법계의 여러 부처님 대중이 있었다. 낱낱 부처님 처소에서 보현보살이 보배 연꽃 사자좌에 앉아서 신통한 힘을 나타냄도 그러했으며, 낱낱 보현보살의 몸에는 삼세의 경계와 부처님 세계와 중

생과 부처님의 출현하심과 보살 대중을 나타냈으며, 중생의 음성과 부처님의 음성과 여래의 법륜과 보살의 이루는 행과 여래의 신통에 유희함을 들었다.

(39-53-1-4) 선재동자가 열 가지 지바라밀을 얻다

선재동자는 보현보살의 이렇게 한량없고 부사의한 큰 신통의 힘을 보고 열 가지 지[智]바라밀을 얻었다.

잠깐 동안에 부처님 세계에 두루하는 지바라밀과 부처님 처소에 나아가는 지바라밀과 여래께 공양하는 지바라밀과 여래의 계신 곳에서 법을 듣고 받아 가지는 지바라밀과 여래의 법륜을 생각하는 지바라밀과 부처님의 부사의한 큰 신통한 일을 아는 지바라밀과 한 구절 법[一句法]을 말하시는데 오는 세상이 끝나도록 변재가 다하지 않는 지바라밀과 깊은 반야로 모든 법을 관찰하는 지바라밀과 모든 법계와 실상 바다에 들어가는 지바라밀과 모든 중생의 마음을 아는 지바라밀이다. 보현보살의 지혜와 행이 모두 앞에 나타나는 지바라밀이다.

(39-53-2) 보현보살이 법문을 보이다
(39-53-2-1) 보현보살이 선재동자의 정수리를 만지다

선재동자가 지바라밀을 얻은 후에 보현보살이 오른손을 펴서 정수리를 만지자 부처 세계의 티끌 수 삼매문을 얻었으며, 각각 모든 세계의 티끌 수 삼매로 권속을 삼았다.

낱낱 삼매에서 옛날에 보지 못했던 부처 세계의 한량없는 부처님의 큰 바다를 보았고, 온갖 지혜의 도를 돕는 기구를 모았고, 온갖 지혜의 가장 묘한 법을 냈고, 온갖 지혜의 큰 서원을 세웠고, 큰 서원 바다에 들어갔고, 온갖 지혜의 뛰어나는 요긴한 길[出要道]에 머물렀고, 보살들의 닦는 행을 닦았고, 온갖 지혜의 큰 정진을 일으켰고, 온갖 지혜의 깨끗한 광명을 얻었다.

이 사바세계의 비로자나부처님 처소에서 보현보살이 선재동자의 정수리를 만진 것처럼 시방에 있는 세계들과 저 세계의 낱낱 티끌 속에 있는 세계의 모든 부처님 처소에 있는 보현보살도 모두 이와 같이 선재동자의 정수리를 만졌고, 얻은 법문도 또한 같았다.

(39-53-2-2) 보살행의 깊고 넓음을 말하다

이때 보현보살이 선재동자에게 말했다.

"소년이여, 그대는 나의 이 신통한 힘을 보았는가?"

"보았습니다. 큰 성인이시여, 이 부사의한 큰 신통의 힘은 오직 여래께서만 알고 있습니다."

"소년이여, 나는 과거의 한량없는 부처 세계의 티끌 수 겁에 보살행을 행하며 온갖 지혜를 구했다.

보리심을 청정하게 하려고 한량없는 부처님을 받들어 섬겼다.

온갖 지혜와 복덕거리를 모으려고 한량없이 많은 보시하는 모임을 마련하고, 세간이 다 듣고 알게 했으며, 구하는 것을 다 만족하게 했다.

온갖 지혜의 법을 구하려고 한량없는 부처님께 재물로 보시했다.

부처님 지혜를 구하려고 한량없는 도시와 마을과 국토와 왕위와 처자·권속과 눈·귀·코·혀·몸·살·손·발과 목숨까지도 보시했다.

최고의 지를 구하려고 한량없는 최고의 것을 보시했다.

온갖 지혜를 구하려고 한량없는 여래가 계신 곳에서 공경하고 존중하고 받들어 섬기고 공양했다. 의복·방석·음식·탕약 등 필요한 것을 모두 보시했고, 그 법 가운데 출가하여 도를 배우고 불법을 수행하고 바른 교법을 보호했다.

소년이여, 그러한 겁 바다에서 잠깐 동안도 부처님 교법에 순종하지 않은 적이 없었다. 잠깐 동안 성 내는 마음, 나와 내 것이란 마음, 나와 남을 차별하는 마음, 보리를 여의는 마음을 내거나, 생사 가운데 고달픈 마음, 게으른 마음, 장애하는 마음, 미혹한 마음을 일으키지 않았고, 다만 위없고 무너뜨릴 수 없고, 온갖 지혜를 모으는 도를 돕는 보리심에 머물렀다.

소년이여, 부처님 국토를 장엄했다. 크게 가엾게 여기는 마음으로 중생을 구호하고 교화하여 성취하며, 부처님께 공양하고 선지식을 섬기며, 바른 법을 구하여 널리 선전하고 보호하며 유지하기 위해 안의 것과 밖의 것을 모두 버리고 목숨(身命)까지도 아끼지 않았다. 모든 겁 바다에서 인연을 말했는데 겁 바다는 다할지언정 이 일은 다함이 없었다.

소년이여, 나의 법 바다에는 한 글자나 한 글귀라도 전륜왕의 지위를 버려서 구한 것이며, 온갖 소유를 버려서 얻은 것이다.

소년이여, 내가 법을 구한 것은 중생을 구호하기 위한 것이다. 한결같은 마음으로 생각하기를 '모든 중생이 이 법을 들을 것이며, 지혜의 광명으로 세간을 두루 비출 것이며, 출세간의 지혜를 열어 볼 것이며, 중생들이 모두 안락함을 얻을 것이며, 모든 부처님의 공덕을 두루 칭찬하여지이다'라고 했다.

나의 이러한 과거의 인연은 한량없는 부처 세계의 티끌 수 겁 동
안 말하여도 다할 수 없다.

소년이여, 나는 이러한 도를 돕는 법의 힘과 선근의 힘과 크게 좋
아하는 힘과 공덕을 닦은 힘과 모든 법을 사실대로 생각한 힘과 지
혜의 눈의 힘과 부처님의 위덕과 신통의 힘과 크게 자비한 힘과 깨
끗한 신통의 힘과 선지식의 힘을 얻었다. 삼세에 평등하고 청정한
법의 몸을 얻고 청정하고 위없는 육신을 얻어서 세간을 초월하고
중생의 좋아하는 마음을 따라서 형상을 나타내며, 모든 세계에 들
어가고 온갖 곳에 두루하여 여러 세계에서 신통을 나타내 보는 이
를 모두 기쁘게 했다.”

(39-53-2-3) 이익을 들어 청정신 보기를 권하다

“소년이여, 그대는 나의 육신을 보라. 이 육신은 한량없는 겁 바
다에서 이루어진 것이며, 나유타 겁에도 보기 어렵고 듣기 어렵다.

소년이여, 중생이 선근을 심지 않았거나 선근을 조금 심은 성문이
나 보살들은 나의 이름도 듣지 못하는데 어떻게 나의 몸을 볼 수 있
겠느냐.

소년이여, 중생이 내 이름을 듣기만 하여도 위없는 바른 보리에서
물러나지 않을 것이며, 나를 보거나 접촉하거나 맞이하거나 보내거
나 잠깐 동안 따라다니거나 꿈에 보거나 들은 이도 역시 그러하다.

어떤 중생이 하루낮 하룻밤 동안 나를 생각하고 보리가 성숙한 이
도 있고, 7일이나 7일 밤이나 보름이나 한 달이나 반 년이나 일 년
이나 백 년이나 천 년이나 한 겁이나 백 겁 내지 말할 수 없이 한량
없는 겁에 나를 생각하고 보리가 성숙한 이도 있으며, 한 생이나 백

생 내지 한량없는 생 동안 나를 생각하고 보리가 성숙한 이도 있으며, 나의 광명 놓는 것을 보거나 내가 세계를 진동하는 것을 보고 무서워하거나 즐거워 한 이들도 모두 보리가 성숙하게 된다.

소년이여, 나는 이러한 부처 세계의 티끌 수 방편문으로써 모든 중생을 위없는 바른 보리에서 물러나지 않게 한다.

소년이여, 중생이 나의 청정한 세계를 보고 들은 이는 반드시 이 청정한 세계에 날 것이며, 나의 청정한 몸을 보고 들은 이는 반드시 나의 청정한 몸 가운데 날 것이다.

소년이여, 마땅히 나의 청정한 몸을 보아야 한다."

(39-53-2-4) 보현보살의 특이한 청정신

이때 선재동자가 보현보살의 몸을 보니 잘 생긴 모습과 사지 골절의 낱낱 털구멍에 한량없는 부처님 세계가 있고, 낱낱 세계 바다에 부처님이 세상에 출현하시는데 보살들에게 둘러 쌓여 있었다.

모든 세계 바다가 가지가지로 건립되고 형상을 하고 있었다. 가지가지로 장엄하고 큰 산들이 둘러쌓고 있으며, 빛 구름이 허공을 덮고 많은 부처님이 나타나서 여러 가지 법을 연설하시는 일들이 제각기 같지 않았다.

보현보살이 낱낱 세계 바다에서 부처 세계의 티끌 수 나툰 몸[化身] 구름을 내어 시방의 모든 세계에 가득하고 중생들을 교화하여 보리로 향하게 했다. 선재동자는 자기의 몸이 보현보살의 몸 속에 있는 시방의 세계에서 중생을 교화함을 보았다.

(39-53-2-5) 수승함을 비교하다

선재동자가 수많은 선지식을 친근하여 얻은 이러한 뿌리의 지혜 광명은 보현보살이 얻은 선근에 비하면 백천 분의 일에도 미치지 못했다.

선재동자가 처음 마음을 낸 때부터 보현보살을 보던 때까지 그 중 간에 들어갔던 부처님 세계 바다는 지금 보현보살의 한 털구멍 속 에서 잠깐 동안에 들어간 부처님 세계 바다와 비교하면 앞의 것보 다 뒤에 것이 한량없이 많았다.

선재동자가 보현보살의 털구멍에 있는 세계에서 한 걸음을 걸을 적에 한량없는 부처 세계를 지나갔다. 이와 같이 걸어서 오는 세월 이 끝나도록 걸어도, 오히려 한 털구멍 속에 있는 세계 바다의 차례 와 갈무리와 차별과 두루 들어감과 이루어짐과 무너짐과 장엄과 그 끝난 데를 알지 못했다.

보살 대중 바다의 차례와 갈무리와 차별과 들어감과 모임과 흩어 짐과 그 끝난 데도 알지 못했다.

중생 세계에 들어가서 중생의 근성을 아는 일과 중생들을 교화하 고 조복하는 지혜와 보살의 머무르는 깊은 자재함과 보살이 들어가 는 여러 지(地)와 길[道]과 이 바다들의 끝난 데도 알지 못했다.

선재동자가 보현보살의 털구멍 세계에 있어서 한 세계에서 한 겁 동안을 지내면서 걷기도 하고 한량없이 많은 세계의 티끌 수 겁 동 안을 지내면서 걷기도 하며, 이 세계에서 없어지고 저 세계에 나타 나지도 않으면서 잠깐 동안에 그지없는 세계 바다에 두루하여 중생 들을 교화하여 위없는 바른 보리에 향하게 했다.

(39-53-2-6) 선재동자가 평등한 경계를 얻다

이때 선재동자는 보현보살의 행과 원의 바다를 믿어 보현보살과 평등하고 부처님과 평등했다. 한 몸이 모든 세계에 가득하여 세계가 평등하고 행이 평등하고, 바르게 깨달음이 평등하고 신통이 평등하고, 법륜이 평등하고 변재가 평등하고, 말씀이 평등하고 음성이 평등하고, 힘과 두려움 없음이 평등하고 부처님의 머무심이 평등하고 대자대비가 평등하고, 부사의한 해탈과 자재함이 모두 평등했다.

(39-53-3) 보현보살의 게송

이때 보현보살이 게송으로 말했다.

너희들 번뇌의 때 떨쳐 버리고 / 한마음으로 정신차려 자세히 들으라.
여래께서 바라밀을 구족하시고 / 해탈의 참된 길을 내가 말한다.

세간 떠나 부드럽고 훌륭한 장부 / 그 마음 깨끗하기 허공과 같고
지혜해의 큰 광명 항상 놓아서 / 중생의 어리석은 어둠을 없애네.

여래는 보고 듣기 어렵거늘 / 한량없는 억 겁에 이제 만나니
우담바라 좋은 꽃 어쩌다 핀 듯 / 그러므로 부처 공덕 들어야 하네.

세간을 따라 주며 지으시는 일 / 요술쟁이 모든 사실 나타내는 듯
중생 마음 기쁘게 하지만 / 분별하여 여러 생각 내지 않았네.

그때 보살들은 이 게송을 듣고 일심으로 갈망하며 여래 세존의 진실한 공덕을 듣기 위해 이렇게 생각했다.

'보현보살은 모든 행을 갖추어 닦으시고 성품이 청정하시며, 하시는 말씀이 헛되지 않으시니 모든 여래께서 칭찬하신다.'

이렇게 생각하니 갈망하는 마음이 더욱 간절했다.

이때 보현보살은 공덕과 지혜를 갖추어 장엄하니 연꽃이 삼계의 모든 티끌에 묻지 않았다. 여러 보살에게 말했다.

"그대들은 자세히 들으십시오. 내가 이제 부처님의 공덕 바다를 한 방울만큼 말하려 합니다."

(39-53-4) 보현보살이 부처님의 수승한 공덕을 찬탄하다
(39-53-4-1) 아는 것이 걸림 없는 공덕
이때 보현보살이 게송으로 말했다.

부처 지혜 크고 넓기가 허공 같아 / 중생들의 마음에 두루하시고
세간의 헛된 생각 모두 알지만 / 갖가지 다른 분별 내지 않는다.

한 생각에 삼세법 모두 다 알고 / 중생들의 근성도 잘 아시니
비유하면 교묘한 요술쟁이가 / 잠깐 동안 모든 일을 나타내는 듯한다.

(39-53-4-2) 진여의 가장 청정한 공덕
중생들의 마음과 갖가지 행과 / 옛날에 지은 업과 소원을 따라
그들이 보는 것은 같지 않지만 / 부처님은 생각이 동하지 않는다.

(39-53-4-3) 불사를 쉬지 않는 청정한 공덕

어떤 이는 가는 곳마다 부처님이 / 온 세계에 가득하지만
어떤 이는 마음이 깨끗하지 못해 / 무량겁에도 부처님을 보지 못한다.

어떤 이는 믿고 알아 교만이 없어 / 생각대로 여래를 뵙지마는
어떤 이는 아첨하고 마음이 부정하고 / 억 겁 동안 찾아도 만나지 못한다.

어떤 이는 가는 곳마다 부처님 음성 / 아름답게 내 마음 기쁘게 하나
어떤 이는 백천만억 겁을 지내도 / 마음이 부정하여 듣지 못한다.

(39-53-4-4) 부처님과 보살들이 국토를 장엄한 공덕

어떤 이는 청정한 큰 보살들이 / 삼천대천세계에 가득 차 있어
보현의 온갖 행을 갖춘 가운데 / 여래께서 의젓하게 앉아 있음을 본다.

이 세계가 미묘하기 짝이 없음은 / 오랜 세월 부처님이 장엄하신 것
비로자나 거룩하신 부처님께서 / 이 안에서 깨달아 보리 이루네.

아름다운 연꽃 세계를 보니 / 현수여래 그 가운데 앉아 계신 데
한량없는 보살 대중 둘러 모시고 / 보현행을 부지런히 닦기도 한다.

무량수불 계시는 곳을 보니 / 관자재보살들이 둘러 모시고
정수리에 물 붓는 지위에 있어 / 시방의 온 세계에 가득 찼네.

어떤 이는 삼천대천 이 세계가 / 여러 장엄 묘희(妙喜)세계와 비슷한데
아촉여래 그 가운데 앉아 계시고 / 향상(香象)과 같은 보살 모두 다 본다.

어떤 이는 명망 높은 월각(月覺)부처님 / 금강당보살님과 함께 하시어
거울 같은 묘한 장엄 머물러 있어 / 깨끗한 시방세계 찼음을 본다.

일장(日藏)세존 부처님을 보니 / 좋은 광명 청정한 국토에 계셔
정수리에 물 부은 보살과 함께 / 시방에 가득하여 법을 설한다.

금강불꽃 큰 부처님을 보니 / 지혜 당기 보살과 함께 하시어
광대한 모든 세계 두루 다니며 / 법을 말해 중생의 눈병 낫게 한다.

(39-53-4-5) 미세하게 서로 수용하는 공덕
털끝마다 한량없이 많은 부처님 / 삼십이상 팔십종호 구족하시고
여러 보살 권속에게 둘러쌓여서 / 가지가지 법을 말해 중생을 제도한다.

어떤 이는 한 터럭 구멍을 보니 / 구족하게 장엄한 넓은 세계에
한량없는 여래가 가운데 있고 / 청정한 불자들이 가득 찼네.

조그만 한 티끌 속을 보니 / 항하사 모래 수의 국토가 있고

한량없는 보살이 가득 차 있어 / 한량없이 많은 겁에 행을 닦는다.

한 터럭 끝만한 곳을 보니 / 한량없는 티끌 수 세계가 있어
가지가지 짓는 업이 각각 다른데 / 비로자나부처님께서 법륜 굴리
네.

(39-53-4-6) 여러 가지를 포섭한 공덕
어떤 세계는 깨끗하지 않고 / 어떤 세계는 깨끗한 보배로 되어
여래께서 한량없이 오래 사시며 / 열반하실 때까지 모습 모두 보인다.

시방의 모든 세계 두루하여서 / 갖가지로 부사의한 일을 보이고
중생들의 마음과 지혜, 업을 따라서 / 교화하여 모두 다 깨끗하게
한다.

이와 같이 위없는 대도사(大導師)들이 / 시방의 모든 국토 가득 차
있어
여러 가지 신통한 힘 나타내심을 / 조금만 말하리니 그대 들으라.

(39-53-4-7) 수행하여 장애를 다스린 공덕
석가여래 부처 되신 것을 보니 / 부사의한 많은 겁을 이미 지냈고
어떤 이는 이제 처음으로 보살이 되어 / 시방에서 모든 중생 이익
되게 하시네.

석가모니 부처님을 보니 / 앞선 부처님께 공양하며 도를 행하고

사람 중에 가장 높은 이가 되어 / 가지가지 힘과 신통 나타내시네.

보시도 행하시고 계율도 갖고 / 욕도 참고 정진하고 선정도 하며
지혜와 방편과 원과 역과 지를 닦아 / 중생의 마음 따라 나타내시네.

(39-53-4-8) 모든 외도를 항복 받은 공덕
바라밀을 끝까지 닦기도 하고 / 모든 지위(地)에 편안히 있기도 하며
다라니와 삼매 신통과 지혜 / 이런 것을 나타내어 다함이 없네.

한량없는 겁 동안에 수행도 하고 / 보살의 참는 자리 있기도 하며
물러나지 않는 곳에 머무르기도 하며 / 정수리에 법의 물 붓기도
하네.

범왕과 제석과 사천왕 몸 나타내기도 하고 / 찰제리와 바라문도 나
타내어
여러 가지 모양으로 장엄하는 일 / 요술쟁이가 여러 모양 만들어
내듯 하네.

(39-53-4-9) 세간에 걸리지 않는 공덕
도솔천에서 처음으로 내려오기도 하고 / 궁중에서 시녀들을 거느리
시며
어떤 때는 모든 향락 다 버리고 / 출가하여 세속 떠나 도를 배우네.

처음 태어나고 혹은 멸하고 / 출가하여 수행과 행을 배우고

보리수 아래 앉아서 보니 / 마군을 항복 받고 정각 이루네.

부처님이 처음으로 열반에 드시고 / 높고 묘한 탑을 쌓아 세간에 가득하고
탑 가운데 부처 형상 모시기도 해 / 때를 알아 이렇게 나타내시네.

무량수부처님을 보니 / 청정한 보살들께 수기 주시며
위없는 대도사가 되리라 하여 / 보처불로 극락세계 있기도 하네.

어떤 이는 한량없는 천억 겁 동안 / 부처님 일 지으시고 열반에 들며
이제 처음 보리를 이루고 / 어떤 이는 묘한 행을 닦기도 하네.

여래의 청정한 달을 보니 / 범천왕의 세상과 마의 궁전과
자재천궁 · 화락천에 있기도 하여 / 가지가지 신통 변화 나타내시네.

도솔천 궁전을 보니 / 한량없는 천인이 둘러 모시고
그들에게 법을 말해 환희하게 하며 / 마음 내어 부처님께 공양 올리네.

야마천 궁전을 보니 / 도리천과 사천왕과 용왕의 궁전
이러한 여러 가지 궁전에서 / 그 안에서 형상을 나타내시네.

연등불 세존님께 꽃을 뿌리며 / 머리카락 땅에 깔아 공양하시고
그로부터 묘한 법 깊이 깨달아 / 언제나 이 길로써 중생을 교화하시네.

오래 전에 열반하신 부처도 있고 / 어떤 이는 처음으로 보리 이루며
어떤 이는 한량없는 겁에 살고 / 어떤 이는 잠깐 만에 열반에 드네.

모습이나 광명이나 사는 수명과 / 지혜로나 보리나 열반하는 일
회중이나 교화 받는 위의와 음성 / 이런 것이 낱낱이 수없이 많네.

어떤 때는 엄청난 몸을 나투어 / 비유하면 큰 보배 수미산 같고
결가부좌하여 움직이지 않으니 / 그지없는 세계가 충만하시네.

둥근 광명 한 길도 되고 / 어떤 이는 천만억 유순도 되며
한량없는 국토에 비추다가도 / 어떤 때는 온 세계에 가득 차네.

부처님 팔십 년 사시고 / 백천만억 세월을 살기도 하며
헤아릴 수 없는 겁을 살기도 하여 / 이렇게 수많은 세월이 다 지나
가네.

부처 지혜 깨끗하고 걸림이 없어 / 한 생각에 삼세법 두루 다 알고
마음의 인연으로 생긴 것이며 / 생멸이 덧없어서 제 성품 없네.

한 세계 가운데 정각 이루고 / 모든 세계 곳곳마다 이루시는 일
모든 것 하나 되고 하나가 모두 되어 / 중생의 마음 따라 나타내시네.

(39-53-4-10) 정법을 세운 공덕
여래는 위없는 도에 계시며 / 십력과 사무외의 힘 성취하시어

지혜를 구족하고 걸림 없으며 / 십이연기 법륜을 굴리시네.

사성제의 참된 이치 분명히 알고 / 열두 가지 인연법 분별하시며
법과 뜻과 듣기 좋고 걸림 없는 말 / 네 가지 변재로써 연설하시네.

모든 법은 나가 없고 모양도 없고 / 업의 성품 생기지 않고 잃지도
않아
모든 일 여의어 허공 같으나 / 부처님 방편으로 분별하시네.

여래께서 이렇게 법륜 굴리어 / 시방의 모든 국토 진동하고
궁전과 산과 강이 흔들리지만 / 중생들을 조금도 놀라게 하지 않네.

여래께서 광대한 소리로 연설하여 / 근성과 욕망 따라 이해하게 하며
마음 내어 의혹을 덜게 하지만 / 부처님은 처음부터 마음 안 내네.

보시하고 계행 갖고 참음과 정진 / 선정과 지혜며 방편과 지
대자·대비·대희·대사 듣기도 하며 / 가지가지 음성이 각각 다르네.

네 가지 생각함과 네 가지 정근 / 오신족과 오근[根]과 십력[力]은
깨닫는 길
모든 생각과 신통과 선정과 지혜의 / 한량없는 방편 법문 듣기도
하네.

용과 신의 팔부중과 사람과 비인간 / 범천 · 제석 · 사왕천의 하늘 무리들
부처님의 한 음성 법을 말해 / 그들의 종류 따라 다 알게 하네.

탐욕 많고 성 잘내고 어리석음과 / 분하고 가리우고 질투와 교만
팔만 사천 번뇌가 각각 다르나 / 제각기 다스리는 법문을 듣네.

희고도 깨끗한 법 닦지 못한 이 / 열 가지 계행 말해 듣게 하시고
벌써부터 보시하며 조복한 이는 / 고요한 열반 법문 들려주시네.

어떤 사람 용렬하고 자비가 없어 / 생사를 싫어하고 떠나려 하면
세 가지 해탈 법문 들려주어 / 괴로움 없는 열반락을 얻게 해 주네.

어떤 사람 성품은 욕심이 적어 / 삼유(三有)를 등지고 고요하려면
인연으로 생기는 법 말해 주어 / 독각승을 의지하여 여의게 하네.

어떤 이는 청정하고 마음이 커서 / 보시 · 계율 모든 공덕 갖추어 행하며
여래를 친근하여 자비한 이는 / 대승법을 말해 듣게 하시네.

어떠 국토에서는 일승법 듣고 / 이승과 삼승이며 소승과 대승과
한량없는 승을 듣게 하시니 / 이런 것이 모두 다 여래의 방편이네.

열반의 고요함은 다르지 않으나 / 지혜와 행 뛰어남과 못함은 차별

있으니
마치 허공 성품은 하나이지만 / 나는 새가 멀고 가까운 것은 같지
않네.

부처님의 음성도 그와 같아 / 모든 법계 허공에 두루하지만
중생들의 마음과 지혜를 따라 / 듣는 바와 보는 바가 각각 다르다.

부처님이 지난 세월 모든 행 닦고 / 좋아하는 마음 따라 법을 말하나
이것저것 계교하는 마음 없으니 / 누구에게 차별하여 말하겠는가.

여래의 얼굴에서 큰 광명 놓아 / 팔만 사천 가지가 구족하시니
말씀하는 법문도 그와 같아 / 세계에 두루 비춰 번뇌 없앤다.

(39-53-4-11) 수기의 공덕
청정한 공덕과 지혜 갖추고 / 세 가지 세간들을 항상 따르나
비유하면 허공이 물들지 않듯 / 중생을 위해 나타나시네.

나고 늙고 병들어 죽는 괴로움 보이며 / 세상에서 장수함도 보이시니
세간 사람 따라서 나타내시며 / 성품은 청정하여 허공과 같네.

법계의 모든 국토 끝이 없으며 / 중생의 근성과 욕망이 한량없으나
여래의 지혜 눈이 분명히 보고 / 교화할 방편따라 길을 보이네.

(39-53-4-12) 용수신과 변화신의 공덕

허공과 시방세계 끝닿은 데 없고 / 거기 있는 천상·인간 많은 대중들
그들의 생김새가 같지 않거든 / 부처님 몸 나투심도 그와 같네.

사문들이 모인 속에 있을 때에는 / 머리와 수염 깎고 가사 두르고
옷과 발우 가지고 몸 보호하면 / 그들이 즐거워서 번뇌를 쉬네.

어떤 때에 바라문을 친근할 적엔 / 그를 위해 파리한 몸 나타내어
지팡이와 물병 들고 항상 깨끗해 / 지혜를 구족하여 변론 잘하네.

옛 것 뱉고 새 것 삼켜 배를 채우고 / 바람 먹고 이슬 마셔 다른 것 먹지 않으며
앉았거나 섰거나 꼼짝 않으니 / 이러한 고행으로 번뇌를 굴복시키네.

(39-53-4-13) 지혜로 일체법을 밝게 통달한 공덕

세상의 계행 가져 스승도 되고 / 의학을 통달하고 언론 잘 하며
글씨나 수학이나 천문과 지리 / 이 몸의 길흉화복 모두 잘 아네.

모든 선정 해탈문에 깊이 들었고 / 삼매와 신통변화 지혜 행하며
말과 글을 잘 하고 놀기도 잘 해 / 방편으로 불도에 들게 하시네.

(39-53-4-14) 갖가지 행을 행하는 공덕

훌륭한 옷을 입어 몸치장하고 / 머리에는 화관 쓰고 일산을 받고

군병들이 앞뒤에서 호위하면서 / 군중에게 위엄을 보여 왕을 굴복 시키네.

어느 때는 재판하는 법관이 되어 / 세간의 모든 법률 분명히 알고
잘하고 잘못한 것 밝게 살피어 / 모든 사람 기뻐서 복종하게 하네.

어떤 때는 제왕의 보필(輔弼)이 되어 / 임금의 정치하는 법을 잘 쓰니
시방이 이익 얻어 두루하지만 / 모든 중생 웬일인지 알지 못하네.

어떤 때는 좁쌀 같은 임금도 되고 / 날아서 다니는 전륜왕 되어
왕자들과 시녀와 모든 권속 / 교화를 받지마는 알지 못하네.

세상을 보호하는 사천왕 되어 / 왕과 용과 야차들을 통솔도 하고
그들에게 묘한 법을 연설해서 / 모두 기뻐하며 복되게 하네.

어떤 때는 도리천왕이 되어 / 선법당(善法堂) 환희원(歡喜園)에 머무르면서
머리에 화관 쓰고 법을 말하니 / 천인들이 쳐다보고 측량 못하네.

야마천과 도솔천에도 있고 / 화락천과 자재천과 마왕의 처소에도 있고
마니보배 궁전에 거처하면서 / 진실한 행을 말해 조복 받네.

범천들이 모인 곳에 가기도 하여 / 한량없는 네 마음과 선정 말하며

환희롭게 하고서는 떠나지만 / 오고가는 형상을 알지 못하네.

십팔천의 제일위인 아가니타 천에 이르러서는 / 깨달음의 부분인 보배 꽃들과
한량없는 공덕을 말해 주고 / 버리고 가지마는 아는 이 없네.

(39-53-4-15) 걸림없는 지혜로 중생을 교화하는 공덕
여래의 걸림없는 지혜로 보니 / 그 가운데 살고 있는 여러 중생들
모두 다 그지없는 방편문으로 / 갖가지로 교화하여 성취하게 하네.

요술쟁이 이상한 요술을 부려 / 여러 가지 환술을 만들어 내듯
부처님의 중생 교화 그와 같아 / 그들에게 여러 가지 몸을 보이네.

비유컨대 깨끗한 달 허공에 있어 / 중생들이 초승·보름달 보게 되거든
수많은 강과 못에 영상이 비쳐 / 크고 작은 별의 빛을 뺏어 버리듯.

여래의 지혜 달도 세간에 떠서 / 둥글고 이지러짐 보여 주는데
보살의 마음 물엔 영상 있지만 / 성문들의 별빛은 광명이 없네.

비유컨대 바다에 보배가 가득하며 / 청정하여 흐리지 않고 한량없거든
사주(四洲) 세계 중생과 모든 것의 / 영상이 그 가운데 나타나듯.

부처님 몸 공덕바다 그와 같아 / 때 없고 흐리고 끝이 없어서

법계에 살고 있는 모든 중생 / 형상이 나타나지 않는 것 없네.

(39-53-4-16) 한량없는 부처님 지혜의 공덕
밝은 해가 광명 놓으면 / 본처에서 움직임 없이 시방 비추니
부처님 해 광명도 그와 같아 / 가고 옴이 없어도 어둠을 없애네.

비유컨대 용왕이 큰 비 줄 적에 / 몸에서나 마음에서 나지 않지만
넓은 땅을 두루 적셔 흡족하게 하고 / 찌는 더움 씻어서 서늘하게 하듯.

부처님의 법비도 그와 같아 / 부처 몸과 마음에서 나지 않지만
여러 중생을 깨우쳐 주어 / 세 가지 독한 불을 꺼 버리시네.

(39-53-4-17) 평등한 법신의 공덕
여래의 청정하고 묘한 법의 몸 / 온 누리 삼계에 짝이 없으며
세간의 말로써는 형용 못하니 / 그 성품 있지도 않고 없지도 않네.

의지한 데 없으나 어디나 있고 / 안 가는 곳 없으나 가지 않으니
허공에 그린 그림 꿈에 보듯이 / 부처님의 성품도 이렇게 보라.

(39-53-4-18) 마음을 따라 불토를 나타내는 공덕
삼계에 있고 없는 모든 법을 / 부처님과 비유는 할 수 없으니
산림 속에 살고 있는 새와 짐승들 / 허공을 의지하여 사는 것 같네.

(39-53-4-19) 삼신의 한량없는 공덕

바다 속에 마니보배 한량없는 빛 / 부처님 몸 차별도 그와 같아

여래는 빛이고 빛 아님도 아닌데 / 응해서 나타나지만 있는 데 없네.

(39-53-4-20) 진여와 실상과 열반의 공덕

허공이나 진여나 실제(實際)이거나 / 열반과 법의 성품 적멸(寂滅)
따위나

이와 같이 진실한 법으로만 / 여래를 드러내어 보일 수 있네.

(39-53-4-21) 공덕 찬탄함을 맺고 믿기를 권하다

세계 티끌 같은 마음 세어서 알고 / 큰 바다 물이라도 마셔 다하고

허공을 측량하고 바람 붙들어 매어도 / 부처님의 공덕은 말로 다할
수 없네.

이러한 공덕 바다 누가 듣고서 / 기뻐하며 믿는 마음 내는 이들은

위에 말한 공덕을 얻게 되리니 / 여기에 다른 의심을 내지를 말라.